Michael Jürgs
DER FALL
AXEL SPRINGER

Michael Jürgs

DER FALL
AXEL SPRINGER

Eine deutsche Biographie

List Verlag
München · Leipzig

ISBN 3-471-79314-3

© 1995 Paul List Verlag
in der Südwest Verlag GmbH & Co KG München
Alle Rechte vorbehalten. Printed in Germany
Satz und Reproduktionen: Franzis-Druck, München
Druck und Bindung: Mohndruck, Gütersloh

Inhalt

1. Kapitel
Der Sänger in der Kiesgrube 11
Immer und ewig trag ich im Herzen – Mutters Liebling, Vaters Sorgenkind – Der freche Felix – Die schöne Martha – Wie man Nazis austrickst – Eine Idee im Kino

2. Kapitel
Du lieber Himmel 35
Messias vom Falkenstein – Herzensgebet im Kloster – Offenbarung auf Patmos – Die Magie der Zahl 7 – Jesus, wo bist Du? – Visionen, Erleuchtungen, Prophezeiungen – Der Gottsucher

3. Kapitel
Der Prophet und die Macht der Sterne 61
Zehrers Qualm – Politik als Religion – Täglich ein Horoskop – Mythos Volk – Was die Graphologin entdeckte – Gebt mir die Zone wieder – Waterloo in Moskau

4. Kapitel
Keiner liebt mich so wie ich 91
Es war einmal ein eitler Husar – König Axels Spiegelgefechte – Die Frau im Mann – Der Menschenfänger – Intrigen am Hofe – Reichtum, Ruhm und Residenzen

5. Kapitel

Alle meine Männer 123

Der schöne Peter – Der bullige Tamm – Der stille Kracht – Der kreative Edu – Der smarte Servatius – Die engen Gefährten – Männerbund mit Frauenanschluß – Die Kriecher

6. Kapitel

Der Blattmacher 161

Ein Mann auf dem Balkon – Seid doch nett zueinander – Die Broschek-Akte – Geniestreich »Bild«, Milchkuh »Hör Zu«, Zentralorgan »Welt« – Die vier Essentials – Der Wallraff-Skandal

7. Kapitel

Küsse an der Alster 193

Don Giovanni aus Altona – Phallsucht – Eine Friseuse geht vorbei – Die Wiener Mystikerin – Ballettpartys mit Freunden – Geliebter Nachbar Alsen – Die große Liebe – Ehen Nr. 2,3,4

8. Kapitel

Der Plattmacher 225

Krach mit Adenauer – Haß auf Brandt – Nieder mit den Sozis – Knüppel gegen Studenten – Kampagnen gegen Andersdenkende – Ideologie statt Information – Die rechten Freunde – Die Stasi-Briefe

9. Kapitel
Israel, mon amour 261
*Land der Sehnsucht – Todeswolke über Deutschland –
Ben Gurions Tagebuch – Antinazi mit Nazischreibern –
Versöhnung mit Willy – Gottes verlorener Sohn –
Mystiker in der Wüste*

10. Kapitel
Herz & Hand & Vaterland & Co. 285
*Ein preußischer Patriot – Kopfgeld für DDR-Häftlinge –
Lieber tot als rot – Deutsche Predigten –
Träume gegen Realität – Glauben an die Einheit –
Die Tragik des Propheten*

11. Kapitel
Wenn der Russe sonntags kommt 313
*Fluchtrouten in Europa – Gold unter der Diele –
Schlauchboot im Gebüsch – Dollar in Konservenbüchsen –
Alarmknöpfe auf dem Klo – Die Giftkapsel – Agenten und
Bodyguards – Terroranschläge und Angst vor der RAF*

12. Kapitel
Ruhe in Friede 333
*Das Kindermädchen von Gstaad – Ein blonder Engel –
Die Rolle der Krankenschwester – Auf Gattin getrimmt –
Schalom, Peace, Friede – Das andere Testament –
Die Strategie der Witwe*

13. Kapitel
Tod des Sohnes, Tod im Spiegel 351
*Die Schuld des Vaters – Geliebtes Pumpelchen –
Die verlorene Kindheit – Ungeliebter Erbe – Die Ängste des
Juniors – Selbstmord auf der Parkbank*

14. Kapitel
Nach mir die Sintflut 385
*Verkauft mir den Ramsch – Verleger wider Willen –
Bertelsmann, Bauer, Burda, Banken – Testamente und
Tabletten – Frischzellen in der Schweiz –
Rilke am Krankenbett – Todessehnsucht: Gott ruft mich –
Streit der Erben – Leosconi statt Springer?*

Daten im Leben Axel Springers 425

Bibliographie 435

Register 437

Bildnachweis 440

Vorbemerkung des Verfassers

Diese Biographie stützt sich hauptsächlich auf eigene Recherchen, auf insgesamt 75 Interviews mit Freunden, Gegnern, Weggefährten, Ehefrauen, Freundinnen, Angestellten Axel Springers. Ihnen zu danken und sie namentlich zu erwähnen, verbietet die journalistische Pflicht des Informantenschutzes. Deshalb sind auch viele Zitate in dieser Biographie, direkt oder indirekt, nicht einer Quelle zugeordnet, was nichts daran ändert, daß sie authentisch sind.

Gewidmet ist dieses Buch meiner Mutter.

M.J.

1. Kapitel

Der Sänger in der Kiesgrube

Der Lehrer spricht vom Stahlgewitter der Granaten in den Schützengräben, vom Vaterland, dem teuren, und wie süß es sei, dafür zu sterben. Die Schüler des Altonaer Schlee-Realgymnasiums sitzen ergriffen da und lauschen. Einer steht auf und meint im höflichen Ton, aber verächtlich, was daraus werde, habe man ja gesehen. Er jedenfalls könne zehn Jahre nach Kriegsende mit diesem vaterländischen falschen Heroismus nichts anfangen, er finde diese Völkerschlachten schrecklich, egal wer dabei gewinnt, und wenn jetzt der ehrenwerte Herr Lehrer deswegen seinem Vater einen Brief schreiben wolle, herzlichst eingeladen. Dann geht Axel Springer zum Fenster und blickt in Richtung auf das Verlagsgebäude, wo die »Altonaer Nachrichten« entstehen. Zensuren sind mir wurscht, sagt er, ich werd eh das da drüben mal erben, und da fragt keiner nach meinem Zeugnis.

Bei anderen Lehrern, die der Schüler Axel mag, spricht er allerdings überzeugt das Gebet vor Unterrichtsbeginn und singt mit am Ende der Stunde, was sich auf Vaterland reimt: Ich hab mich ergeben, mit Herz und mit Hand.

Altona, von Hamburgern abschätzig als unbedeutender Vorort an der Elbe betrachtet, ist eine eigene kleine Stadt und gehört nach Jahrhunderten nicht mehr zu Dänemark, sondern seit einigen Jahrzehnten zu Preußen. Eine bürgerliche Atmosphäre, bestimmt von Handwerkern und Kleinunternehmern, prägt das gesellschaftliche Leben. Was die protestantischen Pastoren am Sonntag predigen, wird akzeptiert

Der Fall Axel Springer

als Wort Gottes. Die staatliche Ordnung ist gottgegeben, aber eine Art selbstverständlicher Liberalität, die auch das benachbarte Hamburg auszeichnet, ist im Stadtwappen zu sehen, das zwei geöffnete Tore zeigt. Man lebt, und man läßt leben, und welchen Glauben der Nachbar hat oder welcher Rasse er angehört, ist nicht von Bedeutung, solange er die Gesetze beachtet und seine Schulden bezahlt. Die Zeitung, die Springers Vater besitzt, macht ihrem Namen täglich Ehre. Es wird auf Seite eins berichtet, was in Altona geschehen ist, und die Welt, die findet weiter hinten statt. Die Welt beginnt etwa in Hamburg.

Männer sind im konservativen Wertemuster selbstverständlich wichtiger als Frauen, weil sie die Familie ernähren. Diese Ordnung stellt niemand in Frage. Die regierenden Sozialdemokraten sind genauso glühend fürs Vaterland wie das Zentrum. Eine deutsche Kleinstadt, nicht ganz typisch für die zwanziger Jahre. Wer im gutbürgerlichen Ambiente an der Elbe aufwächst, hat Zeit für Träume. Axel Springer möchte ein berühmter Sänger werden, der Vater aber will einen Nachfolger für den Betrieb.

Der 16jährige Quartaner, der – ohne Abschluß – für eine Lehre bei den Schröderschen Papierfabriken Sieler & Vogel und in der väterlichen Druckerei die Schule verläßt, paßt nicht so recht in diese Welt, obwohl sie sein Denken prägt. Er mag im übertragenen Sinne keine Kleidung, die von vielen getragen wird. Er ist etwas Besonderes, damals schon. Ihm steht sozusagen der Frack zu, der steht ihm, und das ist die einzige Uniform, die er später bei festlichen Anlässen trägt: »Ich träumte nie von irgendeiner Pfadfinderkluft.« Schon früh fühlt er sich zu Höherem berufen, auch wenn er noch nicht weiß, was das einmal sein wird.

Der instinktiven Abneigung gegen Soldaten und Uniformen und damit verbundener Ideologie bleibt Axel Springer, der geübte Zivilist, bis ins hohe Alter treu. Jahrzehnte später gibt es immer dann die heftigsten Ausbrüche des nach außen so liebenswürdigen Cholerikers – Dreckskerl, Arschloch, Faschist – gegen den verhaßten, geschätzten und für den Umsatz seines Konzerns so bitter nötigen Manager Peter

Der Sänger in der Kiesgrube

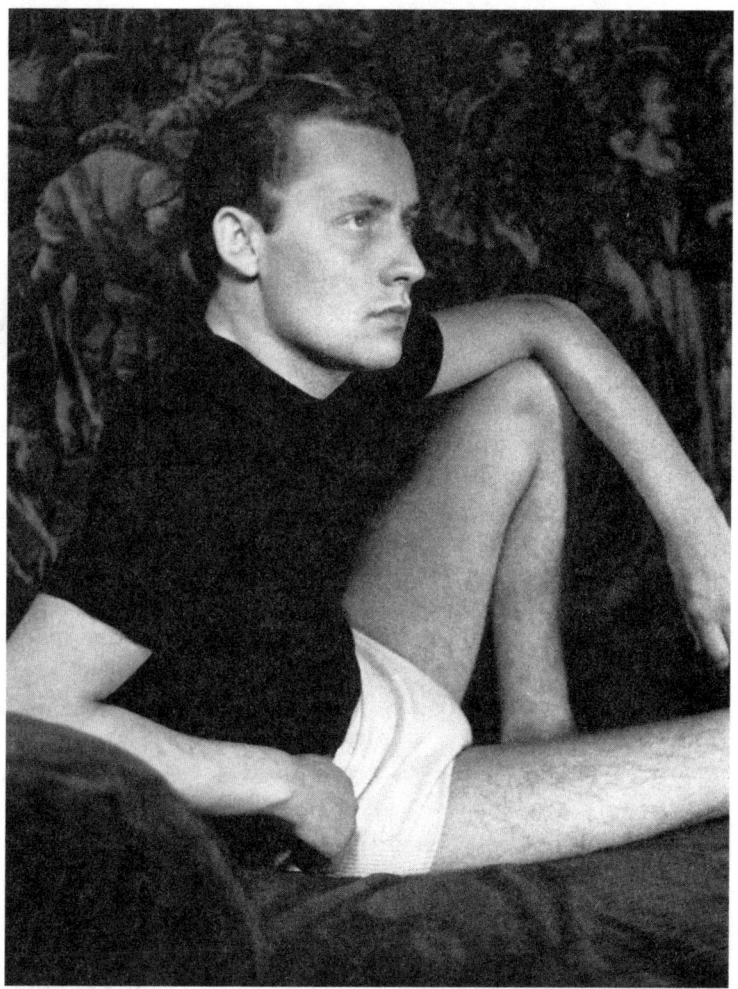

Reich mir die Hand, mein Leben: Axel Springer in den vierziger Jahren

Der Fall Axel Springer

Tamm, wenn Springer anderen Vertrauten erzählt, dieser fürchterliche Erbsenzähler, dieser Deutschbulle, dieser verhinderte Admiral, höre doch tatsächlich im Auto auf dem Weg ins Büro stets Militärmärsche. Daß es manchmal sogar das Horst-Wessel-Lied ist, wie er behauptet, mag aber keiner so recht glauben.

Notiert hat die in den frühen Jahren entstandene Verachtung bestimmter deutscher Sekundärtugenden wie Disziplin und Ordnungsliebe Springers damaliger Freund Hermann Firchow, der in der Schule neben ihm saß und wie er Sänger werden wollte. Gemeinsam waren sie regelmäßig in die nahe gelegene Kiesgrube nach Rissen gefahren, um zu singen. Dort war die Akustik gut und kein Mensch weit und breit, wenn sich Axel in der Rolle seines Idols Richard Tauber übte und lautstark immer und ewig im Herzen trug, was keiner hören sollte.

Vor allem sein Vater nicht, Verleger der »Altonaer Nachrichten« und Besitzer des kleinen »Hammerich & Lesser«-Verlages, der gar nichts hielt von den Tonleitern des Sohnes. Hinrich Springer sang zwar selbst mal ganz gern den einen oder anderen Puccini-Verschnitt bei Familienfeiern, aber eigentlich war ihm alles Musische suspekt, brotlose Kunst, allenfalls als Freizeitbeschäftigung gutgestellter Damen geduldet. Die Kunst, die ihm eher zusagte, fand in Berlin statt, wohin er regelmäßig dem bürgerlichen Alltag entfloh, um dort den wunderbar verruchten Couplets in einschlägigen Nachtlokalen zu lauschen. Er bestand darauf, daß sein einziger Sohn was Ordentliches zu lernen habe. Falls er Zeit habe neben seiner Ausbildung und eine gute Stimme, könne er ja im Kirchenchor singen und dort Gott ein Wohlgefallen sein.

Ottilie Springer dagegen schwärmte für das klingende Talent ihres Jüngsten, schien es ihr doch den eigenen Ambitionen näher und vom musischen Anspruch irgendwie dicht am deutschen Dichterfürsten, den sie in der Goethe-Gesellschaft Altona rezitierend und zitierend verehrte und dessen Werke sie nicht nur in der Sommerfrische an der Hohwachter Bucht las. Hermann durfte auf Einladung der Springers seinen

Der Sänger in der Kiesgrube

Freund Axel regelmäßig bei solchen Ferien an die Ostsee begleiten. Nicht ohne vorher von Axels Mutter eingekleidet zu werden, damit sich der Sohn eines Polizeibeamten neben ihrem feingewandeten Sprößling sehen lassen konnte. Das war nicht die gönnerhafte Geste von oben nach unten, sondern stillschweigend praktizierte Nächstenliebe. Der Sohn hat sich das gemerkt und später, als er es sich leisten konnte, genauso großzügig gehandelt.

Axel Springers ältere Schwester Ingeborg hat es bei der mütterlichen Heldenverehrung schwer gehabt. Wenn sie bei Tisch was Kluges sagte, wurde sie ironisch gelobt: sieh da, das Kind kann denken und seine Gedanken sogar noch formulieren. Axel mit den hellblauen, fast durchsichtigen Augen, etwas vorstehend schon damals, den schlenkernden Armen, dem schlaksigen Gang, der früh schon geübten Attitüde, in nur ihm erkennbare Ferne zu blicken und Abstand zum Volk auf dem Schulhof zu wahren, sprach nach Meinung seiner Mutter stets goldene Worte. Er wurde deshalb zu Recht umschwärmt. Diese devote Liebe der Mutter schien ihm angemessen, sie bestimmte ein Leben lang seine Einstellung zu Frauen, von denen er die gleiche uneingeschränkte Anbetung erwartete, die er einst erfahren hatte. Er ehrte Gott über sich, duldete aber keine Götter neben sich, erst recht keine weiblichen. Für die niederen Triebe, die naturgemäß mehr Spaß machten, und über die man in Altona bei Tisch nicht sprach, dürfte der Vater das rechte Vorbild gewesen sein.

Der besuchte nicht nur die Mädchen von Berlin, sondern hielt sich auch in der bürgerlichen Kleinstadt feste Geliebte. Die letzte hieß Ottilie wie seine Frau. Beide Damen übrigens pflegten den Patriarchen, der seinem Sohn ebensowenig Zuneigung oder gar Liebe gestattete wie dieser später seinen Söhnen, zu Tode. Axel Springer zitierte zwar immer wieder in Reden seinen Vater, und im Verlagshaus des Sohnes hing sein Bild. Aber der hatte nichts Weltläufiges, der hatte nichts Leichtes, nichts Repräsentatives. Ungehobelter Bursche, kein Sinn für Kunst, keine Ahnung von höheren Werten, kein Ehrgeiz, mehr zu sein als eine Art christlicher Patron, der sich

Der Fall Axel Springer

die Sorgen seiner Arbeiter und Angestellten anhörte und deren Kinder zur Konfirmation bedachte. Nach Meinung des Sohnes vor allem ein Feigling, der allzu beflissen den großen Verleger Broschek aus Hamburg und dessen berühmte Zeitung bewunderte und allzu bescheiden mit seiner kleinen Welt in Altona zufrieden war.

Erst Jahrzehnte später, als Axel Springer im November 1954 mit nicht sehr feinen Methoden – Spione, üble Tricks und doppelzüngige Anwälte, die auf beiden Schultern getragen haben – das Nachkriegscomeback des »Fremdenblatts« gegen sein »Abendblatt« für immer vom Markt drängte und die Broschek-Erben bekämpfte, natürlich ohne sich selbst die Hände schmutzig zu machen, beging er endlich den nötigen Vatermord. Von da an führte er zum Zeichen des Triumphes die Unterzeile »Hamburger Fremdenblatt« in seiner Zeitung. Hat er denn vom Vater nichts geerbt außer dem Gespür dafür, wie man mit seinen Angestellten umgeht und wie man sich als Patriarch leutselig zu verhalten hat? Doch, die Konfliktscheu, die persönliche Feigheit vor den Feinden oder denen, die er dafür hielt. Eine Eigenschaft, die später so weit ging, daß er knallharte, harsche, böse Briefe an bundesdeutsche Politiker und Schriftsteller und Manager diktierte, aber längst nicht alle abschickte. Der Mut blieb manchmal als Kopie in der Ablage.

In dem Privatdruck »An meine Kinder und Kindeskinder«, den Springer von seinem Vertrauten Paul Schmidt-Carell mehr für die Nachwelt als für seine Nachgeborenen verfassen ließ, weil er weder Neigung noch Zeit hatte, sich persönlich mit seinen Kindern zu beschäftigen, klingen die Beschreibungen der Jugendjahre allenfalls hölzern und ziemlich staatstragend: »Natürlich war das nicht nur aus eigener Natur gewachsenes Rebellentum gegen den Lehrer, es war, zurückschauend, die erste offenkundige und öffentlich werdende Frucht der Erziehung in einem liberalen Elternhaus mit einem weltoffenen Vater und einer großartigen Mutter, für die Humanitas, Lebensstil und Umgangsformen unverzichtbare Qualitäten waren.«

Der als weltoffen beschriebene Vater war übrigens gar

Der Sänger in der Kiesgrube

nicht so beschränkt, wie der Sohn dachte, und das Versprechen, ihn nach der ungeliebten Lehre zu den Ullsteinschen Zeitungen nach Berlin zu schicken, ein geschickter Schachzug. Axel Springers Verlangen nach den Revuen und Operettentheatern der deutschen Hauptstadt, nach dem Flair des weltberühmten Verlages war so groß, daß er dafür den langweiligen Umweg über die väterliche Druckerei in Kauf nahm. Die Verheißung Ullstein war so verlockend, daß sie ihn nie verließ. Bei Ullstein zu sein bedeutete Endstation Sehnsucht, und wie so manche andere hat sich Axel Springer, Tenorbariton aus Altona, diesen Wunsch der Jugend irgendwann selbst erfüllt. Dann allerdings hieß es nicht mehr Springer bei Ullstein, sondern Ullstein bei Springer. Nach dem Erfolg des »Abendblatts« der zweite Sieg über den Vater.

Offizielle Erinnerungen an den ungeliebten Vater, so wie die beim Betriebsfest des Jahres 1953, klingen natürlich eher nach bodenständigem Heimattheater, nach Volksbühne: »Als ich mich mit dem Aufstieg dieses Hauses befaßte, wurde unversehens ein Wunsch in mir übermächtig, diese ganzen Erfolge mit einem Mann zu besprechen, der sie letztlich doch am besten beurteilen könnte, weil er den Anfang all unserer Bemühungen noch kennt. Dieser Mann wäre mein Vater gewesen. Als der Wunsch an zwei glücklichen Tagen in mir so sehr groß wurde, da schien es mir fast so, als ob ich ihm auf einer jener herbstlichen Straßen hier in Hamburg um die Seewarte herum begegnete, wo er sich früher selbst seine Aufträge abzuholen pflegte. Da schlossen wir uns in die Arme, und er fragte mich, was aus dem Geschäft geworden sei. Als wir dann zusammensaßen, schrieb er, wie er es damals in Bendestorf tat, als ich ihm die ersten Erfolgsziffern von ›Hör Zu‹ und ›Abendblatt‹ brachte, mit zitternder Hand diese Zahlen auf, um, wenn sein Junge wieder in die Stadt gefahren war, diese Zahlen noch einmal lesen zu können, mit der Mutter zu besprechen und sich des großen Erfolges zu erfreuen. Als ich mich nach dieser Begegnung wieder von ihm verabschiedete und er die Straße des Herbstes, die von uns für immer wegführt, wegging in seinem für ihn charakteristisch vornübergeneigten Gang, die leere Aktentasche unter

Der Fall Axel Springer

Der dreißigjährige Axel Springer aus Altona...

Der Sänger in der Kiesgrube

Liebling der Frauen

dem linken Arm, denn sie sollte ja nur die ewig zitternde Hand beruhigen, da klang in mir ein Vermächtnis nach, das er mir gegeben hat. Die Worte sind wohl die gewesen: Mein Junge, vergiß nie, den einfachen Menschen weiterzulieben.« Spätestens an dieser Stelle trocknete das Publikum verstohlen seine Tränen, und ebendies wollte der Redner auf der Bühne ja auch.

Ottilie Springer führte Tagebuch, und läßt man die bei ihr selbstverständlich eingestreuten Goethe-Zitate weg, so fällt eigentlich nur noch die uneingeschränkte Bewunderung des zu allerschönsten Hoffnungen berechtigenden Sohnes aus dem alltäglichen Rahmen. Die absolute Verehrung seiner Person, die Axel seit seiner Kindheit gewohnt war, erwartet der Verleger von seiner Umgebung bis ins hohe Alter, nur ungern läßt sich der Narziß nicht bewundern. Er benutzt zwar im Gegensatz zu denen, die ihn schmähen, nie seinen zweiten Vornamen Caesar, den die Mutter am 2. Mai 1912 in die Geburtsurkunde des Sohnes eintragen ließ. Nicht als Zeichen erhoffter Größe, sondern dem schwäbischen Lyriker Cäsar Flaischlen zuliebe, dessen Gedichte sie schätzte. Aber wenn sich Springer als Zeitungszar gelegentlich am Telefon mit dem Satz meldet »Hier spricht der König selbst«, so ist das, erst recht nicht während seines unaufhaltsamen Aufstiegs in den fünfziger Jahren, keineswegs nur komisch gemeint. Und mancher, der darüber lacht, aber von ihm abhängig ist, bereut das bitter. Springer ist schnell beleidigt, wenn er sich nicht gebührend beachtet glaubt. Er ist ja eine sensible Künstlernatur. Wahrscheinlich hat er deshalb Horoskope so geliebt, weil er immer Gutes über sich zu hören bekam.

»Das Leben ist nichts als ein Weg, etwas zu werden«, wird ihm 1928 als Konfirmationsspruch auf den Lebensweg mitgegeben. So sieht es Axel Springer auch. Er will Sänger werden, die Verlagslehre ist nur ein unvermeidliches Übel, das Ziel scheint klar. Als er dann doch was anderes geworden ist, hat er auf dem Weg, etwas zu werden, eine besondere Form der sentimentalen Gnadenlosigkeit im Umgang mit Abhängigen, also zum Beispiel Frauen, zur hohen Kunst entwickelt. Im Wissen der überlebensgroßen Machtfülle wird später der

Der Sänger in der Kiesgrube

Tycoon Mitarbeiter in seinem Dunstkreis ausnutzen, benutzen und nach Unlust und Laune wegwerfen, was freilich die meisten seiner hochbezahlten Männer ohne Widerspruch mit sich machen lassen. Die feminine Intuition, die spielerische Gabe, sich leichtfüßig einzuschmeicheln und Menschen für sich zu gewinnen, auch schnell wieder fallenzulassen, wenn ein spannenderes Stück auf dem Spielplan des Lebens steht, die ist nicht erlernt von der Mutter, sondern Teil seines Charakters.

Außerdem eine Grundlage seines Erfolgs, denn mit sicherem Gespür hat später der Menschenfänger Axel Springer im richtigen Moment das Richtige getan. Nach dem Motto von Wilhelm Raabe: Blick auf zu den Sternen, hab acht auf die Gassen, hat er Zeitungen für den Massengeschmack gegründet. Für Massen, mit denen er unmittelbar nichts zu tun haben wollte, da war er dann doch zu sehr Ästhet. Das Volk, dessen Sprache er versteht und dessen Träume er benutzt, sollte dem Genie Beifall klatschen, seine Lieder hören oder seine Produkte kaufen. Zu den Liedern hat es nicht gereicht, bleiben also die Blätter. Todfreund Peter Tamm gibt das unwillig bewundernd zu: Der Teil Springers, der eigentlich lieber eine Frau war und ihm, dem obersten Reichsverweser, stets fremd, habe mit untrüglichem Feeling für die wahren Bedürfnisse der Menschen den Aufstieg zum größten Zeitungshaus Europas überhaupt möglich gemacht. Für die harten Auseinandersetzungen im Konkurrenzkampf wiederum braucht der menschenscheue Verleger, der sogar Wutausbrüche vor dem Spiegel übt, seinen treuen Landsknecht Tamm. Der soll sich gefälligst mit dem beschäftigen, wozu Springer keine Lust hat, weil es sein schwaches Durchhaltevermögen überfordert: Bilanzen, Marktforschung, Technik, Vertrieb, Personal. Das alles nimmt er nur notgedrungen zur Kenntnis.

Davon hat er zwar schon als Lehrling in Altona gehört, aber es hat ihn nicht interessiert. Zu mühsam. Wichtig für den Leiter eines Verlages, aber unwichtig für den, der eine Mission in sich spürt. Sein Freund, mit dem er in der Kiesgrube singt, ist wie er Schüler des Gesangslehrers Otto Eich-

Der Fall Axel Springer

baum aus der, nun ja, Goethestraße in Altona. Aber bei Axel Springer reicht das Stimmvolumen nicht für höhere Ansprüche. Er ist auch zu faul, Noten zu lernen und Tonleitern zu üben. Diese Unlust, sich intensiv mit dem zu beschäftigen, also zu erarbeiten, was ihm eigentlich zufliegen müßte, verläßt ihn nie. Springer, später König aller Blattmacher, ist kein Mann des analytischen Verstandes. Er bleibt ungeduldig, ein früh verwöhntes Kind der leichten Muse, das sich als Erwachsener dank genialischem Instinkt, besonderem Glück und so verdientem Reichtum die nötigen Streicheleinheiten notfalls kaufen kann. Er ist kein Held, nicht mal ein Heldenbariton, aber beide kann er wunderbar geben. Hermann Firchow dagegen hat sich erarbeitet, wovon der Freund nur schwärmte, er geht nach der Ausbildung wirklich auf die Bühne.

Der etwas andere Bariton aus Altona verliert ihn aber nicht aus den Augen. In einem letzten Versuch, der kleinbürgerlichen Welt – Lehrling beim Vater, Volontär bei der »Bergedorfer Zeitung« und im Wolffschen Telegrafenbüro, Redakteur bei den »Altonaer Nachrichten« – zu entfliehen und seinen Neigungen zu leben, folgt er ihm noch als Erwachsener zu einem Engagement nach Stettin. In einer kleinen Pension wartet er auf den Freund, bis der seine abendlichen Auftritte im Opernchor hinter sich hat. Aber diese Routine langweilt ihn nach einer Woche, aufatmend nimmt er 1939 den Kriegsausbruch als Wink des Schicksals, unter dem macht er es nicht, nach Altona zurückzukehren. Es bleibt ja als kleine Flucht von dort das Nachtleben von Hamburg oder der schnelle Zug nach Berlin.

In Wahrheit ist dem geborenen Solisten der normale Weg – Gesangsausbildung, Chorsänger – zu mühsam. Gleich an die Rampe und gleich Richard Tauber und gleich ganz oben auf den Plakaten fett gedruckt, und möglichst am Kurfürstendamm, das hätte ihm gefallen, das wär's gewesen. So beschließt er, statt großer Karriere auf den Bühnen der Welt, die ganze Welt als Bühne zu nutzen. Zitiert Shakespeare – »Die ganze Welt ist Bühne und alle Frauen und Männer bloße Spieler« –, begreift sich als Gesamtkunstwerk und

Der Sänger in der Kiesgrube

nicht nur als Sänger. Mit der Heimat im Herzen die Welt umfangen, so wie es die dichtende Hamburger Lokalgröße Gorch Fock geschrieben hat. Bei seinen künftigen staatstragenden Auftritten, die in seinen Blättern rezensiert werden, wird Springer aber nie verbergen können, daß er als König der Operette eine bessere Besetzung gewesen wäre.

Sein Instinkt hat ihn das Richtige machen lassen. Als er merkt, daß es nicht reicht für ein Leben im Theater, nimmt er einfach das Leben als Theater, als unverhoffte Chance, in verschiedenen Rollen aufzutreten. Ist viel spannender und wie gemacht für ihn. Er kann den Inhalt der Stücke bestimmen, er kann selbst inszenieren, und er kann sich selbst besetzen: er darf den Guten geben und den Bösen, den Liebhaber und den Betrogenen, den Täter und das Opfer, den starken Mann und die schwache Frau. Jeden Tag aufs neue. Manchmal wird er selbst nicht mehr wissen, ob das, was er gerade aufführt, echt ist oder gespielt.

Er beginnt wie jeder aufstrebende Künstler in der engen Provinz, in seinem Fall Altona, gibt statt der genreüblichen Bädertournee private Gastspiele auf Sylt, wo er in fröhlichen Gesellschaften Schlager von Teddy Staufer und Barnabas von Géczy vorträgt. Auf der Spielwiese gutbetuchter Hamburger ist der schöne Jungredakteur mit der netten Stimme eine feste Größe. Sogar beim Sport. In einem Fußballmatch in der Saison 1937 spielt der überzeugte Einzelkämpfer, Fan von Altona 93, einem Klub, der im Schatten des HSV steht wie Altona im Schatten Hamburgs, auf der Insel bei Staufers Mannschaft mit, den Teddies, die gegen eine Vertretung des von Springer & Co. frequentierten Hamburger Nachtklubs »Trocadero« mit 7:1 gewinnt. Auch als Charleston-Tänzer und Witzeerzähler ist unser Axel unschlagbar, und bei den Mädchen erst recht. Er gehört zum Club der Unpolitischen, man spricht nur abfällig über die Nazis, die sind nun mal leider da. Mit solchem Proletenpack haben die modisch aufgeputzen Hanseaten, die nach ihrer Vorliebe für englische Kleidung samt Schirm Alpaka-Jünglinge genannt werden, keine Gemeinsamkeiten.

Der Abscheu der Bürgersöhne geht allerdings nicht so

weit, aktiv Widerstand zu leisten. Auch das kann man Springer nicht vorwerfen, er war nicht besser als andere und nie in der Partei, nur ein paar Monate lang als Anwärter im Nationalsozialistischen Kraftfahrerkorps. Seine politischen Gegner hätten ihm gerne bei den Auseinandersetzungen um seinen Konzern braune Ergüsse nachgewiesen und haben intensiv in den Archiven gesucht, aber es gab in den Zeitungen, für die er schrieb, nichts zu finden, nur Betrachtungen eines zutiefst Unpolitischen. In normalen Zeiten, scherzt er später, wäre ich wahrscheinlich am Bartresen gelandet.

Im Gegensatz zu vielen seiner Generation hat Axel Springer aber das nazistische Terrorregime nicht zu einem bedauerlichen Fehler der Geschichte verdrängt. Er spricht deutlich von den Verbrechen der Deutschen, vergißt in keiner Rede, auf die braune Vergangenheit hinzuweisen, und empfindet diese Schuld der Nation, deren Ursachen er allerdings nie analysiert, immer auch als persönliches Versagen. Er leistet wie kein anderer Deutscher Wiedergutmachung an den Juden, soweit dies überhaupt möglich ist. Das paßt zwar nicht ins Weltbild seiner Feinde. Aber es paßt zur widersprüchlichen Persönlichkeit Axel Springers.

Letzter Widerstand gegen die neuen Zeiten ist 1933 das »Altonaer Bekenntnis« von 21 Pastoren, in dem sie gegen die gottlosen Kommunisten und die gottlosen Nationalsozialisten harte Worte finden. Die Zeitung des Vaters druckt das ab und schafft sich bei den neuen Machthabern keine Freunde. Merkt das der Sohn? Wohl nicht. Als Mann, der zu Höherem berufen ist, kümmert er sich höchst unwillig ums Tagesgeschäft. Journalist und Verleger und Druckereibesitzer zu werden, und das ausgerechnet in Altona, ist ihm zu langweilig, er beugt sich dem Diktat des Vaters, von dem das Geld kommt, und träumt ungebrochen vom anderen Ruhm in der Leichtigkeit des Scheins. Begleitet vom Orchester singt er bei Gelegenheit im »Trocadero«, und wer ihn bei einer Party um einen Live-Auftritt bittet, muß nicht lange warten.

Sogar Ende der vierziger Jahre, nach dem endlich verlorenen Krieg, legt er sich, obwohl schon der seriös inszenierte Aufstieg zum Blattmacher beginnt, immer noch hin und wie-

Der Sänger in der Kiesgrube

der den weißen Schal um den Hals. Wohl wissend um seine blendende Erscheinung, schreitet der Umschwärmte dann Stufe für Stufe herablassend in den Kreis der Verehrer und Freunde. Lieblingslied: Gern hab ich die Frauen geküßt und – auch das stimmt – nie gefragt, ob's Liebe ist. In der ziemlich verblasenen Sprache seiner ja nicht von ihm selbst verfaßten Erinnerungen klingt das angenehm undeutsche Lied der frühen Jahre nur peinlich: »Nun folgt ein Geständnis, von dem mir meine Mitarbeiter – begreiflicherweise – immer emphatisch abraten, es kundzumachen: Ich wollte nie Journalist oder Verleger werden! Der Kunst galt mein Sinnen. Sänger wollte ich werden; Sänger auf großer Bühne.« Was eine Bewertung Springers einfacher machen würde, müßte man heute doch nur Schellackplatten auflegen, um seine Leistungen zu beurteilen. Auf den Platten, die es von ihm gibt, singt er nicht das deutsche Lied, sondern spricht patriotische Vorträge. Auf dem Cover ist der Redner in seiner späteren Lieblingspose, sinnend statt singend, gut getroffen. Der Mann, der alles spielen kann, am besten sich selbst, bleibt auch als Zeitungsmacher immer seiner ersten Liebe treu. Für eine seiner gut klingenden und gern zitierten Maximen – Nehmen wir das, meine Herren, wovon wir am meisten haben, Geld – hat er wieder eine Anleihe bei der leichten Muse gemacht, wo auch sonst, und den richtigen Satz in einem Lied des Berliner Revuestars Fritzi Massary gefunden: Ich liebe das Geld, weil es Freiheit mir schafft.

Hinter großen Gebärden des Mimen Springer bricht immer wieder der normale Axel durch, hinter verlogenem Pathos echte Menschlichkeit, hinter dem Weltverbesserer der Junge aus Altona. Die nie aufhörende Bereitschaft zu helfen gehört ebenso zu seinem Naturell wie die Lust zu zerstören. Auch diejenigen, die bei seinem Aufstieg eher am Wegesrand stehen, übersieht er nicht, schon gar nicht in Stunden der Not. So besorgt er Anfang der vierziger Jahre seinem Freund Hermann über die Beziehungen, die Springer-Gönner John Jahr hat, diskret und erfolgreich ein Engagement in Berlin, so daß er dem Fronteinsatz entgeht. Er kümmert sich um ihn nach dem Krieg, unterstützt ihn mit regelmäßigen Zuwendungen, weil der Sänger zeitweise keine festen Einnahmen hat, und verschafft ihm dank seiner dann schon exzellenten Verbindungen Auftritte in Hamburg und Bayreuth. Sie treffen sich regelmäßig, auch als alte Männer, und reden nicht nur über die Lieder von einst. Nach Firchows Tod schreibt er der Witwe: »Ich bin bestürzt und dennoch getröstet bei dem Gedanken an die vielen Gespräche über Gott und die jenseitige Welt, die der Freund mit mir führte.« Eine andere Jugendbekanntschaft, die er einst in den champagnerseligen und flirtreichen Sylter Sommern getroffen hat, wird Ende der sechziger Jahre als Hausdame auf seinem Gut Schierensee eingestellt, weil sie Geld braucht und er ihr vertraut.

Auch den spontanen und nie geprobten trockenen Witz seiner Altonaer Jahre – »Mein Name ist Axel Springer, Sohn reicher Eltern« – hat er zumindest in der Nachkriegszeit noch nicht verloren. In einem Nachtklub in Oldenburg, wo sein Freund Pierre Pabst die »Nordwestdeutsche Zeitung« leitet, tritt eine blonde Sängerin auf. Axel Springer schreibt eins seiner berühmten kleinen Billetdoux und läßt das nach vorne aufs Podium durchreichen. Die Gefährten Robert Dependorf und Pierre Pabst, die viele Formen der Liebe kennen und praktiziert haben, nehmen an, er habe sich mal wieder die Schlüssel für eine spannende Nacht verschafft. Als die Dame den Zettel liest und wütend zerknüllt, wollen sie wissen, was draufstand. Nur eine Bewertung ihrer Darbietung, sagt Axel, einfach nur das Wort »Scheiße«.

Über seine ungebrochene Lust auf Blödsinn gibt es viele Erzählungen. Scherze der unfeinen Art sind ihm nicht fremd: Als er einmal mit Freund Pierre in Frankreich unterwegs ist, ein Land, das er mag, aber das ihm fremd bleibt, weil er die Sprache nicht versteht, drängen sie mit dem Auto einen erschreckten Priester auf dem Fahrrad in den Straßengraben. Armer Gottesmann, gleich liegst du auf der Schnauze, und sie rasen davon. Practical jokes, nennt das Pierre Pabst, und Axel muß so lachen, daß er sich fast in die Hose macht. Er lacht viel, am liebsten über andere. Wenn er verspottet wird, findet er es nicht ganz so gut. Der große Deutsche, für den er übt und den er in seiner nächsten Hauptrolle auf die ganz

Der Sänger in der Kiesgrube

große Bühne stellen will, wird sich solche Späße nicht mehr erlauben dürfen.

Auch das seriöse Spiel hat er früh einstudiert. Der Begründer des autogenen Trainings J. H. Schultz über seine erste Begegnung mit AS 1941: »Er machte einen so starken Eindruck auf mich, daß ich die Äußerung wagte, es werde entweder etwas ganz Großes oder gar nichts aus ihm werden.« Das wiederum zitiert Axel Springer gern, als jedem längst klar ist, welcher Teil der Voraussage wahr geworden ist.

Daß der junge Axel Springer in den zwölf Jahren des Tausendjährigen Reiches kein Nazi wurde, lag nicht nur am Elternhaus, das in Goethes und Gottes Namen mit den Faschisten nichts anzufangen wußte. Die Mutter las vor: »Diesem düsteren Geschlecht ist nicht zu helfen« und versicherte allen, die das nicht hören wollten, Hitler bedeute Krieg. Der Vater druckte widerwillig, aber halt den anderen Umständen gehorchend, auf den ersten Seiten den braunen Dreck, um sich und seinen Leuten im Lokalteil ein Stückchen Altonaer Freiheit zu bewahren. Der Bürgermeister, ein Freund der Familie, hatte bei der Machtergreifung der Nazis sein Amt verloren, das bestätigte die Springers in ihrer wenn auch passiven Ablehnung des Regimes. Max Brauer war Sozialdemokrat, und daß Axel Springer ihn aus dem Elternhaus gut kannte, hat ihm beim Aufbau seiner Zeitungen nach dem Krieg nicht geschadet, denn da war dieser aus der Emigration zurückgekehrte Brauer erster Bürgermeister von Hamburg, eingesetzt von den Engländern.

Ottilie Springer hütete ein Foto der »Berliner Illustrirten«, auf dem die NS-Machthaber abgebildet waren, in ihrem Nähkästchen und zeigte es gern mit der hämischen Frage: »Sehen so die Herren der Welt aus?« Ihr Sohn in seinem Rückblick für die Zukünftigen: »Diese Immunität aus Erziehung und eigener Veranlagung hat mich, der ich vom Aussehen her ein Bilderbuch-Typ des damals so gefragten nordischen Menschen war, vor allen Verlockungen bewahrt.«

Veranlagung aber nicht allein, denn daß er den Pomp des neuen Deutschland eher als Grauen empfand, lag nicht nur

Der Fall Axel Springer

an seiner Abneigung gegen Menschen, die keinen Stil hatten und Uniformen trugen, am liebsten in Massen auftraten und Märschen lauschten, auf Kommando Heil brüllten und den Arm nach oben streckten. Und es lag nicht nur daran, daß es in Hamburg mit seiner nach dem Krieg fast zu Widerstandskämpfern verklärten Swing-Jugend eine Art musikalische Auflehnung gegen die verordneten völkischen Töne gab.

Es waren zwei Männer, beide Künstler auf ihre Art, deren Gedanken und Reden dem jungen Axel Springer verlockender schienen als die von Goebbels und Konsorten. Felix Jud, Buchhändler in Hamburg, bei dem schon seine Mutter ihren Goethe kaufte, und Walther Hansemann, Redakteur beim Wolffschen Telegrafenbüro, wo der Druckereierbe aus Altona volontiert hatte. Der eine Bohemien versammelte um sich eine Art Stefan-George-Kreis, in dem über die andere Literatur und das andere Leben geredet wurde, der zweite trieb sich am liebsten in den einschlägigen Hamburger Varietés und Cabarets herum und nahm den jungen Axel mit. Jud wußte um die tödliche Kraft der Lächerlichkeit und entwickelte voller Phantasie immer neue Pläne, die Nazis zu foppen. Zum Beispiel stellte er ein Schild ins Schaufenster, auf dem stand, in Anbetracht seines Namens unangreifbar, »BÜCHER KAUFT MAN BEIM JUD«. Er war es, der seinen Freund verblüffte, wiederum war böse Absicht nicht beweisbar, als er lautstark aus der Straßenbahn brüllte: »Heil Hitler, Axel, Heil Hitler, Axel.«

Irgendwann holten ihn die Nazis doch, aber Felix Jud überlebte das KZ Neuengamme. Walther Hansemann blieb bis zur Befreiung unbehelligt. Als Axel Springer zu Zeitungen und Vermögen gekommen war, dankte er den Freunden, die ihn, durch ihre Art, auch vor den Nazis bewahrt hatten, auf seine Art. Hansemann war bis zu seinem Tod Feuilletonchef des »Hamburger Abendblatts«, ein Nachtarbeiter, dessen tagsüber zu beobachtende Schläfrigkeit vom schauspielernden Verleger gern imitiert wurde. Felix Jud bekam von seinem Axel ein Darlehen, das dann auf Springers Weisung einfach vergessen wurde, als er nach dem Krieg seine Buchhandlung neu eröffnete. Und viele Jahre später mit

Der Sänger in der Kiesgrube

handschriftlichen Wünschen einen diskreten Umschlag zum siebzigsten Geburtstag, in dem ein Scheck über 100 000 Mark lag. Der menschenscheue Verleger nahm übrigens an diesem von ihm bezahlten Fest des alten Freundes im Hamburger Hotel »Vier Jahreszeiten« nicht teil. War wieder mal krank und litt an der Welt.

Es wird gern erzählt, eine schwere Erkrankung der Bauchspeicheldrüse habe Axel Springer wehrunfähig gemacht und davor bewahrt, eingezogen zu werden. Das gehört allerdings eher in die offizielle Legende vom Aufstieg des Axel Springer zum größten Zeitungsverleger Europas. Rücksicht auf Kranke nahmen die Nazis spätestens dann nicht mehr, als die braune Götterdämmerung anbrach. Da wurden an der Front alle verheizt, und eine empfindliche Bauchspeicheldrüse galt eher als undeutsche Krankheit, bestimmt nicht als Hinderungsgrund, in den Krieg zu ziehen. Tatsächlich hat der spätere Großverleger John Jahr – den Springer 1933 in Westerland kennengelernt hatte, im Nazireich ein Geschäftsfreund des HJ-Führers Baldur von Schirach – den Freund gerettet. Er hat ihm den begehrten roten Zettel besorgt, der den jungen Mann wegen dauernder Unfähigkeit vor dem Wehrdienst befreite und damit von der nicht nur vagen Gefahr, für Führer und Volk und Vaterland sterben zu müssen. In Springers altväterlichen Worten liest sich das Jahrzehnte später so: »Für Hitler zu kämpfen und zu töten war nicht meine Sache. Ich stellte mich unter die Devise von Matthias Claudius, dessen Werk im Hause meiner Eltern eine feste Heimstatt hatte: 's ist Krieg! 's ist Krieg! Oh Gottes Engel wehre/ Und rede du darein/ 's ist leider Krieg – und ich begehre/ Nicht schuld daran zu sein.«

Die Krankheit plagte ihn zwar mit Mattigkeit und Fieber, aber schwergemacht hat er sie sich selbst. Springer hat sie wie so vieles als Chance auf eine neue Rolle angenommen und so überzeugend gespielt, daß nicht nur er von sich – »Ich war so krank wie wenige junge Leute« –, sondern sogar behandelnde Ärzte tief beeindruckt waren. Diese Fähigkeit zur Darstellung pflegebedürftiger Gebrechlichkeit hat der verhinderte Heldenbariton aus Altona bis ins Alter bewahrt.

Der Fall Axel Springer

Beim kleinsten Anflug eines Schnupfens mimte er den Sterbenskranken und zog sich ins verdunkelte Zimmer zurück. Hat man gar am Schluß zu spät gemerkt, daß es diesmal keine oft erlebte Aufführung, sondern todernst war?

Fluchthelferin aus der eingeengten Wirklichkeit ist in den frühen Jahren neben seiner künstlerischen Mutter die junge Martha »Baby« Meyer, wunderschöne Tochter eines begüterten Hamburger Kaufmanns, der mit einer Jüdin verheiratet war. Um das Mädchen zu erobern, muß sich der Parvenü aus Altona gegen hanseatische Jünglinge durchsetzen, aber seiner Offensivkraft sind die nicht gewachsen. Er zieht alle Register seines Könnens, und als Mann, der eine Frau erobern will, war er immer unschlagbar. Privatauftritte für Martha in der Kiesgrube zu Rissen, dein ist mein ganzes Herz, verfehlen nicht ihre gewünschte Wirkung. Beim Kampf um die Schöne bleibt er Sieger. »Ich habe ihn an der Alster kennengelernt, da war ich siebzehn«, erinnert sie sich, »er war very british, sehr sicher im Auftreten, elegant, geprägt von seiner ziemlich anspruchsvollen Mutter, der nur das Teuerste gut genug war.« Er überzeugt als genialer Komödiant, der alle imitieren kann, von der Großmutter bis zum Bürgermeister. Der Egoist, der sich am meisten liebt und andere dann, wenn sie ihn bewundern, ist ein faszinierender Träumer, und dafür hat sie ein umwerfendes Beispiel: »Als ich achtzehn war, wurden wir in den Baldnerhof nach Kampen eingeladen. Nachdem wir wieder draußen waren, blickte Axel zurück auf das pompöse Gemäuer und sagte: Dieses Haus liebe ich, das wird eines Tages mir gehören.« Er behielt recht. Später beauftragte er einen Vertrauten, »um jeden Preis« von Frau Baldner das Haus zu kaufen. Der Klenderhof wurde für viele Jahre Springers Burg auf Sylt.

Ottilie Springer hilft dem Sohn nicht nur mit Geld aus ihrem Spartopf für Notfälle des Lebens, als der zu Martha fährt, um sie aus dem Internat zu entführen. Sie bearbeitet ihren Mann, der seinen Erben für einen unheilbaren Romantiker hält und der, so wie Marthas Vater auch, gegen diese Verbindung ist. Zu früh, sind ja noch Kinder. Zu spät, sind keine Kinder mehr. Der Widerstand der Väter bricht zusam-

Der Sänger in der Kiesgrube

men, als den Familien gebeichtet wird, daß Martha schwanger ist. 1933 wird geheiratet, er ist 21 und sie zwanzig Jahre alt. Im Dezember kommt Tochter Barbara auf die Welt. »War ein Versehen«, berichtet Axel Springer einem Freund, »wir haben nicht aufgepaßt«, stürzt sich aber sogleich in die neue Rolle als junger Ehemann, spielt die so überzeugend, daß »Baby« Meyer noch heute davon schwärmt, am liebsten hätte er sie in die Wanduhr gesperrt, bis er abends nach Hause kommt, damit sie außer ihm keiner sieht.

Genauso schnell, wie er sich verliebte, ist er andererseits wieder genervt von ihrer Fürsorglichkeit, ihrer Liebe, findet es spannender, mit seinem Freund Robert Dependorf im »Fliegenden Hamburger« nach Berlin zu fahren, dort fröhliche Wochenenden zu verbringen – Suite im Eden-Hotel, Likör bei Mampe, Diner bei Horcher, dann in die Nachtklubs – und sich intensiv mit den langbeinigen Mannequins aus dem Modesalon Bibernell zu beschäftigen. Auch das ist typisch für Axel Springer: nur die Eroberung an sich hat ihn interessiert, egal ob Frauen oder Männer oder Zeitungen oder Leser. Aber alles, was länger als eine schöne Arie dauert, zum Alltag ausufert, wird ihm schnell langweilig. Wahrscheinlich hat er nie ein Theaterstück bis zum Ende durchgehalten, denn still zu sitzen war ihm verhaßt, in großen Räumen monologisierend herumzugehen die Lust des geborenen Mimen.

Als bei seinem ungeliebten Erfolgsblatt »Jasmin« in München in den sechziger Jahren ein Fest gegeben wird, zu dem der Verleger aus Hamburg anreist, muß zuvor die Wand zwischen den Büros der Chefredakteure eingerissen, Platz geschaffen werden. Man kennt seine Art. Er findet den Aufwand selbstverständlich, und daß sich da einer über die Kosten lustig macht, hört er ungern. Ist ja schließlich sein Geld, und er braucht für seine Auftritte nun mal die große Bühne und nicht das Kammerspiel. Er weiß, daß ein Zimmer voll ist, wenn er es betritt. Also darf es gern schon mal etwas größer sein.

Die Ehe mit Martha geb. Meyer besteht eigentlich nur drei Jahre, wird aber erst 1938 geschieden, Tochter Barbara, spä-

Der Fall Axel Springer

ter nur noch Bärbel genannt, bleibt bei der Mutter. Wieder zeigt Axel Springer, was er in seiner altväterlichen pastoralen Sprache des 19. Jahrhunderts Herzensgüte genannt hätte. Er versorgt nicht nur die Exfrau großzügig, er besucht nach dem Krieg ihre Mutter, die das KZ überlebt hat, im Altersheim bei Lübeck, mit Imponiergehabe, großer Sicherheitsbegleitung und Blaulicht vorfahrend, aber nie den Kaviar vergessend. Seiner Jugendliebe Martha, die in zweiter Ehe einen Hamburger Kaufmann heiratet, verspricht er, daß er sie immer versorgen wird, und er hält dieses Versprechen mit monatlichen Überweisungen. Nach Axel Springers Tod hätte man das im Konzern gern vergessen, aber die erste Frau Springer erinnert sehr deutlich daran, bis sie einen größeren Scheck bekommt.

Oma Ottilie, wie sich seine Mutter in Briefen an ihre verschiedenen Enkel gerne nannte, ist zwar die wichtigste Frau in Axel Springers Leben, aber es widerspricht nicht dieser Einschätzung besonderer Sohnesliebe, daß der Verleger am Ende ihres Lebens von Mutters Marotten nichts mehr hören wollte und von den Pflichtbesuchen bei der alten Dame eher gestreßt zurückkam. Er braucht sie nicht mehr, schafft es ganz alleine, aber sie will jetzt erst recht ganz Königsmutter sein. So besteht sie zum Beispiel darauf, daß ihr der Chauffeur jeden Morgen frische Brötchen von einem ganz bestimmten Bäcker liefert. Auch in die Heide, weit von Hamburg entfernt. Der Fahrer legt sie kurz vor der Ankunft immer auf die Motorhaube, damit sie wieder warm werden. Sie nennt ihr Haus dem geliebten Dichter zu Ehren Villa Weimar und wundert sich, daß sie lange keine Post bekommt, weil der Briefträger von ihrer ganz besonderen Beziehung zu Goethe natürlich nichts wissen kann und diese Anschrift nicht kennt. Die Enkel – am Schluß sind es drei – empfängt sie zu bestimmten Zeiten immer einzeln, nie zusammen. Sie müssen gut gekämmt und brav sein, und zum Abschied gibt es stets ein kleines Beutelchen mit Pfennigstücken. 1960 stirbt sie. Springer erwähnt sie dankbar in vielen Reden, die er immer wieder als Möglichkeit zu großen Monologen sieht und die er lange probt. Acht Jahre nach ihrem Tod spendet

Der Sänger in der Kiesgrube

er 250 000 Dollar für einen Ottilie-Springer-Lehrstuhl an der Brandeis University in der Nähe von Boston. Darüber läßt er in seinen Zeitungen ausführlich berichten.

Axel Springers Leben, das er selbst gern geheimnisvoll verklärt »fremdbestimmt« nennt, ist in seinen verschiedenen Phasen vor allem geprägt von besonderen Lieblingsrollen unter all den vielen anderen Hauptrollen. Lieblingsrolle als Sänger und Schauspieler, gleichzeitig Basis für alle anderen, Lieblingsrolle als unwiderstehlicher Frauenheld, Lieblingsrolle als genialischer Verleger, Lieblingsrolle als Gottes verlorener Sohn, Lieblingsrolle als Retter des Vaterlandes, Lieblingsrolle als König. Manchmal darf er in einer einzigen Aufführung alle geben, zum Beispiel 1970 bei den wochenlangen Dreharbeiten zu Renate Harpprechts TV-Film »Einige Tage im Leben des Axel Springer«, zu dem er am liebsten höchstpersönlich das Treatment geschrieben hätte. Er spielt sich glänzend: im Morgenmantel seine Zeitungen studieren, im Wattenmeer das Leben begreifen, in Israel über Gott und die Schuld der Deutschen sinnen, Politikern die Gnade der Aufmerksamkeit per Telegramm erweisen, die längst geschiedene Ehefrau als Gattin hofieren. Und er ist als Axel Springer Superstar viel besser als jener Profimime, der im schlicht dummen Ostberliner Defa-Film über das Leben des dort besonders verhaßten Blattmachers den Verleger gibt.

Der Film und das Kino hätten fast die Zukunft des verhinderten Künstlers bestimmt. Die Nazis hatten 1941 dem Vater die Zeitung geschlossen, nur die Druckerei durfte er behalten: »... wurde am 22. Mai eine Abrede getroffen, die die Aufgabe des Verlagsrechtes der Hamburger Neuesten Zeitung (so hießen inzwischen die Altonaer Nachrichten, Anm. d. Verf.) und die Gewährung einer Entschädigung in Höhe von RM 225 000 an Herrn Springer zum Gegenstand hat«. Von einem Teil dieser Entschädigung will der Sohn und Mitgesellschafter ein Kino in Heidelberg erwerben und basierend darauf eine Kette von Filmtheatern aufbauen. Seine Idee: Gerade in schlechten Zeiten werden die Leute ins Kino rennen, damit ist Geld zu verdienen. Die Reichsfilmkammer lehnt ab, aber der Verlegerssohn, typisch für seine Ungeduld, ist schon dabei, das Geschäft zu lernen – als Filmvorführer und Kartenabreißer im Hamburger Waterloo-Kino in der Nähe des Dammtorbahnhofs.

In einer schwarzen Kladde trägt er während der vorbereitenden Schulung sorgsam mit Bleistift ein, was man fürs Geschäft wissen sollte und er zu lernen hat: Wieviel bleiben nach Abzug aller Kosten in der Kasse, wenn fünfhundert Besucher einen Film besuchen? An welchen Wochentagen muß die Vergnügungssteuer und wann die Lustbarkeitssteuer angemeldet werden? Wann besteht eine »Prolongationspflicht«? Aufzeichnung Springers: »Wenn bei drei Vorstellungen eines Ganzwochenspiels das Zweieinhalbfache der vorhandenen Sitzplätze an den Stichtagen verkauft sind.« Am Beispiel des Films »Flammen in Florenz« malt er sich einen Tagesablauf aus – Kassenöffnung 1.30 Uhr, Gongschlag 1.53 Uhr, 2.00–3.28 Uhr Hauptfilm, 3.28–4.00 Uhr Wochenschau, anschließend Lichtpause.

Aber so richtig interessant werden die Eintragungen erst am Ende dieses bürokratischen Regelwerks. Da nämlich rechnet der künftige Großverleger, offenbar angeödet vom Amtsdeutsch der Bestimmungen, fein säuberlich aus, was ihm in seiner Kasse bleibt, wenn er mit einer Auflage von 250 000 Stück zum Preis für dreißig Pfennig eine Illustrierte produzieren würde, und zwar wöchentlich. Abzüglich Druckkosten und Vertrieb und Personal sind das unterm Strich 8000 Reichsmark. Klingt gut. Der Bariton hat, gar nicht so weit von dem entfernt, wozu ihn der Vater zwingen mußte, eine vielversprechende neue Rolle entdeckt.

Die »Hör Zu«, mit der Springer im Dezember 1946 startete, kostete dreißig Pfennig, vor und nach der Währungsreform. Und ihre Startauflage betrug 250 000.

2. Kapitel

Du lieber Himmel

Eines Nachts beschließt Axel Springer, das Atmen einzustellen, in Ruhe zu sterben und dann wiedergeboren aus dem Jenseits als Prediger auf die Erde zurückzukehren. Das war im Jahre des Herrn 1957, und daß es so einfach nicht klappt, hält ihn nicht davon ab, fest an seine Bestimmung zu glauben. Der nächtlichen Todessehnsucht folgt überraschend beim Frühstück, wie immer Tee und Toast, die Verkündigung: Siehe, hier steht endlich der so oft schon verheißene Erlöser vor euch. Vorausgegangen waren dieser Bekanntmachung wider den gesunden Menschenverstand intensive Gebete in seiner Privatkapelle, die eigentlich nur aus einem langen dunklen Raum in einem Haus auf dem Grundstück Falkenstein bestand, kaum möbliert. Auf einem schweren Eichentisch lag wie auf einem Altar zwischen zwei Kerzen die aufgeschlagene Bibel, an den Wänden hingen das Bildnis des Schmerzensmannes von Lucas Cranach, ein Porträt von Franz von Assisi, eines des frommen Nikolaus von der Flüe.

Der Schweizer Einsiedler (1427–1487), unter dem gängigen Namen Bruder Klaus in seiner Heimat ein Nationalheld und jedem Schulkind ein Begriff, als Retter des Vaterlandes verehrt, war Springer Vorbild ein Leben lang. Der Bauer und Ratsherr, der weder lesen noch schreiben konnte, hatte nach einer Vision inmitten eines »schmerzhaften hellen Lichts« seine wahre Berufung erfahren: Gott zu dienen. Er gehorchte, und zwar unmenschlich rigoros, verließ seine Frau und seine zehn Kinder, zog sich in ein finsteres Tal zurück, in den

Der Fall Axel Springer

Ranft. Der Legende zufolge hat er dort zwanzig Jahre lang gefastet und bis zu seinem Tod als gottesfürchtiger Eremit unter ärmlichen Umständen in einer dunklen Hütte gelebt. Solchen Männern aber kann der Tod nichts anhaben, sie leben ewig im Gedächtnis des Volkes, erklärte Springer, und eine solche legendäre Figur wollte er auch werden, das schien ihm ein würdiges Ziel. Der nach dem Zweiten Weltkrieg heiliggesprochene Nikolaus hat als Analphabet natürlich nichts Schriftliches hinterlassen, aber sein nachgeborener Schüler las alles, was über ihn geschrieben worden war, er besaß eine aus Holz geschnitzte Statue des geheimnisvollen Mystikers mit dem schmerzverzerrten Gesicht, die in seinem Büro stand.

Das Kreuz, das der Verleger nach seiner messianischen Erleuchtung symbolisch für alle tragen wollte, hing als Einzelstück groß und schwer überm Bett in seinem Zimmer im unteren Haus des Anwesens, das direkt am Elbhang lag. Dorthin war er aus der großen Familienvilla gezogen, nachdem ihn so plötzlich das Licht von oben getroffen hatte. Er will in diesem Raum, der sich in einem riesigen Fenster zum breiten Strom öffnet, mit sich und mit seinem Gott alleine sein. Er hält das für ganz selbstverständlich in seiner neuen Rolle als Erlöser. Hatte nicht bereits sein mystischer Mentor Hans Zehrer in dunklen Andeutungen davon gesprochen, daß er, Axel Springer, zu Höherem berufen sei? »Hans Zehrer sagte am Beginn des Jahres 1957 zu mir, Axel, Sie leben 20 Jahre vor Ihrer Zeit und landen in der Religion. Das erste verstand ich nicht, über das zweite lachte ich. Aber er hat recht behalten.«

Das steht als Widmung in einem merkwürdigen Buch, in dem von den »Prophezeiungen in Trance 1911–1988« des amerikanischen Sehers und Mystikers Edgar Cayce erzählt wird, der 1945 verstorben ist. Titel des Esoterik-Traktats: »Der schlafende Prophet.« Springer hat es 1983 einem Freund geschenkt und dringend zur Lektüre empfohlen. Für Bücher dieser Art, die ihm eine auf Esoterik spezialisierte Berliner Buchhandlung besorgte, hatte er eine Schwäche, und vor allem hat er sie gern verschenkt. Der Buchhändler, mei-

Du lieber Himmel

nen Vertraute, habe nach Springers Tod herbe Umsatzverluste verzeichnet.

Ein Psychiater hätte im Sommer 1957 nach Springers messianischen Visionen von Erlösertum und Wiedergeburt wohl einen schizophrenen Schub diagnostiziert, eine Art religiöse Wahnvorstellung, wie sie sich Seelenforscher in so klassischer Erscheinungsform als Fallbeispiel für die medizinische Ausbildung ihrer Studenten wünschen. Normalerweise hat das zwecks Beobachtung der Symptome eine vorübergehende Einweisung des Patienten in eine geschlossene Abteilung zur Folge. Grüß Gott, Jesus, ich bin Napoleon. Um Aufsehen zu vermeiden, hätte es in hanseatischen Kreisen, zu denen der Verlegerssohn aus Altona damals schon gehörte, denn er war erfolgreich und mächtig, auch ein vertrauliches Gespräch mit dem renommierten Hamburger Psychiater Bürger-Prinz getan. Der pflegte in solchen Fällen, die ihm aus der Hamburger Gesellschaft nicht fremd waren – liegt's am Klima? –, die Patienten zu einer ganz bestimmten Kur in ein ganz bestimmtes Sanatorium in die Berge zu schicken. Ratlos, was zu tun wäre, schlossen Rosemarie Springer und Christian Kracht einen geheimen Pakt, »ganz zufällig« den berühmten Professor ins Gespräch zu bringen. Vergeblich. Springer blieb bei sich. Da er keine Telefongespräche annahm, mußte der »Assistent des Verlegers«, wie sich Kracht damals nannte, mehrmals täglich zwischen dem Verlagshaus in der Innenstadt und dem Haus draußen an der Elbe hin und her fahren.

Visionen, wie Springer sie hatte, sind allerdings nichts Ungewöhnliches für Tiefenpsychologen, und mit schweren Störungen müssen solche Erscheinungen nicht unbedingt zu tun haben. Man hätte bei C.G.Jung fündig werden können – und dort sogar noch einen entscheidenden Bezug entdeckt, um Springers plötzliche Verwandlungen besser zu verstehen. Jung über die Visionen des Nikolaus von der Flüe: »Ich habe medizinisch an Bruder Klaus überhaupt nichts auszusetzen. Ich betrachte ihn als einen ungewöhnlichen, aber keineswegs krankhaften Menschen... der wenige Male auf der Bühne der Welt erschien, daneben aber ein langes Leben in

Der Fall Axel Springer

den Ländern der Seele lebte.« In seinen Visionen und Halluzinationen seien nicht unbedingt schizophrene Wahnideen zu sehen, eher der klassische Ausdruck fortschreitender Selbstfindung. Natürlich zitiert Springer diese Sätze als Beleg dafür, daß er eben nicht verrückt sei, sondern ganz normal seiner eigentlichen Bestimmung folgte, glichen doch seine Visionen denen des Schweizer Vorbilds. Weil aber Jesus in der richtigen Welt Axel heißt, muß die Krankheit geheimgehalten werden. Auch Mutter Ottilie ahnt nichts vom abgehobenen Sohn, denn sie hätte diesen erneuten Aufstieg ihres Caesar als ganz normal empfunden und allen davon erzählt. Einige wenige Eingeweihte von König Axels Tafelrunde sorgen dafür, daß die offizielle Lesart für die Außenwelt akzeptabel klingt: der Mann an der Spitze des Konzerns habe eine vorübergehende kleine Herzschwäche, außerdem leide er wie bekannt seit seiner Jugend an einer Unterfunktion der Schilddrüse und könne deshalb seine Geschäfte nur von zu Hause führen. Waren doch schwere Jahre gewesen seit 1945, und daß ein Mann nach solchen Anstrengungen des Aufbaus mal erschöpft sein würde, war nachvollziehbar.

Axel Springer wird von denen, die ihn wirklich lieben und verehren, der Wirklichkeit entzogen. Zufällige Besucher aus der feinen Nachbarschaft schlucken eine gewisse Irritation hanseatisch gefaßt hinunter, nachdem sie zum erstenmal vom Hausherrn gesegnet werden, der aber nur nickt und überhaupt nicht lacht, als sie ihn scherzend fragen, Axel, was ist, bist du Jesus?

Daß Springer allerdings selbst in diesen gespaltenen Zeiten sehr wohl weiß, was mit ihm geschieht, was in ihm geschieht, daß er also neben sich steht und sich in seiner neuen Rolle beobachtet, wird 1967 aus einem Gespräch mit dem »Zeit«-Reporter Ben Witter deutlich. Dem erzählt er bei einem Spaziergang in Berlin, dunkel mystisch, von einer Sinn- und Lebenskrise, die ihn mal befallen habe im Jahre 1957, ohne sie zu erklären oder gar davon zu berichten. Und daß er es dem alten Philipp Reemtsma, dem ähnliches widerfahren war, zu verdanken habe, aus dieser Phase lebend her-

Gottes verlorener Sohn: Axel Springer wollte in den fünfziger Jahren lieber predigen als Zeitungen machen

Der Fall Axel Springer

ausgekommen zu sein: »Vor zehn Jahren hatte ich eine Krise. Unter anderem fragte ich mich, warum der Zigarettenfabrikant Philipp Reemtsma auf einen Brief von mir nichts von sich hören ließ. Abends klingelte es. Reemtsma stand vor der Tür. Wir kamen gar nicht auf den Brief zu sprechen. Ich traute meinen Ohren nicht. Er sprach von meinen Problemen. Er ging und nahm meine Probleme mit, ich wartete, aber sie kamen nicht wieder. Ich war sie los.«

Reemtsma hat ihn in der Tat auf Bitten von Springers Frau Rosemarie besucht, und ihr Mann verdankt es hauptsächlich ihr, der resoluten Krankenschwester, daß er seine Probleme los wird – oder nicht mehr als Probleme empfindet. Sie hat nicht den Fehler gemacht, in Gelächter auszubrechen, als er eines Morgens verkündet, Blut in seinen Schuhen gefunden zu haben, oder sich an den Kopf zu greifen, als er mit verklärtem Seherblick – den er ja bis in sein Alter auf allen offiziellen Fotos inszenierte – seine Handflächen hochhält und auf die Stigmata hinweist. Seine persönliche Astrologin Ina Hetzel hätte fast ihren einträglichen Job verloren, weil sie dem damaligen Messias vom Falkenstein bei Gelegenheit trocken erwiderte: »Quatsch, Stigmata, das kommt vom Koffertragen.« Als ob König Axel jemals selbst einen Koffer getragen hätte. Er hat sich ja nicht mal gebückt, wenn ihm ein Zettel auf den Boden fiel. Dafür hatte er seine Bücklinge.

Rosemarie Springer gibt dem Wahn Sinn. Sie läßt sich geduldig von ihm erklären, wie es denn wäre, wenn er als Prediger durch die Länder ziehen würde, um das Wort Gottes zu verkünden. Sie drängt sofort die Herren des Verlages, etwa den ehrbaren Kaufmann Karl Andreas Voß, mit dem Gemurmel, schon wieder ein Fieberanfall, aus dem Zimmer, wenn der Verleger mitten im scheinbar vernünftigen Strategiegespräch vom Marketing übergangslos zur Mystik umschwenkt und erklärt, wie mit seiner und Gottes Hilfe die Einheit des geliebten deutschen Vaterlandes wiederzugewinnen ist. Oder warum es nötig sei, in »Bild« die Bibel als Serie zu drucken. Sie sorgt dafür, daß er trotz aller pathetischen Ankündigungen, nie mehr essen zu wollen, so wie es sein Vorbild Nikolaus von der Flüe gemacht habe, nicht an Unter-

Du lieber Himmel

ernährung stirbt. Der Kühlschrank ist stets voll, und sie spricht natürlich nicht darüber, wenn sie morgens feststellt, daß Jesus in seiner Verkörperung als Axel nachts doch ganz irdischen Hunger gehabt hat.

Seine Frau hat ihn damals gerettet, und nicht nur demütig als Maria, die ihm die Füße wäscht und salbt, sondern auch als Magdalena, die gottergeben kniet vor ihm und dem Kreuz, bevor sie ihn lieben darf. Eines Tages hat sie nach intensiven Gesprächen mit dem Arzt eine ganz simple Idee in die Tat umgesetzt, auf die sie durch Bibellektüre gekommen war. Jesus, der ja seine Nächsten liebte wie sich selbst und eben nicht nur wie Axel sich selbst als seinen Nächsten, mußte an seine göttliche Bestimmung erinnert werden, Menschen selbstlos zu helfen und von allem Übel zu erlösen. Sie bricht also vor ihrem Mann auf dem Boden zusammen, windet sich in Krämpfen, hustet zum Gotterbarmen und erklärt, nunmehr sterben zu müssen. Von Stund an kümmert sich Axel Springer um sie, vergißt die eigenen Ambitionen zu sterben und sorgt dafür, daß sie bald wieder zu Kräften kommt. Er erlöst sie von ihren Schmerzen.

Was er natürlich nach dem überstandenen Schub nicht vergißt, ist die ihm seiner Überzeugung nach von Gott gestellte Aufgabe, die Menschheit zu erlösen oder zumindest den Teil, der Deutsch spricht. Nicht als Weltentsager, nicht als Gottessohn, und nicht als wiedergeborener armer Wanderprediger, denn er begreift, für seine nüchterne Umwelt würde dies doch eher seltsam anmuten und den Erfolg der Sache gefährden. Aber als Prophet, als ein Auserwählter, als einer der wenigen Gerechten, die es in der Geschichte der Menschheit immer wieder gegeben hatte und die scheinbar Unmögliches möglich machten, sieht er sich immer noch.

Kaum verschlüsselt hat er in einem kunstvoll symbolisierten Geburtstagsbrief für ein Jubiläum der Frauenzeitschrift »Constanze«, die er mitbegründet, seine Anteile daran aber bald wieder an Freund John Jahr verkauft hat, die »geistige Ecke« beschrieben, seine nämlich, aus der heraus er handelt: »Vor einigen hundert Jahren, genau im Jahre 1128, wurde in Italien ein Sohn reicher Eltern geboren. Er war lebenslustig wie nur wenige Burschen in seinem Städtchen. Ja, bis eines Tages ihn eine schwere Krankheit packte. Als er hieraus erwacht war, ging eine seltsame Veränderung mit ihm vor. Er entsagte allem Reichtum und wurde ein Anwalt der Armen und des Friedens. Genaugenommen war er ein Rebell gegen Sattheit und Trägheit des Herzens. Alle Menschen seiner Zeit merkten dies, und er hinterließ so deutliche Spuren, daß man ihn später einen Heiligen nannte.« Falls Franz von Assisi heute noch leben würde, schließt Springer, würde er sich »mit allen Fasern seines Herzens um die Erhaltung des Friedens bemühen... und alle Leute aufzurütteln versuchen, die vergessen haben, daß noch 17 Millionen Menschen in einem anderen Teil Deutschlands leben, in dem es unmenschlich zugeht«.

Bei Franz von Assisi fasziniert Springer die biographische Parallele zum reichen Bürgerssohn, der so wie er nichts ausgelassen hat, bevor ihn die Erleuchtung traf. Bei Nikolaus von der Flüe beeindruckt ihn die Gläubigkeit des nicht theologisch ausgebildeten Laien, der sich auf die Suche nach Gott begeben hat. Bei solchen Gottsuchern sind Verzückungen und Visionen eine »außerordentliche Begleiterscheinung des mystischen Lebens«. Diese Visionen pflegen »oft die fehlende theologische Ausbildung und Ausdrucksweise zu ersetzen«, wie in einer Geschichte Flües zu lesen ist. Paßt alles so auf Axel Springer. Instinktiv adaptiert und verinnerlicht er es, bis er glaubt, daß es seine eigenen Gedanken sind.

Wichtigster Interpret Flües wird für Springer der Schweizer Kirchenhistoriker Walter Nigg. Er liest nicht nur dessen Bücher und verlegt später einen schwer verkäuflichen Prachtband über Engel, den der fromme Eidgenosse verfaßt hat. Der Pfarrer und Professor für Kirchengeschichte an der Universität Zürich war für den Gottsucher aus Altona vor allem eine Art Starez. So wird in der russischen Ostkirche ein Meister genannt, der den fragenden Schüler auf den richtigen Weg führt. In den letzten Lebensjahren Springers wurde Nigg übrigens häufig aus der Schweiz nach Berlin oder Hamburg zu religiösen Gesprächen eingeflogen. In Niggs Schriften findet der Verleger eine Erklärung für eigene Erlebnisse: »Vi-

Du lieber Himmel

sionen sind von Gott gewirkte Erscheinungen, ihrem überwirklichen Realismus kann der Mensch nur Glauben oder Unglauben entgegenbringen.« Oder: »Die Begegnung mit der bärtigen Gestalt grenzt an ein Glaubensabenteuer, wobei es nicht zum voraus feststeht, ob einer mit heiler Haut davonkommt.«

Was Nigg in seinem Buch »Die Heiligen kommen wieder« über Flüe und dessen Weg zu Gott schrieb, hat Springer vor allem auf sich bezogen und danach zu handeln versucht. Beispiele:

»Er war der größte Freund des Friedens, doch wo es fürs Vaterland zu streiten galt, wollte er nicht, daß die Feinde wegen seiner Untätigkeit unverschämt großtun könnten.«

»Wenn immer ein Mensch das endliche Dasein mit letztem Ernst bis zu den Grenzen durchschreitet, führt es ihn schließlich unweigerlich über sich hinaus. Der Einbruch des Übernatürlichen in der Form von Visionen erfolgte in Nikolausens Leben inmitten der prosaischen Alltäglichkeit und gab seinem Leben eine unerwartete Wendung.«

»In den politischen Aussagen erweist sich Niklaus als ein Mann, der wie kaum ein zweiter die Krankheit seiner Zeit gründlich durchschaut hat.«

»In einem überaus kritischen Zeitpunkt der Eidgenossenschaft war es dem Einsiedler beschieden, seinem Volk den Weg zur Heilung zu weisen. Nur ein Mensch, der außerhalb des Lebens Wirren stand ... hatte eine derart überlegene Autorität.«

Ersetzt man Nikolaus durch Springer und ersetzt man die Schweiz durch das geteilte Deutschland, dann ist die Beschreibung des Propheten genau die Beschreibung eines Mannes und seiner Aufgabe, in der sich Springer erkannte. Künftig hielt er sich zwar nicht mehr für Gottes verlorenen Sohn, aber für einen jener Auserwählten, deren von Gott gestellte Aufgabe es ist, die Welt vor dem Satan zu retten. Was ja der simplen Philosophie aller Blätter entspricht, die ihm gehören. Für das Gute, wo immer man es vermutet, gegen das Böse, wo immer es lauert.« »Ich bin ein politisch engagierter Christ«, erklärt der Verleger viele Jahre später in ei-

Der Fall Axel Springer

nem Interview mit »Kontinent«, dem von ihm finanzierten Magazin russischer Dissidenten, »das ist kein Geheimnis. Und ich habe aus dem christlichen Glaubensbild Leitbilder, die mein Leben und Wirken prägend begleiteten.« Als Beispiel für ein solches Leitbild nennt er Nikolaus von der Flüe, den Heiligen und Einsiedler des Mittelalters, den »Pater Patriae der Schweiz«. Wer etwas vom Bruder-Klaus-Mysterium ahne, der könne fühlen, daß dieser Mann noch immer unsichtbar unterwegs sei. Bei Besuchen in der Ranft, dem Tal, in dem Flües Klause steht und zu der die Schweizer seit Jahrhunderten ehrfürchtig pilgern, habe »ich die Bedeutung des ewigen Mahnworts Nächstenliebe verstanden«.

Springers gelegentliche Aufstiege in die Schweizer Berge führten übrigens ab und an noch zu einem Absturz in alte Verzückungen, wenn er dort kleine blonde Kinder sah, die er für Engel hielt, von Gott für ihn als Helfer im Kampf gegen das Böse gesandt, und reinen Glaubens seine Begleitung drängte, sie für ihn zu adoptieren. Man brauchte schon großes Geschick, um ihn von seinem Engelglauben abzubringen und daran zu hindern, die Eltern zu besuchen. Hätte von denen ja ganz anders verstanden werden können. Mißverstanden.

In Rougemont, nur wenige Kilometer von Gstaad entfernt, wo er zwei Häuser besaß, ließ er für 130 000 Schweizer Franken ein Chalet bauen, auf einer einsamen Bergwiese, mühsam erreichbar sommers per Jeep und winters nur per Hubschrauber. Es unterschied sich von anderen Berghütten durch den kleinen Turm, der sich aus der Mitte des Dachfirstes erhob. Der lokale »Anzeiger von Saanen« lästerte, dieser würde Springer »die Möglichkeit geben, mit dem Glöcklein die Bergtiere zur gemeinsamen Andacht zusammenzurufen«. So weit lagen sie mit ihrer Bosheit nicht daneben, die Schweizer Journalisten, denn in der Tat betete und meditierte Springer in diesem Turm, aber nicht weil er eine Meise hatte. Die Erklärung liegt in einer der überlieferten Visionen des Nikolaus. Als Sechzehnjähriger habe der »einen hohen hübschen Turm an der Stätte gesehen, wo jetzt sein Häuslein und die Kapelle stehen«.

Du lieber Himmel

Nachdem im Januar 1975 durch – nie ermittelte – Brandstifter Springers stilles Refugium zerstört worden war, ließ der Verleger aus den Überresten der Gemäuer einen Gedenkstein für Nikolaus von der Flüe errichten. Auf dem Bronzerelief mit dem schmerzverzogenen und knorrig-hageren Bildnis des bärtigen Schweizer Einsiedlers stehen Flüe-Sätze, die Springer auswendig konnte und immer wieder in vielen seiner Reden benutzte: »Was die Seele für den Leib ist, ist Gott für den Staat. Wenn die Seele aus dem Körper weicht, dann zerfällt er. Wenn Gott aus dem Staat getrieben wird, ist er dem Untergang geweiht.«

Alles nur eine höchst eigenwillig gespielte und en suite gegebene Aufführung des verhinderten Schauspielers Axel Springer in der Rolle seines Lebens? Oder ist der Erfolgsverleger wirklich der an der Welt verzweifelnde Gottsucher und gläubige Christ, ein Stückchen Franz von Assisi, ein Stückchen Nikolaus von der Flüe, sehr viel Messias? »Ich weiß nicht genau, was ein frommer Mensch ist«, sagt er zu seiner Gesprächspartnerin Renate Harpprecht, »aber ich bin einer, der sich um die Religion bemüht, um die Rückbesinnung. Matthias Claudius, den ich über alles liebe, hat einmal in seinem wunderbaren Brief an seinen Sohn Johannes, der eigentlich ein Testament ist, zum Schluß so sinngemäß gesagt... und bevor du deine Augen schließt, bekenne dich in aller Öffentlichkeit zum Christentum. Manchmal denke ich, daß in dieser Zeit des Abfalls von Gott dieses Bekenntnis vom einzelnen eigentlich häufiger und mutiger ausgesprochen werden sollte, daß eigentlich die Trägheit des Herzens die schlimmste und nicht zu vergebende Sünde ist. Ich sehe das auch im politischen Raum so. Ich glaube, daß kein politisches System die Menschen glücklicher machen wird, und deshalb mein großes Interesse an der Rückbesinnung.«

Das war, sagt Emmanuel Jungclaussen, damals einfacher Pater und heute Abt des Benediktinerklosters im bayerischen Niederalteich, bei ihm eine Art kindlicher Glaube: »Er suchte Gott und Jesus, den Sohn Gottes. Er hielt nichts von irgendwelchen modernen theologischen Theorien. Er war ein zutiefst gläubiger Mensch.« Einer, der ausgerechnet im Jah-

Der Fall Axel Springer

re des Studentenaufruhrs 1968 auf die Frage, wer denn der beste Chefredakteur für die »Bild«-Zeitung sei, ganz schlicht und ernsthaft antwortet, das könne eigentlich nur Jesus sein, muß zumindest überzeugt sein von dem, was er tut und sagt. Springer, der die Theologen seiner protestantischen Kirche oder gar ihre politisch gewordenen Pastoren nicht begreifen konnte und bekämpfte, bestätigt diesen Kinderglauben: »Ich erinnere mich aus meiner Schulzeit, daß ich ganz still wurde, wenn uns etwa die Rollbilder vom See Genezareth gezeigt wurden und Jesus den Armen und Kranken Hilfe brachte.« Und er erzählt später stolz in einem Interview ausgerechnet mit dem bösen »Stern«, »wenn ich einen Vortrag halte, und da sind 1500 Leute, und ich fange an, über Gott zu sprechen, dann geht der Beifall richtig los«.

Eines Tages offenbart er sich – »seit langer Zeit zutiefst beeindruckt von den Wirkungen des immerwährenden Herzensgebetes« – in einem Brief an Emmanuel Jungclaussen als Gottsuchender und bittet um ein Gespräch. Er brauche einen geistlichen Meister für jenes immerwährende Herzensgebet, auch Jesusgebet genannt, einen, der ihm das erklären und die Methoden des richtigen Sprechens beibringen könne. Dieses Jesusgebet zieht sich als roter Faden durch die »Aufrichtigen Erzählungen eines russischen Pilgers«, die Jungclaussen in Deutschland herausgegeben und die Springer wiederholt gelesen hat. Ein Gebet, das eigentlich einfach klingt und keiner Interpretation bedarf: »Herr Jesus Christus, Sohn Gottes, erbarme Dich meiner.« Es soll, so empfiehlt es der mystische russische Pilger in den Erzählungen, und so predigen es seine geistlichen Deuter, viele tausendmal den ganzen Tag über laut oder stumm gebetet werden, bis es die Kraft eines göttlichen Mantra erfüllt, bis es sich quasi innerlich von selbst aus dem Herzen (deshalb Herzensgebet) spricht und man es nicht mehr selbst aufsagen muß.

In den wenigen Zeilen ist die gesamte Kraft und Wirkung des Evangeliums von der Erlösung des Menschen durch Jesus Christus zu finden, sagt sein Interpret Jungclaussen. Was Springer, der vor allem bei schwierigen Problemen in seinem Leben nach möglichst einfachen, begreifbaren Lösungen sucht, tief beeindruckt. Er ist nun mal kein Intellektueller.

Das Jesusgebet ist deshalb ein Schlüssel, um das Springersche Gottesbild von einem großen gütigen Vater zu verstehen. Denn diese wenigen Zeilen sind eben mehr als nur eine Art christlicher Meditationsformel, die dem Betenden, der den Rhythmus des Gebetes dem Rhythmus von Einatmen und Ausatmen unterordnet, den Weg zu einem höheren Sein frei machen und eine neue Dimension öffnen soll. Springer, der oft durch die Wahl seiner Buchgeschenke missionierte und die Beschenkten mit seltsamen Traktaten überraschte, hat es deshalb am 26. Juli 1979, wenige Monate vor seinem Brief nach Niederalteich, mit einer Widmung seinem Hamburger Arzt Dr. Will Müller-Jensen geschickt, der ihm autogenes Training beibrachte: »Mit Dank auch für geduldiges Zuhören, wenn ich wieder mal aus meiner Welt erzählt habe.« Seine Welt: Die Welt der Visionen und Erleuchtungen und inneren Stimmen und des hellen Lichts.

Man braucht nicht unbedingt in den Untiefen religiöser Erbauungsschriften zu gründeln, um auf das Herzensgebet zu stoßen. Sogar in einem Buch der Weltliteratur findet sich überraschend eine Definition, in J. D. Salingers Roman »Franny und Zooey«. Da erklärt Franny ihrem Freund Lane, wie das Gebet funktioniert: »Was man am Anfang braucht, ist nur Quantität, und später wird es von selbst Qualität. Durch eigene Kraft oder so ... Du bekommst Gott zu sehen, in einem vollkommen unkörperlichen Winkel deines Herzens – dort, wo, wie die Hindus sagen, Atman seinen Wohnsitz hat ... und du siehst Gott, das ist es ... und frag mich bitte nicht, wer oder was Gott ist. Ich weiß nicht einmal, ob es ihn gibt.« Womit geklärt ist, warum Axel Springer außer der Bibel und Luther-Biographien, außer den Werken von Blaise Pascal und Georges Bernanos, und neben allerlei religiösen und mystischen Schriften von Jakob Lorber und Emanuel Swedenborg, ausgerechnet ein Buch des Kultautors einer ganz anderen Generation las.

Das Jesusgebet zu beten heißt, an der kindlichen Überzeugung festzuhalten, daß Gott alle Sünden verzeihen und alles wieder richten werde, wenn man ihn nur demütig darum bittet. Und es verspricht eine religiöse Erfahrung, nämlich Gott zu sehen, die Springer in der evangelischen Amtskirche vermißt, weshalb er sie verlassen hatte. Deshalb sprach er dieses Gebet den Tag über, allein und in sich gekehrt oder leise vor wichtigen Sitzungen, und besonders dann, wenn er nachts nicht schlafen konnte und in den Werken von Lorber und dessen Neuoffenbarungen, die dieser angeblich direkt von Gott empfing, keinen Trost fand. Das Gebet half ihm in seiner ständigen Unruhe, und auch da sah er eine Parallele zum Leben von Flüe: »Der Kleinkram des Alltags wurde ihm gleichgültig, die Abwechslungsbedürfnisse der Menschen muteten ihn öde an, und das gewöhnliche Sonntagschristentum befriedigte ihn nicht mehr«, heißt es in einer Beschreibung des Schweizers, nachdem er seine Vision erlebt hatte.

Aber ebenso überzeugt Springer die Aussage der Herzensgebet-Interpreten, daß es einer unter Zehntausenden sei, einer in jeder Generation, der es schaffen würde, dieses Gebet richtig zu beten, also aus sich heraus sprechen zu lassen. Dieser Auserwählte heißt nach seiner Meinung Axel Springer, und er weiß es schon seit jenen Erscheinungen des Jahres 1957. Direkt vor Ort in Niederalteich will er von Emmanuel Jungclaussen mehr darüber erfahren. Der Verleger begibt sich als guter Journalist, der er ja manchmal noch sein konnte, direkt an die Quelle.

In diesen Zeiten ist Axel Springer von schwerbewaffneten Sicherheitsbeamten begleitet. Bis Nürnberg sind er und seine »armierten Leibwächter« an jenem Novembertag des Jahres 1979 gemeinsam geflogen und von dort mit der aus Berlin vorausgeschickten gepanzerten Limousine ins Kloster gefahren. Die vier Bodyguards und seinen Fahrer beordert Springer trotz aller Proteste in ein Hotel in den Nachbarort, er verweist auf die Pistole, die er bei sich trägt, mit der werde er sich im Notfall schon schützen können. Das hat die Sicherheitsbeamten nicht beruhigt, denn sie wissen sehr wohl, daß Springer ein lausiger Schütze ist, weil er Waffen haßt, und sich wahrscheinlich selbst aus Versehen ins Bein geschossen hätte, statt einen Angreifer zu treffen. Doch der Ver-

Du lieber Himmel

leger setzt sich durch, denn im Kloster will er mit seinen Problemen allein sein und nicht wie sonst bei jedem Schritt bewacht werden. Er besucht die Gottesdienste, die nach byzantinischem Ritus abgehalten werden, also starke Anklänge an die seinem Glauben mehr entsprechende mystische Ostkirche haben und bei denen er in der Schar der Betenden nicht auffällt. Er spricht mit Emmanuel Jungclaussen viele Stunden lang über sein Verhältnis zu Gott und woran man göttliches Wirken in dieser Welt erkennen könne, er spricht über seine Erlebnisse auf Patmos, Insel der apokalyptischen Johannesoffenbarung, wo er ein Haus besitzt, aber vor allem über die Techniken, das Herzensgebet in seinen Alltag zu integrieren.

Vom eigentlichen Inhalt solcher Gespräche, also von den Problemen und Depressionen und Endzeitängsten, die den Menschen Springer quälen, gibt es nichts zu erzählen, weil der Seelsorger darüber nicht spricht: »Er betete nicht nur für sich, sondern vor allem für andere, ich muß für den kranken Prinzen Reuss beten und ihn am Leben halten, sagte er zum Beispiel mehrere Male. Für die Beziehung Gott – Mensch ist nicht die Frage entscheidend, ob man die Kirche besucht, sondern daß man an die Kraft des Gebetes glaubt.«

Schlafen kann Springer übrigens bei seinem dreitägigen Besuch im Kloster trotz aller Klagen über seine Schlaflosigkeit und dieses unangenehme Zucken im Bein ganz wunderbar. Er zieht sich abends nach einem letzten Spaziergang in seine schmale Zelle zurück und ist wenig später eingeschlafen. Jungclaussen erging es nicht so gut, der dachte immer nur, lieber Gott, was mache ich bloß, wenn jetzt die RAF kommt?

Sie kam nicht. Und nachdem Springer 20 000 Mark für den Neubau der Kirche gespendet, gegen Quittung selbstverständlich, und sich wie ein Kind über Jungclaussens Mutter gefreut hatte, die er in ihrem Zimmer beim Lesen seiner Lieblingszeitung »Hamburger Abendblatt« überraschte, durften ihn seine erleichterten Leibwächter wieder abholen. Der Verleger kehrte zurück ins wahre Leben, aber damals, im November 1979, war sein wahres Leben schon weit von seinem Konzern entfernt. Die zutiefst konservative evangeli-

Der Fall Axel Springer

sche Sachbuchautorin Christa Meves, mit der er oft am Telefon über religiöse Fragen sprach und deren Bücher er schätzte: »In den letzten Jahren seines Lebens waren das Interesse und der Blick Axel Springers fest nach oben gerichtet. Die Arbeit am Konzern wurde ihm zur opferreichen Last, die er nur noch in demütiger Standfestigkeit und Verantwortung weiterführte.«

Die Kirche seiner Kindheit hatte er zehn Jahre zuvor verlassen, weil er die seiner Meinung nach unangemessene Politisierung der evangelischen Landeskirche nicht mehr ertragen und vor allen Dingen nicht mit seiner pflichtgemäß abgeführten Kirchensteuer finanzieren wollte. Auch die unverhohlenen Sympathien führender Theologen wie Helmut Gollwitzer und Kurt Scharf für die Ziele der Studentenrebellion, also für die Leute, die immer ENTEIGNET SPRINGER an die Mauern sprühten und in den Straßen brüllten, förderten nicht seine Zuneigung. Er hatte von den Altlutheranern in Berlin gehört, gegründet zwischen 1817 und 1830 in Preußen, deren Geschichte geprägt war vom Gehorsam zu Gott und vom Widerstand gegen den Staat nur dann, wenn dessen Handlungen nicht mit den Gesetzen Gottes übereinstimmten.

Diese radikalen Christen interessierten ihn. Der Pastor ihrer Zehlendorfer Gemeinde war überrascht, als eines Tages vom Büro des Berliner Verlegers angerufen wurde, ob er Zeit für ein Gespräch über Religion habe. Jobst Schöne, der angesichts der Produkte des Hauses, die ihm nicht gefielen, eher skeptisch gegenüber Springer eingestellt war, sagte zu: »Ich spreche mit jedem.« Ein paar Tage später: Anfahrt des Verlegers, beschützt von Sicherheitsbeamten in großen dunklen Wagen.

Erwartet hatte Schöne einen reichen Mann, der noch ein bißchen Gott in sein Leben integrieren und wahrscheinlich von ihm wissen wollte, wie man das am besten macht, ohne daß es weh tut. Aber schon während dieses ersten Gesprächs wurde er eines Besseren belehrt, denn Axel Springer hatte die Bibel nicht nur gelesen und studiert, er kannte außerdem viele Schriften, die sich mit dem Buch der Bücher beschäftigten.

Du lieber Himmel

Er wußte also nicht nur, was er von dieser Kirche wollte – eine neue geistige Heimat –, er wußte auch genau, wonach er fragte. Am Schluß des Treffens erklärte er »Ich möchte Mitglied in Ihrer Gemeinde werden«, aber Schöne warnte Springer vor falschen Vorstellungen: »Erwarten Sie von dieser Kirche nicht die Parteinahme für Ihre politischen Vorstellungen, nur weil die Berliner Landeskirche die andere Seite begünstigt. Wir wollen tagespolitisch neutral bleiben, im Gehorsam gegenüber Gott, vor dem wir alle gleich sind und vor dem wir uns eines Tages alle verantworten müssen. Und wir werden uns freilich dann in Politik und Staat einmischen, wenn wir glauben, es sei an der Zeit für einen Christen, Widerstand zu leisten.«

Genau das suche ich, sagt Springer. Bald darauf stellt er den offiziellen Antrag, aufgenommen zu werden, ist ab März 1969 Altlutheraner und besucht regelmäßig den Gottesdienst in Zehlendorf. Was ein wenig Unruhe in die Gemeinde bringt, denn die Herren mit der Knarre lassen ihren Schützling auch im Hause des Herrn nicht allein. Er diskutiert mit Jobst Schöne über dessen Predigten, will mal spontan telefonischen Rat oder bietet seinen an, gibt das von seinem Einkommen, was alle Gemeindemitglieder geben, nämlich rund drei Prozent ihres privaten Verdienstes, denn die Kirche finanziert sich und die Gehälter ihrer Pastoren ausschließlich aus freiwilligen Abgaben. Eigentlich war die Gemeinde in Berlin vom damaligen Bischof zur Schließung vorgesehen, weil nicht mehr genügend Geld da war. Bis Gott Springer vorbeischickte.

Jobst Schöne, heute Bischof der Altlutheraner in Hannover, erinnert sich an einen charmanten, ironischen Mann, der nichts von einem Frömmler hatte, der stark in seinem Glauben war und sehr wohl wußte, daß andere ihn deswegen hinter seinem Rücken auslachten, auch die Redakteure seines Verlages, mit denen er über Gott diskutieren wollte. Oder die feinen Leute, die er zu Adventsveranstaltungen mit großem Buffet in seinen Journalistenclub im 18. Stock des Berliner Verlagsgebäudes lud, die sich unterm Tisch anstießen, wenn er über dem Tisch ein Gebet sprach.

Der Fall Axel Springer

Axel Springer gibt aber lausbübisch augenzwinkernd zu, als er die Kosten für das gesamte neue Gestühl der Kirche übernimmt, daß er in seinem Leben so wie Franz von Assisi kaum was ausgelassen habe, also ein bißchen aktive Buße nichts schaden könne. Der Verleger zeigt sich als weltoffener und gläubiger Mensch. Er nimmt ganz im Gegensatz zu sonstigem Verhalten nicht übel, als der Pastor eher unwirsch auf die Empfehlung irgendwelcher mystischer Schriften reagiert. Es zählt nur ein Wort, und das steht in der Bibel, sagt Schöne.

So sah es Springer eigentlich auch, denn mit moderner Theologie oder einem politisch geprägten Christentum, wie es sich in den sechziger Jahren während der Studentenrebellion entwickelte, konnte er nichts anfangen. Er nahm die Bibel wörtlich und ihre Interpreten beim Wort. Als ausgerechnet sein »Hamburger Abendblatt« an Weihnachten 1968 in einer fünfteiligen Serie über die »Rebellen im Namen Christi« berichtete, machte er von oben herab den damaligen Chefredakteur Martin Saller mit seinem Gottesbild vertraut: »Für mich ist das Gute, das überall in der Welt vorhanden ist, der Nachweis für die Gegenwart Gottes und das Böse in der Welt der Hinweis auf die Existenz des Teufels. Mitten in dieser guten und bösen Welt steht der Mensch – und damit natürlich auch der Zeitungsmann... Der Zürcher protestantische Kirchenhistoriker Walter Nigg, dessen Bücher mich seit mehr als zehn Jahren begleiten, schrieb hierzu kürzlich: Die Theologie wurde im Laufe der Zeit streitsüchtig und ergab sich oft einer spekulativen Behaupterei. Sie sank ab, und in der Gegenwart nahm sie zuweilen einen auflösenden, sich verhängnisvoll auswirkenden Charakter an. Deshalb ist es angebracht, der Theologie mit einer gewissen Vorsicht zu begegnen. Eine solche Vorsicht hat die Redaktion in der Serie kaum walten lassen... Schließlich ist bereits bei Kant nachzulesen... daß der Mensch von Gott nur durch den Glauben wissen kann... Dem Menschen zu helfen, daß er wieder fähig wird zur Transzendenz, oder anspruchsloser gesagt, ihm zu demonstrieren, daß nicht nur Böses, sondern überall auch das Gute in der Welt existiert, daß Weltgeschichte ein

Du lieber Himmel

unaufhörlicher Kampf zwischen Gut und Böse ist und daß es gilt, in dieser Auseinandersetzung ständig Stellung zu beziehen: Dies, so glaube ich, ist die Aufgabe eines verantwortlichen Zeitungshauses in der heutigen Gesellschaft.«

Der Briefschreiber beließ es nicht dabei, mit dieser Kritik einmal das »Problem der Verantwortung eines im christlichen Geiste aktiven Zeitungshauses« zu fixieren, er zog Konsequenzen. Und die waren nicht ganz so christlich, denn der Mann an der Spitze des »Abendblatts« wurde wenige Monate später abgelöst. Sein Nachfolger stand in der Sonne des Herrn, weil er zu dessen Wohlgefallen Teile aus der Bibel abgedruckt hatte. Aber schwarze Wolken bedrohten sogar diesen Bibeltreuen, wie er dem Brief seines Verlegers entnehmen mußte, der es als unnötig empfand, daß der Ketzer Küng mit kritischen Äußerungen über den Papst im »Hamburger Abendblatt« zu Wort kam, denn den Gläubigen würde so etwas »Schmerzen bereiten. Der stille Raum des Glaubens verträgt nicht die laute Diskussion. Wenn Zorn erlaubt wäre, würden sie mit Matthias Claudius sagen: Bleibe der Religion Deiner Väter getreu und hasse die theologischen Kannegießer. Ich schreibe Ihnen diese Zeilen mit der Bitte um den Schutz für solche Leser Ihres Blattes, die den Weg des Glaubens bereits gefunden zu haben glauben.«

Der norddeutsche Protestant, der sich längst als Preuße fühlte und nicht als Hanseat, was historisch richtig ist, denn Altona gehörte bis zur Eingemeindung in Groß-Hamburg zu Preußen, holte sich für seine Gebete und Erleuchtungen, für seine Gottsuche und für seine Messiasanwandlungen das für ihn am besten Passende aus verschiedenen Kirchen. Die weihrauchselige Tradition und die Bilderkraft aus der Ostkirche, von deren trotz Kommunismus immer noch intakter Kraft er überzeugt war, den Engelsglauben und die Verehrung des Heiligen Geistes aus der katholischen Kirche, die unbedingte Treue gegenüber Gottes Wort von den Altlutheranern, die geheimnisvollen Verkündigungen der bevorstehenden Endzeit von den Meistern der christlichen Mystik. Und die Überzeugung, daß der Messias wiederkehren werde, und zwar bald, vom jüdischen Glauben, der in Verbindung

Der Fall Axel Springer

mit der deutschen Schuld aus dem anderen Tausendjährigen Reich sein Leben geradezu entscheidend prägte.

Da ihn das letzte Buch der Bibel, die Offenbarung des Johannes – nicht zu verwechseln mit Johannes dem Täufer, der das Johannesevangelium schrieb –, in seiner geheimnisvollen Bildersprache faszinierte, war es nur konsequent, daß er eines Tages auf der Suche nach Jesus bei den Orthodoxen landete. Buchstäblich, auf der Insel Patmos, wohin der andere Johannes, der Verkünder der Apokalypse, verbannt worden war. Hier baute Springer sein letztes Haus, sein kleinstes, hier folgte er den Neuoffenbarungen des Jakob Lorber, wiederum buchstäblich, Schritt für Schritt in den Spuren der höchst komplizierten biblischen Offenbarung. Auf der griechischen Insel endete seine Reise zu Gott, bevor er sich selbst auf die letzte Reise begab.

Patmos hat Springer bei einem Segeltörn mit Freunden und seiner damaligen Lebensgefährtin entdeckt. Aber es dauert von seinem Wunsch, hier zu bauen, vier Jahre, bis 1978 alles seine weltliche Ordnung hat und endlich die erste und die zweite Hypothek, 1 200 000 und 2 800 000 Drachmen, auf den Namen des Verlegers eingetragen waren. Ein kleiner Fiat wird für die engen Gassen der Insel gekauft und eingeführt, es kommen Möbel aus Deutschland. Ärger gab es nur beim Zoll, moniert der Hamburger Anwalt, in Personalunion Generalkonsul der Republik Zypern und Strohmann für den Kauf, in einem Brief an den lieben Axel. »Nur die Nr. 51, der gekreuzigte Christus, ist dort noch nicht angekommen, obwohl er in der Liste der Möbel enthalten war. Nach Rückfrage bei ... habe ich jedoch erfahren, daß die Nr. 51 nicht mitgeschickt worden war und man vergessen hatte, sie auf der Liste auszustreichen. Wie konnte man das auch, wenn es sich um den gekreuzigten Christus handelte.«

Die Geschichte von Springer und seiner schwärmerischen Liebe zu Patmos entbehrt allerdings angesichts der ewigen Erkenntnisse, um die er ringt, nicht einer gewissen Banalität. Ein seltsamer Mann Gottes, Athenagoras, griechisch-orthodoxer Erzbischof von Thyateira und Großbritannien,

Du lieber Himmel

der salbungsvoll formuliert, spielt darin eine Rolle, aber »der Wisch, auf dem der Erzbischof schreibt, spricht gegen ihn«, vermerkt der Notar, der für Springer kaufen soll. Ein »Fräulein Riewerts, das im Auftrage von Herrn Springer« im Hilton Hotel Athen einem Strohmann 15 000 Mark in bar zum Kauf des Grundstückes – Kosten insgesamt 171 000 Mark – auf Patmos überbrachte, wird erwähnt, gemeint ist die spätere Frau Springers. Auch die Abrechnungen des Korrespondenzanwalts über Schiffspassagen und Mittagessen mit Beamten und Trinkgelder wirken im Vergleich zu den Summen, um die es sonst am Hofe des Königs geht, bescheiden.

Zum Schmierentheater paßt, daß sich der Verleger 1977 in seinen Blättern feiern läßt, weil er in Berlin das goldene Thyateira-Großkreuz als »Verteidiger des Glaubens und der menschlichen Freiheit« erhält. Es ist die höchste Auszeichnung des Erzbistums, kein Wunder bei den Summen, um die es ging. Es wird überreicht vom Erzbischof persönlich, jener Eminenz Athenagoras, der ihm das Patmos-Grundstück verkauft hat – was natürlich nicht in der Zeitung steht. Schon zwei Jahre später, 1979, gibt es ein höchst unchristliches Gefeilsche mit dem geistlichen Herrn, der Grundstück und Haus neben Springer verkaufen will, dies freundlicherweise bei entsprechenden Konditionen aber zunächst dem reichen Nachbarn anbietet, den er natürlich abzocken will: »Ich bitte herzlich um die Gefälligkeit«, schreibt er dem Vermittler, »Herrn und Frau A. Springer davon in Kenntnis zu setzen, daß meine Schwester keine hinterlistigen Absichten beim Verkauf ihres Hauses hegt, geschweige denn die Absicht, auf irgend jemanden Druck auszuüben ... die bis zum heutigen Tag entstandenen Baukosten des Hauses betragen annähernd 10 000 000 Drachmen (etwa 500 000 Mark). Natürlich ist in diesem Betrag nicht der Wert des Grund und Bodens enthalten, der sich bis zum Meer erstreckt und der aufgeteilt in Grundstücken beim Verkauf viel einbringen kann.«

Die versteckte Drohung zeigt Wirkung. Zwar will der Neffe des Bischofs im Namen seines Onkels insgesamt eine Million Mark, zwar wird er gedrückt auf 600 000, aber auch das ist noch das Fünffache des tatsächlichen Wertes. Sprin-

Der Fall Axel Springer

ger will seine Ruhe haben, das weiß der Bischof, und Springer bezahlt dafür teuer.

Die erste Spur in Sachen Springer und Griechenland hatte wie so oft in journalistischen Kreisen der Stuttgarter Branchendienst Kress-Report, der am 27.6.74 die Gründung einer »Greek and Foreign Publications« in Athen vermeldete, an der Springer neunzig Prozent hielt, allerdings davon ausging, daß sich AS im Lande der Militärherrscher verlegerisch betätigen wollte: »Sieht der Verleger Axel Springer dort das Heil?« fragte der Journalist, und er kam mit dieser rhetorischen Frage der Wahrheit nahe. Springer suchte ja wirklich in Griechenland das Heil, aber das hatte nichts mit der Welt der Obristen zu tun, sondern mit dem Heil, das aus dem Wort Gottes kam. Mit einer anderen Welt, mit der Offenbarung, die Johannes auf Patmos schrieb.

Diese Insel war der Überlieferung nach eine Art Strafkolonie, wohin Kritiker des Römischen Reiches, seines heidnischen Kaiserkults und seiner blutigen Verfolgung der Urchristen, verbannt wurden. Unter ihnen Johannes, der dort in einer dunklen Höhle lebte. Durch ihn kündigt Jesus Christus seine Rückkehr als Weltenrichter an. Eigentlich ist die Apokalypse, die in blutigen dunklen Alpträumen, bizarren Bildern und wortgewaltigen Visionen beschrieben wird, besser definiert als »Offenbarung Jesu Christi durch Johannes«, denn der Verbannte wird nur als Werkzeug benutzt. Die Stimme eines Engels war, so steht es geschrieben, nach einer Posaunenfanfare aus den Wolken gekommen und hatte Johannes befohlen, die Botschaft Christi vom bevorstehenden Weltuntergang zu verkünden.

Seine Frau, so erzählt es in seinen letzten Jahren der Verleger manchen Gästen, die ihn auf Patmos besuchen, habe mit ihm auf dem Fleck gestanden, auf dem er dann sein Haus hat bauen lassen. Plötzlich habe sie sich zu ihm umgedreht und von einer Stimme berichtet, die aus dem Himmel gekommen war und dreimal Friede, Friede, Friede gesagt habe.

Das letzte Buch der Bibel nachzuerzählen und zu deuten, ihr schwierigstes und geheimnisvollstes und in sich vielfach

Du lieber Himmel

gebrochen, ist in vielen dicken Büchern versucht worden. Historisch zu belegen ist, daß die Botschaft eine Art Rundschreiben an die christlichen Gemeinden war und daß diese Epistel des Johannes von einem Boten von Ort zu Ort getragen wurde, was in diesen Zeiten der römischen Diktatur nicht ungefährlich war. Worum es geht, wird in der biblischen, kunstlosen Sprache des Vorwortes deutlich: »Offenbarung Jesu Christi, die Gott ihm gegeben hat, um seinen Knechten zu zeigen, was in Kürze geschehen muß, und er hat sie durch seinen Engel seinem Knecht Johannes gezeigt. Dieser hat das Wort Gottes und das Zeugnis Jesu Christi bezeugt: alles, was er geschaut hat. Selig, wer diese prophetischen Worte vorliest, und die, welche das darin Geschriebene hören und bewahren; denn die Zeit ist nahe.«

An den bevorstehenden Weltuntergang glaubt auch Axel Springer. Die Bibel auf Kassetten liegt griffbereit, er hörte sie in vielen schlaflosen Nächten. Die komplizierte Offenbarung, die ihm Pater Jungclaussen bei einem vierwöchigen Aufenthalt auf Patmos deutet, ist ihm am liebsten. So schwierig sie ist, kommt sie doch in ihrer Bildersprache seinem christlichen Glauben entgegen: Die Laschheit und Mattheit der Gläubigen wird beklagt, die Korruptheit und Machtgeilheit der irdischen Herrscher gegeißelt, vom Reich Gottes wird gesprochen und vom Jüngsten Tag, an dem gerichtet wird über Gerechte und Ungerechte, Engel und Teufel in vielerlei Erscheinungsform werden beschrieben und das neue Weltreich ausgemalt, das Gott nach der Apokalypse schaffen wird. Den Verleger reizt auch das gerade in diesem Buch zutiefst Mystische, das so gar nicht den simplen Gleichnissen der Evangelien von Markus, Matthäus, Lukas und Johannes entspricht und soviel von den Engeln spricht, an die er glaubt, und den Propheten, zu denen er sich zählt.

In einer Rede vor den Heimatvertriebenen, kurz nach dem ersten Urlaub in der Ägäis, sagt er 1974 in Berlin: »Für mich hat die Zahl 7, die Grundeinheit der Schöpfungsgeschichte, eine starke Symbolkraft. Und es spricht vieles dafür, daß in ihr eine metaphysische und biologische Regel steckt. Sieht man es so, dann sind die vergangenen 28 Jahre seit 1946,

Der Fall Axel Springer

seit dem Beginn der Teilung Berlins – 4 mal 7 –, sinnträchtiger als die anonyme Jubiläumszahl des Vierteljahrhunderts. 4 mal 7, das ist Anlaß, an eine Zäsur der Geschichte zu glauben«.

Geheimnisvolle Andeutungen Springers, aber kaum einer begreift, was er meint, denn die Berufsdeutschen reagieren nur auf Klischees, die sie verstehen können – Oder, Neiße, Vertreibung, Kommunisten. So geht unter, daß der Verleger einen Bezug zu Carl Jacob Burckhardt und einem Brief zieht, den er 49 Jahre später (also 7 mal 7) bekommen hat, daß eine Flucht aus der Zone 14 Wochen (2 mal 7), also 98 Tage (14 mal 7) gedauert hat. Seine Rede bei der siebten Verleihung des Goldenen Lenkrades 1982 in Berlin formuliert er denn lieber so, daß es die Armen im Geiste verstehen können: »Die Magie der Zahl hat mich schon immer interessiert. Das reicht bis in die Geburtstage hinein. Tag plus Monat meines Geburtstages ergeben sieben. Tag minus Monat des Geburtstages meiner Frau ergeben ebenfalls sieben. In sieben Tagen hat Gott die Welt geschaffen. Und sieben Engel sah Johannes in seiner Offenbarung auf Patmos, die die letzten sieben Plagen ertragen müssen und damit die Endzeit einleiten. So rahmt die Zahl Sieben in der Bibel die ganze Geschichte unserer Welt ein.«

Im Flüe-Mythos ist es die Darstellung vom sechsspeichigen Rad mit dem gekrönten Haupt in der Mitte, das die sieben kanonischen Stunden symbolisiert, in denen sich der Mönch nach der Tageseinteilung des kirchlichen Stundengebetes an Gott wendet. In der Bildersprache der Johannesoffenbarung gibt es viele Beispiele für die Magie der Zahl Sieben: Als Johannes sich nach der Stimme umdreht, die aus dem Himmel zu ihm spricht, sieht er sieben goldene Leuchter um den Menschensohn, und in seiner Hand hat er sieben Sterne. Das Buch der sieben Siegel, das Christus in der Hand hält, ist das geheimnisvolle Buch der Apokalypse und an vielen Altären der Ostkirche abgebildet, es sind sieben Engel, die am Thron Gottes sitzen und von sieben Posaunen intoniert die sieben Plagen, die sogenannten Wehen der Endzeit, verkünden – Krieg, Bürgerkrieg, Erdbeben, Hungersnot, Seu-

Du lieber Himmel

chentod, Verfolgung der Gläubigen, kosmische Katastrophen und schließlich das Jüngste Gericht, die Rückkehr des Gottessohnes. Adressaten der Offenbarung sind sieben Gemeinden, auszuhalten sind noch dreieinhalb Jahre (die Hälfte von 7) der Bedrängnis, also 1260 Tage. Der feuerrote Drache, der Satan, hat sieben Häupter, das Tier, auf dem die große Hure der Sünde reitet (Sinnbild für Babylon und Rom), hat sieben Köpfe usw.

Springer meditiert auf Patmos mit den Mönchen im Kloster des Johannes, ihre Sprache versteht er nicht und sie nicht seine. Aber die Sprache Gottes aus der Bibel verstehen sie gemeinsam. Er fastet und übt sich in Enthaltung, denn das ist der Weg, den die Mystiker beschrieben haben, das führt zu Visionen, zu Erleuchtungen, zu inneren Stimmen. Am Grab seines Freundes Pierre Joachim Pabst, mit dem zusammen er einst die Insel der Offenbarung entdeckt hat, sagt er: »Nur Heilige sind heute noch imstande, den erkrankten Nationen die gewünschte Rettung zu bringen. Wo sind sie? Kommen sie? Wann kommen sie?«

Der Mann, der die Nation verteidigen will, weil er in sich einen göttlichen Auftrag zu spüren vermeint, hat schon früher in einem Brief an sein Patenkind sein Ziel umrissen: »In Deinem Vaterland sieht es nicht gut aus. Es gibt Leute, die sagen, daß Dein Patenonkel Axel zu denen gehört, die versuchen zu retten, was zu retten ist.«

Du lieber Himmel.

3. Kapitel
Der Prophet und die Macht der Sterne

Axel Springer trifft im Sommer 1941 auf Sylt zum erstenmal seinen Guru, und der 29jährige aus Altona verliebt sich sofort in den berühmten Hans Zehrer aus Berlin. Nicht in die Person, Gott soll ihn doch vor solchen homoerotischen Anwandlungen schützen, sondern in den metaphysischen Wortqualm, den der ausstößt. So was hat er schon lange gesucht, beim handfesten Vater nie gefunden und bei den väterlichen Freunden erst recht nicht. Felix Jud war zu zynisch für Gefühlsduseleien, dem konnte er damit nicht kommen, Walther Hansemann hat ihn ausgelacht und gesagt, lies erst mal ein paar richtige Bücher. Seine damalige Frau Katrin will auch nichts von seinen dunklen Visionen hören, eher Milchpulver für den kleinen Axel organisieren und vor allem heil den Krieg überstehen.

In diese Lücke stößt der Eremit von Kampen. Immer wieder hatte Springer seine Bekannten auf Sylt, die Verleger Henry Goverts und Ernst Rowohlt oder den Schriftsteller Ernst von Salomon bedrängt, ihn doch endlich mit dem großen Journalisten bekannt zu machen, der sich in ein kleines Häuschen auf der Insel zurückgezogen hatte. Zehrer, zwar zunächst unwillig, irgendeinen reichen Hamburger Jüngling zu treffen, hat genug mit sich selbst zu tun, ist aber nach Auskunft der wenigen, die davon noch berichten können, sofort gepackt von Springer, dem noch unbeschriebenen Blatt, und dessen Suche nach Sinn in sinnloser Zeit. Der Meister hat einen Schüler gefunden, und dies nennt er Fügung.

Der Fall Axel Springer

Bei ihrem ersten gemeinsamen Spaziergang am Watt sehen die Zurückgebliebenen durchs Fenster nur große Gesten des damals 42jährigen Ex-Chefredakteurs der Zeitschrift »Die Tat«. Der beschreibt nicht nur die aufregend anregenden Zeiten des Ullstein-Verlages und dessen »Vossische Zeitung«, in der er seine Karriere begonnen hat. Er redet bedeutend über den Tag hinaus, über den deutschen Menschen an sich. Spricht von Religion und Volk, von Vaterland und Führertum, von Philosophie und Schuld. Nicht unbedingt von der eigenen, denn die scheint ihm angesichts der Taten von Hitler & Co. in der Erinnerung immer geringer zu werden. Er hat sich längst wieder mit dem herrschenden System arrangiert. Predigt dem jungen Mann vor allem von der notwendigen Rückbesinnung auf sogenannte ewige Werte der Nation. Erzählt Springer vom Schweizer Eremiten Nikolaus von Flüe, den Zehrer bei seinem Psychologiestudium in den Schriften C. G. Jungs entdeckt hat. Empfiehlt ihm die Schriften von Mystikern wie Swedenborg und Bücher von Balzac. Kann scheinbar schlüssig begründen, warum es in bestimmten Zeiten vom Weltgeist Auserwählte braucht, um die Welt zu verändern.

Irgendwie hat Axel Springer das zwar gespürt, aber jetzt bekommt er Argumente. Seine dunklen Gefühle werden in Worte gefaßt, in denen er sie wiedererkennt. Kein Wunder, daß er den Mann glühend bewundert, der sie ihm liefert. Er hat mir die Zukunft gedeutet, erzählt er später, und er meint natürlich seine eigene. Und Zehrer hat sie geprägt, denn dessen Ansichten von Staat, Volk und Gott werden – in Variationen – die des Großverlegers. Am Strand zu wandern, wo der Blick aufs Meer Unendlichkeit ahnen läßt, über den Sinn des Lebens zu philosophieren, über Gott und das Vaterland, liebt er noch dreißig Jahre später. Was dann nicht jedermanns Sache ist. Das halte ich nicht mehr aus, klagte einmal der alte Burda seinen Söhnen, mit Axel nachts über die Einheit zu reden. Das müßt ihr mir abnehmen.

»So wie der zweite Aufstieg Hans Zehrers ohne Springer nicht zu denken ist, ist auch das Phänomen Axel Springer

Der Prophet und die Macht der Sterne

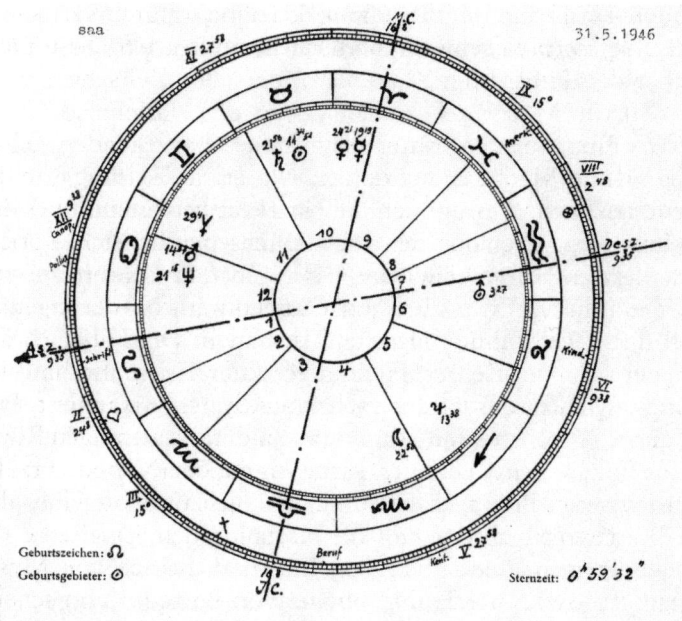

Alle Macht den Sternen: Axel Springers Konstellationen, nach denen ihm seine täglichen Horoskope gestellt wurden

Der Fall Axel Springer

ohne Hans Zehrer nicht zu erklären«, schreibt Ebbo Demandt 1970 in seiner analytisch bestechenden Dissertation über den Publizisten Zehrer.

An die Macht gekommen wären die Nationalsozialisten ohne ihn, aber der konservative Prophet hat alles getan, um sie an die Macht zu schreiben, wie er Ende 1933 in einem kurzfristigen Anflug von Selbsterkenntnis sogar bekennt: »Im übrigen schäme ich mich immer peinlicher der Arbeit der letzten Jahre, nie wieder!« Die »Tat«-Prediger haben Hitler überhitlert, wie Carl von Ossietzky im November 1932 in der »Weltbühne« lästerte, als man in Deutschland noch lästern durfte. Zehrer, Herausgeber der Zeitschrift und geistiger Mentor des daraus entstandenen »Tat«-Kreises – Ernst Jünger, Otto Strasser, Ernst von Salomon, aber auch Theodor Plivier, Ernst Lemmer, Kurt Schumacher –, war einer der effektivsten Propagandisten einer neuen Ordnung mit alten völkischen Mythen, bevor die Nazis ihren Mythos vom Tausendjährigen Reich ausriefen. Ihn einen Salon-Nazi zu nennen ist deshalb erlaubt, obwohl er niemals Mitglied der NSDAP war, denn er hat die Nazis salonfähig gemacht, die braunen Schläger zu Prätorianern stilisiert. Der Solitär marschierte im Geiste mit den Kohorten, die Deutschland zerstören sollten. Nie im Gleichschritt, immer voraus.

Es hat ihn deshalb nicht nur in seiner Eitelkeit, sondern vor allem in seinem journalistischen Selbstverständnis getroffen, daß ihn die neuen Herren nicht mehr brauchten, als sie es, auch dank seiner Leitartikel, geschafft hatten. Daß sie ihm seine Zeitschrift wegnahmen und damit seine Kanzel, von der aus er zum intelligenteren Teil des Volkes sprach, verzieh er ihnen nie. Enttäuscht verließ er die Hauptstadt, ein Brandstifter ohne Streichhölzer, nunmehr auf der Suche nach Religion statt nach dem neuen Menschen.

Von wegen Emigration auf Sylt und sich dort versteckt vor den Häschern, wie es die Zehrer-Legende will. Von wegen knapp den SA-Mördern entkommen, die sein politisches Idol Kurt von Schleicher am Schreibtisch erschossen: Er wurde nicht gesucht, niemand hatte ihm verboten, zu schreiben, und Sylt lag nicht aus der Welt. Unter dem allen Informierten be-

Der Prophet und die Macht der Sterne

kannten Pseudonym Hans Thomas verfaßte er einen Roman »Percy auf Abwegen« und das Drehbuch zum Film »Ein Glas Wasser«. Die Nazis wußten immer, wo er war, falls sie ihn hätten holen wollen. Sie hatten nicht den Eindruck, daß er ein Widersacher des Systems werden würde. Darum hatten sie nichts dagegen, als er 1938 nach Berlin zurückkehrte, Mitglied der Reichsschrifttumskammer wurde und Lektor des Stalling-Verlages, später Chef des Unternehmens. Seine jüdische Frau hat er, als das noch ging, nach London geschickt – »... emigrieren kann ich zunächst nicht, denn das hieße, mich ins jüdische Lager hinüberziehen zu wollen, und da sage ich: nein!« –, sich später von ihr scheiden lassen. Er war also im Sinne der herrschenden Ideologie durchaus wieder ein guter Deutscher, als er mit Springer auf Sylt zusammentraf.

Zehrer war zwar einer der wichtigsten Schreibtischtäter, von denen die Weimarer Republik totgeschrieben wurde, aber beileibe nicht der einzige. Und nicht der einzige, der nach dem Krieg in einem neuen demokratischen Staat ohne Scham und ohne Skrupel dort weitermachte, wo er einst aufhören mußte. Immerhin habe er ja unter den Nazis nicht politisch geschrieben, betonte er immer wieder, als ob er es nie gewollt hätte, als ob er aus eigener Entscheidung Abstinenz geübt hätte. Es gab Schlimmere als ihn, allerdings kaum Gebildetere. Anständige gab es nicht, die hatten Schreibverbot, mußten emigrieren oder endeten im KZ.

Axel Springer, der doch sonst so klar die Schuld der Deutschen benennt, mischt Opfer und Täter, Liberale und Reaktionäre in einen sentimentalen Brei der Erinnerung, als er bei der Eröffnung seines Berliner Verlagshauses die »Namen der großen Journalisten« nennt, die einst bei den großen Verlagen geschrieben haben: »Theodor Wolff, Georg Bernhard, Maximilian Harden, Julius Elbau, Ernst Wallenberg, Carl von Ossietzky, Monty Jacobs, Alfred Kerr – nur einige wenige will ich nennen. Auch Hans Zehrer gehört dazu, der hier in der Kochstraße als Außenpolitiker der ›Vossischen Zeitung‹ begann und dessen letztes Büro als Chefredakteur der ›Welt‹ wieder hier in der Kochstraße stand.«

Der Fall Axel Springer

Die Geschichte deutscher Journalisten im Dritten Reich ist nicht besser als die deutscher Juristen oder deutscher Mediziner, die sich später herausredeten, nicht persönlich kriminell geworden zu sein, nur Befehle befolgt zu haben. Zehrers tödliche Worte gegen die Demokratie wurden gelesen und diskutiert, als noch diskutiert werden durfte. »Die Tat« galt als meinungsbildendes Intelligenzblatt, hatte am Ende der Weimarer Republik Einfluß nicht nur bei Studenten und Politikern, auch in Kreisen der Reichswehr und der rheinischen Großindustrie. Die glaubten wie Zehrer, die Person Hitler durch einen Mann wie Kurt von Schleicher verhindern zu können, wollten aber einen autoritären Führerstaat wie der Mann aus Braunau. Der Leitartikler unterstützte General Schleicher und bildete sich ein, daß der ihn ebenso brauchte. Bei ihm hätte er gerne in einer Regierung mitgemacht, als Theoretiker der neuen Staatsideologie. Das Volk war nicht reif für eine Demokratie, die Masse brauchte einen Führer und die rechten Intellektuellen auch. »Die Sehnsucht nach diesem einzelnen ist im Volk seit über einem Jahrzehnt vorhanden«, schrieb 1931 der Mann, der sich als Journalist schon damals für einzigartig hielt und prophezeite: »Wir wollen uns doch nichts vormachen: Wenn das erste scharfe, aber gerechte Kommandowort eines wirklich persönlichen Willens in das deutsche Volk hineinfahren würde, würde sich dieses Volk formieren und zusammenschließen, es würde einschwenken und marschieren, und es würde befreit aufatmen, weil es den Weg wieder wissen würde.« Führer, befiehl, wir folgen, hieß es wenig später bei den Faschisten, und was daraus wurde, ist deutsche Geschichte.

Zehrers reaktionär-völkische »Tat« nannte sich zwar im Untertitel »Unabhängige Monatszeitschrift zur Gestaltung neuer Wirklichkeit«, aber diese neue Wirklichkeit wurde nur in besserer Sprache beschrieben als im »Stürmer«. Zehrers Idee von einer Volksgemeinschaft entsprach einer Pyramide: unten die breite dumpfe Masse, darüber eine elitäre Führungsschicht, oben der starke Führer. Die Rechtsradikalen im Umkreis des Springer-Konzerns Anfang der neunziger

Der Prophet und die Macht der Sterne

Jahre, Autoren ausgerechnet des einst so liberalen Ullstein-Verlages, können sich als Nolte-Schüler natürlich besser ausdrücken als die glatzigen Skinheads. Aber ihre Totschläger-Gedanken sind nicht ungefährlicher als die echten Totschläger der Schreihälse auf der Straße.

So wurde als Aufforderung zum Handeln verstanden, was von Zehrer in der »Tat« oder später in seiner »Täglichen Rundschau«, die er parallel leitete, verkündet wurde: *Das verrottete System der Weimarer Republik muß weg. Parteien und Parlament sind verdorbene Kinder dieses undeutschen Liberalismus. Nur autoritäre Figuren können das Land retten. Die Ausrichtung nach Westen ist falsch, daher kommt die Dekadenz, wie man sie vor allem in Berlin erleben kann, im Osten bei den unverdorbenen Bauernvölkern ist dagegen noch Kraft. Nur ein nationaler Sozialismus kann die Klassenschranken überwinden. Wir brauchen keine Intellektuellen, die alles in Frage stellen, und keine linken Literaten. Nacktkultur ist keine Kunst, nur Kulturbolschewismus und Ausdruck einer Gottlosigkeit.*

Das geistige Klima, das zehn Jahre später zu Auschwitz führen sollte, ist von gebildeten Herrenmenschen wie Zehrer vorbereitet worden. Die Juden hätten zwar Weimar bestimmt, schrieb er in einem seiner letzten »Tat«-Artikel, bevor ihn im Juni 1933 die Nazis absetzten, weil sie seine Schleichereien nicht vergessen hatten und ihm alle Anpassung nichts mehr nützte, nun aber komme der harte Gegenschlag, eine »historische und metaphysische Gerechtigkeit, die von einer höheren Vernunft gerechtfertigt ist«. Die Nachfolger, seine Geistesverwandten Wirsing und Fried, traten nicht nur der SS bei, sondern als treue Verehrer und Verkünder des Führerwillens an die Öffentlichkeit. Beide holte Zehrer bei erster Gelegenheit wieder in seine Redaktion, als er 1948 zunächst das evangelische »Sonntagsblatt« machen durfte, dadurch sozusagen ex cathedra von aller Schuld befreit wurde, später zur »Welt«. Ein gewandelter Konservativer, der seine faschistischen Jugendsünden tief bereute und nunmehr ein echter Demokrat geworden war?

Was Zehrer drei Jahre nach dem Zusammenbruch der Na-

Der Fall Axel Springer

ziherrschaft in den Programmentwurf einer schon wieder rechtsradikalen Partei DRP (Deutsche Rechtspartei) schrieb, klang wie früher. Statt Führer wollte er diesmal einen Monarchen, und schwarzweißrot war die Farbe der Fahne, die wieder mal voranflattern sollte. Axel Springer erwähnt denn auch 1966 in seinem Nachruf auf den Freund, dem zu begegnen wohl »vom Schicksal gewollt« war, dessen Vergangenheit lieber gar nicht und bleibt unverbindlich im Nebel: »Die höchste und am schwersten zu erfüllende Forderung unserer christlichen Religion, liebe deinen Nächsten wie dich selbst, hatte für Hans Zehrer im Felde der Politik einen klaren geographischen Bezug. Ja, auch dem Fernsten gehöre Liebe, aber vor allem dem Nächsten! Dem, für den uns Deutsche Gott verantwortlich gemacht hat. Dem Nächsten in Dresden, Rostock, Ostberlin. Er hat ... die Deutschen vor der Wiederholung einer schweren Schuld bewahrt ...«

Nach dem Krieg braucht Springer seinen Mystiker von Sylt noch nicht so dringend, da ist zunächst kein geistiger Überbau gefragt, sondern erst einmal das Fundament des Boulevardimperiums. Da hat er Axel Eggebrecht und Peter von Zahn als Gesprächspartner, aber mit denen redete er nicht über das, was die Welt im Innersten zusammenhält, sondern über Auflagen, über Zeitungen und wie man aus den »Nordwestdeutschen Heften« möglichst unauffällig eine eigene Illustrierte machen kann. Da hat er seinen Dukatenesel Eduard Rhein, seinen kaufmännischen Partner Karl Andreas Voß und seine guten Freunde bei den Engländern, unter anderen Major Nikolaus Huiysmans von der Pressesektion Hamburg. Da hat er vor allem Lust auf Leben und keine Lust, über den Sinn desselben zu grübeln. Das »Abendblatt«-Motto »Seid nett zueinander« allerdings entspricht dem Denken Zehrers, und damit dem von Springer, der nur die Liebe zum Volk, die ihm der andere Konservative gepredigt hat, in eine schlichtere Formel preßte, damit das Volk verstand, was gemeint war. Eine seelische Ruhigstellung nannte das Springer im Rückblick.

Die beiden treffen sich regelmäßig im Hamburger Café L'Arronge, immer noch im Verhältnis Lehrer und Schüler.

Der Prophet und die Macht der Sterne

Der Schüler auf dem Weg nach ganz oben, der Lehrer schon wieder auf dem Weg zurück in die Verbitterung. Denn sein erster Versuch, als Chefredakteur »Die Welt« zu leiten, ist gescheitert. Einspruch der Sozialdemokraten bei den britischen Lizenzgebern. Sie haben noch nicht vergessen, was Zehrer zum Beispiel nach dem Ermächtigungsgesetz über sie geschrieben hat: »Selbst die spontane Auseinandersetzung mit der Sozialdemokratie im Reichstag stand unter einem historischen Aspekt, der das Buch der deutschen Sozialdemokratie beendete und zuschlug, wobei das innere Recht nicht mehr auf der Seite des Besiegten war.« Wollen wir eine demokratische Presse mit den Totengräbern der ersten deutschen Demokratie aufbauen? fragten die Sozis, die bösen. Nein, weg mit ihm. Soll auf Sylt seinen mystischen Quatsch schreiben, hat ja genug Geld, denn sein »Percy« ist einer der ersten Nachkriegsbestseller im Rowohlt-Verlag, sein apokalyptischer und schwer verständlicher Mystik-Wälzer »Der Mensch in dieser Welt« eher nicht. Soll in seiner Welt bleiben, aber nicht in der »Welt«.

Zehrer verspricht, ich komme wieder, schwört den Sozialdemokraten und den Engländern Rache, einen Schwur, den er später in vielen Kommentaren erfüllt. Bedrängt seinen Freund Axel, sich um dieses Blatt zu kümmern, so etwas fehle ihm doch. Und er kommt wieder. Das Zwischenspiel »Sonntagsblatt« ist schnell beendet, als Springer im September 1953 mit Hilfe Erik Blumenfelds und mit Unterstützung Adenauers, der sich ein regierungstreues Blatt verspricht, für nie dementierte lächerliche 3,7 Millionen Mark, wovon ein Großteil noch steuersparend über die Stiftung Welt und später die Axel-Springer-Stiftung läuft, die Mehrheit an »Welt« und »Welt am Sonntag« erwirbt. Vor allem aber mit Hilfe der Briten, die erstens Springer den anderen Interessenten vorziehen (Broschek, Bucerius, Ullstein) und zweitens die Liebe von König Axel für ihre Art nicht vergessen haben. Kracht ist in London und berichtet jeden Abend Springer, der in Kampen lebt, über mögliche neue Entwicklungen bei den Entscheidungen. Zehn Minuten nach der entscheidenden Unterschrift ruft Springer sein »Hänschen« an, los geht's. Die Restauration braucht ihre Väter, das Volk eine Orientierung hin zum angeblich Guten, der Verleger einen Herold für seine erste seriöse Zeitung.

Und er läßt den vier, fünf Jahre lang unbehelligt machen, was er machen will, eine konservativ-liberale Zeitung. Nach wie vor ist Springer kaum interessiert an Politik, seine Aussage beim Kauf, ein unpolitischer Mensch zu sein, war nicht gelogen. Zehrer ist der politische Kopf, der Vordenker. Er führt das Blatt so, wie er es einst bei der Zeitung in Berlin erlebt hat, bei der er seine Karriere begann. Die »Vossische Zeitung«, die im damals linksliberalen Ullstein-Verlag erschien, war eine tolerante Plattform aller Meinungen. Hat er letztlich doch begriffen, daß die Zeiten von Volk ohne Raum und Führer vorbei waren und ganz andere Werte wichtig?

Da trügt der liberale Schein. Zwar verpaßt er dem Blatt ein modernes Layout. Zwar erfindet er die Beilage »Geistige Welt«. Zwar läßt er seiner Redaktion eine lange Leine, es schreiben Liberale wie Paul Sethe und Konservative wie er. Aber auch der alte Faschist Ferdinand (Fried) Zimmermann mischt wieder mit und betreut den Wirtschaftsteil. Wenn sich Adenauer über einen Kommentar beschwert, erteilt Zehrer dem Schreiber Conrad Ahlers einen Rüffel, wie er in einer Aktennotiz vom 26.8.54 vermerkte: »Es handelte sich um die heutige Leitglosse der ›Welt‹, die von Conrad Ahlers geschrieben war und einen politisch nicht tragbaren Absatz enthielt. Ich habe dies zum Anlaß genommen, darüber hinaus eine scharfe und ausführliche Kritik an der Redaktionsunsicherheit zu üben, die das ausgewogene Maß nicht zu halten weiß. Die Konferenz endete um 13 Uhr. Eine Stunde später wurde ich von einem Anruf des Herrn Jacobi vom ›Spiegel‹ bei Herrn Springer unterrichtet, in dem sich dieser erkundigte, ob wieder Schwierigkeiten mit dem Bundeskanzler bestünden. Da ich lediglich als Chefredakteur gesprochen habe, glaube ich, daß es sich bei dem Anruf von Jacobi um einen raffinierten journalistischen Bluff handelt, auf diesem Weg etwas in Erfahrung zu bringen.«

Immerhin: Kommentar und Nachricht sind getrennt, wie

Der Prophet und die Macht der Sterne

es sich gehört für eine Zeitung, die den Anspruch erhebt, die deutsche »Times« zu werden. Zehrer läßt wie damals der Chefredakteur der »Vossischen Zeitung« viele Ansichten gelten, nicht nur die eigene, und macht damit »Die Welt« interessant. Er vertritt Springers Meinung, falls der überhaupt Zeit für einen solchen Luxus hatte, kann aber auch sein, daß Springer seine Meinung nach dem richtete, was Zehrer schrieb, denn immer wieder empfahl er, sogar seinen Geliebten, doch diese oder jene wunderbaren Gedanken von Hans Zehrer zu lesen. Unterstützung des Göttinger Appells von achtzehn Wissenschaftlern gegen Atombewaffnung. Richtig, AS hat sogar dagegen auf dem Hamburger Rathausplatz demonstriert. Warnung vor Adenauers einseitiger Westbindung. Richtig, denn die gefährdet die Wiedervereinigung. Forderung nach Verhandlungen mit den Polen über die Oder-Neiße-Linie. Richtig, die Polen haben am meisten unter Hitler gelitten, wir müssen bezahlen für den verlorenen Krieg.

Aber die Nähe zur regierenden konservativen Macht in Bonn bleibt bestehen, denn Macht hat Zehrer immer schon fasziniert, und daran hat sich nichts geändert. Ob es als Gegengeschäft für positive Berichterstattung besondere Informationen vom Regierungssprecher sind – »Lieber Axel, diese Regelung soll aber streng vertraulich und geheim bleiben und nur Ihnen mitgeteilt werden« – oder Hintergrundgespräche mit dem Geheimdienstchef Gehlen, der schon für die Nazis spionierte und unbeschadet mit Hilfe des CIA die Befreiung überstanden hat. Der Volksprediger hat außerdem noch seine große Gemeinde, wenn er als Hans in »Bild« auf die Kanzel steigt. Massenpublikum. Dort spricht er in kurzen Sätzen so, daß es jeder begreift. Der Journalist als Volkstribun. Er begibt sich gern auf das Niveau von »Bild«, weil er im Millionenblatt mehr Menschen erreicht als in seiner »Welt«. Verändert aber sein Weltbild nicht.

Er war ein Nationalkonservativer, kein Reaktionär, sagt sein Patensohn Hans Weimar, dessen Vater Paul zum Freundeskreis Zehrers gehörte. Er war ein stolzer Solitär, der das Volk erziehen wollte, der sich als einzigartig empfand. Er war ein Mensch, der alles stilisierte, vor allem sich selbst, der sei-

Der Fall Axel Springer

ne Gespräche mit langen Monologen in halbverdunkelten Räumen begann. Das hat Springer von ihm übernommen, bestätigt der Weggefährte Claus Dieter Nagel. Auch »Väterchen« liebte Monologe in halbdunklen Räumen. Und einzigartig war er auch. Aber er war kein Nationalkonservativer, eher ein Nationalliberaler. Mit allen Schwächen, die sie immer schon hatten, erklärt sein Redenschreiber Paul Schmidt-Carell. Manchmal sind die ja ganz schön nach rechts abgedriftet, und das konnte bei Springer ebenso passieren. Der Verleger selbst definierte sich als ein »liberaler Konservativer, der das Gute bewahrt«. Zehrer war ein metaphysischer Mensch, von der richtigen Welt enttäuscht, berichtet Hans Weimar. Paßt auch auf Springer, ergänzt Nagel, aber mein Verleger hat nach seinen Verirrungen in die Mystik wirklich Gott gesucht, weil er daran glaubte. Und der andere nur an den Weltgeist.

Der Zehrer war ein ungeheuer kluger Mann, lobt Paul Schmidt-Carell, der hat Kierkegaard gelesen und die großen Philosophen. Bei Springer war es eher Zufall, daß er mal was Richtiges las. Der stolperte über einen Kalenderspruch und meinte dann, klingt ja gut, von wem ist das? Dann hat ihm »PC« empfohlen, doch mal den ganzen Ernst Moritz Arndt zu lesen, der klingt noch besser, und das hat er getan. Axel war ein Patriot, beteuert sein jüdischer Freund, der Emigrant George Clare, und Zehrer war ein Nationalist. Der Zehrer hat die »Liebe zu diesem Land in mir entfacht«, diktierte Springer dem Zehrer-Biographen Demandt. Er hat ihn jeden Morgen angerufen, noch vor dem Frühstück, sagt Springers Exfrau Rosemarie, hat sich beraten lassen. Manchmal ist er sogar ganz allein zu Hänschen in dessen Refugium nach Kampen gefahren, das war wie ein Besuch im Kloster, wie Exerzitien. Zehrer war sein wichtigster Mann.

Zumindest noch, als er mit ihm, seiner Frau Rosemarie und seinem Spitzenmanager Christian Kracht im Januar 1958 nach Moskau fliegt. Seine Messias-Verzückungen hat der Verleger gerade überwunden. Aber Zehrer, der alles davon weiß und hautnah mitbekommen hat, wie sein Schüler abheben wollte in eine andere Welt, bestätigt ihn in seinem

Der Prophet und die Macht der Sterne

Glauben, daß er zwar nicht Prediger werden sollte, aber für Größeres auserwählt sei. Daß es in der Planung des Weltgeistes, den Springer Gott nennt, liegen würde, nunmehr wirklich Revolutionäres anzugehen und nicht nur Zeitungen zu machen. Ohne diesen Glauben, ohne seine Jesus-Visionen, aber auch ohne ein detailliertes Horoskop hätte sich Springer nie nach Moskau aufgemacht. Es war zwar politisch naiv, sich zuzutrauen, was andere nicht geschafft hatten. Aber diese Naivität war die Naivität von Gottes verlorenem Sohn und nicht nur die übliche Selbstüberschätzung oder gar schlichte Dummheit, die ihm seine Gegner unterstellten.

Die Ansprache, die Springer bei der Weihnachtsfeier 1957 den verblüfften »Welt«-Redakteuren mit in die Feiertage gibt, geschrieben von Zehrer, deutet die große Vision an, die er hatte: »Erst werden wir die Wiedervereinigung machen, dann werden wir nach Berlin ziehen und mit der ›Welt‹ eine Zeitung machen, wie es sie in Deutschland noch nicht gegeben hat. Und mit dieser Zeitung werden wir ein deutsches Volk machen, wie es das auch noch nicht gegeben hat.« Bei »Hör Zu«-Chef Eduard Rhein schaut er kurz in dessen Büro vorbei, um ihn zu informieren, daß er auf dem Weg nach Moskau sei und die Einheit mitbringen werde. Bald würde es Redaktionen in Leipzig, Breslau, Dresden geben und die Auflagen von »Bild« und »Hör Zu« sich verdreifachen lassen. Noch nie hätten die Sterne so günstig gestanden. Jetzt oder nie, sei die Parole.

Was deutsche Politiker nicht erreicht haben trotz vieler Versuche, scheint ihm machbar. Als gottgesandter Anwalt der Armen, der armen Ostdeutschen nämlich, und als ein Mann, der wie Franz von Assisi von der Vorsehung dazu bestimmt ist, die träge Welt aufzurütteln, will er aus Moskau mit der Zusage auf Wiedervereinigung zurückkehren.

Vorbereitet ist das offiziell mit Briefen an den sowjetischen Botschafter in Bonn, der wiederum für die Einladung nach Moskau die nötigen Visa besorgt. Und inoffiziell mit einem genauen Horoskop von Springers Astrologin Ina Hetzel, die den günstigsten Zeitpunkt für die Übergabe des Springerschen Wiedervereinigungsplans berechnet hat. Als Christian

Der Fall Axel Springer

Kracht um 13.50 Ortszeit, wie von Ina Hetzel befohlen, an dem bestimmten Tag im Kreml alles übergeben will, wird er in letzter Minute zurückgerufen. Springer ist ganz bleich und zittert. Hätte alles schiefgehen können durch diesen Fehler. Die selbsternannten Unterhändler, die mit Hilfe einer Wahrsagerin den Deutschen die Einheit bescheren wollten, haben nämlich den Zeitunterschied zwischen Moskau und Deutschland vergessen.

Nervös und schlechter Laune ist der Verleger eh. Man läßt ihn warten auf seinen Termin. Schon bei der Ankunft war er ein wenig pikiert, weil er nicht wie ein Staatsgast empfangen wird, aber es geht ja ums Vaterland, und da muß man eigene Eitelkeiten schon mal runterschlucken, sich im Hotel und mit den anderen Umständen arrangieren. Die Wartezeit mit Besichtigungstouren verbringen, unter anderem ins berühmte Kloster Sagorsk. Rosemarie Springer leiht sich von einem Korrespondenten der ARD, einem gewissen Gerd Ruge, die Schreibmaschine aus, und die beiden Deutschlandpolitiker Zehrer und Springer diktieren. Sie muß alles noch einmal abschreiben, weil ihr Mann handschriftlich verbessert. Die Gedanken sind tiefer, schwerer Zehrer, aber Zehrer schwer ist damals Springer light. Der rechte Analytiker und der von Gott erleuchtete Musensohn ergänzen sich in diesem Plan zur deutschen Einheit. Höchst erstaunliche Sätze sind in dem Papier zu finden, viel aufschlußreicher für Springers damalige politische Haltung oder zumindest die, die er sich zu eigen macht. Viel spannender als das langweilige Interview mit Chruschtschow, das später in der »Welt« veröffentlicht wird.

»Es wird Ihnen nicht entgangen sein«, schreibt er im Begleitbrief an den Leiter der Presseabteilung des Außenministeriums, »daß die Organe meines Hauses, insbesondere ›Die Welt‹, ›Bild‹ und ›Hamburger Abendblatt‹, seit Jahren eine politische Richtung vertreten, die einen Ausgleich und eine Verständigung mit der Regierung der UdSSR und eine Freundschaft zwischen unseren beiden Völkern anstrebt. Der Besuch des Chefredakteurs der ›Welt‹, Hans Zehrer, im Sommer 1955 in Moskau gab dazu den Auftakt, und ich glaube, daß seine Berichte sowie die Arbeit meiner Redaktionen in

Der Prophet und die Macht der Sterne

den letzten Jahren einiges dazu beigetragen haben, die Öffentlichkeit der Bundesrepublik für meine Ansichten zu gewinnen. Ich spreche aber nicht nur als Repräsentant, der viele Freunde und Gesinnungsgenossen in allen Parteien besitzt, sondern auch als Kenner der öffentlichen Meinung meines Landes zu Ihnen ... Sie haben sicherlich bemerkt, daß die Gefahren der atomaren Entwicklung im Zusammenhang mit der leider immer noch vorhandenen weltpolitischen Spannung eine Bewegung innerhalb der Bundesrepublik ausgelöst haben, die sich gegen eine Beteiligung an der atomaren Bewaffnung richtet und noch einmal die ganze Problematik einer von uns bedauerten Remilitarisierung aufwirft.« Gespräche zwischen der DDR und der Bundesrepublik direkt seien derzeit unmöglich, denn »Gegensätze und Konflikte innerhalb einer Familie – und ein Volk stellt doch eine große Familie dar – sind immer besonders schwer zu bereinigen, nicht weil sich die einzelnen Partner zu fern, sondern weil sie sich zu nah sind«.

Dann skizziert er für den sowjetischen Staats- und Parteichef Nikita Chruschtschow seinen Wiedervereinigungsplan, von dem »ich Grund habe anzunehmen, daß er einen Erfolg für alle Beteiligten versprechen würde«. Ein Plan in fünf Phasen. Ein Plan, der wenige Jahre später von Springers Zeitungen als Teufelswerk verdammt worden wäre, voll neutralistischen, also kommunistischen Gedankenguts, und in dem ganz selbstverständlich die DDR ohne Anführungszeichen geschrieben ist. Die Hauptthesen:

Einheit und anschließende Entpolitisierung Berlins. Gleichzeitig Beitritt der Bundesrepublik und der DDR zum kontrollierten Atomwaffenfreien Raum, der die beiden Teile Deutschlands, Polen und die Tschechoslowakei umfaßt. Einsetzung einer gesamtdeutschen Sachverständigenkommission zur Vorbereitung der Zusammenführung beider Teile auf der Basis eines föderativen Gesamtdeutschlands. Nach anderthalb Jahren freie Wahlen. Zulassung von Wahlpropaganda erst zwei Monate vor Abhaltung der Wahlen, wobei den Zeitungen zur Pflicht gemacht werden soll, nur die auf Zukunft gerichteten konstruktiven Wahlprogramme bekanntzugeben,

Der Fall Axel Springer

ohne den Blick in die unglückliche Vergangenheit Deutschlands zu werfen. *Abzug der fremden Streitkräfte aus beiden Teilen Deutschlands, Viermächtekontrolle der gesamtdeutschen, nicht atomar ausgerüsteten Streitkräfte. Deutschland verpflichtet sich, keinerlei Koalitionen oder Militärbündnisse einzugehen, die sich gegen irgendeinen Staat richten, der mit seinen Streitkräften am Krieg gegen Deutschland teilgenommen hat. Garantie der Unverletzlichkeit deutschen Gebietes durch die Regierungen der UdSSR, der USA, Großbritannien und Frankreichs.*

Aber weil die Kommunisten ihm die Einheit des Vaterlandes verweigern und die Zone – Sorry, tut uns leid, Axel, machen wir nie wieder – einfach nicht herausrücken wollen, weil Chruschtschow den beiden Deutschlandpolitikern Zehrer und Springer nur ein lächerliches Interview voll vorgestanzter Verlautbarungen gibt, vollzieht der tief beleidigte und wütende Verleger noch in Moskau die politische Wende. Die verlorene Schlacht ist der Beginn eines Krieges, den er mit allen seinen Truppen bis zum Lebensende führen wird. Am Schluß wird er gewonnen haben, nicht die anderen. Die Tragik im Leben des Axel Springer ist es, daß er diesen Triumph nicht mehr erlebt hat, den Sieg seiner Träume über die verhaßte Realität.

Die angebotene Sondermaschine, die ihn und seine Begleitung nach Deutschland zurückbringen soll, lehnt er ab. Kracht muß eine Linienmaschine der SAS chartern, Geld spielt keine Rolle. Rosemarie Springer in einem Brief an ihren Stiefsohn Axel ins englische Internat: »Wir sind unbeschreiblich glücklich, daß wir wieder hier sind. Es war alles sehr eindrucksvoll, und wir haben einen tiefen Einblick in das Land und die Menschen bekommen. Wir haben Dir ja auch von dort geschrieben. Sag mal, war der Brief geöffnet oder ganz fest zugeklebt? Der Rückflug war einmalig. Von Moskau sollten wir nach Kopenhagen – Hamburg fliegen, aber nachdem Kop. zu war, mußten wir nach Schweden, Stockholm. Dort haben wir in einer Baracke übernachtet, schön laut und kalt. Am nächsten Morgen um 7 Uhr waren wir auf dem Flugplatz, um 10 stiegen wir in die Maschine

Der Prophet und die Macht der Sterne

und um 10 Uhr 10 wieder aus, um 11 Uhr wieder ein, dann kamen wir über Kopenhagen an, kreisten eine Stunde, flogen wieder zurück nach Stockholm, dort organisierte ich ein Hotel für drei Stunden und drei Schlafwagenplätze, und abends um 9 Uhr fuhren wir los, und erst um 7 Uhr abends am nächsten Tag waren wir endlich da. Das war lang.«

Die seltsamen Moskauer Verhandlungen waren »die lauteste politische Diskussion«, die er je gehabt habe, erzählt Springer viele Jahre später, und er habe seine Lektion gelernt. »Chruschtschow hat mir gesagt, daß ein gesamtkommunistisches Deutschland kommen wird. In den Stufen erst Finnland, dann Jugoslawien, dann ein ganzes kommunistisches Deutschland. Das hat er mir vorausgesagt.«

Gegen diese Prophezeiung setzt Springer die eigene, die von der Einheit der Nation. Nach seiner Rückkehr in die geteilte Heimat zeigt der verhinderte Erlöser seinen Moskauer Gesprächspartnern, was eine göttliche Harke ist. Er beginnt in all seinen Blättern das Reich des bösen Chruschtschow zu bekämpfen, wie ihm seiner Überzeugung nach von Gott befohlen. Freut sich aber insgeheim, daß seine deutschen Gegner von der anderen journalistischen Straßenseite nichts von seinem überirdischen Geheimnis, seinen Messias-Visionen ahnen und deshalb die Wandlung des unpolitischen Verlegers Axel Springer zum politischen Prediger nur als eine Folge der Moskauer Enttäuschungen interpretieren. Voller Hohn über ihn herfallen. Seinen Größenwahn belächeln und ihn nicht mehr ernst nehmen. Der konservative katholische »Rheinische Merkur«: »In früheren Zeiten wäre Springers Kremlfahrt ein schlichtes Paßdelikt gewesen. Heute jedoch steht es jedermann frei, sich selbst zum presseplebiszitären Sonderbotschafter seines narkotisierten Leservolkes zu ernennen und private Gipfelkonferenzen ... zu veranstalten. Die Antwort, wer sich bei solchen Séancen mit wem am meisten kompromittiert, müssen die Teilnehmer dieser Springer-Konferenz im Kreml unter sich selbst ausknobeln.«

Wenn die gewußt hätten, daß Springer nicht nur politisches Sendungsbewußtsein getrieben hat.

Während dieser Reise, erzählt Hans Weimar, habe es den

entscheidenden Bruch zwischen Zehrer und Springer gegeben. Der fühlt sich von seinem Mentor in ein politisches Abenteuer gejagt, und dem und nicht seiner Hausastrologin lastet er an, daß er so schmählich gescheitert ist in Moskau. In Zukunft wird er bestimmen, wohin es geht und wie man das in der »Welt« umsetzt.

In den nächsten beiden Jahren wird die Zeitung zum Kampfblatt getrimmt. Der »Welt«-Alltag, berichtet ein ehemaliger Redakteur, war deshalb besonders schlimm, weil wir selbst zu Feiglingen wurden. Privat zugaben, die SPD zu wählen, in unseren Artikeln aber schon freiwillig auf alles verzichteten, wovon wir annahmen, daß es nicht durchgehen würde. Vielleicht wäre sogar mehr durchgegangen, als wir dachten. Geprügelt werden vor allem die Statthalter der Russen, also die deutschen Kommunisten in der Zone. Jede neue Zahl über Flüchtlinge muß auf Seite eins. Zehrer wehrt sich nicht. Er will seinen gutbezahlten Job nicht verlieren, das Trauma der Entlassung durch die Nazis sitzt tief, er glaubt immer noch Einfluß auf Springer zu haben, beklagt sich nur im kleinen Kreis über den »Parvenü aus Altona«, der ihn schlecht behandele. Er paßt sich an, wird zum Erfüllungsgehilfen des Verlegers und läßt aus seiner Redaktion die besten Köpfe ziehen. Wenn er jünger wäre, bekennt er, würde er ihnen folgen. Aber wer nimmt schon einen fast sechzigjährigen Mann, und einen mit seiner Vergangenheit?

Das weiß auch sein ehemaliger Schüler, der ihn nicht mehr braucht. Axel Springer gibt Ratschläge, die in Wirklichkeit verpackte Befehle sind. Er weiß, wie er sein »Hänschen« quälen kann. Schickt ihm Zettel mit Themen, die er groß im Blatt lesen möchte, was Zehrer sogleich umsetzt, macht Anmerkungen, von wem er ganz bestimmt nichts mehr lesen möchte, was Zehrer ebenfalls befolgt. Ruft ihn aus Redaktionskonferenzen und läßt ihn bei sich antreten, und es ist ihm egal, ob dadurch die Autorität des Chefredakteurs untergraben wird.

Der verfaßt einen zwischen Selbstmitleid und Selbstüberschätzung schwankenden Brief, eine Art letzten Appell an

Der Prophet und die Macht der Sterne

den lieben Axel, doch wieder so zu sein wie früher, einen Brief, der verrät, daß er Journalismus immer nur als Mittel zum Zweck verstanden hat. Nämlich Politik zu machen und nicht kritisch zu begleiten: »Eines sollte ich Ihnen doch schreiben. Nämlich dieses: reiten Sie Ihr bestes Pferd nicht zuschanden! Sie bekommen vorläufig keinen Ersatz und sollten es etwas schonen. Es ist mir gelungen, Sie für die ›Welt‹ zu interessieren und Sie politisch ganz auf meine Linie zu ziehen. Deshalb diene ich Ihnen und fange alles ab, was ... Ihre politische Leidenschaft hemmen könnte ... Da es mir nur um die Sache geht, wobei die Zeitung ja nur das Instrument der Politik ist, und da ich mich außerdem noch verantwortlich für Sie fühle, kann ich mir persönliche Reaktionen gar nicht gestatten. Ich sollte Ihnen aber allervertraulichst nicht verheimlichen, daß ich zur Zeit maroder im Geschirr bin, als ich es mir und anderen zugebe. Die Last dieses letzten Jahres war zu groß für mich. Ich meine, ich darf vorläufig noch nicht ausscheren, und ich glaube, Sie meinen es auch. Und wenn Sie anderer Ansicht wären, müßte ich Ihnen widersprechen. Denn ich sehe weit und breit noch keinen, dem ich die Zügel beruhigt übergeben könnte. Vielleicht dann, wenn wir die deutsche Frage gelöst haben werden und die Politik etwas ruhiger laufen sollte. Aber das dauert wohl noch einige Jahre ... Dies aber behandeln Sie bitte allervertraulichst!! Denn auch die Gesundheit eines politischen Menschen ist ja leider ein Teil seiner Politik und seiner Wirkung. Und ich darf nicht in dem Augenblick auf die Schnauze fallen, wo wir in die entscheidenden Runden um das Schicksal unseres Volkes gehen.«

Das beste Pferd galoppiert noch ein bißchen unter seinem strengen Jockey, vor allem während der Berlin-Krise und nach dem Mauerbau sind sie politisch wieder einig. Die alten Thesen Zehrers tauchen wieder auf. Gegen die Verwestlichung, gegen Intellektuelle, gegen Liberale, gegen Sozialdemokraten. Vor allem haßt er den, der mehr Einfluß hat als er, Rudolf Augstein. Nach der »Spiegel«-Affäre schreibt er nicht etwa gegen die Staatsgewalt, die versucht, ihre Art von Pressefreiheit durchzusetzen, er schreibt wie einst in Weimar,

Der Fall Axel Springer

antirational, deutsch-dunkel, völkisch: »Wir sind im Gegenteil in der Gefahr, von der Libertät in die Libertinage hineinzurutschen, möglicherweise im guten Glauben an die Freiheit. In besonderer Weise gilt das für jene Intelligenz, die sich den ›Spiegel‹ zu ihrem Sprachrohr erkor und die eben erklärte, daß sie die Unterrichtung der Öffentlichkeit über sogenannte militärische Geheimnisse für eine sittliche Pflicht erachte, die sie jederzeit erfüllen werde. Das ist die Saat, die der ›Spiegel‹ seit Jahren ausgestreut hat. Nicht durch den Landesverrat, der ihm heute vorgeworfen wird, sondern durch den Mißbrauch einer Freiheit, die durch Haltung und Stil alles einer anarchischen und nihilistischen Kritik unterwarf, ohne aufzubauen ...«

Solche Sätze liebt sein Verleger, vor allem, weil er wie Zehrer hofft, daß dem gemeinen »Spiegel« und seinem noch gemeineren Herausgeber endlich der Garaus gemacht wird. Springer und sein Hänschen können sich einfach nicht vorstellen, daß ihr geliebtes Volk nicht mehr auf einen Orientierung gebenden Führer wartet, diesmal demokratisch gewandet, nichts mehr von einer Schicksalsgemeinschaft hören will, sondern selbst die Ziele bestimmt und erst recht die Wege, die dahin führen. Und in diesem Sinne den neuen Helden Augstein aus dem Knast herausdemonstriert.

Der Verleger traut Zehrer dennoch nicht mehr zu, »Die Welt« so zu führen, wie er sich das denkt. Der ist nicht mehr hart genug. Er stellt sein einstmals bestes Pferd in einen komfortablen Stall und gibt ihm das Gnadenbrot. In der verlogenen Sprache auf dieser Ebene der Herrenreiter heißt das dann, der Chefredakteur Zehrer habe sich aus dem aktuellen Tagesgeschäft zurückgezogen und leite »Die Welt« von Berlin aus. Stimmt – aber vor allem leidet Zehrer darunter, abgeschoben zu sein. Er fühlt sich von seinem Schützling zum Befehlsempfänger degradiert, beschwert sich darüber, bewundert aber gleichzeitig die Härte, die sich in Springer zeigt. Die habe schließlich er ihm in langen Gesprächen beigebracht.

Zehrer hat nichts mehr zu bestimmen, seine Anweisungen werden in der Hamburger Zentrale seiner Redaktion einfach

Der Prophet und die Macht der Sterne

nicht wahrgenommen. Er hat nur noch was zu sagen in seinen Leitartikeln, in seinen Hans-Thomas-Kommentaren in der »Welt am Sonntag«, als Prediger in »Bild«. Die Texte sind entlarvend für sein Denken wie einst seine Schreibtisch-Taten, obwohl er sich mit Biedersinn tarnt, aber so fern der Wirklichkeit in der Bundesrepublik, daß der reaktionäre Wortqualm nur von Gestrigen angenommen wird. Bonn ist eben nicht Weimar, diese Demokratie stärker als ihre Gegner. Die neuen Zehrers an Springers Seite wollen Wahlen nicht verhindern, sondern gewinnen. Als der Prophet von Sylt 1966 stirbt, gibt es über den »Wanderer zwischen den Welten« (Sethe) zwar viele Nachrufe nach dem Prinzip de mortuis nil nisi bene, nichts Schlechtes über Tote, aber der Rest ist Schweigen, Zehrer nur noch eine Marginalie der Geschichte. Nicht ganz:

Der überlebende Prophet, sein ehemaliger Schüler Axel Springer, verkündet in der selbstverfaßten Todesanzeige, »Ohne ihn wäre mein Haus nicht das geworden, was es ist«, was ideologisch sicherlich stimmt. Läßt Zehrer-Worte in eine Wand der Halle seines Berliner Verlagshauses meißeln, in Stein gehauene Erinnerung an den seltsamen Männerbund. Und zitiert am Grab aus einem seiner letzten Briefe, die er dem Guru der frühen Jahre ins Krankenhaus geschrieben hat: »Manchmal denke ich, daß ich eines Tages zu denen werde gehören müssen, die ihre qualvollen Träume um das Land, das wir lieben, zu realisieren haben. Und denke, daß Sie mir die Stafette gaben.«

Prophezeiungen allein, zumal nach dem Moskauer Fiasko die von Zehrer, genügten Axel Springer nicht. Er wollte handfestere unpolitische Voraussagen, denn der Blattmacher glaubte damals an Horoskope so wie an sich und seine Bestimmung. Also unerschütterlich. Die bereits nach drei Ausgaben 1946 sanft entschlafene Zeitschrift für Schicksalskunde unter dem Titel »Merlin« ist ein früher Beleg für sein Vertrauen in die Macht der Sterne, allerdings war er nicht verrückt, sondern ein Verleger. Stellte das Blatt also schnell ein, als es nicht lief. Beschränkte sich auf höchst private Erkundigungen nach dem Stand seiner Sterne in einem sogenannten

Der Fall Axel Springer

»Fragehoroskop« vom 31. Mai 1946: »Der Horoskopeigner hat am 16. Mai 1946 um 19 Uhr 25 die Frage gestellt, wie sich seine Ehe entwickeln wird. Der Fragesteller verfügt gemäß seinem Grundhoroskop über ein ungewöhnlich großes Liebesgefühl und eine besondere Anziehungskraft auf Frauen. Sein etwas leichtes Temperament und seine draufgängerische Art haben zur Folge, daß sein Eheleben nicht ganz ohne Differenzen verläuft, daß vielmehr kleinere oder größere Spannungen auftreten. Soweit es den Fragesteller angeht, hat also seine Ehe eine gewisse Leidensnote aufzuweisen, was ihn zu selbstquälerischen Gedanken hinsichtlich des Bestandes seiner Ehe führt. Die Ehefrau des Fragestellers ist, wie die Anlage des Grundhoroskops zeigt, anhänglich und anschmiegsam und zum Teil leidenschaftlich, jedoch seelisch nicht genügend gefestigt und fühlt sich schnell gekränkt, dadurch schwankend werdend und in extreme Stimmungen verfallend, versucht sie sich durch eine gewisse Auflehnung durchzusetzen.« So was hat Springer nun gar nicht gern, und die Schlußfolgerung der Expertise, daß die Ehe auf die Dauer stabil gehalten wird, ist nicht das, was er hören wollte. Er wechselt den Astrologen und bald auch die Frau.

Daß er sich höchstpersönlich einmischte, wenn in der »Bild«-Zeitung das gelieferte Horoskop von einem Redakteur umgeschrieben wurde, hat den einfachen Grund, daß der »Bild«-Astrologe Hans Genuit zeitweilig seiner war und der sich direkt bei ihm über die Veränderung seiner Weissagungen beschwert hatte. Er war fasziniert von der Astrologie, und er wußte aus seinem Freundeskreis, daß er mit diesem Aberglauben nicht allein stand. Ganz im Gegensatz zum »Hör Zu«-Erfinder Eduard Rhein, dem Agnostiker, dem schon der Glaube an Gott etwas für »Dumme und Neger« schien. Der hatte unter das von Springer gewünschte Horoskop in der »Hör Zu« immer in Winzigschrift setzen lassen, dieses erscheine außerhalb der Verantwortung der Redaktion.

Seine private Umgebung, ebenfalls aufgewachsen in der Zeit, als Hanussen sein Unwesen trieb, bestärkte ihn im etwas anderen Glauben. Freund Robert Dependorf war so abhängig, daß er manchmal nicht aus dem Bett aufstand, wenn

Der Prophet und die Macht der Sterne

sein Tageshoroskop jede unnötige Bewegung verbot. Springers zweite Frau Katrin hat sich nicht nur selbst das Schicksal vorhersagen lassen – »Die zweite Ehe untersteht ziemlichen Wandlungen, teils leidet sie kosmisch gesehen unter einem undisziplinierten Jupitereinfluß. Gerade der Jupiter ist das einzige Gestirn bei Ihnen, welches keine guten Aspekte empfängt.« Katrin Springer hat ihren Mann in seiner Sternengläubigkeit bestärkt. Der hatte ja immer schon eine Schwäche für alles, was nicht so öde klang wie die Schulweisheit, vor der er einst geflohen war.

Beide lassen ihrem Sohn Axel ein Horoskop ausarbeiten, in dem steht, daß er sich vor Schußwaffen hüten soll. Von allen, die sie gut kannten, als respektlos und frech beschrieben, scheut Katrin Springer sogar nicht davor zurück, ihn mit dem zu konfrontieren, was eine wissenschaftliche Graphologin aus seiner Handschrift herausgelesen hat, obwohl das den Betroffenen nicht freut. Ellen Issberner, wissenschaftliche Graphologin mit Sitz Berlin, hat schon am 27. März 1940 eine »Graphologische Analyse Axel« im Auftrag von Frau Springer verfaßt. Material: »Mehrere Briefe ohne Datum, Alter ca. 28 Jahre. Schriftleiter.« Die Wesensmerkmale des damaligen Schriftleiters der »Hamburger Neuesten Zeitung«, wie die Zeitung des Vaters nach der Titeländerung heißt, lesen sich wie eine Charakteristik des späteren Großverlegers und seiner ganz besonderen Art, durchs Leben zu gehen:

»Der Schrifturheber ist in besonders starkem Maße in seiner Lebenshaltung umweltbezogen, d. h., er ist auf die Umwelt angewiesen, nimmt seine Ideen nicht von seinem Innern, sondern von außen auf, macht sich selbst weitgehend abhängig von der jeweiligen Meinung seiner Mitmenschen und ist bereit, weitgehende Konzessionen zu machen, um sich seiner Umwelt und deren Geschmack anzupassen. Es wird auf Äußerlichkeiten und Nebensächlichkeiten viel Wert gelegt, sonderlich auch in der Kleidung, er braucht zu seinem Wohlbefinden einen gewissen Luxus um sich und einen großzügigen Lebensstil... Parallel hiermit geht ein ausgeprägter persönlicher Geltungsdrang, der Schrifturheber wünscht eine besondere Rolle zu spielen, er will geachtet, anerkannt und

Der Fall Axel Springer

geschätzt sein, wünscht zu dominieren und behauptet sich nachdrücklich. Er scheint es gewohnt zu sein, einen breiten Raum im Leben einzunehmen, und er ist nicht gewillt, hiervon abzugehen. Vermutlich ist ihm alles im Leben sehr leicht geworden, ihm zugefallen, ohne daß er etwas direkt erarbeiten, erkämpfen mußte, denn nur so ist es zu erklären, daß die verschiedenen Begabungen hier ungenutzt brachliegen... Seine Begabungen hätten ohne Schwierigkeiten für ein akademisches Studium ausgereicht, kaum jedoch seine geringe Konzentrationsfähigkeit. Er ist so ziemlich auf jedem Gebiet orientiert, nirgends tiefgründiges Wissen aufweisend, immer nur soweit, um überall mitreden zu können und sich den Nimbus des alles Wissenden und alles Könnenden zu erhalten... er geht lieber mit großen Sprüngen seinen Weg, hier und da verweilend, wo es ihn gerade vorübergehend fesselt – denn auf die Dauer wird ihn nur schwer überhaupt etwas zu fesseln vermögen. Es ermangelt ihm – bis jetzt wenigstens – an der erforderlichen seelischen Tiefe... er lebt von außen und nach außen und läßt sich von der Welt verwöhnen, in der Überzeugung, das bliebe immer so. In Gesellschaften wird er gewiß außerordentlich beliebt und gern gesehen sein, denn mit seinem persönlichen Charme, seiner – wenn er will – verbindlichen Liebenswürdigkeit und heiteren Unbefangenheit vermag er Fröhlichkeit und Schwung in einem Kreis zu verbreiten, und man wird ihm gern den Gefallen tun, ihn als Mittelpunkt zu bewundern. Jedoch im nahen Umgang wird man mit Verwunderung feststellen, daß er sich in ziemlich rücksichtsloser Form ausleben und seine egoistischen Wünsche und Pläne in den Vordergrund stellen wird, ohne sich dabei um andere sonderlich zu kümmern. Er ist viel zu sehr von der Wichtigkeit seiner individuellen Art und von seiner Persönlichkeit überhaupt überzeugt, als daß er andere daneben gleichwertig anerkennen oder respektieren könnte. Er ist ein Genußmensch, lebenshungrig und erfolgssüchtig, seine Leidenschaften sind eher kurz als tief zu nennen, wie es seinem Abwechslungsbedürfnis entspricht. In seinen Gefühlsaufwallungen ist der Schrifturheber unbeherrscht und läßt sich leicht mehr gehen, als er es eigentlich wollte, er be-

Der Prophet und die Macht der Sterne

reut dann rasch und ist auch ebenso rasch wieder versöhnt ... nur wird es ihm schwerfallen, eine direkt feste Bindung zu ertragen, beruflich oder freundschaftlich ... Immerhin hat er viele Möglichkeiten in sich für persönliche Entwicklung, für geistige und berufliche Erfolge, nur möchte man ihm etwas mehr Besonnenheit und vor allem Konzentration und straffe Willensanspannung wünschen.«
Kein Wunder, daß Zehrer und Springer voneinander fasziniert waren. Der Eremit des Nordens glaubte nicht nur an den Weltgeist und die Nation, sondern auch an die Sterne und die Vorsehung. So entwickelte sich eine Freundschaft, die nicht nur politisch begründet war, sondern sich ideal ergänzte in der Faszination davon, was andere für pseudowissenschaftlichen Unfug hielten. Der Glaube an die Macht der Sterne war das eigentliche Band zwischen Springer und seinem Propheten. Und es hielt alle späteren Spannungen aus, weil sie ein Geheimnis teilten, von dem niemand erfahren durfte.

Zwei Wochen nach dem Berliner Mauerbau zum Beispiel war Springer gemeinsam mit Zehrer bei seiner Astrologin, um mehr über die eigene und die deutsche Zukunft zu erfahren. Beide Männer ließen sich Horoskope stellen und diskutierten, was wohl aus Deutschland werden würde. Wahrsagerin Ina Hetzel am 30.8.61 in einem Brief an ihren Auftraggeber: »Es war für mich hochinteressant, dem Gespräch zwischen Ihnen und Herrn Zehrer zuzuhören. Bitte verausgaben Sie Ihre Kräfte nicht zu früh, Sie gehören zu den wenigen, die nicht nur mit dem Kopf, sondern mit dem Herzen denken, das spürt man bei jedem Wort. Sie sind das größte As im Spiel um Deutschland. Gott schütze Sie und erhalte Ihnen Ihre Kraft zum Segen unserer Heimat.« So etwas schafft Freude, wie überhaupt das Geschäft mit der Sternenkunde immer am besten bei denen funktioniert, die gern Gutes über sich erfahren wollen. Die im Grunde nur das bestätigt wissen wollen, was sie eh von sich halten. Jeder Wahrsager weiß das.

Selbstverständlich ist also gelogen, was Springer seiner Interviewerin Renate Harpprecht in ihrem Fernsehfilm 1970 zu Protokoll gibt: »Also, ich will den Astrologen nicht zu nahe

Der Fall Axel Springer

treten. Aber ich habe noch nie ein Verhältnis zur Astrologie gehabt. Ich bin mir nicht ganz sicher, ob so im Grundhoroskop die Dinge zu finden sind, die was über Charaktereigenschaften aussagen, aber das Vorhersagen – da hab ich also ganz große Zweifel. Und der um den Glauben Bemühte, der muß eigentlich seinen Weg anders finden.« Aber was hätte er in der TV-Öffentlichkeit anderes sagen sollen, Springer wollte sich ja nicht zum Gespött der Leute machen. Das hätte gerade noch gefehlt, angesichts seiner zahlreichen Gegner, daß die erfahren hätten, aus welchem anderen Stoff die Träume des Verlegers sind. Reichte doch schon, daß er wegen seiner politischen Äußerungen und Aktionen bekämpft wurde.

Daß er mit seiner starren Haltung Schwierigkeiten haben könnte, stand schon im Grundhoroskop vom 31. Mai 1946 und bestärkte Springer, als die Proteste losgingen, erst recht im Glauben an die Kunst der Sterndeuter: »Allerdings ist es zu empfehlen, daß der Horoskopeigner sich in öffentlichen Dingen etwas zurückhält, denn der Jupiter als Repräsentant der Öffentlichkeit steht im Tierkreiszeichen Schütze etwas eingeengt zwischen den Zeichen Skorpion und Steinbock, auch ist der Jupiter rückläufig. Scharfe und unüberlegte Reden und Schriften in Sachen der öffentlichen Belange könnten demnach dem Horoskopeigner Schaden bringen. Wird eine weise Zurückhaltung in politischen Angelegenheiten nicht beachtet, so ist mit Anfeindungen von Parteiseiten zu rechnen, und zwar von seiten einer Partei, die die große Masse des Volkes darstellt.«

Und weil Axel Springer an die Magie von Rutengängern und Tischerückern, Astrologen und Erdstrahlen, Wahrsagern und Geistheilern glaubte, fiel er auf der Suche nach dem Überirdischen natürlich zwangsläufig so manchem unterirdischen Scharlatan in die Hände. Klingt ja auch unglaublich, daß er sich auf Befehl eines angeblich weisen Mannes zu bestimmten Zeiten seines Lebens an bestimmten Körperstellen mit Blechstücken drapierte, aber nur in der Verborgenheit des Anwesens »Am Falkenstein«, um die aus Bayern gesendeten positiven Strahlen des Meisters zu empfangen. Paul Schmidt-Carell sagt, er habe ihn später von der Astrologie und von den selt-

Der Prophet und die Macht der Sterne

samen Mystikern abgebracht, und dies sei gelungen, weil Springer ernsthaft Gott suchte. Klingt nicht so ganz einleuchtend, wenn man weiß, daß er bis zu seinem Tode immer noch und immer wieder von Büchern fasziniert war, in denen die Welt esoterisch erklärt wurde und irgendwelche Seher wundersame Erscheinungen hatten, politische Ereignisse angeblich Jahrzehnte vor dem tatsächlichen Ereignis voraussagten.

Die schwarze Kladde, in der Springer viele entscheidende Voraussagen seiner Hausastrologin Ina Hetzel notiert, ist natürlich streng geheim. Die trägt er immer bei sich, und die Termine bei ihr nahe der Alster in Hamburgs besserer Gegend macht er selbst ab. Nicht mal seine Privatsekretärin soll von dieser anderen Seite des Tycoons erfahren. Er bezahlt Ina Hetzel, eine ungebildete dicke alte Frau, so großzügig, daß sie allein von diesen Honoraren gut leben könnte. Sie berät aber noch andere, nicht nur Zehrer, auch die dann schon dritte Frau Springer, von der er sich gerade trennen will. Mögliche Loyalitätskonflikte bereiten ihr wenig Kummer, sie berichtet ihm von ihren Kunden das, was er wissen will: »Ich kann heute unmöglich Ihrer Frau sagen, ich hätte keine Zeit für sie, ihre Verzweiflung ist so groß und so echt, daß sie einen Menschen braucht, dem sie ihr Leid klagen kann, dabei ist sie bei mir immer noch am besten aufgehoben.«

Auf ihre Art ist die Hetzel bei der Zerschlagung des Broschek-Comebacks mit dem »Fremdenblatt« sehr hilfreich gewesen, weil sie ihrem lieben Herrn Springer immer das erzählte, was ein Mandant von der Gegenseite bei ihr ausgeplaudert hatte: »Also gestern hatte ich den erwähnten Besuch. Herr von ... erzählte mir, daß von der Seite B. Einspruch erhoben würde, daß diese Seite nicht interessiert wäre an einer Zeitung, wohl aber an einer Art von Beteiligung, vor allem an den Maschinen«. Herr von ... war der Anwalt der Broscheks. Springer finanziert der Sterndeuterin eine Wohnung in Hamburg, er läßt sie kostenlos in Kampen im Klenderhof wohnen oder in seinem Haus in Berlin. Der Chauffeur muß ihn immer ein paar Häuser vor ihrer Haustür absetzen, die letzten Schritte zu ihr geht er zu Fuß, möglichst unbeobachtet. Da in der Nähe seine erste Frau Martha wohnt, hätte

Der Fall Axel Springer

er im Falle zufälliger Begegnungen eine Ausrede gehabt. Als er sich nicht mehr so frei bewegen konnte, weil sich seine Leibwächter um ihn scharten, war Ina Hetzel schon tot. Danach hat er sich zeitweise von Genuit beraten lassen, dann eine andere Astrologin konsultiert, die auf Sylt lebt. Anhand seines Horoskops, basierend auf seiner Geburtszeit vom 2. Mai 1912, zehn Uhr am Morgen, Hamburg-Altona, geographische Lage 53° 35′ Breite und 9° 56′33″ Länge, Sternzeit 0:59:32 Uhr, also Stier mit Löwe-Aszendenten, kann die mit ihren Worten erklären, was schon im graphologischen Gutachten nachzulesen ist. Er sei unter Jupitereinfluß gestanden, was bedeute, daß er bei Gesprächen und Verhandlungen intuitiv in jede gewünschte Rolle habe schlüpfen können und immer in die, die den größten Erfolg versprach. Denn »Jupiter ist in der Mythologie derjenige, der jedes Wesen nachmachen kann. Springer war unfähig zu irgendeiner Partnerschaft, wobei er mit Männern besser umgehen konnte als mit Frauen. Was ihn langweilte, ließ er schnell fallen, ob das nun Geliebte waren oder Projekte seines Verlages. Harmoniesüchtig, konfliktscheu, mimte gern den Bescheidenen, wollte aber immer, daß sich alles um ihn drehte. Vorherrschend seine weibliche Intuition, die Gabe zu ahnen, was andere von ihm erwarteten.«

Ob sich in einer solchen Beschreibung das Horoskop mit eigenem Erleben mischt? Kann schon sein, sagt die Frau, er war ja ein toller Mann, und ich kannte ihn gut. Sie hat übrigens nie Geld genommen für ihre Deutungen und Voraussagen, nicht von ihm.

Es gab zwar immer schon Gerüchte über seine Sternengläubigkeit, aber eigentlich konnte man sich so unkaufmännisches Verhalten nicht so recht vorstellen beim erfolgreichen Selfmademan, der offensichtlich mitten im Leben stand. »Ich habe das auch nie geglaubt«, erzählt der frühere Springer-Manager Ernst Naumann, »bis ich erfuhr, daß Entscheidungen deshalb verschoben wurden, weil die Astrologin schlechte Konstellationen errechnet hatte.« Es sind nicht nur ein paar Verirrungen aus den frühen Jahren, die seine Manager verstören, weil die ahnen, daß sie aufgrund

Der Prophet und die Macht der Sterne

ihres Sternbilds von der Alten beurteilt werden. Das hat schon Eduard Rhein in seinen Memoiren beklagt, allerdings auf Drängen von Rosemarie Springer wieder gestrichen. Wie eng Ina Hetzel bis zu ihrem Tod in den späten sechziger Jahren den Verleger beriet, beweisen ihre zahlreichen Briefe, die sie an Axel Springer geschrieben hat. Die Banalität der Ratschläge ist erstaunlich, aber auch, daß es den Ästheten Springer nicht schüttelte angesichts orthographischer und grammatikalischer Fehler. Er hatte zwar immer einen Duden im Schreibtisch, aber für andere Grenzfälle. Oder hat er einfach zu gerne immer wieder, selbst in dieser unfaßbaren Form, darüber gelesen, daß er zu Höherem berufen sei?

»Und nun zu Ihnen, Herr Springer, Berlins Zeichen Widder steht bei Ihnen oben in der Himmelsmitte, also an stärkster Stelle, der Punkt, an dem man die äußere Position erkennt, Ihre wertvollste Konstellation Jupiter-Trigon-Merkur fällt in das Zeichen Widder, da haben Sie den stärksten Hinweis auf Ihre Aufgabe, nicht etwa Bonn, Berlin ist es, welches auf Sie wartet, Sie sind durchaus fast mit nachwanderischer Sicherheit Ihren Weg gegangen, als Wahlberliner haben Sie mehr Mut und Initiative gezeigt wie wohl kein Andrer vor Ihnen. Doch nun ist Ihre Zeit gekommen den letzten großen Schritt nach ganz oben zu tun, die Verhältnisse zwingen Sie dazu! Sie müssen an die Stelle Brandts treten, das können Sie ohne durch eine Partei abgestempelt zu sein, aber, Ihr mächtiges Sonnen Pluto Trigon läuft ab, es wird wieder stark im April noch stärker im Mai geht über Juni um dann sehr langsam abzuklingen. Sie müssen in der Zeit sehr aktiv sein, die Konstellationen für 1965 lassen auf Befestigung Ihrer pol. Position schließen, ich geben Ihnen bald einen Bericht über 1965 welches ohnehin ein Schicksalsjahr ist, von der großen unheilvollen Konjugation Pluto Uranus werden Sie nicht berührt, Gott sei Dank, es spielt sich bei Ihnen ab auf 15-17° up... 1964 beginnt bei Ihnen das große Uranus-Sonnen-Trigon zu wirken, dann geht alles schneller, aber auf dem Sprung müssen Sie sein, jetzt führen Sie Ihr einmaliges Talent der Rede und Schrift ins Feld im reden schlagen Sie alle... Nun sorgen Sie um Himmelswil-

Der Fall Axel Springer

len dafür das Brandt abgelöst wird, er ist keine Persönlichkeit... und für Sie dürfte es nicht schwer sein die stärkste Popularität in Berlin zu erlangen, ich bin immer in Sorge das Sie ihre Zeit verpassen« (Brief vom 16.2.64).

Vielen, die ihn liebten, die sich als seine Freunde betrachteten, die ihn verehrten und die für ihn durchs Feuer gegangen wären, ist bis heute unverständlich, daß Axel Springer nicht von den besten Ärzten der Welt behandelt wurde, als es ihm am Ende seiner Tage so schlechtging. Am Geld oder an mangelnden Kontakten zu Kapazitäten kann es nicht gelegen haben. Vielleicht an einer Vorhersage, die ihm gegeben wurde in einem – so etwas gibt es – medizinischen Horoskop?

»Die durch den Uranus angezeigten Stoffwechselerkrankungen werden im späteren Alter zu Beinbeschwerden und unter Umständen zu einer beträchtlichen Schwächung desselben führen«, heißt es da, was stimmte, denn Springer konnte am Schluß seines Lebens nur noch mühsam laufen. Dem Fragesteller wird geraten, sich immer wieder mit seinen Symptomen zu befassen, also seine Lebensweise zu ändern. Da es aber »zum Teil seelische Erregungen sind, die das Wohlbefinden ungünstig beeinflussen, und da dieser seelische Zustand mit dazu beiträgt, die Herzbeschwerden, Blutzirkulationsstörungen und übrigen Beschwerden des Fragestellers zu vergrößern, so muß ihm dringend ans Herz gelegt werden, vor allem den Versuch zu machen, sich einen solchen Arzt und solches Pflegepersonal zu suchen, daß letztere weitgehendst mit dem Fragesteller gleichgerichtete Gestirnkonstellationen aufweisen«.

Was wiederum erklären könnte, daß sich Springer nach dem Sternbild eines Arztes erkundigte und nicht nur nach seiner medizinischen Reputation. Daß ihn, vorsichtig ausgedrückt, vor seiner Einlieferung ins Martin-Luther-Krankenhaus in Berlin und während der Abwesenheit seines Hausarztes nicht die besten medizinischen Experten behandelten.

Daß es eher Leute waren, die nach Springers Tod ein enger Vertrauter des Verlegers traurig und wütend zugleich so beschrieb: »Von denen hätte ich nicht mal meinen Hund behandeln lassen.«

4. Kapitel

Keiner liebt mich so wie ich

Wenn er sich rasiert und dabei in den Spiegel schaut, erblickt Axel Springer jeden Morgen den Menschen, den er am meisten liebt. Es gibt viele Facetten dieser Eitelkeit und ebenso viele Facetten von beleidigten Reaktionen, falls von der Umwelt, egal ob in der Familie, seinem Verlag oder in der Politik, seine Einzigartigkeit in Frage gestellt wird. Das hat nicht nur mit Arroganz zu tun. Der Verleger erwartet ganz selbstverständlich eine gewisse Verehrung, die ihm seiner Meinung nach zusteht. Seine Eitelkeit hat aber auch demütige Züge, so paradox das klingen mag. Genialität und Erfolg und Reichtum nämlich sind kein Zufall, sondern ihm von Gott verliehen. Dem muß er dankbar sein, sonst keinem. Er muß sich also selbst lieben, auf seine Art und auch seine Art, denn auf dieser Ebene gibt es außer ihm ja keinen.

Die Frauen, die zu lieben er vorgab, haben das fast alle mißverstanden, die wollten ihn nicht nur lieben dürfen, sondern selbst geliebt werden, aber er hat in ihnen nur sich selbst geliebt. Wer so ist, muß nun beileibe kein herzloser Mensch, muß nicht nur Narziß sein und nicht nur selbstgerecht. Im Gegensatz zu vielen seiner Gegner, die eine moralischere Welt fordern, aber möglichst von den anderen und persönlich nichts dafür tun, erfüllt er zumindest seine Vorstellung von einem guten Menschen mit Leben. Er hat nie einen vergessen, der ihm mal geholfen hat, der konnte inzwischen sogar ein Kommunist geworden sein. Der Verleger versteht zu geben und manchmal auch, nicht darüber zu reden.

Der Fall Axel Springer

Das kann eine zweite Kochplatte sein, die er persönlich bei den beiden Freunden Conrad Ahlers und Claus Jacobi auf Sylt vorbeifährt, weil er am Abend zuvor festgestellt hat, daß die Journalisten mit ihren Familien im Ferienhaus nur eine hatten und das Essen ein wenig mühsam zu bereiten war. Das kann der kleine Zettel an seinen Majordomus Christian Kracht sein, dem Chefredakteur Hans Bluhm einen Mustang statt des üblichen Dienstwagens zu besorgen, weil der am Falkenstein den soeben aus den USA eingetroffenen blauen Mustang für Springer-Frau Mausi bewunderte. Das kann der Autoschlüssel für den Citroën sein, den er dem anderen, der keinen Geschmack hat, auf den Schreibtisch legen läßt. Das kann die Ausbildung der Tochter einer alten Freundin sein, deren verstorbener Mann sie mittellos zurückgelassen hat. Das kann die Stradivari sein, die dem Konzertmeister der Berliner Philharmoniker auf Lebenszeit überlassen wird und für die er außerdem noch den Einfuhrzoll bezahlt. Das kann der Mercedes sein für den Taxifahrer auf Patmos oder den in Tel Aviv. Das kann der Anzug für den »Bild«-Reporter sein, den er ihm bei seinem Schneider in London machen läßt, nachdem der das feine Tuch seines Arbeitgebers bewundert hat.

Das können schon mal Grundstücke in Kampen sein, die er aus seinen Filetstücken am Watt herausschneiden läßt und an besonders enge Vertraute verschenkt. Kann allerdings dann passieren, daß er denen anschließend sein Geschenk mißgönnt, wenn die sich auch stolze Häuser bauen und die so einrichten, wie er es ihrer Größe entsprechend nicht für angemessen hält. Da wird er keifig wie ein altes Waschweib, alles von meinem Geld bezahlt, stichelt er böse, alles mein Geld. Stimmt, alles sein Geld, aber er verdrängt dabei, daß die für ihn arbeiten, Tamm oder Kracht oder Boenisch oder von Bargen, und er ihre hochdotierten Verträge unterschrieben hat, sie also einen Anspruch haben auf diese oder jene Million. »Lange hat er verbreitet«, erzählt Peter Boenisch, »daß ich in meinem Haus vergoldete Wasserhähne hätte einbauen lassen. Natürlich Quatsch, aber es gefiel ihm, mir das übelzunehmen.«

Keiner liebt mich so wie ich

Nach dem Motto, eine Handvoll Gnade von mir ist wichtiger als irgendein Geschenk, übt sich Springer in seinen bescheidenen Phasen dann wieder in Zurückhaltung. Da muß einer dankbar sein, wenn der Verleger ihm handschriftlich einen Blick in sein Innerstes gewährt und mitteilt, warum Springer ein Genie ist: »Lieber..., heute nacht fand ich bei Emerson dieses: ›An die eigenen Gedanken glauben, zu glauben, daß, was für das eigene Herz wahr ist, für alle Menschen gilt, das ist Genie.‹ Es ist wohl so.«

Er war halt ein Mann mit femininen Zügen oder eine Frau in Männergestalt, weiß Peter Tamm, selbst ganz das Gegenteil eines Androgynen, aber überzeugt, daß genau dies ein Geheimnis des Erfolges war: Mann und Frau in einer Person vereint an der Spitze des Konzerns. Und diese Person konnte sich bei Bedarf verwandeln, darin war er genial. Wie intensiv er sich für alle Auftritte, und waren sie noch so unbedeutend, vorbereitete und die richtigen Gesten einstudierte, wußten nur wenige. Lange hatte Springer vor dem Spiegel im Schlafzimmer neben seinem Büro geübt, bis die Schlinge um den gerade verletzten Arm richtig zur Geltung kam, als er für die Aktion »Macht das Tor auf« mit der Büchse unters Volk sammeln ging. Es ist schließlich nicht nur seine Idee, und von A wie Adenauer bis zu W wie Wehner zeigen sich alle begeistert, es ist ja eine neue Rolle, in die er zu schlüpfen hat.

Tagelang probte er Rede und Betonung, als die englische Königin Elisabeth ihm auf seinem Gut Schierensee die Gnade eines Besuches erwies. Die Hand zitterte vor Aufregung, der Kamin zog nicht, Rauchschwaden im Fayencenzimmer, und beim Anfang der oft geübten Pointe unterbrach ihn grob Prinz Philip, der die Geschichte schon kannte. Ein Scheißtag, obwohl er anschließend daran dachte, zuerst die weinende Hausdame Mary Lahmann zu trösten. Vergiß es, Mary, das kennt die, in England qualmen doch immer die Kamine.

Nach jedem öffentlichen Auftritt war er naßgeschwitzt, mußte nicht nur das Hemd, sondern auch die Unterwäsche gewechselt werden. Aber immerhin hat er oft frei gesprochen und nicht am Manuskript geklebt, nie seine Zuhörer ge-

Der Fall Axel Springer

Es war einmal ein eitler Husar...

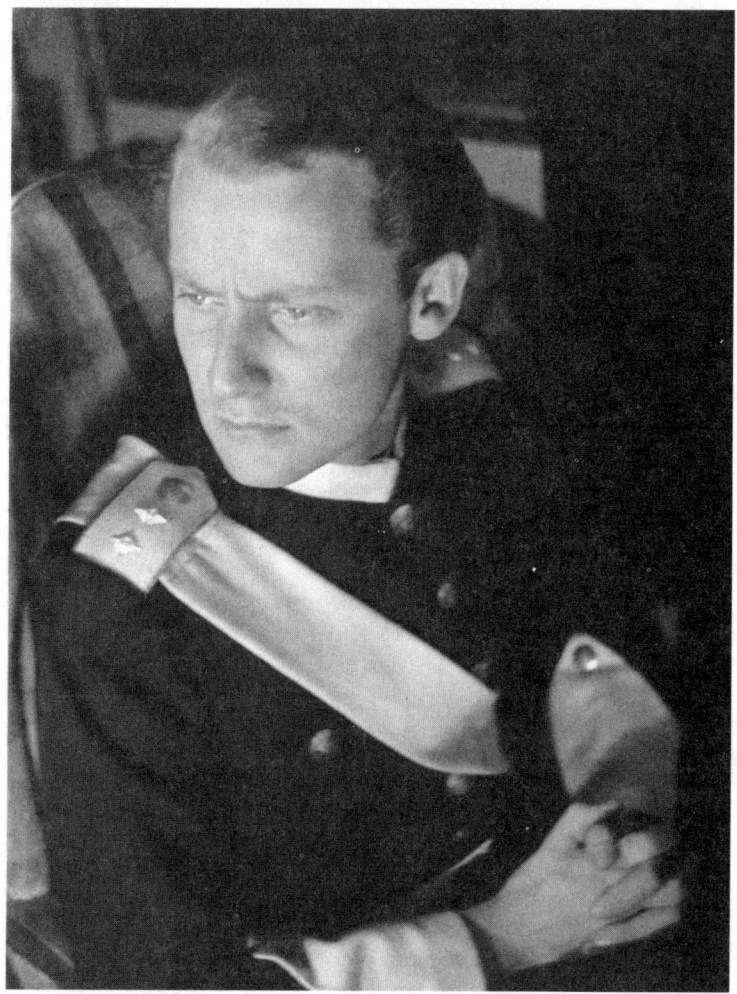

...Axel Springer in einer Phantasieuniform, die er liebte

langweilt. Altes Zirkuspferd schnaubt mit den Nüstern, wenn die Scheinwerfer aufleuchten, und reckt sich. Er konnte, mit der richtigen Betonung und den richtigen Pausen, auch heiße Luft verkaufen. Vieles las sich schrecklich, hörte sich aber gut an. Und er konnte perfekt an der Wahrheit vorbeilügen, zum Beispiel, wenn er vom Podium herab beteuerte, niemals daran zu denken, von seiner Macht etwas freiwillig abzugeben, Teile des Verlages zu verkaufen. Wer übrigens nach einem seiner politischen Vorträge das unpassende Wort an ihn richtete, war erledigt. Bei einem Auftritt vor einem hochkarätigen Industriellenzirkel am Rhein ging es wieder mal ums Vaterland, und nach der Rede war aus der ersten Reihe Haus- und Hoffreund Barzel aufgestanden und auf ihn zugegangen. Der Verleger erwartete Danksagung, Ergriffenheit, Zustimmung. Nun können wir endlich essen gehen, Herr Springer, sagte der CDU-Politiker lapidar, und das hätte er mal lieber nicht sagen sollen.

Weil anscheinend spontane Wutausbrüche geprobt waren, weil er Konflikte scheute und sie allenfalls als einstudierte Rolle überstehen konnte, brauchte man bei Auseinandersetzungen nur zu warten, bis der erste Schwung von Zorn vorbei war und er nicht mehr weiterwußte, weil er nur bis zu dieser Stelle seinen Part einstudiert hatte. Dann drehte er ab und überließ den Rest seinen Henkern, von ihm gern zynisch Ritsche-Ratsche genannt. Gedarbt hat anschließend keiner, allenfalls Macht verloren, denn Springer blieb immer ein großzügiger Mann. Nicht nur mit den Millionen – Abfindungen à la maison, die seine Nachfolger allerdings als eine Art weiteres Essential betrachteten und pflegten. Auch seine kleinen Angestellten, die an Weihnachten selbstverständlich Vergünstigungen und Geschenke erhielten, als das bei anderen Konzernen noch undenkbar war, vergaß er nie: Für Hunderte von Leuten mal einen formidablen Freßkorb, mal einen Tausender, mal eine Minoxkamera mit Dank für geleistete Arbeit in der großen Springer-Familie. War ja schließlich nicht irgendein Konzern mit Arbeitgeber und Arbeitnehmern, sondern eine »Gemeinschaft, die sich von dem neuen Geist prägen ließ und geprägt wurde«. Der neue Geist war selbstverständlich die »politisch-moralische Wertorientierung« des Besitzers. Kürzer drückt das Christian Kracht aus: »Springer, das war Religion.«

Manchmal allerdings war der Religionsstifter noch ganz der wütige, wie ein Trotzkopf aufstampfende Axel und warf mit seinem Bürokoffer, in dem er alle Ideen sammelte, mit Tintenfässern oder Füllern oder gleich der ganzen Telefonanlage und freute sich, wenn seine Umgebung sich unter den Tischen verkroch, um nicht getroffen zu werden. Als er einmal in einem Anfall von Jähzorn im Londoner Savoy-Hotel einen Stuhl auf die Straße werfen wollte, weil der »Bild«-Chefredakteur Rudolf Michael eine gute Springer-Idee versaut hatte, konnte er von seiner damaligen Frau nur mühsam zurückgehalten werden. Auftritte als Blattkritiker beim »Hamburger Abendblatt« und bei der »Bild«-Zeitung, die er früher noch gerne machte, als ihn seine Zeitungen wirklich interessierten, inszenierte er als kabarettreife Aufführungen. Er wußte, was ankam. Die Redakteure liebten ihn dafür, denn er war ein glänzender Darsteller. Und da er sie als seine eigentliche Familie betrachtete, gab er seinen Angestellten gern den Vater in der Rolle des Verlegers. Bei der »Welt« übrigens kam der fröhliche Weltmann nicht so gut an. Die rechten Intellektuellen blieben eher distanziert und kühl. Hatten schon bessere Aufführungen gesehen, verachteten den Herrscher, den sie für ungebildet hielten, waren aber zu feige, ihm das zu sagen.

Noch nie habe sie so viele gedemütigte Männer erlebt, sagte die ehemalige »Welt«-Redakteurin Anneliese de Haas, das sei so unerträglich gewesen, daß sie das Haus Springer verlassen habe.

Er ließ sich ungern mit einer Zigarette in der Hand fotografieren, denn offiziell galt er als asketischer Nichtraucher. Also schnorrte er in den Phasen, in denen er das brauchte, bei den Rauchern in seiner Umgebung und achtete darauf, daß dies für die Nachwelt nicht festgehalten wurde. Er trank allenfalls mal ein Schlückchen Champagner, niemals Sekt, aber eigentlich nur Wasser und gern Tee. Wenn er den volkstümlichen König geben mußte, bei Sportereignissen wie Eishockey oder Fußball, mal ein Bier. Er bewies sogar bei unpassenden Gelegenheiten, wie hervorragend er in Form war, indem er auf dem Kopf stand und in dieser Position verharrte. Ist gut für die Gedanken, sagte er seinen staunenden Managern, da fällt einem mehr ein. Könnte Ihnen auch nicht schaden. Falls seine unmittelbaren Untergebenen ein Verhältnis anfingen, also Privatleben wagten, mochte er das gar nicht und ließ es sie spüren. Sie hatten nur für ihn dazusein, egal wann er sie brauchte, und sei es mitten in der Nacht. Von seiner ganz privaten Sekretärin erwartete er, daß sie die Telefonnummern der wichtigen Leute, mit denen er regelmäßig sprechen wollte, auswendig kannte. Er mochte bei Empfängen nicht mit vollem Teller vor einem Buffet erwischt werden, nur der Pöbel frißt sich da voll, er wartete, bis fast nichts mehr da war, und nahm dann sparsam.

Daß dies nicht immer so ist, daß er manchmal alles mögliche in sich reinstopft, Vielfraß statt Asket, merkt sein Butler Heinz Hoffmann daran, daß dem Verleger plötzlich die perfekt geschnittenen Anzüge nicht mehr passen. Dann wird die Version für den dickeren Springer aus dem Schrank genommen, denn die Schneider Davies & Son, Court Taylors, 32 Old Burlington Street, London, haben für alles vorgesorgt. Die Laune des Ästheten allerdings sinkt auf den Gefrierpunkt, er haßt es, dick zu sein. Hoffmann ruft in solchen Fällen im Vorzimmer des Herrn im Verlag an und warnt, paßt auf, der Herr Springer hat heute besonders schlechte Laune. König Axel mußte sehr genau auf sich achten, um nicht außer Form zu geraten.

Der eher freudlose Esser, der zwar einen Koch beschäftigte, diesen aber als Hersteller von Sättigungsbeilagen betrachtete, sah Wichtigeres im Leben als gutes Essen. Dafür hatte er angesichts seiner Aufgaben keine Zeit, und stillzusitzen fiel ihm ohnehin schwer. Wie ein verzogenes Kind bewegte er sich eher widerstrebend zu offiziellen Festlichkeiten des Hauses, das seinen Namen trug. Die Legende von der angegriffenen Gesundheit, die er pflegte, half bei Absagen ungemein. Sogar die größte Druckerei Europas in Kettwig, seine natürlich, ließ er von Peter Tamm einweihen.

Keiner liebt mich so wie ich

Was interessieren mich Maschinen, mich interessieren Inhalte.
Seine Eitelkeit ist in den Anfangsjahren noch ganz menschlich. Wer bekommt das schönste Mädchen? Natürlich Axel Springer. Wer kann am besten tanzen? Natürlich Axel Springer. Und wer sieht am besten aus? Natürlich Axel Springer. Sein Freund Walter Schultz-Dieckmann, ein Vertrauter der Gründungsjahre und früher Begleiter bei den Ausflügen ins Hamburger Nachtleben, dem Verleger als PR-Mann mit seinem Büro ziemlich nahe, hielt sich selbst für einen schönen Mann, was andere Männer seiner Art an ihm mochten. Gern erzählte er, daß er, der gutaussehende Walter, den lieben Axel durch seine Nähe nervös mache. Pech nur, daß einmal bei solchen Erzählungen Axel Springer in seinem Rücken stand und zuhörte. Lächelnd tippte er ihm auf die Schulter: Können wir leicht ändern, Walter. Am nächsten Morgen wurde der in einem anderen Zimmer des Verlags ein Stockwerk tiefer untergebracht.

Es ist deshalb mehr als nur ein netter Scherz für seine Mutter, als sich Springer eine Husarenuniform ausleiht und sich in dieser Verkleidung, die ihm blendend steht, fotografieren läßt. Natürlich ist es die Uniform eines Offiziers. Ottilie Springer stellt das Foto in einem Silberrahmen auf ihren Sekretär, der Sohn aber hat für sich eine ganze Sequenz fotografieren lassen, selbstverliebt in seine Phantasie, selbstversunken in der Sehnsucht nach einer anderen Rolle als der des Unternehmers – und träumend von einer anderen Zeit: »Ich hätte gern im 18. Jahrhundert gelebt wegen der schönen Dinge, die es da gab.« Den früh geübten Blick zurück hat er verinnerlicht, später ist es die ferne andere Welt, in die er als sinnender Christenmensch trachtet, wobei er sehr wohl weiß, daß er beobachtet, der Eindruck also bleibend sein wird. Die Bibelforscherin Christa Meves in ihren Erinnerungen an Axel Springer, den Gottsucher: »Wir machen uns nach einem herrlichen Konzertfest mit Rostropowitsch auf Gut Schierensee durch die Räume des Schlößchens auf, um uns vom Gastgeber zu verabschieden. Überall Gruppen von fröhlich plaudernden Menschen – kein Axel Springer. Noch ein-

Der Fall Axel Springer

mal zurück in den menschenleeren Büfettraum. Hier in der Mitte steht er – allein, in sich versunken, mit einem schweren entrückten Blick.«

In den Rollen zum Höhepunkt seiner Karriere ist er variabler, da spielt er viele Springers. So vor dem Millionenpublikum in Renate Harpprechts Fernsehfilm »Einige Tag im Leben des Axel Springer«. Eine Kritikerin attestiert ihm, daß er »ein Selbstdarsteller von Format« sei, ein hochbegabter Schauspieler, der »noch den miserabelsten Text großartig bringt«. Ganz glücklich kann er nicht sein über das Lob seiner mimischen Kraft, denn der miserable Text, der da angesprochen wird, ist natürlich von ihm selbst, also Originalton. Auch die Autorin des TV-Werks war von ihrem Hauptdarsteller beeindruckt: »Man kann sich Springer gut vorstellen in Kniehosen, mit Zopf und Menuett tanzend.«

Besser wohl als Lord Axel auf seinem englischen Herrensitz, umgeben und umsorgt von vielen Domestiken. Alles Britische war ihm nicht nur deshalb vertraut, weil sein Schneider und sein Schuhmacher zu den besten Londoner Adressen zählten. Auch der ehemalige Offizier, der in Springers Stadthaus, einst bewohnt von Mary Delaney und besucht von Georg Friedrich Händel, in Mayfair den Butler machte, entsprach seiner Vorstellung vom Leben eines Gentlemans. Allerdings mußte der berühmte Deutsche erst lernen, daß man in der Oberschicht seine Dienstboten selbstverständlich mit dem Nachnamen ansprach, also Rothwell statt Mister Rothwell. Im House of Lords hätte Springer eine gute Figur gemacht. Den entsprechenden Rolls-Royce, mit dem man dort vorfuhr, hatte er schon bald. Er liebte die britische Kunst, sich einzurichten, und richtete sich danach. Der englische »Observer« 1965 in einem Artikel über den deutschen Presse-Giganten: »Springer is very keen on England. He has a house in Upper Brook Street, a Rolls-Royce and a Jaguar (in addition to his private aeroplane), lots of English clothes and friends.« Ein Mann mit Stilempfinden, der als zweiten Traumberuf den des Innenarchitekten nennt, hätte zum Beispiel nie Chefarzt sein wollen, weil ihn schon der Anblick eines frischen Bluttropfens knieweich machte.

Keiner liebt mich so wie ich

Sein Büro im Berliner Hochhaus hat er mit dem ehemaligen Interieur der Londoner »Times« in der Fleet Street bestückt, und als das Original nicht reicht für die Fläche, mit teuren Hölzern nachgebessert. Der Journalistenclub im 18. Stock kann es mit den feinsten englischen Clubs aufnehmen. Das alles hatte nichts zu tun mit einer etwaigen lebenslangen Dankbarkeit gegenüber den britischen Lizenzgebern, die ihm nach dem Krieg den Anfang ermöglich hatten. Oder mit der Nähe zu den englischen Massenblättern, deren Machart ihn faszinierte und die er für »Bild« adaptierte. Ein wohlhabender Hamburger, selbst einer aus Altona, hat immer eine zweite Heimat, das klassische, das altmodische London. Das höfische Gepränge der demokratischen britischen Klassengesellschaft kam seinem Verlangen nach festen Formen entgegen. Geld genug hatte er, und er benutzte diese Gottesgabe selbstverständlich, ohne wie andere Neureiche stillos damit zu protzen. Im Innern bewunderte er die großen englischen Zeitungsverleger, nicht nur wegen ihres politischen Einflusses und ihrer Durchsetzungskraft, sich in politische Ämter zu drängen: vor allem wegen ihrer steten Bereitschaft, im Bedarfsfall über Leichen zu gehen. Das war ihm dann doch eher fremd, dafür hatte er seine Leute. Zeitweise hielt er sich einen Oberst, der mit ihm die Umgangssprache üben mußte, denn es durfte nicht nach außen dringen, wie schlecht er Englisch sprach. Am Hofe zu Berlin wurde so getan, als parliere der König weltmännisch in der Sprache, die alle verstanden, mit den Großen dieser Welt.

Mit denen hatte er seine Schwierigkeiten. Nicht nur John F. Kennedy hat ihn unangemessen behandelt, weil er einfach damals beim Berlin-Besuch an ihm vorbeigefahren war, ohne zu halten und ihm die Hand zu geben. Auch sein Freund im Geiste, der wie er das Reich des Bösen bekämpfte, benahm sich unaufmerksam. Als Springer 1982 im Weißen Haus einen Termin bei Ronald Reagan hatte, Gastgeschenk war ein wertvolles Teegeschirr aus der Berliner Porzellanmanufaktur, lächelte der freundlich für die Fotografen, aber es blieb für den Verleger und Frau Friede bei ein paar Wor-

Der Fall Axel Springer

ten im Stehen. Der Präsident hatte nicht mal Zeit, sich hinzusetzen, oder gar für ein kleines Gespräch über Weltpolitik bei einer Tasse Tee. Das hat den Verleger getroffen, denn so charmant der geschickte Menschenfänger die umgarnte, von denen er etwas wollte, so sehr legte er auch Wert darauf, seiner Bedeutung entsprechend behandelt zu werden.

Andere hätten anschließend seinen Zorn zu spüren bekommen, bei Reagan allerdings konnte er unmöglich seinen Knechten befehlen, ihren Herrn mit einem Leitartikel zu rächen. Man las also in den Springer-Blättern, garniert mit entsprechenden Fotos, Berichte wie von einem Gipfeltreffen befreundeter Staatsmänner. Er wollte mit den wirklich Großen seiner Zeit reden, denn ihnen fühlte er sich ebenbürtig.

Die Hofschreiber wissen immer und brauchen keine besondere Anweisung, was »Väterchen« von ihnen erwartet: Respekt und Bewunderung, so in den Zeitungen serviert, daß man nicht lange suchen muß. Ob im Journalistenvereinsblatt »The Quill« – Der Federkiel – ein amerikanischer Publizist, den in Europa keiner kennt, Springer erwähnt, weil es ihm »um Ideen und nicht um Gewinne« ginge (Zweispalter in der »Welt«), ob die Wickert-Institute festgestellt haben wollen, Springer sei der bekannteste deutsche Journalist vor Thilo Koch und Rudolf Augstein und Henri Nannen (Einspalter bei »Bild«), ob der Verleger von einer nicht ganz so berühmten US-Universität einen Ehrendoktorhut bekommt (Zweispalter »Bild am Sonntag«) – der Name des Herrn wird gelobt und fett gedruckt.

Wenn es gar nicht anders geht, weil spontane Reaktionen auf Springer-Weisheiten ausbleiben, nützt man die besonders guten Kontakte zur CSU in München oder zur CDU nach Bonn und bekommt Nettes zu hören, und das natürlich exklusiv. Rainer Barzel nennt dann irgendeinen Berlin-Artikel des Verlegers einen »beachtlichen Alarmruf, den jeder ernst nehmen sollte« – vor allen Dingen er, denn sonst wäre es ihm schlecht ergangen –, woraus »Die Welt« wieder einen zweispaltigen Bericht basteln kann. Wer nur Springer-Zeitungen liest, muß den Eindruck gewinnen, daß der Verleger nicht nur fast täglich mit den Staatsmännern dieser Welt verkehrt und die geradezu seinen Rat suchen, sondern auch als Philosoph, als Prophet und nicht zuletzt als Schriftsteller unentwegt Bedeutendes produziert.

Als sein Buch »Von Berlin aus gesehen« erscheint, eine Sammlung alter Vorträge, Artikel, Briefe, also eigentlich nicht der Rede wert, darf Springer mit der Resonanz höchst zufrieden sein: Das Werk des »standfesten Kämpfers mit der Waffe des Wortes« enthält »Tatsachen und Meinungen, die helfen, immer neue Ereignisse richtig zu werten« (»Hör Zu«). Es ist das »Buch eines Deutschen, der sich wie kaum ein anderer für Berlin engagiert« (»Bild am Sonntag«). »Axel Springers Bekenntnis zum Recht, zur Freiheit und anderen großen Ideen, für die er sich persönlich und unmittelbar verantwortlich fühlt, klingt darum so glaubwürdig, weil es ihm gegeben ist, es in einer einfachen Sprache anschaulich zu machen« (»Die Welt«). Springer hat ein »Buch geschrieben, das Engagement in jeder Zeile zeigt« (»Hamburger Abendblatt«). »Axel Springer beherrscht souverän die Kunst, Emotionen nicht in Ungenauigkeit des Denkens und in Sentimentalität abgleiten zu lassen« (»Welt am Sonntag«).

Aber auch der politische Gegner ist ihm »dankbar für dieses Buch«, wie im SPD-Blatt »Vorwärts« nachzulesen ist, meint dies gemeinerweise aber zynisch: »Springer bestätigt alle Klischees, die von den Linken über ihn verbreitet wurden. Er gibt sich als glühender Antisozialdemokrat, als fanatischer Antikommunist, als überzeugter Kapitalist, als Gegner der Gewerkschaften. Er leugnet nicht, er steht dazu. Und damit enthüllt sich dieses Buch als gewollte Selbstdarstellung, voller Eitelkeit zwar und mystischem Glauben an die eigene Sendung, aber doch zu begreifen als ein Programm dieses Mannes und seiner Zeitungen. Es ist der klassische Leitfaden für alle, die deutschnational geblieben sind.«

Wer zum inneren Kreis am Hofe des Königs zählt, muß schon ein bißchen mehr bieten, um Springers Wohlgefallen zu erlangen, am besten Spuren hinterlassen, Schleimspuren. Eberhard von Brauchitsch, im weltweiten Einsatz von Springers Geld als Generalbevollmächtigter später eher von her-

Der Fall Axel Springer

ben Verlusten – Eigentumswohnungen in Key Biscayne und Firmengründungen in Portugal – als vom Glück verfolgt, schickt nach Kennedys Sieg bei den amerikanischen Präsidentschaftswahlen an den Verleger ein Telegramm, das klingt, als sei es nicht von ihm, sondern von einem Satiriker erfunden: »In Kennedy triumphiert die Persönlichkeit Deiner Geltung und Deiner Brillanz und Deiner Nobilität. Glückwünsche Dir und uns allen. Eberhard.« Ein anderer aus König Axels Schwafelrunde beweist in seinem privaten Neujahrsglückwunsch zum Ende des Jahres 1968, warum er für höhere Aufgaben geeignet ist: »Sie wissen besser als ich, wie sehr Fragen quälen können. Und Sie wissen auch, daß ich intellektuell eher zur Bequemlichkeit neige... Dennoch: Ich bin mitschuldig, daß Sie mehr auf den Kopf gekriegt haben, als Sie ohnehin bekommen hätten. Es ist ein sehr mieses Gefühl, da und dort den kleinen Beifall zu bekommen, wenn gleichzeitig der Freund und Chef den großen Ärger hat, seine Person verteufelt, sein Lebenswerk bezweifelt, sein Haus an der Mauer angezündet und sein Leben bedroht wird... Woher Sie diese Kraft nahmen, es zu ertragen, unberechtigt zum Prügelknaben der Nation gemacht zu werden, kann ich nur ahnen. Warum diese Prüfung erforderlich war, weiß ich noch weniger... Würde Gott auf der Erde wohnen, würde ich hingehen und protestieren... Lieber Herr Springer, wir haben die braune SA überlebt, wir werden auch die rote SA überleben. Gott schütze Sie. Ihr Peter Boenisch«.

Wegbegleiter, die Gott zu sich genommen hatte, entgingen selbst im Tode nicht den Inszenierungen des Königs. Mag seine Trauer auch von ihm als echt empfunden werden, er stilisierte sie dennoch so, als sei die Hauptsache der Veranstaltung seine Rede und die Trauer darüber, daß nunmehr ein Stück von ihm für immer dahingegangen war. Wenn Springer Abschied nahm, war dieses Abschiednehmen wichtiger als der Anlaß an sich. Todesanzeigen wie für den »Welt«-Verlagsleiter Heinrich Schulte fielen deshalb eher unangenehm auf, weil der Name des trauernden Axel Springer größer gedruckt war als der des teuren Verblichenen. Auf der

Gedenktafel für den Guru seiner frühen Jahre, die im Verlagshaus hängt, steht ein Zitat Hans Zehrers nicht etwa aus einem seiner Leitartikel oder eines seiner allzeit mythischen Gedanken, sondern Auszüge aus einem Brief an ihn, den großen Verleger Axel Springer. Besonders verquast ein Satz aus Springers Trauerrede auf den ehemaligen Chefredakteur des »Hamburger Abendblatts«, Otto Siemer: »Dem Repräsentanten dieses Hauses hat er in ganz besonderer Weise immer wieder gedankt: nämlich durch die Bekundung, daß ihm seine Arbeit in eben diesem Hause glückhafte Befriedigung brachte.«

Über den von sich selbst in dritter Person sprechenden Repräsentanten allerdings war Siemer am Schluß seines Lebens wohl nicht mehr ganz so glückhaft befriedigt. Aus einem bitteren Brief, den Siemer an einen Freund schrieb: »Nicht AS, sondern ich war zehn Jahre lang das ›Hamburger Abendblatt‹. Daß man sich meiner so entledigt, ist ein Skandal. Das Springer-Haus hat also den Versuch unternommen, mich von meinem totalen Unwert zu überzeugen, und das so radikal, daß ich, um zu überleben, mein ganz und gar ramponiertes Selbstbewußtsein auf irgendeine Weise aufmöbeln mußte ... Wenn aber das, was bisher geschehen ist, als meine Verabschiedung nach 20 Jahren im Hause gelten soll, so stelle ich fest: ich bin tief enttäuscht, grenzenlos deprimiert, erbittert und an der Grenze des Zorns. Natürlich kann das dem Haus scheißegal sein.«

Im Hause war es üblich, sich bei gewissen Aktionen und wenn es paßte, auf den König zu berufen. »Der Verleger hat gesagt ...« Zitate gab es genug, aber die etwas Klügeren wußten, daß es mit einem nur einmal gefallenen Satz Springers nicht genug war. Da er seine Ansichten spontan änderte, je nach Laune und Eingebung, mußte er mindestens dreimal etwas gesagt haben, dann konnte man davon ausgehen, daß es wirklich seine Meinung war. Was selbstverständlich nicht galt für ewige Werte wie Gott, Vaterland, Springer. Da war jeder Satz wie in Blei gegossen. Immer der, der zuletzt bei ihm war, hatte recht, aber mancher, der morgens strahlend aus dem Vorzimmer geeilt war, im sicheren Bewußtsein, in

Der Fall Axel Springer

der Sonne des Herrn zu stehen, hatte abends schon seine Zukunft hinter sich.

Die Kofferträger Springers waren in der Tat Kofferträger, denn als besondere Auszeichnung gab es, von ihm in Auftrag gegeben, von einem Meister des Faches in Altona hergestellt, genau halbes Abendblatt-Format und mit einem Monogramm des jeweils Beschenkten ausgestattet, die sogenannten Axel-Springer-Koffer, die er an ganz Getreue verschenkte. Manchmal mit einem kleinen Umschlag und guten Wünschen drin. Die Pförtner im Verlagshaus erkannten am Koffer die Höflinge des innersten Kreises und schlossen beflissen den Fahrstuhl auf, der eigentlich nur den besseren Herrschaften bestimmt war. Ein pfiffiger Jungredakteur des Hauses, dem die Deutschen die eine oder andere neue Stellung verdanken, ließ sich einen Koffer nachmachen. »Bild«-Autor Oswalt Kolle hatte aber in Wirklichkeit nie einen bekommen. Klar, daß die Portiers ihm den Lift öffneten.

»Wir haben keine Kaiser und Könige mehr im Land«, schrieb die »Zeit« in einem herben Verriß des Springer-Werkes »Aus Sorge um Deutschland«, das sie für schlicht widerlich hielt. »Also machen wir uns welche oder lassen es uns gefallen, wenn andere sich so aufführen, als Zeitungskönig etwa wie Axel Springer.«

Merkt er es nie, wenn sie seine Eitelkeit ausnutzen, ihn so sehr umschleimen, daß sogar er in Gefahr gerät auszurutschen? Natürlich merkt er es, der Mann ist zwar verblendet, aber nicht blind, zwar ungebildet, aber nicht dumm. Manchmal spielt er den Launischen, um zu sehen, wie weit er gehen kann. Claus Jacobi, mit Unterbrechungen zwei Jahrzehnte als Chefredakteur dem Herrscher verbunden: »In den Jahren des Glanzes und der Herrlichkeit erinnerte manches in Springers Umgebung an den Hof des Sonnenkönigs. Höflinge bückelten rücklings aus seinem Bannkreis. Ratgeber traten auf Zehenspitzen durch die Tapetentür ein und träufelten Gift in das Ohr der Majestät. Die Mächtigen des Reiches stritten um den Platz an der Sonne und wurden von ihrem Souverän gegeneinander ausgespielt: Tamm, Brauchitsch und Kracht, und die »Bild«-Chefs Hagen, Boenisch, Prinz.«

Dem Reiz, umschmeichelt zu werden, kann er sich dennoch nicht entziehen, es ist Springer nicht unangenehm, selbst wenn er die Peinlichkeit erkennt. Daß ihn zum Beispiel sein Wort-zum-Sonntag-Knappe Peter Bachér dreimal pro Woche anruft und um Rat bittet, hält er für angemessen, obwohl er weiß, daß der laut Aussagen von Kollegen »wesentliche Teile seines Arbeitstages damit verbringt, Handlungen zu ersinnen, die das wohlgefällige Kopfnicken Axel Springers bewirken«. Daß der ihm Postkarten aus dem Urlaub schickt, hält er eher für unnötig. Bachér, Urenkel Theodor Storms, im Vergleich zu dem aber eher ein Storm im Wasserglas, wird nicht immer vorgelassen, wenn er auf Schierensee einen Ergebenheitsbesuch machen will. Es gibt Wichtigeres zu tun, und Bachér gehört nicht zu denen, mit denen man so etwas besprechen kann.

Wie üblich bei Hofe übt man sich in der Kunst der Intrige. Es wird genau beobachtet, wer dem König am nächsten ist. Die einzelnen Höflinge haben über die anderen Höflinge Dossiers zusammengestellt, um im Bedarfsfalle Druck beim Herrn ausüben zu können. Der liest das gern, aber er hält sich nicht daran, und manches fällt auf die Autoren zurück. Einmal wird Peter Boenisch nach oben gerufen, stimmt es Peter, daß Sie erklärt haben, ich sei verrückt? Und er wedelt mit einem Brief. Stimmt, sagt der ganz trocken, aber so fein habe ich mich bestimmt nicht ausgedrückt. Da lacht Axel Springer, und nicht Pepe, sondern der Denunziant wird bei passender Gelegenheit einen Kopf kürzer gemacht.

Was haben sie alles über den ehemaligen Generalbevollmächtigten Christian Kracht gesagt, daß er ihn betrogen habe und mit seinem Geld sich selbst ein feines Leben eingerichtet, daß er wahrscheinlich zu weich sei und deshalb manches ganz anders gelaufen wäre, wenn gleich die richtigen Kerle rangelassen worden wären. Na, welche wohl. Aber er hat ihn nach dem ersten Rausschmiß wieder zu sich geholt und damit gezeigt, was er vom Wahrheitsgehalt der üblen Nachrede hielt. Allerdings verdrängt, daß er selbst mitgetratscht hatte und manche der Äußerungen über Kracht direkt from the horse's mouth stammen. Er verzieh denen, die

Der Fall Axel Springer

er vom Hof verjagt hatte, daß sie ihn dazu gezwungen hatten. War doch bekannt, wie sehr er Konflikte haßte. Hätten sie ihm doch ersparen können. Man mußte sich hüten, Erfolg zu haben, sagt einer, und er weiß, von wem er spricht, von sich nämlich, oder daß andere gut über einen redeten: »Das brachte Springer unweigerlich dazu, mißtrauisch zu werden, denn nur der König war ja gut, und das veranlaßte ihn, zuzuschlagen. Oft von hintenherum. Wenn er besonders freundlich war, wurde es gefährlich.«

Die Rolle des Königs hat er im Laufe der Jahre so oft gegeben, daß er sie irgendwann nicht mehr spielen muß. Springer ist der König. Er legt manchen, denen er Nähe suggerieren will, beim Gespräch beide Hände auf die Schultern, was allen anderen zeigt, der Herrscher hat gerade wieder einen geadelt. Ist allerdings geradezu empört, wenn umgekehrt mal einer ihm die Hand auf die Schulter legt oder zu nahe rückt. Wie nah man ihm kommen darf, bestimmt nur er. Er zeigt gern sein Privatflugzeug, das er von Grau in Weiß umspritzen ließ, seinen Hubschrauber, seine Jacht »Shepherd« und seinen Klenderhof, aber irgendwann will er am liebsten alles auf einmal verkaufen. Nicht um Geld zu sparen, was ist schon Geld. Zuviel gemeines Volk, also seine Manager und deren Frauen oder Freundinnen, hatten sich da aufgehalten, waren in die Sphäre des Königs eingedrungen, hatten sie entweiht, also weg damit. Stimmte zwar nicht, aber es reichte, daß er es so empfand.

Von der Familie erwartet Springer selbstverständlich Loyalität. Nicht nur von den Frauen, das sowieso, auch von den Familienmitgliedern, deren Probleme ihn wenig berührten, wenn sie sich nicht mit einer Überweisung lösen ließen. Als sein Neffe Andreas Millies vom »Abendblatt« zu »Jasmin« nach München wechselt, gerade im Besitz des feindlichen Verlages Gruner + Jahr, macht Axel seiner Schwester Ingeborg eine Riesenszene, ob sie denn ihren Sohn nicht im Griff habe, das sei doch Verrat. Deren zweiten Mann Frank Lynder, der ihn mit gespielter Demut Sir nennt und sich selbst devot Frankieboy, was Springer goutiert, beschäftigt er mit allerlei nützlichem Idiotenkram für den Hofgebrauch, ist ja schließlich sein Schwager. Die Ahnen soll Frankieboy erforschen, und er gibt sich in Briefen an den »Dear Publisher« so wichtig, als habe er einen Kaiser unter des Königs Vorfahren entdeckt: »Beim Durchschnüffeln aller bisherigen Unterlagen ist für mich nicht Dein musikalischer Großvater Theodor, sondern der Grönlandfahrer, Dein Urgroßvater Hinrich (1803–1871), am interessantesten. Es ist sehr wohl möglich, daß ich in Kopenhagener Archiven über diesen außerordentlichen Mann, der höchstwahrscheinlich auf einem der ersten Walfänger fuhr, die unmittelbar nach Napoleons Abdankung für Altona ins Eismeer liefen, etwas finde... Ich befasse mich damit um so lieber, als die Harpuniere und sogenannten Robbenschläger der Walfänger fast in allen Fällen von Sylt oder aber von der Insel Föhr kamen!«

Frank Lynder, ein schlitzohriger, heimatloser Emigrant und ein zutiefst unglücklicher Mann, der mit Alkohol seine Erkenntnis bekämpfte, daß er eigentlich nur geduldet war am Hofe, der sich vor dem ersten Rendezvous mit Springers Schwester Geld für ein neues Hemd leihen mußte, bot sich vergebens mit seinen journalistischen Kontakten an, konnte aber in den Briefen an seinen Schwager doch nur den üblichen Klatsch aus der Branche vermelden. Prahlte mit Beziehungen zum Geheimdienst. Aber da lachten die nur in Berlin. Wir hatten, sagt Claus Dieter Nagel lakonisch, den direkten Draht zu Franz Josef Strauß und zum Bundesnachrichtendienst. Und für Frankieboy hatten wir eigentlich nichts zu tun, der wurde halt irgendwie beschäftigt, war allenfalls für Familienangelegenheiten gut. Mal für die todkranke Exfrau Katrin eine private Pflegerin besorgen, mal den jungen Axel und seinen Stiefsohn Andreas beim Urlaub in Norwegen begleiten. Die beiden wenigstens fanden ihn richtig gut, denn er machte nicht nur jeden Blödsinn mit, endlich befreit von der Pflicht, seriös sein zu müssen. Er erzählte keinem, daß Axel seine damals erst sechzehnjährige Freundin und spätere Frau, die wunderschöne Rosemarie, ins Privatflugzeug geschmuggelt hatte und daß die beiden außer Lachsfang im hohen Norden ein paar andere Dinge trieben.

Der Hofstaat kostet viel Geld. Unter »sonstige Aufwen-

Der Fall Axel Springer

dungen« verbergen sich manchmal bis zu 50 Millionen Mark, die jährlich für die Privatschatulle des Verlegers benötigt werden. Nicht nur die passenden Residenzen müssen gekauft, eingerichtet und unterhalten werden, die sich darum kümmern, werden als »Stabsabteilung Schlösser und Burgen« im Haus verspottet. Auch das Personal, manchmal sind es bis zu 22 Angestellte, vom Hausmeister bis zum Chauffeur, vom Masseur bis zum Koch, vom Bodyguard bis zur Hofdame, vom Kustos bis zum Privatlehrer, vom Piloten bis zum Buchhalter, vom Gärtner bis zum Butler, verdient nicht schlecht. Gerade die sogenannten kleinen Leute behandelt Springer immer anständig, interessiert sich für ihre Sorgen und hilft ihnen königlich bei Problemen. Wenn sich einer seiner hochbezahlten Manager arrogant verhält, kann der mit seinem Zorn rechnen. Und wenn er selbst seine Bediensteten mal schlecht behandelt und anbrüllt, vergißt er am anderen Morgen nie, sich zu entschuldigen.

Teuer kommt ihn die angemessene Versorgung der ehemaligen Ehefrauen, denn die brauchen nicht nur Nadelgeld. Fünfstellige Unterhaltszahlungen pro Monat, freies Wohnrecht auf Lebenszeit in irgendeinem seiner Häuser, Übernahme aller Kosten vom Reitlehrer bis zur Haushälterin, von der Krankenkasse bis zum neuen Kühlschrank. Einzige Einschränkung: sollten sie wieder heiraten, fiel das alles weg. Keine außer Martha hat je wieder geheiratet, aber zu ihren Zeiten galt die Regel noch nicht.

Auf Schiffsreisen pflegt er vor Antritt der Fahrt die Trinkgelder zu verteilen, was eine kluge Geste ist, denn was hat er davon, wenn die Stewards ihre Dankbarkeit erst am Ende der Reise zeigen können. Hotels benutzt er ungern, weil er vertraute Gesichter um sich sehen will, später hat er seine Häuser oder Wohnungen sogar in den Städten, die er eher selten besucht. Peinliche Parvenü-Attitüden der frühen Jahre, als er einen Salonwagen an den Zug nach Sylt anhängen ließ, in dem er aber ziemlich gelangweilt mit seinem Freund Robert Dependorf sitzt, legt er später ab. Da wirkt er durch sich selbst, Axel Springer gibt Axel Springer. Außerdem ist es viel bequemer, mit dem Hubschrauber auf die Insel zu fliegen. Seinen materiellen Wünschen sind keine Grenzen gesetzt, er gibt gern mit vollen Händen aus, nicht nur für sich und seine Getreuen, einmal fast tausend Pfund für einen Bettler vor einer Kirche in London, manchmal alles, was er in der Tasche seiner Frau findet, Dollar und Schekel, für einen in Jerusalem.

Peter Tamm dementiert nicht, daß Springer im Laufe seines Lebens etwa anderthalb Milliarden Mark aus dem Verlag gezogen hat. Auch nicht weiter schlimm, ist ja seins, und er, Tamm, sieht seine Aufgabe als Chef der »kämpfenden Truppe« im Gegensatz zur Kamarilla am Hofe darin, das Geld zu verdienen, das dort ausgegeben wird.

Springers Vermögensverwalter stellt in seiner Aufstellung zum Jahresende 1968 fest, daß der private Grundbesitz des Verlegers allein in Deutschland damals schon einen Wert von 55 Millionen Mark hat. Die Grundstücke, Anwesen und Wohnungen auf Sylt sind mit rund 5,4 Millionen Mark verzeichnet, darunter die Häuser in Kampen, wo er nicht im Klenderhof wohnte, sondern ganz für sich im nahe gelegenen ehemaligen Haus des Verlegers Peter Suhrkamp, in Keitum und in Morsum. Dort ist er Miteigentümer des privaten Golfclubs. Er spielt allerdings nur selten und benutzt manchmal in seiner typischen Ungeduld zwei Bälle für ein gutes Ergebnis (Springers Handicap: 20). Mit 12,6 Millionen schlagen Häuser und Grundstücke in Hamburg zu Buche – Grotiusweg, Abteistraße, Schöne Aussicht, aber auch ein ganzer Komplex von Wohnungen in der Innenstadt. Rund 6,3 Millionen sind es in Berlin, dort unter anderen die Häuser auf Schwanenwerder und in der Bernadottestraße, außerdem einige Eigentumswohnungen strategisch über die Stadt verteilt.

Größter Posten ist der Erwerb des holsteinischen Guts Schierensee, erbaut Ende des 18. Jahrhunderts, für 11 Millionen Mark. Noch mal soviel wird in den folgenden drei Jahren in den Umbau und in die Einrichtung des großflächigen Landsitzes gesteckt, den Axel Springer liebt, weil er in seiner schlichten Pracht am meisten seinem Lebensgefühl entspricht. Großzügig baut er nicht nur sich ein Denkmal, es

Der Fall Axel Springer

gibt ein Haus für den ältesten Sohn, Wohnungen für Besucher, einen Tennisplatz, Spazierwege in Parklandschaften. Der König allerdings achtet, eitel wie er nun mal ist, auf Kleinigkeiten. Besorgt in langwierigen Verhandlungen hat ihm das Gut, das unter Denkmalschutz steht, wie auch viele wertvolle Stücke der Fayencensammlung, sein Generalbevollmächtigter Christian Kracht. In der ersten Auflage des Buches über Schierensee und die Fayencen taucht aber sein Name nicht auf, er war damals, 1974, schon vom Hofe verbannt. In der zweiten Auflage 1981 ist dagegen zu lesen: »Viele waren beim Aufbau der Sammlung hilfreich. Ganz besonders zu nennen ist Christian Kracht, ein langjähriger enger Mitarbeiter des Sammlers«. Da ist Kracht gerade wieder mal an der Seite Springers, und begonnen hatte die erneute Liaison im Torhaus des Landsitzes. Aber das ist eine andere Geschichte.

Während er in Berlin und in seinem Haus auf Schwanenwerder eher die preußische Tradition pflegt, also eine Art geistige Heimat zelebriert, wird das Gut Schierensee wirklich zur Heimat. Hier fühlt sich Springer zu Hause, seinen norddeutschen Wurzeln verhaftet. Das Herrenhaus hat eine besondere Geschichte, die seinem Geschichtsverständnis und seinem Sinn für Tradition entspricht. Es gibt ihm inmitten der behäbigen stillen Landschaft Schleswig-Holsteins die Ruhe, die er sonst nur noch in der Wüste bei Jericho oder auf der Insel Patmos findet. Den Spruch über dem Eingang NON MIHI SED POSTERIS – Nicht für mich, sondern für die Nachkommenden – variiert er in vielen Briefen und Gesprächen. Das goldene S auf dem Giebel des Herrenhauses gilt nicht ihm, sondern erinnert an den Erbauer Caspar von Saldern, berühmter Diplomat des 18. Jahrhunderts, und das scheint dem neuen Besitzer ein göttliches Zeichen, zumindest aber ein Zeichen der Vorsehung. Daß der mit Friedrich dem Großen in politischer Verbindung stand, dessen Porträt in Springer-Häusern an prominenter Stelle hing, schlägt den historischen Bogen. Springer glaubte nie an Zufälle, alles war vorbestimmt, alles hatte seinen Sinn im Weltenplan. Und daß sein Vorgänger nicht nur berühmt war wie er, sondern zu-

Keiner liebt mich so wie ich

dem ein frommer Mann, der jeden Morgen in seiner Privatkapelle betete und dort zu sich fand, sieht er als Lebensparallele über Jahrhunderte hinweg.

Für die stilvolle Erneuerung des heruntergekommenen Anwesens, das nach Ansicht des Architekten verwohnt ist wie eine Berliner Mietskaserne, sucht er manchmal selbst nach den besten Leuten. Henrik Lungagnini, Flüchtling aus Ungarn nach dem gescheiterten Aufstand gegen die Sowjets, ist Assistent im Altonaer Museum, als er eines Tages gefragt wird, ob er Lust hat, bei der kunsthistorischen Renovierung eines Herrenhauses in Schleswig-Holstein zu helfen. Aber ja doch. Der Besitzer übrigens heiße Axel Springer, ob er damit angesichts der Diskussionen jetzt, Ende der sechziger Jahre, irgendwelche politischen Probleme habe? Natürlich nicht. Schon die Anreise gefällt ihm – per Mercedes und Chauffeur zum Flughafen, von dort mit dem Hubschrauber nach Schierensee. Sein Auftraggeber hat Lebensart. Anfangs nur an Wochenenden, aber bald hauptberuflich kümmert sich Lungagnini um jedes Detail der Renovierung, Geld spielt keine Rolle. Er wird künftig Springers Mann für die feinen Künste, vertritt ihn auf Auktionen, begleitet ihn auf Reisen nach Israel und nach Norwegen, nach England und nach Dänemark.

Lungagnini hat eine Lebensstellung gefunden und einen Arbeitgeber, den er bewundert, dem er sich freundschaftlich verbunden fühlt, was er ihm so nie zu sagen wagt. Einen Autodidakten, der ihn mit seinem Wissen beeindruckt, nicht irgendeiner dieser reichen Langweiler, die ihren Drang nach Höherem bezahlen, aber nicht verstehen können. Der sich mit Lust auf Schierensee stürzt, als gelte es, eine neue Zeitung zu machen. Der sich sogar freut, wenn Spaziergänger an den Torhäusern stehen und fragen, ob das denn zu besichtigen sei. Endlich mal was anderes als der übliche Alltagskram. Springer lädt die dann ein auf eine Tasse Tee und zeigt ihnen sein Haus. Später geht das nicht mehr, weil das gesamte Anwesen hermetisch abgeriegelt und bewacht ist, ohne vorherige Anmeldung niemand aufs Grundstück fahren darf, jedes Hinweisschild auf der Landstraße entfernt wird, damit Ortsfremde oder nicht Angemeldete ohne Hilfe den Eingang nicht finden. Der Kurator richtet einen wunderbaren hellen Raum für die wertvolle Fayencensammlung ein, er beschafft auf Auktionen dänische Rokokomöbel und Gemälde. Die mit Stilgefühl begabte Hulda Seidewinkel, viele Jahre lang zuständig für alles, was mit Geschmack gelöst werden muß – prunkvolle Feste, teure Wohnungseinrichtungen, Verabschiedungen von Geliebten –, darf auf Schierensee schon nichts mehr verrücken, die Hausherrin vertraut Eduard Brinkama und den Vereinigten Werkstätten. Und die liefern gute Arbeit, vermeiden die Versuchung, ein Heimatmuseum einzurichten: kein Raum wirkt überladen, prunkvoll, erdrückend. Es muß nicht geflüstert werden, man merkt, daß hier einer gewohnt hat, sein Schreibtisch steht unverändert und der Füller liegt bereit, als käme er gleich rein, um zu unterschreiben.

Er hat gern gelebt hier, nicht immer von Düsternis umflort, vom Wissen ums Jenseits, vom Leiden am Diesseits, er hat es genossen und die Antiquitäten als ganz normale Bereicherung des Seins betrachtet. Die Leichtigkeit der weißen dänischen Dielen bestimmt die Atmosphäre des Hauses, selbst der repräsentative Katharinensaal, in dem Konzerte und Empfänge gegeben werden, wirkt wie ein großbürgerlicher Salon. Der kreative Verleger sammelt, was ihm gefällt und was ihn nicht verstört. Hier auf Schierensee sind es die nordeuropäischen Möbel, die Fayencen, das Porzellan, das Silber. Alles paßt zusammen. Im Berliner Palais »Tranquillitati« (Der Ruhe, der Gelassenheit), das er für sich und Friede auf der Insel Schwanenwerder baut, benannt nach dem Wohnhaus Salderns auf dem Gut Schierensee, sind es die Gemälde von Walter Leistikow, Lesser Ury und Max Liebermann, aber auch Bilder von Expressionisten wie Pechstein, Nolde, Kirchner, Heckel oder Werke von Barlach und Munch. Der vor allem ist seiner Seele nahe, in dessen Kunst erkennt er Verzweiflung und Schmerz und Sinnlosigkeit des Daseins, die dunkle Seite seiner selbst, die am Ende seines Lebens immer mehr seine Gedanken bestimmt, aus dem einstigen Märchenprinzen einen nicht nur an sich leidenden König macht.

Keiner liebt mich so wie ich

Springer kauft das alles nicht, um Geld anzulegen und später auf dem Kunstmarkt noch mehr zu verdienen. Er will mit Bildern leben und betrachtet sie nicht als teure Dekoration. Er informiert sich aus Kunstbänden, die einzigen Bücher, die er außer seinen religiösen Traktaten und der Bibel liest, besucht Museen und gern andere Sammler. Unter ihnen »Stern«-Gründer Henri Nannen, einen der Feinde von nebenan, genauso aus dem Bauch und nicht aus dem Kopf handelnd wie er, eitel wie er und auch ein genialer Blattmacher. Aber die stattlichen Egomanen reden nicht über Politik und über sich, sondern über das, was bleibt. Die Kunst eben. Springer holt sich ins Haus, was ihm paßt. Und manchmal gibt er es gleich weiter. Das gilt zum Beispiel für seinen Arzt in Zürich, der auf Rechnungen dankend verzichtet, dafür aber immerhin den einen oder anderen Walter Leistikow oder den einen oder andern Lesser Ury bekommt. Königliche Gaben eben, da braucht man keine Kassenpatienten.

Eines Tages erwirbt Lungagnini bei einer Auktion gegen viele andere Gebote das Gemälde »Die blaue Stunde« des dänischen Impressionisten Peter Severin Kroyer, das zwei spazierengehende Damen an einem Sommerabend am Strand von Skagen zeigt. Ein wunderbares Bild, wie geschaffen für das passende Ambiente eines Herrensitzes. Kostet 360 000 Mark, und Lungagnini ist ganz stolz, daß er es gegen viele Mitbieter, darunter berühmte Museen, ersteigert hat. Trauer in dänischen Zeitungen, daß ein deutscher Millionär das nationale Kunstwerk erworben hat. Springer beschließt, spontan mal wieder wie einst Axel, es dem Museum in Skagen zu schenken, die sollen es nach seinem Tod bekommen, und bis dahin schaut er es sich an. Den Widerspruch seines Kurators, wir haben es doch mit so viel Mühe ersteigert, und es ist doch ein Juwel und so schön und so viel wert, entkräftet er auf seine Art, und die ist überzeugend: Die Dänen haben es verdient, sagt der Verleger, sind ein tapferes Volk. So vielen armen Menschen haben die während des Krieges geholfen, den Nazis zu entkommen. Was ist dagegen schon ein Bild, sosehr ich es mag. Außerdem: Geschenke muß man sich vom

Der Fall Axel Springer

Herzen reißen, sonst sind es eigentlich keine Geschenke. Das Gemälde übrigens, auf vielen Postkarten verewigt, auf vielen Wanderausstellungen in Europa gezeigt, ist heute etwa dreieinhalb Millionen Mark wert. Es hing bis zu Springers Tod in seinem Haus auf Schwanenwerder, dann überreichte es seine Witwe, wie er es gewollt hatte, dem Museum in Skagen.

Wem Gott soviel Gnade erwiesen hat, der muß von seinem Erfolg etwas weitergeben. Daran glaubt Springer. Er hat es nicht nötig, wie andere reiche Leute, sich durch milde Gaben ein paar nette Schlagzeilen zu erkaufen. Einen positiven Artikel kann er sich bei Bedarf bestellen. Er hilft zwar auch im stillen, mal eine Wohnung zur freien Miete, mal ein bißchen Geld im Umschlag, mal eine Reise, mal eine regelmäßige monatliche Rente. Aber er hat nichts dagegen, wenn in seinen oder besser noch in anderen Blättern vermeldet wird, daß er den Fußballclub Hertha BSC in Berlin unterstützt, einem Ruderverein einen Achter spendiert, einem Hamburger Museum einen wertvollen Schrank oder zum Gedächtnis an den im Widerstand gegen die Nazis ermordeten Pfarrer Dietrich Bonhoeffer der Hamburger Hauptkirche St. Petri eine bronzene Statue des evangelischen Theologen. Soll das Volk denn nicht erfahren, wenn ihm Gutes widerfährt? Die Verkündigungen vom Hofe des Königs klingen zuweilen allerdings befremdlich. Das Büro des Verlegers gibt bekannt, heißt eine gebräuchliche Formulierung, so wie einst das Oberkommando der Wehrmacht irgendwelche Frontbegradigungen als Siege bekanntgegeben hat. Muß wohl daran liegen, daß manche dieser Verlautbarungen von denen geschrieben sind, die noch im Geiste der damaligen Zeit zu denken belieben.

Springer hat solchen Wortschrott nie gesehen, damit wurde er nicht behelligt, und die Denkungsart, die aus solcher Diktion spricht, ist ihm immer fremd geblieben. Wenn er sich Grövaz nannte, den größten Verleger aller Zeiten, und damit auf Hitler anspielte, größter Feldherr aller Zeiten, Gröfaz, hielt er dies für komisch. Allerdings glaubte er wirklich, daß er der größte Verleger war, daß es zumindest in Deutschland keinen bedeutenderen gab und man ihn entsprechend zu würdigen hatte. Einer Haushälterin, die ihm scherzend rät, doch Bundespräsident zu werden, er mache doch eine so blendende Figur, antwortet er höchst geschmeichelt, zutrauen würde er es sich schon. Aber niemals wirklich machen. In einem solchen Amt müsse man sich mitunter was sagen lassen, sich nach bestimmten Regeln richten. Und er läßt sich nichts sagen, er doch nicht, Axel Springer. Allenfalls von Gott. Seine Höflinge und Jasager und Schleimer wissen das und achten deshalb immer das erste Gebot, niemals die Eitelkeit des Herrschers zu verletzen, denn das würde böse Tage für sie zur Folge haben.

Immer schon habe er sich wie ein König gefühlt und sei immer schon so aufgetreten, erinnert sich Irmgard Bibernell, schon zu den Zeiten, als er noch Sänger und nicht Verleger werden wollte. Seine liebste Hofdame Hulda Seidewinkel, die alle Frauen und Geliebten überlebt hat, bis auf die letzte, die ihr den Abschied gab, mußte sogar gelegentlich dem Herrn eine Badewanne voller Buttermilch bereiten.

Das Ambiente von Schierensee ist natürlich wie geschaffen für einen Mann, der den Glanz um sich herum so liebt, weil in diesem Bühnenbild seine Persönlichkeit besser zur Geltung kommt. Eigentlich mag er keine Feste mehr, aber auf Schierensee gibt er sich häufiger die Ehre und erweist mit seinen Einladungen anderen die Gnade einer persönlichen Begegnung mit dem großen Mann aus Altona. Nach der Renovierung wird zur Besichtigung der holsteinische Landadel gebeten, der dem neuen Besitzer höchst distanziert gegenübersteht. Hat zwar Geld, ist aber nicht vom Stande. Springer weiß, was die von ihm halten, aber er weiß auch, daß er wie kaum einer die Kunst beherrscht, Menschen um den kleinen Finger zu wickeln, sie mit seinem Charme einzuwickeln. Er gibt den Blaublütlern also den bescheidenen Grandseigneur, aber verächtlich schweift sein Blick über die feine Menge, die da auf seine Kosten ißt und trinkt. Auch die Landesregierung von Kiel mit dem damaligen Ministerpräsidenten Gerhard Stoltenberg, Springer politisch treu ergeben, darf sich im erlesenen Rahmen laben. Mit Kumpan Franz Jo-

Der Fall Axel Springer

sef Strauß diskutiert er im Jagdsaal die besseren Zeiten, als die unten noch wußten, wer oben war.

Am Hofe gibt es Konzerte von Weltstars wie Springer-Freund Mstislaw Rostropowitsch, osteuropäische Dissidenten werden eingeladen, dem Verleger für sein Engagement zu danken, und auch höhere Ränge der Bundeswehr erfreuen sich des Blicks von der Terrasse ins Grüne. König Axel allerdings wirkt bei dieser Veranstaltung eher verklemmt, so gar nicht weltmännisch, so gar nicht locker. Ist der Herr krank? Nein, der Herr ist gesund, er mag halt keine Uniformen, egal wie demokratisch die sind, die sie tragen. Aber das kann er ja keinem sagen, paßt nun wirklich nicht zum staatstreuen Hause Springer.

Mit Banalitäten allerdings darf man ihn nicht belästigen, dafür hält er sich schließlich Domestiken. Als Hamburgs damaliger Bürgermeister Hans-Ulrich Klose ihm die Aufwartung macht, vermittelt von Springers Chefredakteur Hans Bluhm, gibt es anschließend Krach. Klose hat mit ihm nicht etwa wie vorher besprochen die politischen Probleme der Hansestadt erörtern oder gar einen Rat einholen wollen. Dem ging es nur um sich und sein Privatleben. Der wollte den Verleger bitten, daß er seinen Zeitungen Weisungen geben möge, nichts von Kloses neuer Freundin zu berichten. Der hält mich wohl für einen Schmock, brüllt er Bluhm an, wie können Sie mir einen solchen Mann schicken, Ihnen gebe ich nie mehr die Hand. Was er natürlich später doch wieder tut. Das hohle Pathos gilt nur für die Dauer des Auftritts.

Er kann sich eben oft nicht anders ausdrücken als in einer Sprache, die von falschen Gefühlen und von falschen Bildern bestimmt ist.»Selbst der Stein gewinnt eine Seele, wenn ihn der Konzernherr besingt«, schreibt Walter Jens spöttisch, »Springer, der Meister aus Deutschland, dessen zarte Rede plötzlich markig und kernig und lutherisch-altvorderlich wird: schlicht und rauh, sobald es der Ernst der Lage gebietet«. Der republikanische Rhetoriker aus Tübingen aber hat den König nie persönlich erlebt, denn der kann, wenn er will, ganz anders als mit der Zunge des Propheten reden.

Keiner liebt mich so wie ich

Im direkten Gespräch wirkt er durch Witz und Selbstironie und Sarkasmus. Da kann er sogar über sich sprechen, ohne gleich in die dritte Person der Majestät zu verfallen, wie er es so gerne in Reden und Interviews macht. Da ahnt er beim Gegenüber die Gedanken und verblüfft mit Antworten, bevor der überhaupt den eigenen Gedanken in eine Frage gefaßt hat.

Die Widersprüchlichkeit ist Teil seines Charakters, seines Wesens. Und genau dies macht es denen schwer, die ihm gerecht werden wollen, ohne gleich in die Anbetung des Herrn zu verfallen. Er war ein Patriot, aber kein finsterer Nationalist. Er war gegen die Nazis, duldete aber schlimme Nazischreiber unter seinen Redakteuren. Er war ein Frauenheld, aber unfähig zur Bindung. Er war bescheiden, aber eitel auf die Wirkung dieser Bescheidenheit bedacht. Er war ein König, aber nicht souverän. »Dreimal habe ich über ihn eine Titelstory geschrieben,« sagt »Spiegel«-Herausgeber Rudolf Augstein, »aber keine ist gedruckt worden, ich habe ihn nie in den Griff bekommen.«

Man kann seine politischen Predigten zerpflücken, denn er war nun wirklich kein Analytiker, und man kann die verkrampfte Ideologie seiner Blätter verachten und seine Selbstbeweihräucherungen lächerlich finden, aber Axel Springer ist nicht nur eine öffentliche Person und nicht nur eine der wichtigen Figuren der deutschen Nachkriegsgeschichte und nicht nur der Mann, den sie gerne Caesar nannten. Es gab ihn ja wirklich.

»Ich habe es mir seit langem angewöhnt, an der Stirne des Nächsten Sorgen, Schmerz und Tapferkeit, sie zu überwinden, abzulesen«, schreibt Springer Anfang der siebziger Jahre in einem Brief, und so eitel das wiederum klingt, so selbstverliebt er ist in die Rolle des guten Menschen, es sind dennoch keine leeren Worte. Heide Sönksen, Haushälterin im Klenderhof auf Sylt, erinnert sich deshalb weniger an die fröhlichen Zeiten, als sie unten in der Küche die Lachsalven von oben hörte, und Springer immer dabei. »Als sich mein Mann umbrachte, rief mich Herr Springer von Israel aus an. Und so schnell es ging, kam er zu mir nach Kampen, um

Der Fall Axel Springer

mich persönlich zu trösten.« Er zieht sich mit ihr in sein Haus zurück, in seine ganz private Sphäre, und er spricht mit ihr stundenlang über Gott und die Vorsehung und daß man sich in Gottes Willen fügen muß und Verzweiflung dem Menschen nicht erlaubt ist. Da ihr Mann tot sei, werde er sich mehr um sie kümmern, versprochen. In Berlin, wo sie ein paar Jahre später nach einer schweren Operation, die er hat arrangieren lassen, im Krankenhaus liegt, besucht er sie, begleitet von seinen Sicherheitsbeamten, auch da. Von Patmos schreibt er ihr eine sehr persönliche Postkarte mit dem Schlußsatz »Hier ist man Gott näher«.

Sein Neffe Andreas Millies, zu dem Springer kaum Kontakt hatte und der seinen Onkel als große Gestalt in weiter Ferne sah – »Onkel Axel wünschte keine Nähe und erduldete keine Nähe« –, hat ohne Beziehungen nach oben Karriere in anderen Verlagen gemacht. Wahrscheinlich hat es ihn nicht interessiert, was aus mir wird, sagt er. Was nicht stimmt, wie Briefe belegen. Springer hat sich immer wieder nach Möglichkeiten erkundigt, den Sohn seiner Schwester im Hause unterzubringen, aber seine Manager haben es hintertrieben. Bloß keinen von der Familie ganz oben, ein König reicht uns, wir brauchen keine Herzöge, sind wir doch selbst. Andreas Millies erinnert sich viel lieber an die Nachkriegszeit, als die Familie in Bendestorf lebte und Onkel Axel, der von Fußballgrößen wie Tull Harder schwärmte, mit dem kleinen Jungen Fußball spielte, wenn er mal von Hamburg kam.

Und er erinnert sich sehr genau an den Tag, an dem er vom Chauffeur abgeholt und zum großen Haus am Falkenstein in den Grotiusweg nach Blankenese gebracht wurde. Seine Mutter, sein Onkel und dessen damalige Frau Rosemarie warteten auf ihn. Dein Vater ist gestorben, Junge. Onkel Axel schenkte ihm einen jungen Pudel, eigentlich eine hilflose Geste, aber in der richtigen Überlegung, damit seinem kleinen Neffen nicht nur eine Freude zu machen, sondern ihn von seinem Schmerz abzulenken, Trost zu spenden. Intuitiv eine Situation zu erfassen und entsprechend seinem Instinkt zu handeln war immer Springers Stärke gewesen: »Was für ein Segen ist es doch, daß ich über Jahre hinweg manches tun konnte, das mein Herz, das heißt der Herrgott, mir befahl.« Der König mochte Hunde lieber als Pferde, auf denen saß er eher verkrampft. Die haben so tote Augen. Er genoß es aber, von oben auf andere herabblicken zu können. Er war stets pünktlich, und um das zu schaffen, immer zu früh am richtigen Ort. Dort ließ er seinen Chauffeur eine Warteschleife fahren, um genau zum verabredeten Termin einzutreffen. Pünktlichkeit erwartete er selbstverständlich von anderen. Wer das nicht für nötig hielt und sich nur um drei Minuten verspätete, mußte lange warten, bis er empfangen wurde. Er ließ sich jeden Morgen massieren, manchmal von seltsamen Typen, deren obskure Mixgetränke er für Lebenselixiere hielt, und wenn er nachts nicht schlafen konnte, las er in der Bibel. Er hörte Bach und Händel und Buxtehude, aber auch den Schmusesound von Bert Kaempfert. Der erinnerte ihn an die Musik seiner Jugend, als er noch allzeit bereit war, auf Wunsch des p.p. Publikums ans Mikrophon zu treten und loszusingen. Er war befreundet mit Oskar Kokoschka und baute ihm, wie früher die Könige für ihre Hofmaler, ein Atelier, wo der Meister in Ruhe für ihn arbeiten konnte, eine Stadtansicht Berlins, die im Verlagshaus in der Kochstraße hängt.

Er bewunderte einen berühmten Vorgänger, nicht etwa Hugenberg, wie ein paar dumme Ideologen behaupteten, den Wegbereiter der braunen Diktatur, sondern den Selfmademan August Scherl, dessen Initialen die seinen waren. Bei den Gründungen ihrer Zeitungen, der eine im Wilhelminischen Zeitalter, der andere in der Adenauer-Ära, bewiesen sie den Instinkt für die Wohnküche, den man braucht, um Massenblätter zu machen. Beide wurden im Alter ein wenig eigenartig, Springer mochte die eigenen Zeitungen nicht mehr lesen, Scherl bestand darauf, daß die Flure geräumt wurden, wenn er sein Haus betrat, denn er wollte außer seinem Friseur keine Menschen mehr sehen. Beide spielten mit ihrem Geld, denn Reichtum bedeutete ihnen nichts, Macht wollten sie haben. Beide scheiterten, wenn sie seriös sein wollten, der eine mit der Zeitung »Der Tag«, der andere mit seinem

Der Fall Axel Springer

Kampfblatt »Die Welt«. Beide waren Könige in ihrer Zeit, und beide wollten als solche behandelt werden.

König Axel aus Altona allerdings war so überzeugt von seiner Einmaligkeit, daß er im Grunde seines Herzens keinen Nachfolger wollte. Er tat zwar so, als ob er einen suche. Aber eigentlich sollte das Reich nach seinem Tode untergehen.

5. Kapitel
Alle meine Männer

Die Frage, wer von beiden schöner sei, blieb lange unbeantwortet. Am 6. Dezember 1973 war sie für Axel Springer entschieden, als beim Berliner Ball für jüdische Witwen und Waisen des Jom-Kippur-Krieges ein Kuß von ihm für 1200 Mark ersteigert wurde und der von Peter Boenisch nur 400 Mark erbrachte. Von diesem Wohltätigkeitsfest erzählte er stets gern.

Auch »Pepe«, eine der schillerndsten journalistischen Figuren der Bundesrepublik, war nie von Selbstzweifeln geplagt. Daß sich Springer für ihn als Chefredakteur seiner »Bild«-Zeitung entschieden hatte, als sie ihm wenige Monate nach dem Mauerbau zu politisch geworden war, schien dem damals 34jährigen Wunderknaben mit der flotten Berliner Schnauze eigentlich selbstverständlich. Gab es einen Besseren? Ja, gab es, Karl-Heinz Hagen, aber der konservative Intellektuelle paßte nicht mehr in die Landschaft, und insofern paßte alles. Springer schätzte nicht nur den cleveren Blattmacher Boenisch, der zwar dandyhaft wirkte, aber mit sicherem Gespür für die Zutaten des täglichen Boulevardmix – Sex & Crime, Stars & Sport, Wunder & Tragödien – hart arbeitete und immer wußte, auf welche Minderheit man gerade einschlagen konnte, ohne die Massenauflage zu gefährden. Eine Zeitung, die »täglich von fünf Millionen Deutschen gekauft werden soll, muß widerwärtig sein«, bewunderte der »Spiegel« den Plattmacher von nebenan. Boenisch war der erste

»Bild«-Hauer, der die magische Zahl fünf Millionen erreichte.

Dem ästhetisch empfindsamen Verleger gefiel der Kerl in seiner Erscheinung an sich, denn häßliche und dicke Männer mochte der König nicht in seinem Männerbund. Boenisch war schlank und englisch gekleidet, hielt sich Pferde und eine Rose auf dem Schreibtisch. Den konnte man vorzeigen, dem mußte man nicht wie anderen diskret die Adresse eines guten Schneiders zustecken. Wer an König Axels Tafelrunde Platz nehmen wollte, mußte einen gewissen Anspruch des Verlegers auf Noblesse erfüllen, sonst hatten die Herren bei ihm keine Chance auf höhere Weihen, egal wie gut sie sonst in ihrem Job sein mochten. Axel Springer machte selbst dann eine gute Figur, wenn er Kordhosen trug oder Jeans, Halstuch statt Krawatte, Pullover statt Jackett. Männer mit Shorts und Slipper und weißen Socken und bunten Hemden hätte AS sogar dann am liebsten auspeitschen lassen, wenn sie ihm nur in Kampen beim Spaziergang über den Weg gelaufen wären, übertreibt sein liebster Chefredakteur. Er hat nichts verlernt von jener plastischen Sprache, mit der er »Bild« und »Bild am Sonntag« nach oben puschte, sein journalistisches Credo, forget the facts, push the story, gilt noch heute.

Ein Wunder ist der überraschende Aufstieg des Peter Boenisch natürlich nicht. Der wußte schon früh, wie man sich der Mächtigen bedient, um selbst an die Macht zu kommen. In einem Brief an Katrin Springer gibt der damalige Chefredakteur des Teenager-Magazins »Bravo« einen kokett verspielten Rückblick auf seine schon beachtliche Karriere und einen geschickt formulierten Einblick in seine Seelenqualen, aus denen ihn nur der Ruf des Herrn erlösen kann:

»Sie sollen für mich keine Nägelchen einschlagen. Wirklich nicht. Ich mache immer alles so dringend. Wahrscheinlich schreibe ich eine Art Alarm-Deutsch. Jedoch brennt nichts. S. M. den Zeitungskönig würde ich ganz gern mal wieder sprechen. Möglichst unoffiziell. So ein kleines gemütliches Kamingespräch. Das ist alles. Aber wahrscheinlich ist das schon sehr viel... Denn ich, der ich einst einmal ein po-

Alle meine Männer

litischer Journalist mit Idealen war, bin ja ein typischer Wirtschaftswunder-Bürger geworden. Ein Geldmacher. Da fabriziere ich nun mein kleines Dreckblatt und tröste mich damit, daß ich mal Artikel gegen einen Staridioten oder gegen die Kriegsfilme schreibe. Überzeugung? Quatsch. Selbstbetrug. Zwei Jahre lang habe ich mir im russischen Hauptquartier in Karlshorst für ›Die Neue Zeitung‹ und für ›Newsweek‹ die Sohlen abgelaufen. Da ich dabei wie ein richtiger Berliner Junge auch die Augen offengehalten habe, konnte ich dann 1950-51-52 in meiner kleinen Provinzzeitung Artikel schreiben, deren traurige Wahrheit sich nun täglich erfüllt. Doch wem soll ich das schreiben? Etwa Herrn Kracht? Ich weiß ja noch nicht einmal, ob ich es Herrn Springer sagen kann. Denn ich bin ja so ein kleiner Manager des Erfolgs. Einer, der Kinderluftbrücken organisiert, Bundesverdienstkreuze bekommt, der jedem Dreck noch so viel Atem einhaucht, daß daraus lauter Groschen werden, die im Parademarsch an einem vorüberziehen. Fast komme ich mir selber lächerlich vor, wie ein Clown, der einmal eine ernste Rolle spielen will. Aber wehe, ich rede zu unvorsichtig über meine Wünsche... Deshalb habe ich Ihnen geschrieben. Und nicht mit der Spekulation auf Intervention. Übrigens: Hoffentlich bereut Springer seine Moskau-Reise nicht. Er hat dabei zwar einige taktische Fehler gemacht, aber der Versuch war, selbst für einen Zeitungskönig, sehr mutig... Und ich mache inzwischen ›Bravo‹. Da kann ich mich leider, auch wenn meine Autos größer werden, nur zum Kotzen finden... wahrscheinlich ist es auch gar nicht so wichtig, ob ich nun Springer spreche oder nicht.Immerhin ist es gut und wohltuend, mal von den Möglichkeiten zu träumen. Und sogar brieflich träumt es sich gut mit Ihnen (es spricht eigentlich auch nicht für Springer, daß er das nicht gemerkt hat).«

Die Empfängerin des Bewerbungsschreibens erzählt dem Meister von den Träumen des Peter Boenisch, aber sie zeigt ihm den Brief nicht, denn sonst hätte der keine Chance gehabt. Einen, der davon schreibt, daß Springer nicht mal gemerkt hat, wie nett es sich mit seiner zum damaligen Zeitpunkt schon von ihm geschiedenen zweiten Gattin Katrin

Der Fall Axel Springer

träumen ließe, hätte der Bannstrahl getroffen. So darf der ihm selbst erzählen, was er alles kann und vor allem besser als andere. Der Verleger holt ihn 1959 zunächst zur besonderen Verwendung, weil er ein europäisches Magazin namens »Capitol« plant. Als diese ambitionierten Pläne scheitern, so wie später alle Versuche, die berühmte »Berliner Illustrirte« regelmäßig und nicht nur mit sporadischen Sonderausgaben im Markt zu plazieren, so wie später alle Versuche, eine Informationsillustrierte von rechts zu realisieren, läßt Springer seinen Kettenhund »Bild« von Boenisch ausführen. Der Erfolg, den der Neue damit in Deutschlands Gassen hat, heiligt schließlich seine Mittel.

Des Verlegers Gespür für die richtigen Leute im richtigen Moment war damals noch ungetrübt, sagt ein anderer von seinen eleganten Männern, Claus Jacobi. Er achtete auf Qualität und nicht so sehr auf Gesinnung und aufs Sternzeichen. War doch mutig, dem eigentlich nur durch »Bravo« und »Revue« bekannten Boenisch die »Bild-Zeitung« zu geben. War doch richtig, sich nicht von politischen Bedenken und Hans Bluhm die »Hör Zu« leiten zu lassen. Der ergänzt kühl, man habe vorzüglich verdient im Hause. Erst später, als sich der Verleger in die politische Ecke gedrängt fühlte, die er andererseits als Heimat empfand, hat Springer darauf geachtet, daß Leute mit seiner politischen Überzeugung um ihn waren. Da war die journalistische Qualität sekundär, das rechtzeitige Hissen der Gesinnungslappen brachte dann die Gunst des Herrn. Da mußte an der Welt verzweifeln, wer die Welt nur durch »Die Welt« sah. Da gab es dann größenwahnsinnige Chefredakteure von »Bild«, die, kaum im Amt, den Bürgermeister ihres Heimatdorfes in der Lüneburger Heide aufforderten, den Sandweg zu ihrem Grundstück möglichst bald asphaltieren zu lassen. Weil jetzt öfter mal der Bundeskanzler vorbeischauen würde.

So spießig war Boenisch nun wirklich nicht, der hatte Stil und hielt sich gerade, was den Eindruck von Weltläufigkeit und Rückgrat vermittelte. Wenn er vom Bundeskanzler etwas wollte, dann rief er ihn einfach an. Adenauer, erzählte er gerne, kannte genau unsere Schlußzeiten, und der habe

Alle meine Männer

Wechselnde Beziehungen: Springer mit Peter Boenisch beim Golf in Morsum

Der Fall Axel Springer

sich dann persönlich bei ihm gemeldet und die eine oder andere Exklusivinformation für »Bild« fallen lassen. So schafft man sich Freunde bei der angeblich kritischen Vierten Gewalt. Und die zeigen sich geschmeichelt vom Zuspruch der Konservativen, vom Du, das ein Franz Josef Strauß anbietet. Boenisch revanchiert sich in »Bild« und »Bild am Sonntag« mit den härtesten Kommentaren gegen alles, was nur den Anschein von liberal oder gar links hat, haut drauf auf Studenten, Sozis und Böll. Ist privat ein charming boy und beteuert, auch anderer Meinung sein zu können. Findet aber instinktsicher auf jedem Niveau noch eine Möglichkeit, es zu unterbieten.

Der schreckliche Vereinfacher mit – von der Mutter geerbter – russischer Seele, der in karg bemessener Freizeit manchmal Gedichte schreibt, man glaubt es kaum, läßt zehn Jahre lang für seinen König die Groschen marschieren und wird selbst reich dabei. Selbst als mit Günter Prinz der nächste eingesetzt wird, der »Bild« reiten möchte, den Tiger des deutschen Journalismus, macht sich Boenisch noch nützlich im Hause Springer und fürs Haus Springer. Berät quasi als Leiharbeiter Strauß bei seinem Versuch, Bundeskanzler zu werden. Hat in verschiedenen wohlklingenden Funktionen immer noch seinen Platz im inneren Kreis des Männerbundes, wartet halt, bis der nächste Chefredakteur gekippt wird und der Blick des Verlegers auf ihn fällt.

Die sich immer schon gern überhöhende und überschätzende Branche der Journalisten und Verleger ist mit der Fußballbundesliga vergleichbar. Wenn der Trainer einer Mannschaft oder eben einer Zeitung rausfliegt, hat das zwar oft was mit dem Tabellenplatz zu tun. Aber manchmal nur damit, daß er sich vom Präsidenten nicht in die Aufstellung reinreden läßt oder im Stadion vor leeren Rängen gespielt wird, weil das Match nicht angekündigt war.

Springers Gralshüter, deren Namen Jacobi kennt, aber nicht nennt, die Schleicher, die aus der Tapetentür kommen und Gift ins Ohr des Königs träufeln, haben es 1981 sogar geschafft, daß Gottes Liebling Boenisch wegen liberaler Umtriebe bei der »Welt« verabschiedet wird. »Die orthodoxen

Alle meine Männer

Rechten schäumten ja schon, wenn ›Die Welt‹ ein Interview mit zum Beispiel Horst Ehmke veröffentlichte. Dabei war ich doch damals über jeden Sozialdemokraten froh, der in Bonn noch mit uns sprach«, sagt Peter Boenisch. Er verläßt nach 22 Jahren wirklich den Konzern und wartet nicht mehr darauf, bis der nächste Lift nach oben vorbeikommt. Der sich von seinem »väterlichen Freund« endlich abnabelt, wohl abgefunden, und nach der politischen Wende in Bonn zum nächsten großen Deutschen wechselt, zu Helmut Kohl.

Da allerdings wieder versöhnt mit Springer, dem es längst schon leid tut, seinen schönen schwarzen Peter vergrätzt zu haben. Der dem Bundeskanzler die besten Referenzen über den »begabten Menschenführer« gibt, als der ihn anruft, um auszuloten, ob es aufgrund der öffentlich ausgetragenen Auseinandersetzungen um den Kurs der »Welt« Bedenken geben würde gegen den neuen Regierungssprecher. Man wollte ja schließlich nicht, ausgerechnet wegen Boenisch, die Springer-Presse gegen sich haben.

Der Verleger leistet sich im Laufe seines Aufstiegs zum größten Zeitungstycoon des Kontinents nicht nur die seiner Überzeugung entsprechenden besten Blattmacher. Er braucht nicht nur rechte, sondern auch aufrechte Mitspieler für seine Visionen. Springer holt als phantasievoller Architekt seines Konzerns fast immer die richtigen Baumeister für den Verlag ins Haus. Ganz früh den ehrbaren Kaufmann Karl Andreas Voß, erst Geschäftsführer, dann beteiligt am Unternehmen, der das Prinzip durchsetzt, daß alle Investitionen aus dem cash flow finanziert werden müssen, der anfangs sogar Schreibmaschinen für sechs Tage pro Woche leiht, um die Kosten für den Samstag, wenn sie ja nicht gebraucht werden, zu sparen. Den »Abendblatt«-Redakteur und späteren Generalbevollmächtigten Christian Kracht, der dem Verlag professionelle moderne Strukturen verpaßt, aber als engster Vertrauter Axel Springers auch alle unangenehmen Konflikte wie zum Beispiel Scheidungen lösen muß. Den preußischen Junker Eberhard von Brauchitsch, der den auf die Vater-unser-Figur Axel Springer fixierten Laden führen will, wie er es gelernt hat, aber Flick-Werk liefert. Den Prinzen Heinrich

Der Fall Axel Springer

Reuss, der von sich als Generalbevollmächtigter kein Aufhebens macht und lieber im stillen wirkt, wahrscheinlich von den meisten Managern des Hauses auf den Fluren gar nicht erkannt worden ist. Den gestandenen Rechten Peter Tamm, ebenfalls vom »Abendblatt«, der sich als Admiral einer kämpfenden Flotte versteht und in seiner Amtszeit auf der sogenannten »Kommando-Brücke«, also an der Spitze des Hauses, den Umsatz verfünffacht, bis er als höchstbezahlter deutscher Topmanager von Springers Erben verabschiedet wird. Den Zehrer-Ersatz Matthias Walden, in dessen rechtsintellektuellem Qualm der Berliner Patriot die gefällig formulierte Wiederholung eigener Gedanken findet. Den geschickten, unentbehrlichen, ungeliebten Juristen Bernhard Servatius, dem kein Trick fremd ist und die Kunst der erlaubten Intrige tägliches Handwerk. Den in seiner Epoche und für die damaligen Leserbedürfnisse genialen Blatterfinder Eduard Rhein, der ihm durch »Hör Zu« die Millionen verdient, mit denen Springer seine Zeitungen finanzieren kann. Den verschwiegenen Paladin Ernst Cramer, der sich am Hof des Königs länger hält als jeder andere und nach Springers Tod an der Seite von Bernhard Servatius wie der vom Lordsiegelbewahrer zur Lordschaft wird. Den eiskalten Karrieristen Günter Prinz, dessen Härte dem weichen König so imponiert, daß er ihm wie auch dem anderen Hardliner, Peter Tamm, ein Prozent seiner Aktien schenkt, als der Verlag in eine AG umgewandelt wird und an die Börse geht.

Beide übrigens verscherbeln nach der nötigen Frist für je 16,8 Millionen Mark an Leo Kirch. Steuerfreie Einnahmen machen immer Freude. Servatius, schon im Zirkel der Macht, bekommt vom Verleger nur ein Zehntel dessen, was er seinen beiden anderen Haudegen zugedacht hatte. Aber selbst dieses Zehntel ist entsprechend viel Geld wert.

Springer war die Sonne, um die alles zu kreisen hatte, und er reagierte höchst ungnädig, wenn jemand ein bißchen Glanz wegnahm, wenn außer ihm andere gelobt wurden, bevor er sie zum Lob freigegeben hatte. »Die Gewißheit, alles haben zu können, war ihm wichtig«, analysiert seine ehemalige Geliebte Barbara Taufar, »und es war ihm egal, ob es

Alle meine Männer

Männerbund: Axel Springer neben Christian Kracht und Claus-Dieter Nagel im Prozeß gegen den APO-Anwalt Horst Mahler 1970 in Berlin

Frauen waren oder ob er Männer einfing, die ihm nützlich sein konnten.« Leute, die ihm zu mächtig wurden, entfernte er aus seiner Nähe oder ließ sie entfernen. Wer ihm zu stark wurde neben ihm, den wollte er loswerden, und da scheute er vor keiner Gemeinheit zurück, Rufmord war nicht nur sein politisches Geschäft. Seine Herren, die ihm beflissen nacheiferten – ohne je seinen Stil zu erreichen, was zum Beispiel die Behandlung von Frauen betraf –, sorgten dafür, daß die Knochen gebrochen, aber das Schweigen teuer bezahlt wurde. Geld hatte man ja, und falls es sie selbst mal erwischen sollte, kannten sie schon die Tarife. Wußten, daß man sich abzufinden hatte, abgefunden zu werden.

Das Grundübel war wohl, meint Peter Boenisch, daß er neben sich keinen dulden wollte, der gut war oder gar so gut wie er. »Von diesen Leuten hat er sich getrennt, irgendwann aber gemerkt, daß er einen Fehler gemacht hatte, und dann versucht, sie wieder zurückzuholen, was meist gelang. Seine Kunst, Menschen einzufangen, blieb immer eine seiner größten Stärken.«

Zu den Mächtigen mit unterschiedlicher Verweildauer im inneren Kreis, die sich gegenseitig mißtrauisch belauerten und die der König immer dann einen Kopf kürzer machen ließ, wenn sie aus seinem Schatten heraustreten wollten, gehörten nicht die Jugendfreunde Joachim Pierre Pabst, der Journalist, Walther Schultz-Dieckmann, der PR-Mann, Robert Dependorf, der Unternehmer. Männer mit Einfluß auf Axel, aber Männer ohne Einfluß auf Springer. Die sollten eher den König erfreuen, wenn er schlechter Stimmung war. Mal einen Scherz, mal das richtige Mädchen zur richtigen Zeit, mal eine Weißt-du-noch-Geschichte von früher.

Weißt du noch, wie Max Schmeling seinem Freund Axel nach dem Krieg versprach, als Geschenk für die Gattin eines britischen Offiziers mit Einfluß eine Harfe zu besorgen, weil die Dame gern zupfte und sich Springer einen Vorteil von der milden Gabe versprach? Wochenlang keine Antwort. Was ist los, Max, hast du es vergessen? Nee, verstehe ich nicht, ich hab die Gitarre gleich hingebracht. Ach, Max.

Weißt du noch, wie sehr Axel gelacht hat bei dieser Szene im Klenderhof auf Sylt? Kannst du nicht mal die Bibliothek aufräumen? hatte der ordnungsliebende Ästhet seinen Freund Pierre angefahren. Nee, kann ich nicht, im Gegensatz zu dir pflege ich Bücher zu lesen, nicht nur in den Schrank zu stellen.

Die fröhlichen Drei, also Schultz-Dieckmann und Pabst und Dependorf, hatten nach dem Krieg immer die richtigen Einfälle, um das Leben ein bißchen lustiger zu gestalten. Wußten immer, wie und wo man am besten einen draufmachen konnte. Axel Springer war anfangs stets dabei, zu jedem Blödsinn bereit, denn seine Neugier war damals größer als seine Menschenscheu. Man ging nicht nur in die richtigen Bars in Hamburg oder Berlin, um Mädchen aufzureißen, zum Wintersport in die fashionablen Schweizer Alpen und zum Segeln an die Spielplätze der Reichen. Man fuhr nicht nur, zum Teil schon mal begleitet von den damaligen Ehefrauen, ins Spielkasino nach Travemünde, um sich beim Roulette verrucht zu fühlen. Man ging auch mal, ohne Ehefrauen, geführt von Schultz-Dieckmann, in einschlägige Nachtlokale, um hautnah das zu erleben, was geheimnisvoll die dunkle Seite des Sex genannt wurde. Aus diesen Zeiten stammt das Gerücht, auch Axel Springer habe homosexuelle Erfahrungen gehabt. Aber er hat nur aus der Nähe sehen wollen, wie die so sind, die so sind. Außerdem hat jeder Männerbund eine homoerotische Komponente, ohne die gleich zu aktivieren. Dependorfs Poolspiele in seinem Haus am Leinpfad mit den schönsten Mädchen der Stadt waren dem Verleger stets näher.

Gerade der einst so leichtfüßige und für practical jokes berühmte Pierre Pabst, wohl sein engster persönlicher Freund, nach einigen Versuchen als Chefredakteur unter anderem der Zeitschrift »Kristall«, offiziell Leiter des Zentrallektorats und dort unterbeschäftigt, ist Springers treuer Begleiter, als er in die mystischen Tiefen der Religion einsteigt, als er in Israel auf den Spuren des biblischen Jesus wandelt. Gemeinsam haben sie Patmos und die Offenbarung des Johannes entdeckt, der eine hat dem anderen erklärt, was der nur vom Glauben und nicht intellektuell begreifen konnte. Pierre Pabst stirbt 1977. Bei der Beerdigung wird Springer so bleich wie der Tote vor ihm. Nach orthodoxem Brauch war der von seiner russischen Frau Irina im offenen Sarg aufgebahrt, und Axel Springer hatte das Gefühl, dem eigenen Tod ins Antlitz zu schauen. »Ich habe einen Freund verloren, und er war mir mehr«, sagt er. »Er stand meinem Herzen nahe, und uns einte die Überzeugung, daß unsere Welt vor ernsten Prüfungen steht. Prüfungen, bei denen es nicht nur um politisches Geschick, sondern um Himmel oder Hölle geht.«

Bei den meisten anderen ging es eher um Auflagen und Strategien, manchmal nur um verletzte Eitelkeiten, wenn sie vom König in die Hölle geschickt, also vom Hofe verbannt wurden. Da galten Verdienste von einst so wenig wie das Wort von gestern. Selbst sein Dukatenesel Eduard Rhein wurde verabschiedet, als sei er ein Chefredakteur wie jeder andere. Als die Verlagsmanager Ernst Naumann und Karl Andreas

Der Fall Axel Springer

Voß in seinem Büro zu widersprechen wagten, bekam der Verleger einen hysterischen Anfall, stampfte auf den Boden und brüllte:»Er muß weg, er soll gehen, ich will ihn nicht mehr sehen.« Zwar war Rhein dank eines besonderen Vertrages mit am Schluß 160 000 Mark Monatsgehalt nach Auflagenhöhe und Anzeigenpreisen bezahlt worden, also vielfacher Millionär geworden, aber er war wiederum auch der Mann, der Springer reich gemacht hatte. Was der nie vergaß zu erwähnen, und der scharfzüngige Rhein erst recht nicht. In der selbstverliebten Eitelkeit, im Wissen um die eigene Größe, waren sie sich gleich, nur mochte keiner vom anderen hören, wenn der von sich behauptete, ein Genie zu sein.

Springer kennt aus Berlin den Ruf des Jahrhundertmanns und will den Journalisten sofort engagieren, als er sich 1946 die Erlaubnis für eine Programmzeitschrift in Sachen Rundfunk von den Engländern besorgt. Rhein scheint ihm der richtige Mann für ein solches Blatt, und erst recht, da alles Gute für ihn eh vom legendären Ullstein-Verlag kommt, wo der kleine feine »Edu« als Chefredakteur »Sieben Tage«, die sogenannten Funkblätter mit Programm, gemacht hat. Der wie Springer unpolitische Narziß ist mit Büchern über Technik (»Wunder der Wellen«, »Du und die Elektrizität«), mit einer Operette, mit einem Roman ein wohlhabender Mann geworden, sitzt gerade an seiner Erfindung des Füllschriftverfahrens für Schallplatten, deren Patent ihn erst richtig reich machen wird. Er kommt nach Hamburg, trifft Springer. Der Rest der Geschichte ist Legende. Rhein in seinen Erinnerungen: »Dieser Mann, dem man das Gebadetsein durch Generationen schon von weitem ansah, war ein Verleger nach meinem Herzen.« Und er ein Chefredakteur nach dessen, ein Chefredakteur, dem er die Lizenz Nr. 67 für ein Zeitschriftenprojekt in die Hand drückt und von dem er sich dann verabschiedet, er hat Wichtigeres zu machen. Er ist schließlich ein Zeitungsmann. Hat es eigentlich einen Vertrag zwischen uns gegeben, fragt Rhein kokett im nicht erschienenen Teil seiner Memoiren?»Ich glaube nicht, aber muß wohl, denn da war doch der ordentliche Karl Andreas Voß.« Muß wohl schon, denn der spartanische Verlagsleiter bittet ihn noch zwei Jahre nach

Alle meine Männer

dem ersten Handschlag in einem Brief dringend, für den korrekten Stand der Akten die »Neufassung unserer vertraglichen Abmachungen« gütigst zu prüfen. Rhein entwickelt eine Rundfunkzeitschrift unter dem Titel »Hör Zu« und startet Ende 1946 mit einer Auflage von 250 000. Schon drei Jahre später verkauft das Blatt eine Million Hefte pro Woche, ist die erfolgreichste Zeitschrift der jungen Republik. Rhein, der eitle Alleinherrscher, hat immer die richtige Idee: ob er Hörspiele zeichnerisch umsetzen läßt, ob er unter dem Pseudonym Hans-Ulrich Horster sogenannte zu Herzen gehende sogenannte Schicksalsromane schreibt, ob er das Maskottchen Mecki zum westdeutschen Kinderliebling macht. Ein genialer journalistischer Kleingärtner mit eigener Laube, vor der die deutschen Gartenzwerge stehen, wo der Nachbar dem Nachbarn ein Freund, das Volk ein gutes ist und die Sehnsucht nach stiller Harmonie in »Hör Zu« befriedigt wird. Der Herr der leichten Muse, bald der mächtigste Programmbegleiter im beginnenden Fernsehzeitalter, zeigt seinen Reichtum stolz. Was sich der andere am Falkenstein leistet, kann Rhein sich prunkvoll an die Alster setzen. Wenn der andere einen Cadillac fährt, steigt er in den neuesten Buick, und natürlich ist er es, der für sich und seinen Freund den ersten Porsche in Hamburg kauft. Herzog Eduard und König Axel sind keine Freunde, aber sie brauchen sich gegenseitig, haben sich im richtigen Moment gefunden. Der eine macht Millionenauflagen, der andere dadurch viele Millionen und damit seine Zeitungen. Meine Herren, sagt er zum Beispiel den Redakteuren des Abendblatts, daß Sie hier sitzen, verdanken Sie der »Hör Zu«.

Die schreibt nur stolze schwarze Zahlen, Jahr für Jahr geht es nach oben, Anzeigenumsätze in den sechziger Jahren um die 125 Millionen Mark pro Jahr. Als nach fast zwanzig erfolgreichen Jahren die Auflage nicht mehr steigt, sondern bei über vier Millionen stockt, als passend zum gesellschaftlichen Aufbruch das Zeitalter der Informationsillustrierten beginnt und der »Stern« mehr verdient, fliegt der Erfinder von »Hör Zu« am 15. November 1964 raus.

Die handschriftliche Einladung zur Entlassung, die Springer selbst vollziehen muß, denn Eduard Rhein ist ja nicht irgendwer, hat das Datum vom 12.11.64 und klingt eher nach Kaffee und Kuchen: »Lieber Herr Rhein, ich würde mich freuen, wenn wir uns am kommenden Sonntag (15.11.) bei mir draußen am Falkenstein treffen könnten. Hinzukommen sollte nur Herr Voß. Lassen Sie mich wissen, ob Sie können? Ich gehe heute nach Berlin. Herzlich, Ihr Axel S.«

Rhein ahnt etwas, vor allem ahnt er, daß vielleicht Springers Hausastrologin Ina Hetzel, die er für eine dumme alte Vettel hält, dahintersteckt. Es gibt beim sonntäglichen Treffen kein Vorgeplänkel übers Wetter oder über irgendeinen nicht ganz gelungenen Titel des Blattes. Rhein legt sogleich los, in einem fast fünfzehnminütigen Monolog, was er demnächst ändern wolle, um die Auflage zu steigern. Warum haben Sie das nicht längst gemacht? unterbricht schließlich Axel Springer und sagt salbungsvoll, ganz Hoheit, er wolle das Blatt in andere Hände legen. Karl Andreas Voß, der gegen die Entlassung ist, schweigt beharrlich und läßt seinen Partner reden. Der ist der König, er beruft und er beruft ab, was gibt es da zu diskutieren. Rhein, der keine Chance auf einen großen Auftritt ausläßt, schwört wutbebend, daß Johanna geht, aber »nimmer kehrt sie wieder«. Wer zum Teufel ist Johanna?, fragt Springer am nächsten Tag in seinem Vorzimmer. In der offiziellen Verlautbarung des Verlages ist davon die Rede, daß Eduard Rhein mit Erreichen der Altersgrenze in den wohlverdienten Ruhestand gehe.

Von Journalisten, die angesichts eigener Defizite bereit sind, alles zu glauben, wird verbreitet, Rhein habe zur Befriedigung seiner protzigen Gelüste dem Verleger Millionen hinterzogen, sei deshalb rausgeflogen. Millionenbetrug hat man später auch Christian Kracht nachgesagt, als der zum erstenmal gefeuert wurde. Wie hoch der Wahrheitsgehalt zu bewerten ist, zeigen einfache Tatsachen: Springer und Rhein haben sich bis zum Tode des Verlegers öfter, vor allem allerdings privat, getroffen, und Kracht hat er sich nach dem Selbstmord des Sohnes 1980 wieder an seine Seite geholt. Handelt so einer, der von den beiden betrogen wurde?

Der zweite »Hör Zu«-Macher Hans Bluhm, der sein

Handwerk versteht, entstaubt die Familienillustrierte, erfindet den Fernsehpreis »Goldene Kamera« und treibt die Milchkuh des Hauses wieder auf saftige Auflagenwiesen, wo die bunten Anzeigen nur so blühen. Verdient selbst gut dabei, denn Springer hat immer Wert darauf gelegt, daß »meine Herren« nicht schlechter bezahlt werden als zum Beispiel Vorstandsmitglieder der Deutschen Bank.

Springer beweist viele Jahre lang in vielen freundlichen Briefen, Postkarten und Telegrammen, daß er nicht nachtragend ist, er es Eduard Rhein verziehen hat, daß er ihn rausschmeißen mußte. Er nimmt sogar Spenden vom vielfachen Millionär Rhein für seine Axel-Springer-Stiftung an, die sich vor allem in Israel und in Berlin engagiert. Und ist fassungslos, als ihm Rhein beim letzten Treffen spontan und nicht ohne Bosheit eine dünne Armbanduhr schenkt, weil der Verleger sie so sehr bewundert hat. Seine Zeilen verraten gleichzeitig etwas von seinem eher depressiven Seelenzustand, von der Sehnsucht nach den alten Zeiten, weil ihm die neuen fremd geworden sind:

»Ich weiß, daß ein 75 Jahre alter Eduard Rhein immer noch ein Jüngling ist. Trotzdem gibt mir Ihr runder Geburtstag eine so willkommene Gelegenheit, an frühere Zeiten zu erinnern. An Zeiten, in denen es noch einen ungeheuerlichen Spaß machte, Zeitschriften und Zeitungen zu machen. Wie sehr ich Ihnen für alle genialische Arbeit in unserem Hause dankbar bin, habe ich Ihnen häufiger gesagt. Ich wiederhole es für den heutigen Tag. Nehmen Sie Glück- und Segenswünsche entgegen von Ihrem getreuen Axel.«

»Lieber Edi Rhein, weil die schönen Jahre der ... Arbeit und Freude hinter uns liegen, sind meine herbstlichen Grüße fast melancholisch. Ihr Axel S.«

»... Erinnerungen steigen auf und Gefühle der Dankbarkeit für alles, was Sie für das Haus und mich taten. Mit den herzlichsten Grüßen. Ihr alter Axel«

»Ach, Edu, ich bleibe Ihnen für immer dankbar, daß Sie mir damals den Freiraum für meine Zeitungsambitionen schufen. Mit *Ihrer* ›Hör Zu‹ machten Sie es möglich. Glück- und Segenswünsche von Friede und Axel S.«

Der Fall Axel Springer

Doch der bleibt unversöhnlich und mag von alten schönen Zeiten vom lieben alten Axel nichts hören. Der hat vor allem eines nicht vergessen, die Entlassung. Selbst nach zwanzig Jahren ist er noch voller Rachelust und bitterem Haß, schreibt am 12.2.85 von seinem Ruhesitz Cannes an den Verleger, dessen Star er einmal war:
»Lieber Herr Springer, ich habe in all den Jahren, in denen ich HZ zu meinem Kummer nicht mehr steuern durfte – während große ausländische Verleger meinen Rat suchten – nie ein einziges kritisches Wort über »Hör Zu« geäußert, obwohl sich mir oft das Fell gesträubt hat. Heute ist mir der Kragen geplatzt: Diese Titelseite, wie ähnliche desselben Künstlers, sind ein Verbrechen an der kulturellen Entwicklung unseres Volkes ...Wenn HZ nicht noch mehr aus den kultivierten Wohnungen vertrieben werden soll, dann verhindern Sie solchen Scheißdreck: Ich habe Herrn Bachér diese Meinung oft gesagt, aber er berief sich jedesmal auf die Marktforscher, deren Meinung mich allerdings nie interessiert hat, denn: Wenn Ihrs nicht fühlt, Ihr werdets nicht ...erfragen. Herzlichst Eduard Rhein.« Springer antwortet leicht beleidigt, er habe die »berechtigte Kritik in etwas abgemilderter Form« weitergegeben.

Natürlich will Springer in seinem Männerbund immer die besten Leute um sich haben, aber wenn die sich wirklich als die besten erweisen, also zu stark werden und vielleicht sogar besser als er, will er von ihnen befreit werden. Das widerspricht eigentlich der langen Amtszeit des Peter Tamm im Hause Springer, aber wie oft hat der Verleger versucht, den kantigen Administrator loszuwerden, zuletzt drei Jahre vor seinem Tod, und wie oft hat er es aufgegeben, weil er entweder zu feige war, ihm das selbst zu sagen, oder aber keinen anderen gefunden hat, der diese hochbezahlte, aber angesichts eines so unsteten Verlegers höchst mühsame Arbeit machen wollte und konnte. Manchmal war ich morgens adoptiert, beschreibt Tamm sein kompliziertes Verhältnis zu Springer, und abends enterbt. Peter Tamm, dessen Vorbild der englische Seeheld Lord Nelson ist, wich keinem Kampf aus und wurde erst recht stur, wenn er seine Alleinherrschaft

Alle meine Männer

Axel Springer mit Peter Tamm im Verlag in Berlin

im Reich des Herrn bedroht fühlte. Zog sich schon mal krank nach Hause zurück im vertragslosen Zustand, bis sich der König vorfahren ließ und den Manager bitten mußte, den neuen Vertrag über sagen wir mal viereinhalb Millionen Mark pro Jahr zu unterschreiben.

Solche Demütigungen wiederum vergißt der König nicht und läßt den verhaßten Umworbenen bald wieder dafür büßen. Beide sind im Sternbild Stier geboren, was Tamm völlig wurscht ist, weil er strikt im faßbaren Diesseits lebt, was Springer aber als bedeutende Schicksalsverbindung sieht und seine Astrologin an den sich daraus ergebenden Komplikationen deuten läßt. Gilt übrigens auch für den Stier Peter Boenisch, aber der glaubt nur an das, was er anfassen kann und als Eingang auf dem Konto verbucht ist.

Die schönste Zeit mit dem Verleger, dem er als »freier Mann und nicht als Knecht« diente, hat Tamm in Berlin erlebt, als er den von Kracht an Land gezogenen Ullstein-Verlag konkurrenzfähig trimmte, einpaßte in die Strukturen des

Der Fall Axel Springer

Hauses. Das waren doch lustige Zeiten, da hat man mal zusammen gesoffen und nicht nur über Johannes und andere Täufer geredet, da hat man bei Spaziergängen und Ruderbootfahrten die wahnwitzigsten Pläne entwickelt. Sogar mit Christian Kracht, dessen Art ihm herzlichst zuwider war, was auf Gegenseitigkeit beruht, hat Tamm mal ein Würstchen an der Bude gegessen. Je höher aber Peter Tamm in der Hierarchie des Hauses stieg, desto mehr entfernte er sich vom Besitzer, obwohl der doch ganz oben thronte. Am wenigsten hatten sich beide zu sagen, als er die Nummer zwei geworden war, Alleinvorstand des Konzerns, als der stille Christian Kracht, der Mann mit Eigenschaften, aus dem Haus vertrieben war. Nun, als neuer Reichsverweser, war Tamm zunächst irritiert wegen der Sprachlosigkeit des Verlegers, denn er fühlte sich Axel Springer nah. Aber bald war es ihm ganz recht, daß sich Springer um die innere Ordnung des Unternehmens nicht kümmerte, denn das nahm er als Freibrief, den Verlag so zu führen, wie er es für richtig hielt. Als ehrbarer Kaufmann mit rechter Gesinnung, nach dem Prinzip einer Seilschaft, in der man sich blind vertrauen muß, wo alle fallen, wenn nur einer taumelt. Also darf nicht getaumelt werden, Männer. Ließ sich die Planung und das Budget von Axel Springer zwar genehmigen, aber handelte dann in diesem Rahmen nach eigenem Gutdünken. Hauptsache, die Bilanz am Ende des Geschäftsjahres erbrachte ein Plus zum vorigen. Schaffte beiseite, was ihm seinen Kurs zu stören schien – Reuss, Kracht, Brauchitsch, Prinz –, und scheute auch die Konfrontation mit dem Besitzer nicht. Der kann mich ja rausschmeißen, wenn es ihm nicht mehr paßt.

Was hat der Dreckskerl wieder über mich gelogen? fragt er am Ende Manager aus, die von einem Termin beim Verleger gekommen sind. Die drucksen herum, allerdings nicht aus Angst, dem knorrigen Bullerkopf in stets marineblauen Anzügen, die er wie eine Uniform trug, die Wahrheit zu sagen. Es scheint ihnen eigentlich nicht der Rede wert und eher peinlich, daß der Verleger gefragt hat, was denn dieses Arschloch, dieser Rechtsradikale, dieser widerwärtige Tamm über ihn gesagt habe. Über Tamm lästerte Springer gern und tief unter seinem Niveau. Der hat alle drei Wochen seine Tage, Frauen nur alle vier Wochen. Als er ihn richtig ärgern will, wiederum unter Niveau, sorgt er dafür, daß der »Admiral« nach einer Besprechung mit ihm in Berlin nicht mehr den letzten Flieger nach Hamburg erreicht. Er hat nämlich erfahren, daß genau für diesen Abend Peter Tamm seine Mitarbeiter, die sich manchmal gebärden wie große Jungs und im übertragenen Sinne am liebsten Schiffe versenken spielen, die aber oft im eigenen Hafen liegen, zu einer Weihnachtsfeier eingeladen hatte. Sollen sie doch ohne ihren P. T. feiern, der führt sich zwar auf wie ein Verleger. Aber letztlich ist doch alles von meinem Geld finanziert, denn ich bin der Verleger.

Tamm zeigt sich nach außen gelassen bei solchen Nadelstichen, aber ganz so cool nimmt er es nicht hin. Auch er umgibt sich wie sein Verleger mit obskuren Gestalten, beschäftigt Spitzel, und nicht die besten. Auch er verläßt sich auf journalistische Zuhälter, die er hoch bezahlt und deren Ratschläge er beherzigt. Auch er entwickelt Bunkermentalität, doch scheint ihm eine offene Schlacht, typisch für sein militärisch geprägtes Denken, immer noch der beste Befreiungsschlag. Kunstvolle Ranküne liegt ihm nicht, und wenn er es versucht, wie Jahre später in der Auseinandersetzung mit Leo Kirch, ist ihm sein Konkurrent Servatius, der liebe Bernhard, allemal überlegen. Deshalb ist heute noch seine Abscheu Servatius gegenüber ungebrochen. Den hält er widerwillig bewundernd für einen geradezu genialen Intriganten, staunt immer noch über sich selbst, daß er so oft auf den reingefallen ist. Würde aber zu gerne noch erleben, wie es den eines Tages erwischt.

In einem Brief an Claus Jacobi, dessen Nachruf auf Tamm-Nachfolger Günter Wille ihn empört hat, schreibt er unversöhnt im November 1993: »Wer hat hinter meinem Rücken die Fäden gezogen, um Günter Wille gegen mich zu stellen? Welchen Preis mußte das Haus schließlich zahlen, um den von Günter Wille mit Leo Kirch angeblich erzielten Frieden zu erreichen? War der Preis nicht die unternehmerische Selbstaufgabe des Hauses im gesamten Fernsehbereich, ei-

Der Fall Axel Springer

nem der trächtigsten Zukunftsmärkte? Es war wohl doch mehr eine Unterwerfung... Und was meine vermeintlichen Machtkämpfe mit Leo Kirch anbelangen... Sie wissen auch, daß der Aufsichtsrat – allen voran der Vorsitzende – in dieser Frage nicht nur in vollem Umfang eingebunden, sondern sogar außerordentlich engagiert war«.

Tamm ist schon in frühen Jahren manchmal so frustriert, daß er in andere Verlage wechseln will, denn sein Ruf als knochenharter, aber erfolgreicher Manager ist ja donnerhallend gut in vielen Kreisen, die glauben, man müsse erst führen und dann diskutieren. Letztlich behauptet er sich mehr als vierzig Jahre im Konzern, davon 23 an der Spitze des Hauses. Alle Entscheidungen gingen über seinen Tisch. »Wir waren die kämpfende Truppe«, heißt das in Peter Tamms Sprache, und den Rest verschluckt er lieber. Daß es neben seinen Kämpfern den König mit seinen Höflingen gab, und das waren die eigentlichen Nichtskönner. Denen hatte Tamm zwar nichts zu sagen, aber die ihm erst recht nicht. Er lieferte ab, was von ihm und seiner Truppe verdient wurde, auf die glänzenden Bilanzen war er stolz, und ansonsten hielt er sich möglichst raus bei den üblichen Aufführungen des Hoftheaters. Unterbrach seinen Herrn, jedoch nicht Meister, stets grob, wenn der erzählen wollte von mystischen Erlebnissen, setzte dagegen solche wichtigen Banalitäten wie dringend notwendige Regionalisierung von »Bild« gegen örtliche Konkurrenten, Beteiligung des Hauses an mittelständischen Verlagen. Brauchte eigentlich zwanzig Entscheidungen pro Jahr und war froh, wenn Springer Zeit hatte für drei. Mußte führen, was er nicht ungern tat, weil der andere keine Lust mehr dazu hatte. Kaufte einmal kurz entschlossen die Mehrheit bei den »Lübecker Nachrichten« und machte erst anschließend Meldung bei seinem obersten Kriegsherrn. In der deutschen Provinz, meinte Tamm, liegt die Zukunft des Hauses und nicht im Ausland. Da werden Sprachen gesprochen, die im Verlag der Patrioten die wenigsten verstanden oder gar beherrschten.

Es gab im Männerbund Springer, von einem klugen Analytiker wie Klaus Harpprecht mit Zehrers mystischem »Tat«-

Alle meine Männer

Kreis verglichen, ja nicht nur die üblichen Spielchen um Macht, Privilegien, Einfluß. Es gab ja nicht nur die vielen eher peinlichen Aufzeichnungen, die der eine über den anderen machte. Mit Lächerlichkeiten wie den Hinweisen, daß dieser oder jener seinen Dienstwagen samt Chauffeur für die Einkäufe der Gattin benutzt habe. Mit Zitaten, was der eine im Suff über den Verleger gesagt hatte. Zustände wie im alten Rom, kurz bevor Nero den ganzen Laden abbrannte, schimpfte Tamm. Aber auch er las gern in den Dossiers, die er über andere anlegen ließ, und freute sich über Fehler derer, die er schon immer für Arschlöcher, also für Nonvaleurs gehalten hatte.

Der Männerbund Springer hatte jenseits des gemeinsamen Feindbildes – Liberale und Linke, Gewerkschafter und Genossen, Dichter und Denker – aber Gemeinsamkeiten, für die der nicht eingetragene Verein keine Satzung und keine Essentials brauchte. Macht war die Erotik des Alltags, Frauen gehörten nach Hause, aber nicht ins Haus. Insofern war es wie bei jedem anderen Großverlag, allerdings galt bei deren eher leidenschaftslosen Managern Strategie mehr als Ideologie und Vertriebserlös mehr als Vaterlandsliebe.

Politisch paßte Peter Tamm ideal ins Koordinatensystem des Hauses. Auch für ihn sind die Roten zwar nicht des Teufels, so unchristlich tief in die Hölle wie sein Verleger will er gar nicht gehen, sondern Leute, die mit Geld nicht umgehen können. Manchmal auch Vaterlandsverräter, die man am besten gleich erschießt, was aber leider verboten ist. Er schätzt nun mal die klare Sprache – auch bei Scherzen. Ausnahmen gibt es allerdings für ihn in seinem schlichten Weltbild. Ein ehemaliger Kapitän zur See der DDR-Marine zum Beispiel darf in Tamms prachtvollem Marinemuseum am Elbufer – 18 000 Schiffe, 60 000 Bücher, Uniformen und Waffen – nach dem Rechten sehen oder ein nach dem Untergang der Zone billig erworbenes Schnellboot der einstmals feindlichen deutschen Brüder im Garten des bei dieser Leidenschaft keine ideologischen Grenzen kennenden Sammlers aufbauen.

Daß jeder den anderen schlechtmacht – zwar genial, aber schwul –, daß jeder den anderen für unfähig hält – zwar ge-

Der Fall Axel Springer

schickt, aber korrupt –, daß jeder seine ganz besondere Nähe zu Axel Springer betont – zwar uneinsichtig, aber nicht bei mir –, ist symptomatisch für die Männer in König Axels Tafelrunde. Macht es also eher schwer, hinter der subjektiven Wertung objektive Wahrheit zu entdecken, denn die üble Nachrede läßt sich natürlich viel schöner erzählen.

Christian Kracht sei wie ein Hund mit der Peitsche vom Hof gejagt worden, beschreibt aber einer eher angewidert den Nachmittag, an dem Axel Springer seinen Topmanager per Hubschrauber nach Sylt fliegen läßt und ihn dort in seinem Teehaus entläßt. Anschließend habe der Verleger geweint und Karl-Heinz Hagen ihn trösten müssen. Kracht, zwar bleich, hat auch in solchen Momenten der Niederlage Haltung bewahrt. Bevor er in den Helikopter stieg, gab er den anwesenden Herren Boenisch, Cramer, Liesner und Hagen bis auf einen die Hand und sagte, auf Wiedersehen, ich komme nicht mehr wieder. Was im Sommer 1970 in der Tat kaum anzunehmen war, denn zu tief war der Konflikt mit dem Mann, dem Kracht soviel und der Kracht soviel zu verdanken hatte. Der ihm jetzt vorwarf, sich persönlich bei den Fusionsverhandlungen mit Bertelsmann, die auf einem ganz anderen Blatt stehen, bereichert zu haben, und Gegenbeweise nicht gelten ließ.

Es war sicher ein ganz besonderer Triumph für den geschaßten ehemaligen Generalbevollmächtigten, als ihn Springer 1980 wieder bat, sich in der gleichen Funktion wie früher um die Geschäfte des müde gewordenen Verlegers zu kümmern. Geld braucht Kracht da schon lange keins mehr, er ist durch eigene Geschäfte in Immobilien vielfacher Millionär, hat es sich außerdem sehr teuer bezahlen lassen, zehn Jahre lang nicht verlegerisch arbeiten zu dürfen, aber der Rückruf stellt seinen Ruf wieder her, seine Ehre.

Christian Kracht ist einer, der sich nicht gern zur Legende stilisiert und über die, von denen er weiß, daß sie ihn nicht mögen, kein böses Wort verliert. Das gilt sogar für die, denen er seinen erzwungenen Ausstieg damals außerdem anlasten darf. Jeder muß mit der Schuld leben, die er in sich trägt, das scheint ihm Strafe genug. Diese Art göttliche Gerechtigkeit akzeptiert er auch für die eigenen Handlungen, die nicht frei waren von den als allgemein gültige Geschäftspraktiken geltenden Schweinereien, die man immer im Sinne höherer Ziele begehen muß, um sich so lange an der Spitze eines Konzerns und so lange in der unmittelbaren Nähe seines Besitzers halten zu können. Zumal in der Nähe dieses Eigentümers, der von einer politischen Mission erfüllt war und nicht nur von Gewinnstreben.»In Respekt vor der Meinung des Inhabers, aber...«, lautete Krachts Standardformulierung, wenn er als damals höchstbezahlter Angestellter des Hauses zu widersprechen wagte. Aber dann Springers Aufträge professionell erfüllte, wenn er sich nicht durchsetzen konnte, er also gegen seine eigene Überzeugung handeln mußte.

Dennoch ist seine Geschichte, eine Geschichte vom Aufstieg und vom Fall und vom erneuten Aufstieg und vom erneuten Fall, mehr als die übliche Managerstory von Anpassung oder Abfindung im Hause Springer. Weder vom Habitus noch von der Denkungsart paßte Kracht in die Keulenriege des Männerbundes. Während andere in nationalistischen Tönen und martialischem Gebrüll wie einst die Germanen versuchten, ihre Kontrahenten zu verschrecken, setzte er wie später Prinz Heinrich Reuss auf die immanente Kraft der stillen Entscheidungen. Er blieb höflich und bewahrte Haltung in härtesten Verhandlungen, verzog keine Miene, wenn er für seinen Herrn zu lügen hatte, hielt publizistische Gegner nicht für politische Feinde, hob nicht die Stimme, sondern allenfalls das Glas mit einem sehr guten Wein, hielt es für unwichtig, geschätzt, aber für wichtig, unterschätzt zu werden, und war dann besonders gefährlich, wenn er lächelte. Für die, die das merkten, war es dann allerdings schon zu spät. Er lächelte eigentlich nur, wenn er wußte, gewonnen zu haben.

Er hat als erster Manager in Deutschland eine Million Mark und am Schluß mehr pro Jahr verdient, und dies war verdient, denn er hat in einem patriarchalischen Konzern mit den von ihm geholten jungen Akademikern die Grundregeln moderner Firmenführung durchgesetzt, wo bislang nur das Bonmot des Gesellschafters Karl Andreas Voß galt, daß es

Der Fall Axel Springer

unnötig sei, für Redakteure Schreibtische mit Schubladen anzuschaffen. Plattentische müßten genügen. Die Journalisten hätten nichts aufzubewahren, sondern ihre Tagesarbeit zu beenden, bevor sie abends nach Hause gingen. Er hat das persönliche Vermögen des Verlegers durch geschickte Transaktionen gemehrt, und es war für den wirklich bald kein Problem mehr, in einem Jahr bis zu 50 Millionen für seine privaten Bedürfnisse auszugeben. Als Kracht zum erstenmal in die Schweizer Berge geschickt wurde, betrug das angelegte Spielgeld von Citizen Kane rund 320 Millionen Mark. Cash to carry. Kracht hat vergeblich versucht, aus Kampfblättern Zeitungen zu machen, denn im Grunde seines Herzens war der Bevollmächtigte kein General, sondern ein Journalist und immer fasziniert von der Kraft des gedruckten Wortes. Ein Liberaler mit Manieren.

Als Reporter hat Christian Kracht, dem sein Verleger viele Jahre lang Nähe erlaubte, ja sie sogar forderte, seine Springer-Karriere beim »Hamburger Abendblatt« begonnen. Kein Starschreiber wie manch anderer, aber einer, der immer wußte, wo man für den eine Schreibmaschine besorgen konnte und mit welcher populären Aktion ein Blatt zu verkaufen war, in dem dann wiederum der Starschreiber seinen gebührenden Platz fand. Danach Assistent des Besitzers, Berater, Manager des Ullstein-Deals und schließlich zweiter Mann im Hause, was Tamms Ehrgeiz beflügelte. Jahrelang hat Kracht sogar neben dem Grundstück des Verlegers an der Elbe eine Wohnung gehabt, denn nun konnte der des Nachts bei seinem lieben Christian anläuten, zum Spaziergang durch den Park bitten, beide in Pyjama, Schlafrock und Pantoffeln, und mit ihm neue Projekte besprechen. Daß der Mann für alle Jahreszeiten diskrete Angelegenheiten Axel Springers erledigte, bei Scheidungen die Tränen und Beschimpfungen der betroffenen Frauen auf sich nahm, in anderen Fällen auch mal den Verlobten mimte, damit keiner auf die Idee kam, der König selbst habe was mit dem Mädchen, verstand sich von selbst.

Eine solche verschwiegene und nicht faßbare Größe, die unter den optischen Brocken der Männerrunde kaum auf-

Alle meine Männer

fällt, allenfalls durch exquisite Kleidung und die gern auf den Fluren verbreitete Eigenheit, morgens für den besseren Gedankenfluß Yogaübungen zu machen, wirkt verdächtig. Wer keine großen Töne spuckt, hat was zu verbergen. Zwar sind das hauptsächlich die vielen Versuche des Gründers, beginnend schon in den sechziger Jahren, sich von dem zu befreien, was er aufgebaut hatte – nach mir die Sintflut und weg damit, alles verkaufen, Christian –, aber darüber darf der natürlich nie reden.

Wer lieber Rudolf Augstein liest als Hans Zehrer, wer lieber Klavierkonzerte hört als die Nationalhymne, wer lieber zu einer Gemälde-Auktion nach London fliegt, als sich düster die Zukunft der Nation auszumalen, bleibt ein Fremdkörper im Springer-Clan. Krachts Weltsicht paßt weder ins Weltbild der wertfreien Jungmanager unter Tamm im Hamburger Vorstand noch in das der Höflinge in Berliner Palisanderbüros. Kracht hat also viele gegen sich, sogar manche von denen, deren Karriere er still fördert. Aber solange seine Gegner ihn in der Sonne des Herrn wähnen, kuschen sie nach Art des Hauses.

Erster Riß in den engen Beziehungen zu Springer Ende der sechziger Jahre, als der sich vom sogenannten Münchner Paket befreien will, den ungeliebten Objekten des zum Konzern gehörenden Kindler & Schiermeyer-Verlages. Den hatte Christian Kracht nicht nur im Auftrag des Verlegers einst gekauft, sondern anschließend ganz persönlich betreut. Zum erstenmal hat His Master's Choice eigenen verlegerischen Ehrgeiz entwickelt. Hat für die Neuentwicklungen wie »Eltern« und »Jasmin« die richtigen Journalisten geholt – Karl-Heinz Hagen und Günter Prinz – und den richtigen Manager eingesetzt – Ernst Naumann – und außerdem noch bei Betriebsversammlungen die Angestellten begeistert. Das blieb Axel Springer nicht verborgen, und da er keine Götter neben sich duldete, reagierte er entsprechend. Die sind wohl größenwahnsinnig geworden in München, ich bin der, der hier befiehlt, ich bin der, der das Geld hat.

Krachts Erfolg förderte Springers Entschluß, das Ganze zu verkaufen. Die lieben einen anderen außer mir? Sollen sie

Der Fall Axel Springer

büßen dafür. Der Christian hält sich plötzlich für einen Verleger? Soll er sehen, was er davon hat. Der andere starke Mann, der immer dabei ist, wenn es gegen Kracht geht, und mißtrauisch alles beobachtet, was sich seinem Einfluß entziehen könnte, ist diesmal auf Springers Seite. Auch Peter Tamm rät zu, den Münchner Glitzerkram loszuwerden, lieber wieder Zeitungen zu machen und vor allem regional Stärke zu zeigen. Der Generalbevollmächtigte wird bevollmächtigt, das Ganze wieder zu verkaufen, seine Lieblingskinder sozusagen blutenden Herzens zur Adoption freizugeben und selbst noch die zahlungskräftigsten Eltern auszusuchen. Vergeblich die Widerworte von Kracht, vergeblich seine geradezu leidenschaftlichen Beschwörungen, nicht auf dieses blühende Gärtchen in München zu verzichten, sich nicht freiwillig von einem Stück Zukunft zu lösen. Weg mit den Bastarden, sagt der Besitzer, und nur sein Befehl gilt. Wenige Jahre später weiß sogar Springer, daß dies sein größter verlegerischer Fehler gewesen ist und er lieber beispielsweise »Die Welt« hätte verkaufen sollen, die Christian Kracht zwar gern behalten hätte. Als Zeitung, versteht sich, nicht als vaterländische Rundschau.

Springer mag es nicht, wenn man ihm widerspricht. Er fordert zwar das offene Wort, aber wer darauf reinfällt und den Mund aufmacht, und eben nicht nur zur Intrige, dem haut er symbolisch eine aufs Maul. So züchtet man Maulhelden. Er hat es nicht gern, wenn irgendwo einer seiner Männer gelobt wird. Das macht er nur selbst. Irgendwo heißt vor allem im »Spiegel«. Da wird Christian Kracht mitunter positiv erwähnt, was ihm schadet, und dem wirft er vor, irrational, wie er nun mal ist, den Gegner »Spiegel« als Großkunden für die Druckerei ins Haus geholt zu haben. Was zwar ohne seine Zustimmung nicht gegangen wäre, aber das hat er schon wieder verdrängt, als es wirklich soweit ist und das böse Hamburger Magazin auf seinen Maschinen gedruckt werden soll.

Rudolf Augstein: »Ich besuchte ihn in seiner Sylter Behausung am Watt. Es war ihm klar, daß er mir politische Vorschriften nicht anbieten konnte, aber eine eben doch, Rudolf,

Alle meine Männer

so sagte er, ich möchte von Ihnen die Gewähr, daß Sie zu meinen Lebzeiten – und an diese Floskel erinnere ich mich genau – niemals mehr schreiben werden, es hätte kein anderer Deutscher an der deutschen Spaltung mehr verdient als ich. Ich überlegte einen Moment und kam ohne große Bauchschmerzen zu dem Ergebnis, daß diese Behauptung wohl nicht haltbar sei. So sagte ich ihm, ich sei gesonnen, diesen Satz weder wörtlich noch sinngemäß zu wiederholen. Handschlag, ein Druckvertrag beträchtlichen Volumens war geschlossen.«

Die Wolken über Kracht ziehen sich zusammen. Die Feinde formieren sich. Der Verleger hört auf sie. Beteiligt sich persönlich mit Lust an kleinen Rufmorden. Wieso hat der ein schöneres Haus als ich? Hat sich wahrscheinlich bestechen lassen. Auch Boenisch wurde ja mißtrauisch beäugt, als er sein Haus auf Sylt nicht von Ikea einrichten ließ. Christian also muß weg. Ritsche-Ratsche ist angesagt. Kann zwar dauern, es sollte der richtige Zeitpunkt abgepaßt werden, Kracht weiß schließlich verdammt viel. Ersatzspieler müssen sich warm laufen, Fallen aufgebaut, Gerüchte verbreitet und Mitverschwörer gefunden werden. Letzteres ist am einfachsten.

Nachdem Kracht eher lustlos, aber erfolgreich den Verkauf der Münchner Dependance betrieben hat, löst ihn Peter Tamm als Vorsitzender der Geschäftsführung ab. Aber noch bleibt Kracht fast zwei Jahre als Scheckbuch des Hauses am Hof, bis der geplatzte Bertelsmann-Deal den gesuchten Anlaß liefert. Bis ihn der Hubschrauber davonträgt. Kein Pathos, keine großen Worte, nichts von Johanna, die nie wiederkehrt, aber wie im Falle Rhein eine königliche Abfindung, was als normal gilt in diesem Verlag, in dem die Topmanager Summen verdienen, mit denen man anderswo ganze Firmen unterhalten könnte. Und wie im Falle Rhein hat Springer seinem lieben Christian bald nichts mehr vorzuwerfen, verzeiht ihm die Härte, zu der er ihn gezwungen hatte. In einem Neujahrsgruß 1973, in dem er sich für steuerliche Hinweise in Sachen Axel-Springer-Stiftung bedankt, denn wer versteht davon mehr als sein ehemaliger bester Finanzmann, schreibt der Verleger wie ein alter Freund von der überstan-

Der Fall Axel Springer

denen Schilddrüsen-Untersuchung: »Die Reise nach Rochester (Sitz der Mayoklinik, Anm. d.Verf.) hat mir das Leben gerettet. Später vollendete Professor Horst in Zürich das Werk. Im nächsten Frühjahr werde ich das goldene Sportabzeichen machen.«

Ach, seine Männer. Er hätte ein überlebensgroßer Verleger sein können und nicht nur der größte in ganz bestimmten Zeiten. Man stelle sich vor, ein Unternehmensberater dürfte aufgrund der vorhandenen Begabungen im Hause, die ja alle Springer selbst geholt oder als junge Talente entdeckt hatte, Führungsstrukturen basteln. Müßte also keine Rücksichten nehmen auf Gesinnung, Eitelkeiten, Intrigen, Machogedröhn, Feindschaften. Kracht und Tamm gleichberechtigt, der eine für Finanzen und Strategien, der andere für Administration und Personal. Über ihnen der Herr Verleger. Der hätte Claus Jacobi einen Anti-»Spiegel« machen lassen und eben nicht die langweilige »Welt am Sonntag«, hätte Hans Bluhm die »Hör Zu« nicht weggenommen und Boenisch die »Berliner Illustrirte« gegeben, hätte Prinz nicht in Managerfunktionen befördert, sondern als »Bild«-Macher lieber das doppelte bezahlt, dem Hagen »Die Welt« überlassen, Ernst Cramer auch gegen den Widerstand der Deutschen Bank zum Aufsichtsratschef gemacht und sich von Servatius nur juristisch beraten lassen. Hätte Brauschitsch pausenlos dem Flick gegönnt, Matthias Walden und Herbert Kremp als KvDs, Kampfschreiber vom Dienst, gut honoriert, aber von den Plätzen ferngehalten, an denen Entscheidungen getroffen werden müssen.

Wie man weiß, kam alles anders, aber wie man weiß, war es alles andere als gut so.

Die Wirklichkeit nach dem Journalisten Kracht heißt Eberhard von Brauchitsch. Der 45jährige Hüne ist schon optisch ein solcher Brocken, daß sogar Alleinvorstand Tamm abwartet, bevor er ihn kleinmacht. Stört ja zunächst seine Kreise nicht, denn der ehemalige Flick-Manager ist zwar Generalbevollmächtigter Springers, aber als Geschäftsführer nur für die Ullstein AV zuständig und als solcher bestens honoriert. Der Verleger in einem Brief vom 11. Februar 1971:

Alle meine Männer

»Ich darf die Gelegenheit benutzen, die Vorverlegung des Beginns Ihrer Tätigkeit auf den 1.2.1971 zu bestätigen und gleichzeitig festzuhalten, daß Ihre Bezüge... wie folgt aufgeteilt werden: Sie erhalten jährlich a) von mir persönlich 100 000 DM, b) von der Axel Springer GmbH 450 000 DM, c) von der Ullstein AV 500 000 DM. Für Ihre vor dem 1. Februar 1971 bereits erbrachten Leistungen erhalten Sie DM 250 000 ...« Die Summen sind von Springer handschriftlich eingetragen, muß ja nicht jeder wissen, wieviel ihm der neue Mann wert ist. Der ist's zufrieden, aber will noch, verständlich bei diesen bescheidenen Einkünften, geklärt wissen, wer seine Telefonkosten übernimmt. Springer geht in seinem Brief darauf ein: »Sie haben mir mitgeteilt, daß der Telefonanschluß Ihres Hauses in Metzkausen von der Friedrich Flick Kommanditgesellschaft unterhalten, bzw. für deren Rechnung benutzt wird. Bitte veranlassen Sie selbst gemäß § 8 Abs. 2b Ihres Anstellungsvertrages, daß die Friedrich Flick KG die Gebühren für von diesem Anschluß geführte Gespräche der Ullstein AV berechnet, soweit sie DM 100,– monatlich übersteigen.«

Bei der Vorstellung des neuen Mannes sitzt einer eher verloren auf dem Podium und versucht nur, eine gute Figur zu machen. Jeder weiß, daß er nichts mehr zu sagen hat. Karl Andreas Voß war in bestimmten Zeiten eine bestimmende Figur im Hause Springer, der dynamische Was-kostet-die-Welt-Typ aus Altona brauchte damals dringend einen an seiner Seite, der genau berechnen konnte, was die Welt kostete und ob man sich die immer leisten konnte. Erst Geschäftsführer, dann Gesellschafter und stiller Teilhaber, aber nie einer, der die absolute Herrschaft des zwanzig Jahre jüngeren Gründers in Frage stellte. Der Verlagskaufmann stöhnt zwar oft, wenn er die Zusagen schriftlich in Verträge gießen muß, die Springer denen gegeben hat, die er zu sich holen wollte. Aber er tut es. Der staubtrockene Voß organisiert und baut, kümmert sich um Technik und Druckereien, also um alles, was Springer eigentlich nicht so interessiert. Die Zweitherrschaft der jungen Macher wie Kracht oder Tamm beobachtet er schon eher aus den Kulissen, wenn auch immer noch mit ir-

Der Fall Axel Springer

gendwelchen tönenden Titeln behaftet. Bis zu Springers frühem Tod sind die sogenannten Entscheidungsgremien des Verlages umgebaut, geändert, ergänzt, neu besetzt worden, wurden Bezeichnungen gefunden für Absteiger, die nach Aufstieg klangen, und das Ganze immer bekanntgegeben, als handele es sich um ein nationales Ereignis.

Auf Voß paßt, was Joseph Roth in seinem Roman »Rechts und Links« seinen philosophierenden Prototypen Nikolai Brandeis sagen läßt, dessen Gespräche mit seinem Ersten Sekretär im Buch manchmal so klingen, als hätte bei den Spaziergängen von Springer und Kracht jemand das Tonband laufen lassen: »Sie hören von einem Generaldirektor, Sie gehn zu ihm ins Zimmer – und auf einmal bedauern Sie alle Ihre Vorbereitungen und kommen sich lächerlich vor. Sein Titel steht nur auf der Tafel an der Tür. Sind Sie einmal in seinem Büro, dann sehn Sie, daß die ganze Macht des Generaldirektors nur von vier Nägeln, einer gläsernen Tafel an der Tür gehalten wird – und die Tür und die Tafel und die Nägel kommen Ihnen imposant vor im Vergleich mit der Persönlichkeit, zu der sie gehören.«

Voß bremst in den ersten Jahren immer dann, wenn Springer Vollgas geben will, und anschließend ist der meist dankbar, denn dafür hat er ihn ja einst mit sicherem Instinkt und auf den Rat seines Freundes Felix Jud geholt, der den Magdeburger Verlagsmann empfahl, der »ganz anders ist als du, der dir sagt, welche deiner himmelstürmerischen Pläne verwirklicht werden können, der dir dann bei der Verwirklichung hilft, der Ordnung schafft, die du brauchst«. Aber auf die Dauer wird ein solcher Beifahrer doch lästig, denn wer Visionen umsetzen will, und das will Springer spätestens dann, als der Verlag nach der Aufbauzeit auf sicheren Beinen steht, hört auf innere Stimmen und nicht auf die der logischen Vernunft. Der Zehn-Prozent-Partner, der später dafür mit ebenso vielen Millionen ausbezahlt wird, widerspricht deshalb zunächst dem Abenteuer Berlin, als aber sein Widerspruch nichts fruchtet, kümmert er sich um die Finanzierung, um die Pläne, um die Neuorganisation des nunmehr zwischen Hamburg und Berlin geteilten Verlages. Die Entwicklung gibt dem

Alle meine Männer

Visionär recht und nicht dem Skeptiker, das schafft Distanz. Der Verleger will eigentlich nur Macht und Geld, Geld und Macht, vertraut Voß resigniert seinen engsten Mitarbeitern an und resigniert in Würde, aber mit dieser schlichten Definition Springers liegt er schlicht daneben.

Der läßt nach dem Tod des Wegbegleiters im Verlagshaus in Hamburg eine Gedenktafel anbringen – »Dem Baumeister am Werk« –, stilisiert wieder einmal die Trauer in verschraubtes Wortgeklingel, wie so oft, wenn Springer als nun mal amtierender Präsident des Männerbundes gezwungen ist, öffentlich Abschied zu nehmen. Falsches Pathos überfällt ihn immer dann, wenn er den eigentlichen Abschied für sich längst schon vollzogen hat. Wenn der entsprechende Ritter aus seiner Tafelrunde nicht durch den Tod, sondern durch die Entscheidung des Königs entfernt worden war. Dann klingt alles verlogen, wenn der Redner in der gramgebeugten Rolle am Grab versucht, sein Bestes zu geben: »Ich habe mich vor dem Tag gefürchtet, an dem man mir sagen würde: Der große Freund Karl Andreas Voß ist nicht mehr. Die Nachricht beinhaltet das Ende einer Zweisamkeit, wie sie wohl nur selten unter Männern anzutreffen ist, die auch nicht endete, als die praktische Arbeit in den Hintergrund rückte. Diese Zweisamkeit wurzelte in der glücklichen und geschenkten Stunde ihrer Geburt und in dem aus ihr gewachsenen Gelingen im Zeitmaß eines Vierteljahrhunderts.«

Mit solchen allenfalls gut gemeinten Satzgirlanden, übrigens meist in der Art guter Schauspieler auswendig gesprochen, kann man Eindruck schinden bei anderen Männerbündlern wie dem Bund der Vertriebenen, dem Bundesverband der Arbeitgeber, dem Bundesverband deutscher Zeitschriftenverleger, dem Bund Freiheit der Wissenschaft, dem Bund Freies Deutschland etc. Dankbares Publikum, wenn König Axel bei diesem oder jenem gegebenen Anlaß zum Podium schritt, alles rechte Männer, die einen rechten Inhalt selbst dann erkannten, wenn der Satz erst über drei, vier Kurven zum Ziel kam. Irgendwie mystisch mußte es klingen, irgendwie deutsch, irgendwie nach Treue über den Tod hinaus. Nach der vor allem.

Der Fall Axel Springer

Mit solchem Schmonzes aber wäre Springer bei einem anderen großen Hamburger Verleger aufgelaufen, dem Drucker John Jahr, den er trotz erwiesener Nähe zu den Nazis rückhaltlos bewunderte. Der hatte sich nach dem Krieg geschworen, nie mehr auf hehre Töne hereinzufallen, hatte sich seinen Unternehmen und vor allem seiner Familie gewidmet. Dem war alles Gequatsche und Pathos zuwider, der blieb immer hart an den Fakten dran, die sich meist in Zahlen ausdrücken ließen, und die Wahrheit schien ihm einfacher als die Lüge. Man erinnerte sich einfach besser, falls man eine Geschichte noch einmal erzählen mußte. Dem hätte Springer nicht mit Mystik und Astrologie kommen dürfen, nicht mit seinem göttlichen Auftrag fürs Vaterland. Und da er das wußte, hielt er sich zurück.

Wenn sich Springer beim alten Freund der Nachkriegsjahre beschwerte über die Angriffe des »Stern«, hat John Jahr ihm nur trocken geantwortet, leider könne er als Verleger gar nichts machen, denn Journalisten seien nun mal frei bei Gruner + Jahr. Das zum Beispiel unterscheide sie von denen in manchen anderen Verlagen. Außerdem solle er sich doch mal anschauen, was so in seiner »Bild«-Zeitung steht. Den Leuten vom »Stern«, also Henri Nannen, sagte er allerdings bei Gelegenheit, aber eher nebenbei, ihre Beschreibungen angeblicher Springer-Liebschaften seien doch langweilig. Ihr seid ja auch keine Mönche, nur nicht so bekannt wie Springer und deshalb uninteressant für die Berichterstattung. John Jahr hat vieles verabscheut, was im »Stern« stand, aber er hat es nie verhindert.

Vor John Jahr hatte Springer nicht nur den Respekt, den er sonst meist von anderen verlangte und selbst wenigen entgegenbrachte. Der war ein alter Freund, bei dem er sich wenigstens ab und an noch geben durfte, wie er eben auch sein konnte, witzig und geistreich und sogar selbstironisch. Der kannte ihn schließlich schon aus den Zeiten, als König Axel nur Axel war. Bei der goldenen Hochzeit von »Johnnymännchen und Ellimännchen«, wie er das Ehepaar Jahr gern nannte, rühmte er sich in der Glückwunschrede – und wußte, die Lacher waren auf seiner Seite –, daß er ebenfalls

Alle meine Männer

schon fünfzig Jahre Ehe hinter sich habe. Wenn er alle seine Ehen zusammenzähle.

So wie er einst bei Baldur von Schirach zugunsten von Axel Springer Schicksal gespielt hat, greift John Jahr erneut ins Leben des Freundes ein. Ohne allerdings zu ahnen, welche Folgen das haben würde. Er empfiehlt ihm 1970 einen Anwalt, mit dem er die besten Erfahrungen gemacht hat. Der Servatius wäre was für dich, Axel.

Berühmt geworden ist der durch einen Hamburger Strafprozeß, den er gewonnen hat, durch den Freispruch für die des Mordes angeklagte Eva-Maria Mariotti. Aber Geld verdient hat er als diskreter Scheidungsanwalt, als Berater verschiedener Firmen, als Jurist für besondere Fälle. Sonst hätte John Jahr mit ihm nichts anfangen können, denn bei dem gab es stets besondere Fälle, und meist solche, an denen was zu verdienen war. Unter den Anständigen ist Servatius der Gerissenste, unter den Gerissenen der Anständigste. Springer vertraut ihm seine besonderen Fälle an, Prozesse gegen den »Stern« zum Beispiel, aber nichts von dem, was ihn wirklich bewegt. Denn der Verleger mag eigentlich keine Juristen, er hält sie alle für furchtbar. Zuviel Verstand, zuwenig Gefühl.

Der katholische Einserschüler, kein Jesuit, wie viele denken, nur weil er so geschickt ist, wie man denen immer nachsagt, mischt überall mit. Als Berater des Zentralkomitees deutscher Katholiken, als Delegierter des Vatikans bei den Vereinten Nationen, als Aufsichtsratsvorsitzender des »Rheinischen Merkur«, als Testamentsvollstrecker von John Jahr. In dieser Funktion kommt der Multi später in gewisse Schwierigkeiten, als er Testamentsvollstrecker Springers wird und man »Onkel Bernhard« erst diskret davon überzeugen muß, beides gleichzeitig gehe nun wirklich nicht. Sind ja nicht nur Freunde, der alte Jahr und der schon alte Springer, sondern eben auch Konkurrenten. Servatius sieht das zwar nicht so, denn er traut sich zu, ein korrekter Diener zweier Herren zu sein – ebendas ist ja sein Problem, sagen seine Feinde und schimpfen ihn Servilius –, aber er gibt das Amt bei Jahr auf. Was sicher die richtige Entscheidung ist, denn seine eigentliche Karriere am Hofe des Königs, für den er auch schon mal dank seiner guten Beziehungen eine Privataudienz beim Papst arrangiert, beginnt erst, als der tot ist und Männer gefragt sind, die alle Tricks der neuen Zeit kennen, die nicht im Rückblick auf die guten alten Zeiten verharren, sondern unter wirklich allen Umständen und um jeden Preis mitspielen wollen im Konzert der Mächtigen. Die Sünde ist zu verurteilen, nicht der Sünder, weiß der Mann, der sich in der Kirchengeschichte auskennt. Er zeigt sich gern auf Partys, liebt die Musen und die Musentöchter. Die vor allem.

Bernhard Servatius hat vom Tod der anderen profitiert, so ist das nun mal im Leben. Er rückte auf vom Berater in der zweiten Reihe in die erste am Tisch des Herrn, als dessen Favorit für die Nachfolge, Matthias Walden, gestorben war. Und er übernahm als Aufsichtsratsvorsitzender die Macht im Hause, nachdem auch der Mann tot war, der ihm diese Karriere ermöglicht hatte. Der stets freundliche Advokat, der Kompromißfähigkeit nennt, was für andere aalglattes Verhalten ist, der allein in seiner Funktion als Testamentsvollstrecker zwei Millionen Mark pro Jahr verdient, sitzt dann nicht nur in Springers altem Hamburger Büro, er eifert dem verstorbenen König in dem nach, was der an höfischem Glanz so liebte. Der Jurist läßt seinen Hang zum Aufwand die anderen was kosten, der Jurist wird zum Machthaber.

Mit Matthias Walden, dem Berliner Chefideologen des Verlages, der den Verleger in dessen Abwesenheit vertritt und ansonsten lieber schreibt oder dafür sorgt, daß von anderen nur geschrieben wird, was seiner Meinung entspricht, verbindet Springer das, was man in diesen Kreisen so gerne Männerfreundschaft nennt. Freiherr Otto von Sass, wie Walden eigentlich heißt, hat nicht nur Manieren, er kann auch so geschliffen reden von dem, was die Nation im Innersten zusammenhält. Von den alten Werten, von den Gefährdungen des Volkes durch die neue Unmoral und die neue Aufsässigkeit. Um dies immer richtig, wenn auch nicht präzise zu formulieren, verzichtet der eloquente Aufsteiger darauf, irgendeine Fremdsprache zu lernen. Das würde nur seinen bekannt guten deutschen Stil verderben. Auch das gefällt

Springer an seinem neuen Zehrer. Walden revanchiert sich für die Nähe und schmeichelt nicht nur in einem Vorwort für ein Springer-Buch seinem Herrn so, daß es sogar die anderen überbezahlten Schranzen bei Hofe schüttelt: »Die Gläubigkeit Axel Springers und sein Wesensmerkmal, an fremdem Leid nicht vorüberzugehen, sind wohl die entscheidendsten Kraftquellen seines Lebensweges. Er besucht Kranke, trauert um Menschen, die ihm nahestanden, bewahrt eine unbefristete Treue auch über trennende Wege hinaus, ist zum Mitleiden, das mehr als Mitleid ist, befähigt und verurteilt. Die Witwen seiner Freunde erlebten und erleben seine Fürsorglichkeit, seine seelische und materielle Hilfsbereitschaft. Er steht zu ihnen, kümmert sich, tröstet und stützt sie. Wer ihn gut kennt, weiß, daß er unter dem Unglück anderer, unter der Not der Landsleute drüben, der politischen Gefangenen, der Juden, aber auch unter der Schicksalslast eines einzelnen, von der er erfährt, leidet. Wo er helfen kann, hilft er. Wenn er gibt, gibt er fast immer still, und oft gibt er nicht selbst, sondern durch andere, um den Empfangenden nicht in die Pflicht der unmittelbaren Dankbarkeit zu nehmen.«

Wer ist Springer denn geblieben? Brauchitsch ist knapp zwei Jahre nach Amtsantritt wieder zurückgekehrt in die Firma Flick, wo er, wie man weiß, dann segensreich seinen staatsbürgerlichen Pflichten nachkam und als Eberhard von Bakschisch gewisse Parteien in ihrem Kampf gegen das Böse unterstützte, mal mit prall gefüllten Umschlägen, mal mit einer Dose Kaviar. Den selbstbewußten Günter Prinz hält Springer zwar für einen hervorragenden Blattmacher, seinetwegen behängt mit irgendeinem Ehrentitel für Neuentwicklungen, aber »ungeeignet für höhere Aufgaben«, wie der Verleger einer ehemaligen Ehefrau anvertraut. Kein Manager, nur ein Meister des Seichtsinns. Das gilt ebenso für Boenisch, dessen Schmeicheleien er mag und durchschaut.

Der ungeliebte Tamm sitzt alle aus, auch den stillen, unprätentiösen, aber eben effizienten Brauchitsch-Nachfolger Heinrich Prinzen Reuss, den sich der Verleger vom Tabakkonzern Brinkmann geholt hat. Später wird er feststellen müssen, wie es einem ergeht, wenn man so behandelt wird,

Der Fall Axel Springer

wie man selbst andere behandelt hat. Bei der Reuss-Trauerfeier muß Tamm eine geradezu unheimliche Volte des Verlegers mit anhören. Als der an Krebs verstorbene Finanzexperte Reuss beerdigt wird, natürlich in Anwesenheit aller amtierenden und ehemaligen Ritter der Tafelrunde, redet der König etwas von Mördern und Verbrechern und daß jeder für seine schlechten Taten und seine Sünden büßen müsse, wenn der Tag des Jüngsten Gerichts kommen würde. Er sagt das so laut in seinem Schmerz über den Verlust des Mannes, für den er außer beten nichts mehr tun konnte, und blickt dabei in die Richtung des Mannes, den er meint, daß es anderen Trauergästen schon peinlich wird und sie ihn behutsam beruhigen. Jedem ist klar, wen Springer anklagt, nur sein Vorstandsvorsitzender tut so, als ob ihn das nichts angehe. Er hat sich nichts vorzuwerfen, er hat nur dafür gesorgt, daß neben ihm keiner zu mächtig wurde. Alles nur zum Wohle des Hauses. Peter Boenisch übrigens beschimpft vor der Kapelle ausgerechnet Bernhard Servatius als den eigentlichen Bösewicht, was wiederum Peter Tamm freut.

Es gibt noch viele Männer, die sich für bedeutend halten im Verlag, aber die werden nur bedeutend bezahlt, haben keine Nähe zum Verleger, gehören nicht in die Tafelrunde. Manche Manager waren zwanzig Jahre im Haus, erzählt Tamm spöttisch, und haben Springer nie gesehen. Der will nicht behelligt werden mit den Problemen irgendwelcher Stabsabteilungen, dafür hat er ja den Admiral und dessen Kapitäne. Falls er mehr wissen möchte, gibt es ja den alten Knappen Rolf von Bargen, der seinem Herrn im Berliner Elfenbeinturm die Kopien von Vorgängen zukommen läßt, die dem Verleger diskrete Einsicht ins Tammsche Handeln vermitteln. Die liest natürlich alle die Graue Eminenz, die nur eine einzige Loyalität kennt, und die gilt Axel Springer. Ernst J. Cramer, liebevoll von ihm »Ernie« genannt, einst Leiter des Verlegerbüros und Redenschreiber, dann in verschiedenen Funktionen Sonderberater Springers, schließlich sein Stellvertreter im Aufsichtsrat, aber längst mehr Freund und verschwiegener Begleiter. Nach dem Tod von Pierre Pabst vor allem in Israel immer dabei. Seine Bescheidenheit, die Lust,

Alle meine Männer

eher einen alten VW zu fahren als die neueste Dienstlimousine, unterscheidet ihn von anderen Höflingen. Er verachtet sie, aber er läßt sich das nicht anmerken. Er hat gelernt, seine wahren Gefühle zu verbergen. Er redet nicht darüber, wenn es ihm wieder mal behutsam gelungen war, seinen Herrn von einer geschickt gelegten Schleimspur wegzulotsen, wenn er wieder einen der inszenierten Wutausbrüche erlebt hat, wenn er merkt, daß sich eine Tapetentür in seinem Rücken geöffnet hat.

Politisch dagegen paßt er ins Haus, verkündet Sonntag für Sonntag in schlichten Sätzen die Worte des Herrn in dessen seriösem Verkündigungsblatt, dem er als Herausgeber dient. Auch daß man ihm in den fünfziger Jahren Nähe zum amerikanischen Geheimdienst CIA nachsagte, empfindet er nicht als störend. Der gelernte Journalist, von den Nazis verfolgt und in die Emigration getrieben, mit den Amerikanern als Offizier nach Deutschland zurückgekehrt, ist ein Mann mit besten Verbindungen ins freundlich gesinnte Ausland. Ernst Cramer, ein konservativer Antinazi, der mit den jungen Antifaschisten nichts gemein hat, weil er ihnen Nähe zur roten Diktatur unterstellt, besorgt diskret Ehrendoktorwürden in den USA, wobei es die nicht umsonst gibt, denn erwartet werden Spenden oder die Einrichtung eines neuen Lehrstuhls, bevor es den berühmten Hut gibt. »Lieber Axel«, schreibt Cramer am 22. August 1967, »Herr Doktor Mahnke sprach mich dieser Tage auf das Problem DOCTOR HONORIS CAUSA an und berichtete von einem derartigen Wink aus Tokio. Sie hätten daraufhin gesagt, daß eigentlich ein amerikanischer Doktorhut als erster richtiger wäre und daß eine derartige Möglichkeit in Boston bestehe... Wenn Sie wollen, kann ich die Korrespondenz etwas konkreter führen, dazu wäre wichtig, daß wir uns darüber klar sind, daß ein derartiger Lehrstuhl eine (einmalige) Schenkung von Dollar 300 000 (1,2 Millionen DM) voraussetzt...«

Bei der Verleihung der Ehrendoktorwürde in Boston schreibt er seinem Herrn in die Rede, was dort beim Publikum besonders gut ankommt: »Jedesmal, wenn ich hierherkomme, mit dem Schiff oder mit dem Flugzeug, atme ich freier von der Minute an, in der ich meinen Fuß auf Ihren Boden setze. In diesem Land liegt Freiheit in der Luft.«

Den getreuen Eckehard Cramer hat Axel Springer als Aufsichtsratsvorsitzenden eingeplant, als er im Mai 1985 mit 49 Prozent seines Grundkapitals an die Börse geht, einen Journalisten will er an der Spitze sehen und keinen Kaufmann, keinen Juristen, keinen Banker, aber da ist der Junge aus Altona schon nicht mehr alleiniger Herr seiner Entscheidungen. Die Deutsche Bank, die sich um die Ausgabe der vinkulierten (= gefesselten, also nur mit Zustimmung zu verkaufenden) Aktien rührend kümmert, sieht das anders, und Servatius, der Jurist, sieht es genauso. Er läßt sich zum ersten Mann des Gremiums wählen. »Ernie« bleibt auch der Mann im Schatten, weil er sich dort am wohlsten fühlt, wo er quasi unsichtbar den Meistern der üblen Nachrede lauschen kann.

Es geht da schon längst nicht mehr darum, wer der Schönste ist am Hofe, wer am meisten begehrt wird, wessen Küsse mehr wert sind, wer die elegantesten Anzüge trägt und wer in König Axels Tafelrunde in der Nähe des Herrn sitzen darf. Überm Tisch wird einander zwar freundlich zugenickt – Wie gehts dir, Serva? Hallo Peter. Wo kriegst du bloß deine Bräune her, Günter –, aber Friede ist nur ein Wort.

Denn unterm Tisch haben sie blankgezogen. Alle seine Männer.

6. Kapitel

Der Blattmacher

Soll ja gut sein für die Erde, sagt der Mann und läßt seine frisch abgeschnittenen Fingernägel in die Geranienkästen auf dem Balkon fallen. Seine Frau nickt und schenkt ihm noch einen Kaffee nach. Als der Briefschlitz klappert, geht sie in den Flur und holt das »Hamburger Abendblatt«, das gerade geliefert wird.

Und was wollen die jetzt lesen, fragt der Erzähler dieser von ihm soeben spontan erfundenen Geschichte, na, was denn wohl? Auf jeden Fall, gibt Axel Springer gleich selbst die richtige Antwort, nichts auf Seite eins über Buschfeuer in Afrika oder Bernsteinfunde im Baltischen Meer oder über Hochwasser am Amazonas. Der Mann auf dem Balkon, der müde von seiner Werftschicht gekommen ist, sagt Springer, und er zeigt von seinem Büro auf das Mietshaus gegenüber, der will wissen, was in seiner Umgebung passiert ist. Das muß auf der ersten Seite stehen, und immer über dem Bruch, wo die Zeitung gefaltet wird, so muß man das Blatt machen, vergessen Sie das nicht. Und das gilt nicht nur für die lokale Abonnementszeitung, das gilt immer. Was überm Knick steht, die Schlagzeile, kann man nämlich im Vorübergehen erkennen und zugreifen.

Seine frühen Weggefährten, denen er diese instinktsicher erfundene Geschichte erzählt, vergessen seine simplen Regeln nie. Springers Blattmacher setzen die Ideen ihres Verlegers um in tägliche Erfolge. In den Jahren, als er in seinen Zeitungen noch nicht zum Kreuzzug gegen das Reich des Bösen in Moskau rüstet, sondern nur zur Attacke auf die Portemonnaies der deutschen Leser, kann ihm keiner was vormachen. Überlegt genau, wie er den Leuten einen Groschen, und später mehrere, aus der Tasche ziehen kann. Die Männer kaufen auf dem Weg zur Arbeit oder die Frauen beim Gang zum Metzger seine Blätter nicht aus innerem Antrieb, sondern aus äußerem Anreiz. Also müssen die Überschriften ins Auge fallen, stolpern lassen, den Das-kann-doch-nicht-wahr-sein-Effekt erzielen.

Meist ist es auch nicht wahr, aber das merkt man ja erst hinterher, da ist die Zeitung schon gekauft. Nicht von ungefähr hat »Bild« im Gegensatz zum einfühlsamen »Hamburger Abendblatt« den Ruf eines Sensationsblatts, abgeschaut der britischen Boulevardpresse, immer an der Grenze zur Geschmacklosigkeit, meist drunter, gemacht von geübten »Schlagzeilen-Pistoleros« (Heinrich Böll). Springer hat das gelernt, was er jetzt anordnet. Er weiß nicht nur genau, wie ein Umbruch auszusehen hat, wie viele Spalten eine Seite haben sollte und was man fetten muß, um die Aufmerksamkeit zu fesseln. Springer hat vor allem ein untrügliches Gespür für das, was am Kiosk ankommt. Emotionen statt Informationen. Er ahnt nicht nur den Massengeschmack, er teilt ihn, denn auch seinem Geschmack entspricht eher die Operette als die Oper, eher Wolfgang als Wieland Wagner.

Und er kann sich als geübter Darsteller spielend hineinversetzen in die Bedürfnisse und Wünsche derer, die er umwirbt. Deshalb wird »Bild« seine größte Inszenierung, ein Volksstück, das die Kassen füllt, aber auch seine gefährlichste Waffe, der Kettenhund des Volkstribunen. Die Leser geben sich ihm in Scharen hin, weil er sie überrascht und nie langweilt. Springer öffnet die Wundertüte des Journalismus, und es ist keine Kopfgeburt. »Als der Verlag klein war«, erinnert sich Peter Tamm, »klebte Springer wirklich selbst die Seiten, da erklärte er, welche große Bedeutung eine kleine Bildunterschrift hat und wie man sie richtig formulierte. Da kam er in die Redaktionskonferenz des ›Abendblatts‹, das immer sein Lieblingskind war, und veranschaulichte mit

Der Blattmacher

großen Gesten, wie man eine Zeitung aufbauen muß, damit vor allem die Frauen sie kaufen und lesen wollten.« Ach ja, die wilden schönen Anfangsjahre, da war er wirklich genial. Verklärende Erinnerung an harte Zeiten: In dem Bunker auf dem Hamburger Heiligengeistfeld, ein wenig übertrieben Hochhaus 1 genannt, in dem Springer und seine Leute nach dem Krieg in Hamburg begannen, froren ihnen nicht nur die Gedanken in den ungeheizten Räumen fest. Tiefste Finsternis, wenn es Stromsperren gab und das Petroleum für die Notlampen ausgegangen war. Keiner erkannte den anderen. Zwei Boten treffen sich auf dunklem Flur, erzählte Springer. Guten Morgen, Herr Springer, sagt der eine. Guten Morgen, Herr Covents, der andere. Ich bin Walter, nicht Covents, sagt der. Ach das macht ja gar nichts, ich bin Joachim und nicht Springer... Auch der ältere Herr, der sich bei dem jungen Mann erkundigt, wo denn Axel Springer zu finden sei, bot Stoff für eine kleine, aber typische Geschichte. Der ist heute nicht da, antwortet der junge Mann, und man ahnt, es ist natürlich Springer selbst, was wollten Sie denn von ihm? Nichts Besonderes, antwortet der andere, ich wollte eigentlich eine Anzeige aufgeben, aber da er nun nicht da ist... Klar, daß der Verleger ihm den richtigen Ansprechpartner nannte, auf eventuelle Einnahmen wollte er ja nicht verzichten.

Bei solchen Anekdoten, die der Chef später auf Betriebsfesten in langweilige Rechenschaftsberichte über die jüngsten Erfolge einstreute, klatschten sie begeistert. Unser Herr Springer, der weiß, wie man sich beliebt macht. Unser Axel versteht die Leute. Unser Verleger ist nur acht Jahre nach Kriegsende der größte Zeitungsmann des Kontinents. Die Männer übrigens, die im sogenannten Bunker mit ihm begannen, in einer ganz anderen Bunkermentalität, haben alle im Konzern Karriere gemacht.

Erst später, als Springer sich aufmacht in andere Welten, als christliche Mysterienspiele und nationale Tragödien gegeben werden und die Operetten abgesetzt sind, als er nach Gott und dem Sinn des Lebens sucht, spricht der Verleger eher verächtlich über das Volk, das ihn groß werden ließ:

Der Fall Axel Springer

»Du wirst sehen, Johnnymann, wenn wir die »Bild-Zeitung« auf fünf Millionen haben, dann werden wir den Leuten befehlen, auf Händen zu laufen, und sie werden es tun«, sagt er einmal seinem alten Freund John Jahr. Dem Gespür für den Leser entspricht sein Gespür für die richtigen Leute, die er in sein Imperium holt, die er wie eine immer größer werdende Familie um sich schart, die für seine Leser die richtigen Blätter machen sollen. Nie besteht ein Zweifel daran, daß er die treibende Kraft ist, daß bei allen öffentlichen Bekundungen christlicher Bescheidenheit angesichts des unaufhaltsamen Aufstiegs es nur einen gibt, der das Geheimnis des Erfolges kennt. Das hat nichts zu tun mit Zahlen und Statistiken und Analysen und Marktforschung, also nichts mit dem, womit Kaufleute ihr Koordinatensystem aufbauen. Davon hat er eh keine Ahnung, und das interessiert ihn nicht. Er hält es für eine gute Werbeidee, wenn er bei seinen nächtlichen Ausflügen in einer Bar mal aufs Damenklo schleicht und dort eine Ausgabe seines »Abendblatts« hinlegt. Es ist sein Instinkt, der aus dem Kleinbetrieb einen Riesenkonzern macht, der Instinkt eines für seine Zeit genialen Verlegers. Sogar Augstein gibt öffentlich zu, daß Springer »unter allen Verlegern von Zeitungen und Zeitschriften der mit der auflagenempfindlichsten Nase« war.

Einen solchen Instinkt kann man nicht erlernen oder erklären, den hat man, oder man hat ihn nicht. Gute Reporter riechen eine Geschichte und machen sie, egal was es kostet. Gute Verlagsleiter sorgen dafür, daß immer genügend Geld dafür da ist. Gute Verleger sind beides, Riecher und Rechner. Die Nähe zu seinesgleichen, zu den Journalisten, schafft Springer Lustgewinn und Lebensfreude. Die sind kreativ und spontan wie er, ein bißchen halbseiden, meist nicht gerade gebildet, aber neugierig auf alles, was sie nicht wissen. In seinen guten Phasen war er sogar noch besser als die besten unter ihnen. Auf dem glitzernden Boulevard der Sensationen wohlgemerkt, oft nicht mal in den Gassen, sondern in den Gossen, selten in der Arena des politischen Diskurses. Das war nicht seine Welt, auch wenn er später so tat.

Deshalb schaffte er »Die Welt« nicht, konnte sie ab 1958

Der Blattmacher

*Streit und Versöhnung mit dem ersten Bundeskanzler:
Konrad Adenauer, Axel Springer und Springer-Freund
Erik Blumenfeld (Mitte)*

nur auf seinen rechten Kurs zwingen, immer wieder. Aber mit der gedemütigten Mannschaft, die er hatte, als alle liberalen Geister vertrieben waren, beim Rennen ums Blaue Band der deutschen Tageszeitungen, nur letzter werden, immer wieder. In seinen Boulevardblättern bewies der Musenjüngling dagegen immer das nötige leichte Händchen, und Widerspruch gab es eh nie. Bei dem bis Ende der fünfziger Jahre noch von Köpfen statt von Geköpften beherrschten Intelligenzblatt »Die Welt« aber galt einst das freie Wort und nicht nur das

Der Fall Axel Springer

Wort des Verlegers. Paul Sethe, von dem die Erkenntnis stammt, daß die Pressefreiheit in Deutschland im Grunde eine Sache von 200 Leuten sei, die alles bestimmen, in einem Brief an Axel Springer vom Oktober 1958:
»Man kann eine richtige Beobachtung, daß zwischen der Redaktion und Ihnen bei vielen Kühle besteht, daß es vielleicht sogar inneren Widerstand gibt, kaum von einer falscheren Blickrichtung aus tun, als Sie es getan haben. Wenn es diesen Widerstand gibt, so doch vor allem deshalb, weil sich die Redaktion von Ihnen mißachtet glaubt. Sehen Sie, ich bin doch auch, wie Sie wissen, von dem Optimismus nicht überzeugt, der Sie erfüllt. Das ändert nichts daran, daß ich nach jedem Gespräch immer wieder fasziniert bin von Ihrem Schwung, Ihrem Einfallsreichtum, Ihrer Tatkraft und – was Journalisten natürlich immer besticht – Ihren Formulierungen. Warum sollte das meinen Kollegen anders gehen, auch wenn sie in Einzelfragen anderer Meinung sind als Sie? Wesentlich wäre natürlich bei ... Gesprächen, daß Sie die Fähigkeit zuzuhören noch nicht verloren haben. Aber alle geschichtliche und Lebenserfahrung sagt aus, daß große Erfolge die Fähigkeit zum Zuhören vermindern. Es wäre schon fast übermenschlich, wenn Sie der Versuchung widerstünden, die in Ihren Erfolgen liegt. Wenn es Ihnen gelänge, wäre es sehr schön. Wenn nicht, wäre es ein Unglück, zum mindesten für uns, vielleicht auch für Sie.«

Natürlich änderte sich Springer nicht, er wollte nicht zuhören oder gar kritisiert werden, er wollte, daß seine Worte als golden galten und seine Botschaften in die Welt getragen wurden. Das konnte er sich leisten, egal wieviel ihn seine Gesinnung kosten würde. War ja billig gewesen damals 1953, für 3,7 Millionen Mark (wahrscheinlich war es sogar nur eine Million) ein Magazin namens »Das Neue Blatt«, aber vor allem halt »Die Welt« und noch die »Welt am Sonntag« zu kaufen. Und wenn die beiden tiefschwarzen in den roten Zahlen blieben? Er sei nun mal nicht nur Verleger, um Geld zu verdienen, log sich Springer später öffentlich diese Verluste zurecht, ›Die Welt« sei nun mal eine »Zeitung auf der Suche nach dem verlorengegangenen Vaterland«. Und so-

Der Blattmacher

lange es dies nicht wieder gebe, müsse sie Probleme haben, belehrte der Prophet kritische Frager. Conrad Ahlers, auch mal bei der »Welt«, bevor sie ihm zu eng wurde: »Der Springer will immer nur belehren, ist aber nicht bereit, sich selber belehren zu lassen.«

Daß man in einem immer größeren Verlag kühle Rechner braucht, Flanellmännchen, wie er sie nennt, also Kaufleute, sieht Axel Springer zwar ein, aber mit denen will er möglichst wenig zu tun haben. Seine fähigsten Manager hat er unter seinen Journalisten entdeckt, Peter Tamm zum Beispiel oder Christian Kracht, beide einst Redakteure beim »Hamburger Abendblatt«, aber mit denen übers Tagesgeschäft zu reden langweilt ihn. Dafür bezahlt er sie doch so hoch, daß sie ihn davon befreien. Es gibt doch wirklich spannendere Themen, und Geld, das hat man zu haben. Nur hin und wieder überrascht er mit Detailfragen, die unbewußt verraten, daß er doch dran hängt und immer wieder Angst hat, über den Tisch gezogen zu werden. Zahlen wir nicht zuviel für Fotorechte an dpa, Christian? Wieso schreiben die Sekretärinnen ihre Privatpost auf meinem Briefpapier, Peter?

Er mag aber nicht lesen, was die ihm immer wieder in Hausmitteilungen und Briefen auflisten, die übrigens noch heute im Konzern gemäß seinem ästhetischen Gebot so geschrieben werden, daß links und rechts viel weißer Platz bleibt, also höchstens 25 Anschläge pro Zeile haben. Springer läßt sich Probleme lieber persönlich vortragen und entscheidet dann eher nach Gefühl. Als seine Minister merken, wie ungern er entscheidet, daß er sich oft ganz einfach drückt, übernehmen sie für viele Jahre den ganzen Laden in der richtigen Einschätzung, daß er sie letztlich nicht an ihrem Auftritt messen wird, sondern an den Einspielergebnissen. Da konnte ihnen nichts passieren, falls sie jede Aufmerksamkeit in der Öffentlichkeit vermieden, also nie ins Rampenlicht wollten. Wer unauffällig blieb, wurde nicht verstoßen.

Eine Arbeitsteilung, die funktionierte, solange es den Verleger gab. Nach seinem Tod gab es keinen Verleger mehr, nur Manager, das war das Problem, und die, die sich für Verleger hielten, waren keine Könige, nur noch Kronprinzen. Hat-

Der Fall Axel Springer

ten nur die weißen Haare eines Weisen, aber keine Visionen im Kopf außer einer Vorstellung von der eigenen Größe. Waren harte Macher, aber keine leidenschaftlichen Erfinder. Waren eiskalte Karrieristen, aber keine wachsamen Träumer. Auswechselbar und damit ideal geeignet für die neue Medienwelt, in der Profite mehr zählten als Philosophien, die Ware Nachricht mehr als die wahre Nachricht.

Der Intendant des Hauses geht anfangs noch selbst auf die Bühne. Verklärende Anekdoten streifen nur die Wahrheit. Er hat in der Tat mit Schere und Kleister auf dem Boden gelegen und in einem Londoner Hotelzimmer nach druckfrischen Exemplaren des »Daily Mirror« lustvoll Zeitungen zusammengeklebt. Aber die Geschichten von Geliebten und Ehefrauen, die angeblich neben ihm lagerten und mit ihm ein neues Blatt erfunden haben, sind meist erfunden. Sonst hätte er ein Dutzend mehr Zeitungen besessen, sagt Rosemarie Springer, und die war schließlich dabei, als er die »Bild-Zeitung« gründete. Die hat erlebt, wie er abends zu Hause tobte, weil seine verfluchten Erbsenzähler ihre Begeisterung in Grenzen hielten über den neuesten Einfall des Chefs und ihn heimlich auslachten. Zeitung zu machen wie gedrucktes Fernsehen, so ein Quatsch.

Natürlich setzt er sich durch, ist ja mein Laden, ganz allein mein Laden, und mit einer gewissen Häme erzählt er Ende 1953 seiner Belegschaft, daß »Bild« mit nunmehr 1,2 Millionen Auflage zur größten Zeitung des Kontinents geworden ist: »Wer von Ihnen Zahlen liebt, soll einige von mir haben. Ich selber gewöhne mich sehr schwer daran. Aber vielleicht werden wir uns bei der häufigeren Beschäftigung damit daran gewöhnen... Ich bin natürlich zutiefst glücklich über den Erfolg von ›Bild‹. Es ist ein Erfolg ohne Beispiel. Alle Prognosen sind über den Haufen geworfen. ›Bild‹ hat alle Widerstände, die sich ihm entgegengestellt hatten, glatt überwunden, und ich danke von hier aus aus vollem Herzen allen denen, die daran geholfen haben. Wenn ich Namen nennen würde, würde es Ungerechtigkeiten einschließen. Aber es ist die Redaktion gewesen unter der glänzenden Führung, und es ist sicherlich auch der Verlag gewesen.«

Der Blattmacher

Sicherlich auch, aber eher nicht. Jeder im Saal weiß, wem Springers Dank in der Hauptsache gilt. Sich selbst. Er ist es später, wiederum allen Behauptungen seiner Diadochen zum Trotz, der die Ideen hatte für die erfolgreichen Ableger von »Bild«. Boenisch sagt, er habe den Verleger in solchen Ideen unterstützt und erst einmal entsprechende Kolumnen in der »Bild-Zeitung« eingerichtet, bis die Manager sich nicht mehr gegen die Neugründungen wehrten. Prinz behauptet, er habe nicht nur die Rendite von »Bild« vervierfacht, sondern »dem Hause Springer »Bild der Frau« und »Auto-Bild« gegeben. Ich habe dem Verlag eine Milliarde Mark verdient.« Springer kann nichts mehr sagen, aber Tamm weiß, daß er »Auto-Bild« gegen den Widerstand von Prinz betrieben und auf den Weg gebracht hat.

Bis zu seinem Tod ist Springer in den allerdings immer seltener werdenden Momenten, da er nicht verklärt nach oben sinnt, ein Blattmacher mit Gespür für journalistische Produkte, die nach unten zielen und hohe Trefferquoten haben. Richtig ist, daß er anregt und erklärt, aber dann andere machen läßt. Nur manchmal persönlich zuschlägt, wenn die anderen einen ganz besonderen Nerv bei ihm treffen. Der damalige Chefredakteur von »Bild« hatte in den fünfziger Jahren einen Kommentar geschrieben, sinngemäß etwa so, daß er sich beklagte, nie würden die armen Deutschen im Ausland anständig behandelt, schließlich sei der Krieg doch schon über zehn Jahre her. Was sollen wir denn noch tun? Fernschreiben des Verlegers aus Kampen: »Ich will Ihnen sagen, was die Deutschen im Laufe der nächsten zehn Jahre tun sollten. Sie sollten die Schnauze halten und still vor sich hin arbeiten. Sie haben so viel Elend in der Welt verursacht, daß sie überhaupt keinen Grund haben, das Maul aufzureißen.«

Der Mann, der nach dem Krieg mit einer fixen Idee angefangen hat, nämlich der größte Verleger Europas zu werden, aber sonst nichts hatte, in Wirklichkeit natürlich so manche Mark aus der Abfindung für den geschlossenen Verlag des Vaters und so manches Grundstück in bald wieder besserer Lage, fördert jede Legendenbildung von seinem verlegerischen Aufstieg. Solange er in den Erzählungen die Hauptrolle

Der Fall Axel Springer

spielt: »Ich hatte nichts außer einem umgebauten Schweinestall in der Heide und einem unbändigen Optimismus.« So was schreibt man zu jedem Jubiläum gern in seinen Zeitungen, so was liest der Mann auf dem Balkon gern, und es muß ja nicht unbedingt der Wahrheit entsprechen. Was, ne Zeitung für nen Groschen, und stimmen soll es auch noch?

Es war in der Tat Springers Idee, eine Art Hamburger Generalanzeiger zu machen und so ähnlich zu nennen wie das berühmte »Hamburger Fremdenblatt«, also dessen Lesern eine neue Heimat zu bieten. Das Broschek-Blatt der Hamburger Intelligenz ist ja noch nicht wieder auf dem Markt, und daß Springer den Hamburger Bürgermeister Max Brauer aus Altonaer Tagen gut kennt, der ihm die Lizenz verschafft, ist bei der Blattgründung 1948 doch sehr hilfreich: »Axel, jetzt kannst du deine Zeitung machen.« Wie man allerdings das »Hamburger Abendblatt«, das unter dem Namen »Excelsior« zusammengeklebt worden war, nach oben treibt, hat nichts zu tun mit Glück, Geschick, Beziehungen, Gunst der Stunde. Einfälle braucht es da, und der Mann aus Altona hat die Einfälle für Aktionen, die beim Volk ankommen – weiße Hochzeitskutschen für Abonnenten, Frühlingssträuße an den U-Bahn-Stationen, vergrabene Münzen an der Ostsee.

»Die ›Abendblatt‹-Zeit«, schreibt er zwanzig Jahre später an den ehemaligen Chefredakteur des Blattes, »war überdies die Zeit meiner eigentlichen Liebe zum Beruf.« Springer beherrscht bald den lokalen Markt, und als das »Fremdenblatt« im Herbst 1954 sein Comeback versucht, ist es zu spät. Der Konkurrent, bei dem Springer anfangs drucken ließ, bevor er eigene Druckereien aufbaute, wird einfach erdrückt, mit allen unfeinen Mitteln fertiggemacht, zu Tode gerüstet. Das ebenfalls von ihm erfundene »Abendblatt«-Motto »Seid nett zueinander« gilt nur für die Käufer, nicht für den Erfinder. Es klingt zwar ziemlich banal, aber es trifft den Nerv der Leserschaft, die von Krieg und Streit und vor allem von großer Politik die Schnauze voll hat.

Die Deutschen sind damals so unpolitisch wie der Verleger, der sie erobern will. Beim Einstellungsgespräch 1948 fragt er Ernst Naumann, den späteren Topmanager: »Sind Sie

Der Blattmacher

in einer Partei?« Und der antwortet, nein, und bei den Nazis sei er nicht gewesen. »Das interessiert mich nicht, was Sie unter Hitler gemacht haben. Aber ich will keine Politik in meinen Blättern.« Es paßt zu seiner Philosophie, die er immer wieder seinen Mitarbeitern einbleut – Denken Sie beim Zeitungsmachen dran, ein bißchen Liebe von Mensch zu Mensch ist besser als alle Liebe zur ganzen Menschheit –, daß er sich als idealer Arbeitgeber präsentiert. Er zahlt nicht nur die besten Gehälter und die höchsten Tantiemen, bietet die besten sozialen Absicherungen, er gründet früh einen Pensionsfonds, kauft schon zu Beginn der fünfziger Jahre Wohnungen, die zu günstigen Bedingungen an die Mitglieder der großen Springer-Familie vergeben werden. Wer arbeitet nicht gern bei einem solchen Verlag, wer preist da nicht gern den Namen des Herrn, wer kämpft da nicht gern die Schlachten für ihn, wenn die Bösen ihn angreifen. Der Einzelgänger spielt den Gruppenführer, aber er spielt diese Rolle gern, denn sein Publikum im eigenen Verlag ist ihm sicher, und dieses Publikum wächst von Jahr zu Jahr, bis es irgendwann 12 000 Menschen sind, die zur großen Springer-Familie gehören. Als es so viele sind, sehnt er sich zurück zu den Anfängen, als viele Träume noch keine Realität waren.

Es war damals die richtige Idee, nämlich seine, mit ein paar Kaufmannsleitfaden und ein paar Unterhaltungsromanen als kleiner Verleger des Buchverlags »Hammerich & Lesser« den Krieg zu überleben, sich in der Unauffälligkeit zu ducken, aber gleichzeitig Papier zu horten für die Zeiten, die nach der Befreiung anbrechen würden. Goldgräberzeiten, wie immer, wenn ein System untergeht. Damit kann er nicht nur Kalenderweisheiten herausgeben und unter dem Titel »Ewige Worte der Menschlichkeit« an 6000 Hamburger verschicken, um bekannt zu werden, sondern auch die »Nordwestdeutschen Hefte«, die ihn nicht viel kosten in der Produktion, weil er Texte nachdruckt, die bereits im NWDR gesendet waren. Jedes Blatt wäre damals ein Erfolg geworden, die Menschen waren geradezu ausgehungert, suchten das ideologiefrei Gedruckte. Man brauchte nur Beziehungen, Papier und eine möglichst saubere Weste.

Der Fall Axel Springer

Auch die hatten Axel Springer, seine Freunde Max Schmeling und John Jahr, mit denen er gleich nach dem Krieg eine Zeitungslizenz beantragte, nicht. Also stieg Schmeling aus, denn die Engländer hielten ihn für belastet, Johnnymann und Axel mit der Frauenzeitschrift »Constanze« gemeinsam in den Ring und Springer als Verleger mit dem eigenen Blatt ein. Die Hauptarbeit an den »Nordwestdeutschen Heften«, die nach der Währungsreform sanft entschliefen und als »Kristall« wiederauferstanden, machten die beiden Herausgeber Axel Eggebrecht und Peter von Zahn, die den neuen von den Briten kontrollierten demokratischen Rundfunk aufbauten. Sie wählten die Texte aus, und es schrieben von ganz links bis linksliberal alle beim Springer-Verlag, unter anderen ein junger Mann namens Karl Eduard von Schnitzler, später einer der übelsten Propagandisten der DDR. Das Cover des Heftes, mal rosa und mal hellblau, von Monat zu Monat verschieden, wurde aus dem Schminkkasten der Berliner Freundin Irmgard Bibernell zusammengestellt, in deren Hamburger Wohnung man anfangs ein Zimmer belegte. Das machte Springer nach Gefühl. Seinem Mitstreiter Peter von Zahn übrigens bot er Ende der fünfziger Jahre vergeblich die Chefredaktion des »Hamburger Abendblatts« an, der wollte nicht, weil er wußte, daß Freund Axel ihm reinreden würde. Nur fünf Prozent will ich mitreden, sagte der, mehr nicht. Fünf Prozent sind fünf Prozent zuviel, antwortete Peter von Zahn.

Es war schließlich auch die richtige Entscheidung, die Lizenz für eine Art Radiopost zu beantragen, aus der »Hör Zu« wurde, und den mißtrauischen Engländern zu erzählen, man wolle nur die Radioprogramme aller deutschen Sender abdrucken. Erfunden hat das Blatt allerdings ein anderer, ebenso genial wie Springer und mindestens ebenso eitel, Eduard Rhein.

Die Lizenz für eine Zeitung wollten die Briten Springer damals nicht geben. Sie hatten ihn zwar als most untypical German bewundert und als Verehrer ihres Lebensstils ins Herz geschlossen, aber kein Interesse daran, einem deutschen Presselord aufs Pferd zu helfen.

Der Blattmacher

George Clare, Emigrant aus Wien in britischer Uniform, damals Kontrolloffizier, erinnert sich an die erste Begegnung mit Springer in der Berliner Schlüterstraße, wo sich vor seinem Schreibtisch viele Nazis in ihren Fragebögen zu Widerstandskämpfern umgelogen hatten und er sich fragte, wie Hitler eigentlich an die Macht gekommen war. Nicht nur die hellblauen Augen des jungen Mannes aus Hamburg hat er nicht vergessen. Dessen Scherz, er sei eigentlich während der Nazizeit nur von den Frauen verfolgt worden, ist sogleich ein Teil der Springer-Legende. Von ihm selbst später, als er nicht mehr witzig sein durfte, sondern nur noch bedeutend, allerdings in gravitätischer Sprache relativiert: »Mir schien diese scheinbar leichtfertige Antwort durchaus angemessen. So gut wußte ich, was damals geschehen war, daß mir meine eigene Geschichte des Nichtmitmachens, des Zorns, der Scham und der Hilfe, wo immer möglich, blaß, bedeutungslos und der Wiedergabe nicht wert schien.«

Clare wird vor allem nie vergessen, daß bei diesem Gespräch Springers Hauptinteresse einem Schotten namens Ken Kirkness galt, der im Book Department für die Engländer arbeitete und den sie für nicht wichtig hielten im beginnenden Lizenzvergabegeschäft. Why are you so fascinated by Kirkness, was wollen Sie denn mit dem? Der ist ein Bilderbuchengländer vom Scheitel bis zur Sohle, wahrscheinlich der bestangezogene Brite derzeit in Deutschland, antwortet Springer. Ich will die Adresse seines Schneiders haben. So was muß man ja wissen für die guten Zeiten, die sicher bald kommen. Sein Jackett übrigens war damals schon nicht von schlechtem Tuch. Auf den prüfenden Blick von Clare, der ab 1954 vor allem in England dreißig Jahre für ihn arbeiten wird, sagt Springer, die Gedanken seines Gegenübers ahnend: Nicht vom Schwarzmarkt, Mr. Clare, ein ehemaliger Schulfreund, der nach London emigriert ist, hat es mir geschneidert.

Der Herr der leichten Musen, von Kitsch statt von Kisch geprägt, hat fast telepathische Fähigkeiten, wie seine Chefredakteure nach Gesprächen mit ihm immer wieder feststellen. Liest der Kerl doch kaum ein Buch und findet schon nach wenigen Minuten genau die Stelle, die spannend ist und aus

Der Fall Axel Springer

der man eine Geschichte machen kann. Weiß der Menschenfänger doch genau, wann der Mann auf dem Balkon auch am Sonntag eine Zeitung will. Gibt Väterchen doch eine richtige Antwort, bevor die Frage gestellt ist. Ahnt der Verleger doch schon lange vor den nächsten Auflagenmeldungen, wann ein Blatt einen neuen Macher braucht, gerade dann, wenn es der alte noch gar nicht so schlecht macht.

Karl-Heinz Hagen ist noch nicht einmal dreizehn Monate Chefredakteur des Kampfschiffes »Bild«, als er schon wieder von der Brücke geschossen wird. Nicht überraschend, denn der oberste Blattmacher hatte schon mal an Bildunterschriften rumgemäkelt und angemerkt, daß man nicht allzu politisch sein dürfe. Dabei war er es doch gewesen, der den knallharten Konservativen zu »Bild« geholt hat, weil ihm das Blatt zu beliebig geworden war. Der ihn aus den USA zurückgerufen hatte, wo er hochbezahlt, aber gelangweilt den Markt beobachten sollte, nachdem man ihn nach der Übernahme von Ullstein nicht mehr brauchte. Geholt wiederum in der richtigen Zeit, denn die bösesten Hämmer gegen die Zonenfürsten, die im August 1961 ihr Volk einmauerten, damit es sie nicht verließ, stammen von Hagen und waren ganz im Sinne des Verlegers. Bis hin zur Zeile über den angeblich drohenden Verkauf Deutschlands, was sensiblere Gemüter an ganz andere Zeiten erinnerte. An die allerdings Hagen als sogenannter Nichtarier, Halbjude, ganz andere Erinnerungen hatte als die Mehrheit seiner Leser. Stand schon als Verurteilter vor dem Reichsgericht und sollte geköpft werden, hatte also deshalb nicht den richtigen Nerv dafür, wenn ihn sein Verleger am Sonntagnachmittag in der Redaktion besuchte, bei der Arbeit störte und von seinen nächtlichen Träumen erzählte. Als Soldat habe er sich gesehen, zum Tode verurteilt. Hatte die Hand an der Schläfe und die Augen halb geschlossen, ganz versunken in der Rolle des in die Vergangenheit und nicht mal in die Zukunft spinnenden Sehers. Für diese doch ungewöhnlichen Bilder wollte Axel Springer Aufmerksamkeit, aber Hagen wollte nur die Schlußzeiten von »Bild« einhalten.

Solche Grobheiten, solche Mißachtung merkte sich der

Der Blattmacher

König, obwohl er Hagen bewunderte, weil der so gebildet war, alles über Friedrich den Großen wußte, den auch er verehrte, und über die Schriften des Augustinus, und vor allem über Napoleon. War halt ein Berliner Weltbürger und kein Parvenü aus Altona, der erst Hamburg eroberte und dann in die ehemalige Weltstadt Berlin zog.

Dennoch schätzte Hagen den rechten Wahlberliner, er teilte seinen eigentlich nur echten Berlinern wie ihm zustehenden Haß auf die Kommunisten, und in diesem Geiste machte er ihm seine damals erst vier Seiten dicke »Bild-Zeitung«. Nahm aber keine Rücksicht auf irgendwelche Freundschaften oder irgendwelche Verbindungen zur Hofkamarilla oder gar auf »Hans im Bild«, den er im August 1961 abschaffte. So gewinnt man Feinde. Sein übliches Ritsche-Ratsche bereitete der launische Alleinherrscher scheinbar demokratisch vor, indem er Meinungen von anderen Leuten einholte, die allerdings genau wußten, was er hören wollte, also dem König nur die Vorlagen lieferten.

In einer als »Streng vertraulich – persönlich« gekennzeichneten Hausmitteilung schreibt der damalige »Bild«-Verlagsleiter Rolf von Bargen u.a. an den lieben Herrn Springer, »die großstädtische Kühle und Nüchternheit der neuen Chefredaktion durchdringt alle Redaktionsräume ... und schlägt sich in jeder »Bild«-Zeile nieder«. Zwar sei die Umstellung vom Sorayanismus zur Politik mehr oder weniger gelungen, aber er beklagt, »Bild« sei kalt geworden, nüchtern und oberflächlich. »Bild« vernachlässige innerdeutsche Themen und sei nicht mehr der Anwalt des kleinen Mannes. »Bild« biete kaum noch Unterhaltung, bringe kaum noch was für die Frau, bringe zuwenig Humor und lasse den Leser kaum noch zu Wort kommen. Besonders schlimm sei, daß sich der neue Chefredakteur zu 100 Prozent der nüchternen Aktualität verschrieben habe. Hagen wird anschließend mit einem Satz zitiert, den man einem »Bild«-Chefredakteur nun wirklich nicht durchgehen lassen kann: »Ich will eine ehrliche Zeitung machen.« Wenn er das will, muß er halt woanders hingehen. Hagen wartet nicht ab, bis sie ihn ablösen, er spricht den Verleger direkt an, wohl wissend, daß der solche

Der Fall Axel Springer

Konflikte haßt und eigentlich Ritsche-Ratsche lieber delegiert. Ja, er sei unzufrieden, gibt der sich windend zu. Das Ganze müsse viel leichter werden, nicht mehr so politisch. Und da er sich auf das Gespräch nicht vorbereiten konnte, fragt er seinen treuen Hagen höflich, wen er denn für den besten Mann hielte, nach ihm die »Bild-Zeitung« zu machen. Der bleibt ruhig und streitet nicht lange herum. Wenn schon leicht, sagt er kühl, dann Boenisch, der hat doch »Bravo« ganz gut gemacht. Gut, nehmen wir Boenisch. Vielen Dank, Herr Hagen.

Der geht zurück an seinen Arbeitsplatz und räumt seinen Schreibtisch auf. Boenisch besucht ihn. Also Karl-Heinz, ick soll dich ablösen, aber wenn du nicht willst, dann lehn ich das ab. Quatsch, Pepe, ist alles okay, ich hab schon mit dem Verleger gesprochen, antwortet Hagen. Macht noch die aktuelle Ausgabe fertig und geht. Am nächsten Tag regelt sein Anwalt die Abfindung, er verläßt wirklich das Haus und zieht nicht nur ein paar Zimmer weiter wie so viele andere Chefredakteure, die nach einer Absetzung unter Beibehaltung ihres Gehalts von Springer zwischengeparkt wurden, bis ein anderer fällig war und sie den ersetzen konnten. Hagen war der einzige Intellektuelle, der jemals die »Bild-Zeitung« machte.

Aber mit Springer war er noch lange nicht fertig, den traf er wieder, und der nahm ihm nie übel, daß er ihn hatte feuern müssen. Guten Tag, Herr Chefredakteur, Guten Tag, Herr Verleger. Der Mann, der als Redaktionsdirektor in Berlin die Auflagen von »BZ« und »Berliner Morgenpost«, damals noch im Ullstein-Verlag, beachtlich gesteigert hatte, der Zeitungsmann, der eigentlich mit bildbetonten Magazinen so wenig anfangen konnte wie sein ehemaliger Chef, ging nach München und übernahm die Illustrierte »Quick«. Mit ihm kam ein alter Kumpan aus Berliner Ullstein-Zeiten, Günter Prinz. Gemeinsam hielten sie sich für unschlagbar. Machten neben der rechten »Quick« von Martens und Kenneweg noch die linke »Revue«, die ihre Verleger von Kindler gekauft hatten. Die in der Branche bald als »Marx Brothers« berühmten glorreichen Zwei kämpften ja nie für eine besse-

Der Blattmacher

re Welt, sondern immer für bessere Auflagen. Haben Sie noch Kapazitäten frei? fragte eines Tages die Tochter des »Quick«-Verlegers und meinte, man müsse sich dringend um die hauseigene Zeitschrift »twen« kümmern, die habe eine starke Hand nötig. Klar, sagte Prinz, machen wir, und dann steck ich mir noch einen Pinsel in den Arsch und male nebenbei die Fensterläden an.

Prinz war eher der Mann fürs Grobe, Hagen eher der Feingeist, aber beide immer bereit, wenn nötig mit Begriffen wie »Pfeife« oder »Tränentier« einem faulen Redakteur buchstäblich in den Arsch zu treten. Peter Tamm: »Prinz und Hagen waren ein großes Gespann. Hagen der Gebildete, Belesene, der Innovative. Prinz der Hobler, der Macher, der Brutale. Gemeinsam waren sie stark.« Hagen und sein Prinz teilten nicht nur den Haß auf Nazis und die, die sie für ähnlich schlimm hielten, also Kommunisten. Sie stilisierten sich durch ihr Auftreten und ihr ähnliches Outfit zum Duo geniale des Boulevardjournalismus, bessere gab es in Deutschland damals nicht und später wohl nie wieder. Während der eine spartanisch konservativ lebte und eher die leisen Töne liebte, gefiel dem anderen der Glanz auch privat, den sie bald wieder produzierten.

Für den großen Verleger in Hamburg trimmen sie nach dem hochbezahlten Wechsel zurück zu ihm in Springers Münchner Verlagsgruppe Kindler & Schiermeyer, die der Mitte der sechziger Jahre gekauft hatte – jeder 500 000 Mark Jahresgehalt, jeder einen Fünfjahresvertrag –, das Magazin »Eltern« zu einem Auflagenrenner. Später widmen sie sich zu zweit dem Leben zu zweit und entwickeln ein unterkühlt erotisches Magazin, wie es so konkret lüstern in Deutschland noch nie eines gegeben hat: »Jasmin«. Auch dieser Duft lockt schon nach drei Ausgaben Hunderttausende von Liebhabern an die Kioske. Aber beide Erfolgsblätter sind nicht von AS erfunden, das ist schon mal schlecht für ihre Zukunft, deshalb betrachtet er sie allenfalls als Bastarde in der Springer-Familie. In dem einen steht alles übers Vögeln, im anderen alles über die Aufzucht der Brut. Auch die Zeitschrift »twen«, die wie »Bravo« damals ebenfalls Axel Springer gehört, pflegt in nackter frecher Selbstverständlichkeit die eher losen Sitten. Gegen die hat der Verleger nichts in den eigenen vier Wänden, aber für sein Image, vor allem bei seinen konservativen Freunden in Bonn, sind Phallsucht und Venushügel und wie die sich seitenweise paaren, gar nicht gut.

Freie Liebe, make love not war, produziert freie Gedanken. Wer zweimal mit der(m)selben pennt, gehört schon zum Establishment. Paßt alles nicht so ganz ins Haus des Zeitungszaren, der sein christliches Weltbild eher von »Welt« und »Bild« vertreten fühlt. Nichts von Vaterland und Nächstenliebe in seinen Münchner Blättern. Da wird der Deutsche eingestimmt mit allerlei Übungen und überraschenden Stellungen auf das, was die Welt im Innersten zusammenhält, die Lust auf Liebe, manchmal mit dem Nächstbesten. Axel Springer mag das bunte Zeug nicht, er ist nach eigenem Bekunden ein »Mann der täglichen Zeitung« und kann mit »dieser Glanzkacke« nichts anfangen. Hagen und Prinz mußten ihm die Pappen mit den von ihrem junggenialischen Graphiker Dietmar Meyer aufgeklebten Seiten für »Eltern« wie einen roten Teppich ins Büro legen, damit er sich das neue Produkt vor der ersten Ausgabe wenigstens mal anschaute und seinen Segen gab. Na gut, dann macht es halt. »Jasmin« bleibt für ihn immer abfällig »dieses Fickblatt«, aber der Rechner im Verleger sieht die Marktchancen und ahnt die Rendite. Also reckt Caesar, angewidert von dieser glänzenden Sauerei, seinen Daumen nach oben.

In den vier Jahren, in denen die leichtlebigen Münchner zu ihm gehören, besucht er sie nur zweimal, und insgesamt nur eine knappe Stunde. Was nicht die große Trauer auslöst an der Isar. Hier lebt es sich ohne Hamburger gut, und außerdem arbeitet ja der kleine Axel bei ihnen, ist stets zu jedem Blödsinn bereit. Was brauchen sie den großen. Der braucht sie aber so wenig wie sie ihn, was sie bald merken.

Als es ihm opportun scheint, weil er 1968 politisch unter Druck geraten ist, Studentenproteste überall und Monopolkommission in Bonn, die über die Beschneidung seiner Macht nachdenkt, nutzt Springer die erste Chance, den

Der Blattmacher

ganzen Münchner Ramsch loszuwerden. Seine Redakteure allerdings sehen sich eher getäuscht und von Springer verramscht. Die Karawane bellt, aber der Hund an der Spitze zieht weiter. Christian Kracht, der Mann für jede Jahreszeit, war mit dem Verkauf beauftragt, obwohl er strikt dagegen war und im Gegenteil dafür plädierte, den südlichen Stützpunkt des Imperiums auszubauen. Er setzte sich nicht durch, aber seinen Ehrgeiz darein, wenn es denn sein mußte, möglichst viel Geld herauszuholen. Was ihm gelang. Am Ende waren es mehr als 100 Millionen Mark, mit denen der Verlag dann andere Blätter aufrüsten, den Ausbau der Regionalausgaben von »Bild« vorantreiben, die Verluste der »Welt« ausgleichen konnte. Nach außen will man das dann verkaufen als weise Selbstbescheidenheit eines großen Mannes, der sich freiwillig von einem Stück seiner Macht trennt. Aber die nicht ganz so Blöden wissen, daß Springer von seiner Macht und seinem Einfluß nichts verliert, denn er behält ja seine Zeitungen, und Macht und Einfluß hatten »Jasmin«, »Eltern« oder »twen« allenfalls unter den Bettdecken ihrer jeweiligen Zielgruppen. Das »Neue Blatt« grabscht sich Bauer, wie später auch »Bravo«, beide Produkte passen in der Tat besser in das Familienunternehmen, das immer schon Redakteuren eine Heimat bot, die sich von ihren Lesern nicht unterschieden.

Die Perlen dagegen werden von dem Stuttgarter Drucker Hans Weitpert gekauft, den Springer gut kennt, seit er ihm die ehemalige Ullsteinsche Tempelhof-Druckerei hat andrehen können, als er seine eigene in Berlin baute. Aber woher soll der das Geld haben, ist doch sicher nur ein Strohmann? Ist er, aber erst im Jahr drauf landen die losen Drei da, wo sie eigentlich hingehören, beim liberalen Verlag Gruner + Jahr. Nur »Eltern« lebt dort heute noch, schon Anfang der siebziger Jahre ist »Jasmin« verblüht und »twen« längst verduftet. Springer hatte rechtzeitig Kasse gemacht, guten Willen gezeigt, sich von dem befreit, was ihm eh nicht gefiel und vor allem, wie »Jasmin«, ihm nicht eingefallen war. Er war neidisch auf den »Jasmin«-Erfolg, meint Hagen. Wenn das Blatt von ihm gewesen wäre, hätte er es wohl nicht verkauft.

Der Fall Axel Springer

Ende der journalistischen Zweierbeziehung Hagen und Prinz. Der Jüngere will endlich die Nummer eins werden. Er läßt seinen Partner Hagen fallen. Schon damals waren ihm Holdings wichtiger als Haltungen, er geht zu Springer, wo er dann den ablöst, der einst Hagen bei »Bild« ablöste, Peter Boenisch. »Beiße nie die Hand, die dir den Scheck gibt« lautet sein Lebensmotto, aber vor allem will er beweisen, daß er der größte Blattmacher aller Zeiten ist, auch ohne den genialen Hagen, dem er noch einmal Blumen ins Krankenhaus schickt, als es dem schlechtgeht, ansonsten aber vergißt. Auch Hagens Tod übergeht er schweigend.

Boenisch hatte die Auflage von »Bild« zwar in nie erhoffte Höhen gebracht, zum erstenmal am Tag nach Kennedys Ermordung fünf Millionen Exemplare verkauft. Dann aber doch verloren und das Blatt nicht mehr im Griff, sagt der ehemalige Verlagschef Peter Tamm. Der mochte den Prinz zwar nicht, aber bei einem so entscheidenden Werbeträger wie »Bild« ging es schließlich darum, wer das kann, und nicht danach, wen man mag. Als Tamm mit dem ehemaligen Polizeireporter damals nach Sylt flog, um dem Verleger den neuen »Bild«-Chef vorzustellen, also den Mann, der sein wichtigstes Blatt leiten sollte, war der begnadete Hypochonder gerade verschnupft und lag höchst ungnädig im verdunkelten Zimmer. Hatte zehn Minuten Zeit für die beiden Herren und eigentlich nur das Kästchen mit den vielen Pillen im Sinn, die er wegen der Unterfunktion seiner Schilddrüse regelmäßig zu sich nehmen sollte.

Man flog bald wieder ab.

Daß ausgerechnet Prinz später versuchte, Tamm zu stürzen, der ihm den Weg nach oben bereitet hat, hält der für einen typischen Charakterzug, und es hat ihn nicht besonders überrascht. War halt immer schon ein intrigantes Kerlchen. Überschätzte halt seine Bedeutung, obwohl er ein sehr guter Chefredakteur für »Bild« war. Kann nicht schreiben, hat keine Ahnung von Politik, keine Ahnung von Sport. Ist aber ein großer Journalist und ein Meister der Schlagzeile, sagen die, die ihn besser kennen. Geldgeil, nur an Macht interessiert, sagen die, die ihn noch besser kennen. Der bricht einem das

Der Blattmacher

Rückgrat, hebt ihn dann in den Rollstuhl, schiebt ihn vor sich her und läßt sich als guter Mensch feiern, sagen die, die ihn am besten kennen. Man kann kein lieber Mensch sein und eine »Bild«-Redaktion mit siebenhundert Leuten führen, sagt er.

Vor allem aber ist er eitel, man konnte ihm keine größere Freude machen, als ihn von hinten mit Herr Springer anzusprechen, also mit dem Verleger zu verwechseln. Diese Eitelkeit immerhin verbindet ihn mit seinem Vorgänger Boenisch, auch der sah sich am liebsten als Gesamtkunstwerk, stets auf Wirkung bedacht. »Wenn der Boenisch reinkommt, dann weiß ich nie, ob er mit mir schlafen will oder mit meiner Tochter oder nur ein neues Auto braucht«, lästerte Springer.

Als der schöne Pepe seinem Nachfolger Prinz die Geschäfte der »Bild-Zeitung« übergibt, aber im Hause bleibt zur besonderen Verwendung, räumt er seinen Schreibtisch auf. In der rechten Schreibtischschublade liegen viele Briefe von Springer an Boenisch. Die beiden »Bild«-Hauer blicken auf den Stapel. Alle ungeöffnet. Warum hast du die nie aufgemacht? fragt der Neue. Ich hab den Alten eh fast jeden Tag gesehen, sagt Boenisch. Wenn es wichtig gewesen wäre, hätte er es mir persönlich gesagt. Also waren es doch nur Briefe seiner Flanellmännchen, die er unterschrieben hat. Weg damit. Und wirft sie ungelesen in den Papierkorb. Die Verlagsleute hatten Boenisch gehaßt, weil er bei besonderen Ereignissen schon mal teure Anzeigenseiten zugunsten eines Artikels rauswarf oder Flugzeuge charterte, um »Bild« rechtzeitig an bestimmte Plätze zu liefern, wo zum Beispiel Olympische Spiele stattfanden oder Fußballweltmeisterschaften, also deutsche Menschen siegten.

Noch einmal in den letzten Jahren sieht Karl-Heinz Hagen seinen ihm trotz aller Enttäuschungen immer noch liebsten Verleger, den schillernden Selbstdarsteller, den sentimental verlogenen Tycoon, den großen Axel, den Anwalt des Volkes, das ungebildete Genie, den armen Propheten. Trifft den Mann, der beim Zeitungmachen witziger, begabter und interessanter sein konnte als alle um ihn herum, den Mann, der ihm viele Jahre ein Beraterhonorar bezahlen ließ, aber nie einen Rat hören wollte. Hagen wird 1982 aus seinem selbstgewählten Ruhesitz nach Schierensee gebeten. Es gibt ein karges Abendessen, wie üblich am Hofe des kränkelnden Königs. Springer liest begeistert aus einem Brief vor, in dem irgendein Hamburger Kaufmann seine Begeisterung über Springer äußert. Unwesentliches Gelaber, aber typisch für seine Eitelkeit, daß er so etwas wichtig nimmt. Solche Briefe liebte er, solche Briefe lagen morgens immer neben der frischen Rose auf seinem Schreibtisch, sorgsam ausgewählt von Bürochef Nagel. Dann bittet er Hagen, wieder zu ihm zu kommen. Soll alles werden wie früher. War doch großartig damals, war doch richtig gut. An seiner Seite soll er wieder sein. Welches Blatt? Gar kein Blatt, nur an meiner Seite. Hagen fährt wieder zurück nach Hause. Er hört nie wieder was von Springer und sieht ihn nie wieder. Falls es den Himmel gibt, an den Springer glaubte, haben sie sich inzwischen vielleicht mal getroffen und nicht nur jiddische Witze ausgetauscht.

Es ist nun nicht so gewesen, daß außer der »Welt« alles zu Gold wurde, was König Midas anfaßte. Noch vor der Währungsreform blieb eine Zeitschrift namens »Merlin« auf der Strecke, Magazin für Aberglauben und verwandte Wissenschaften. Mit dem Düsseldorfer Boulevardblatt »Der Mittag« kam er nicht zurecht, es wurde ein paar Jahre nach dem Einstieg des Hauses – Kaufpreis nur 650 000 Mark – eingestellt. Immerhin bleibt von diesem ziemlich unwichtigen Produkt, das als Konkurrenz zum Kölner Marktführer »Express« gedacht war – denn überall dort, wo es gutgemachte Boulevardzeitungen gab, in München oder in Köln, hatte »Bild« so seine Schwierigkeiten –, ein Zeugnis Springerscher Denkungsart. Der Wutausbruch eines Verlegers, der seine Abneigung gegen Uniformen jedweder Art bewahrt hat und sich in einem Brief an den Chefredakteur Hermann Rasch, einen ehemaligen U-Boot-Kapitän, über einen Kommentar aufregt, in dem während des Vietnamkriegs ein deutscher Einsatz gefordert wurde:

»Es ist mir völlig unverständlich, wie der »Mittag« praktisch für die Entsendung von deutschen Freiwilligen nach Vietnam plädieren konnte. Daß wir den Amerikanern in

Der Blattmacher

Vietnam helfen müssen, steht wohl außer Zweifel. Die Bundesregierung und mit ihr alle Parteien haben sich zu einer Hilfeleistung bekannt, aber ebenso einmütig ... zum Ausdruck gebracht, daß ein militärischer Beitrag – direkt oder indirekt – niemals in Frage kommen kann. Angesichts unserer furchtbaren Vergangenheit, der Teilung unseres Landes und der ohnehin schweren Stellung Deutschlands in der Weltöffentlichkeit müßte der militärische Einsatz von Deutschen in Vietnam für uns ... schwerste Rückschläge mit sich bringen. Es geht nicht an, daß wir ein zweites Mal so etwas wie eine Legion Condor losschicken. Wer außer den Amerikanern würde dazu Beifall klatschen oder auch nur schweigen? ... Sie selber werden wohl bei einer Überprüfung dieses ganzen Fragenkomplexes auch zu der Überzeugung kommen, daß die Konsequenzen dieser Veröffentlichung wohl kaum richtig bedacht worden sind.«

Der oberste Blattmacher reagiert nicht nur dann, wenn ihm die politische Richtung eines Kommentars in seinen Zeitungen nicht paßt. Darüber muß er sich eher selten aufregen, denn die meisten wissen, was er denkt, und formulieren entsprechend. Es braucht keine Zensur von oben, man ahnt, was geht und was nicht. Ein paar Gedanken aus irgendeinem seiner Vorträge genügen, und zwei Tage später findet er sie unter den Namen Walden, Kremp, Hertz-Eichenrode, Zehm in seinen Blättern wieder. Haben die doch wunderbar formuliert, lobt er dann. Viele sind ganz besondere Schreibtischtäter, fühlen sich als Mitglieder eines verschworenen Ordens und glauben mit ihren Artikeln das Abendland retten zu müssen.

Manche wehren sich auf ihre Art und lassen sich nicht brechen. Hans Bluhm hätte sich zum Beispiel das Leben als Chef von »Hör Zu« einfach gestalten können, wenn er mal Springers Gesinnungsfreunden Matthias Walden oder Gerhard Löwenthal den Fernsehpreis »Goldene Kamera« zugeschustert hätte. Er tat es nicht. Was ihm der damalige Chefideologe Walden nicht vergaß. Der deutschnationale Herrenreiter und Zehrer-Ersatz sorgte mit dafür, daß der widerspenstige Bluhm abgelöst wurde. Die Auszeichnung gab es erst unter

Der Fall Axel Springer

seinem Nachfolger, dem flexiblen Gummimännchen und Sonntags-Prediger Peter Bachér.

Der Verleger schickt vor allem auf Zetteln und irgendwelchen Artikeln, die er in anderen Zeitungen gefunden hat, Anregungen für seine Chefredakteure. »Kann der Mensch 150 Jahre alt werden? – es muß ja nicht unbedingt Herbert Wehner sein –, aber das Thema reißt die Leser doch vom Schlitten.« Das ist mal eine Modegeschichte, was vom Sport oder die Idee für eine volkstümliche Aktion wie früher sein Kampf um die Einführung der Zebrastreifen. Er liest unentwegt und reißt unentwegt irgendwo was raus. Gruß, AS.

Es geht ja nicht immer so getragen zu, wie er es in den vier Essentials formuliert hat, die für Journalisten in seinem Konzern bindend sind und in einer Satzung des Hauses verankert werden: Unbedingtes Eintreten für die Wiederherstellung der deutschen Einheit. Aussöhnung zwischen Deutschen und Juden, Unterstützung der Lebensrechte des israelischen Volkes. Ablehnung jeglicher Art von politischem Terrorismus. Bejahung der sozialen Marktwirtschaft. Klingt ja nicht schlecht, aber Springer-Gegner halten eher für essentiell, daß in Springer-Zeitungen die Wahrheit verfälscht wird, Nachrichten unterdrückt werden, die Redakteure vieler Blätter das Manipulieren als besondere Art der Recherche betrachten und Minderheiten per Schlagzeile gejagt werden. Am meisten wird in der Montagsausgabe von »Bild« erfunden, stellt die Rechtsabteilung des Springer-Verlages einmal fest, sagt es natürlich nicht so, sondern spricht vornehm umschreibend davon, daß »die meisten Pannen am Sonntag passieren. Dünne Besetzung, dünne Nachrichtenlage, dünne Nerven. Dann überschlägt sich der Jagdinstinkt.«

Das weiß der Verleger, und manchmal gibt er es sogar kurzfristig öffentlich zu. Nach einem langen Spaziergang mit dem »Zeit«-Reporter Ben Witter, dem er dreizehn Jahre zuvor schon einmal seine intimen Gedanken anvertraute und den er aus den Gründerjahren in Hamburg als ihm wohlgesinnten Reporter kennt, wird er von dem mit dem Eingeständnis zitiert: »Ich leide wie ein Hund darunter, daß manches in meinen Blättern steht, womit ich überhaupt nicht einverstanden bin. Und wie oft leide ich, wenn ich morgens die ›Bild-Zeitung‹ lese. In Hunderten von Briefen beschwor ich die Chefredaktion, alles zu unterlassen, was gegen die Würde des Menschen verstößt...« Vielleicht sind das die Briefe gewesen, die »Bild«-Chefredakteur Boenisch ungelesen weggeworfen hat, denn Nachfolger Günter Prinz weiß nichts von solchen Klagen seines Herrn. Sagt er zumindest. Gemeinsam mit 140 Redakteuren setzt er ein Protestschreiben an seinen Verleger auf, in dem sie sich in larmoyantem Stil bitterlich beklagen, daß er öffentlich so über sie hergefallen ist: »Heute war für uns der schlimmste Tag, seit wir bei ›Bild‹ sind, der Tag, an dem die ›Zeit‹ Ihr Gespräch mit Ben Witter veröffentlichte. Schwerer als die Tage von 1968, als ›Bild‹-Redakteure auf der Straße und vor den Redaktionen Sie und unsere Zeitung gegen Steine, Haß und Verleumdung verteidigten. Schlimmer auch als die Tage, an denen Wallraff Kübel von Schmutz und Lügen über uns ausgoß.«

Der Feigling an der Spitze des Hauses zieht sich sofort aus der Schußlinie zurück und spricht in einem Brief an Ben Witter, der veröffentlicht und an alle »Bild«-Redakteure verteilt wird, von dem Mißverständnis, das sich wohl irgendwie in den Artikel eingeschlichen habe. Der Brief hat das Datum vom 15.12.80: »Von Verstößen gegen die Würde des Menschen war bei mir in diesem Zusammenhang nicht die Rede. Da müssen Sie mich mißverstanden haben. Es hat Entgleisungen gegeben, die ich nicht billige. Bei weitem überwiegt jedoch das erfolgreiche Bemühen um Wünsche, Hoffnungen, Ängste und Sorgen vieler Menschen, die in der ›Bild-Zeitung‹ – jenseits jeder elitären und hochmütigen Form – ihren eigenen Alltag und seine Probleme wiedererkennen.« Dann haut er noch ein bißchen auf die anderen Publikationen der bösen Linken, spricht davon, daß »Bild« stets der Anwalt des kleinen Mannes auf dem Balkon war und daß beim schnellsten Informationsblatt der Welt halt mal was durchrutschen könne. Intern tobt er. Nicht über Witter. Über die Unverschämtheit der Leute, die er hoch bezahlt, einen solchen Brief an ihn zu schreiben und daß die es wagen, ihn zu kritisieren.

Der Fall Axel Springer

Was glauben denn die, wer er ist. Und wie oft hat er die in Schutz genommen, wenn sie angegriffen wurden.

Eigentlich mag er nämlich den Artikel, so wie er ist, denn so ist er, und drei Tage vor seiner öffentlichen Distanzierung hat er dem Autor auf einer Postkarte ganz begeistert geschrieben, nichts von einem Mißverständnis erwähnt. Springer am 11.12.80 an Witter: »Ich danke noch einmal für das Porträt. Auch das Foto gefiel mir sehr, weil es zeigt, daß wir beide schon einiges hinter uns haben. Liebe Adventsgrüße. Ihr Axel Springer«. Claus Dieter Nagel, sein Büroleiter, Vertrauter und Redenschreiber, gibt denn auch heute zu, daß alles wörtlich so gesagt worden war von »Väterchen« und daß es verdammt viel Ärger gegeben habe. Vielleicht aber ganz heilsam gewesen sei, weil danach die Macher vorsichtiger geworden sind. Es gibt genügend spannende, fabelhafte Geschichten, brüllte Prinz seine Redaktion zusammen, daß wirklich keiner gezwungen ist, zu fälschen. Und wers doch tut, fliegt raus. Forderte aber gleichzeitig heute die Sensation, die morgen mehr verkauft als die von gestern.

»Mit einer Fünf-Millionen-Auflage«, schreibt die aller extremistischen Umtriebe unverdächtige »Süddeutsche Zeitung« in einem Kommentar, der als solcher gekennzeichnet ist, »wird immer wieder durch Schlagzeilentechnik, durch Verdrehen oder durch Verschweigen manipuliert, werden Menschen vorverurteilt, wird ein Klima der Hexenjagd erzeugt, wird eine Pseudowirklichkeit, nämlich die ›Bild‹-Wirklichkeit geschaffen.«

Schwerer aber lag den Frontkämpfern, die ja keine guten Menschen sein sollten, sondern Auflage zu machen hatten und sonst gar nichts, Springers christliche Nächstenliebe in Sachen Wallraff im Magen. Der hatte 1977 unter falschem Namen in der »Bild«-Redaktion Hannover gearbeitet und dann seine Erfahrungen über die Fälscherwerkstatt unter dem Titel »Der Aufmacher – der Mann, der bei ›Bild‹ Hans Esser war« als Buch veröffentlicht. Günter Wallraff: »Ich habe bei ›Bild‹ zum erstenmal verstanden, wie Diktaturen funktionieren.« Sein Bestseller, in vielen Prozessen vom Konzern bekämpft, festigte nicht nur bei denen, die es immer schon wußten, den Ruf von »Bild« als Lügenblatt, schadeten der Zeitung sogar bei den Politikern, die gerne »Bild« benutzten, um sich direkt ans Wahlvolk zu wenden. Auf jeden Fall hatten Wallraffs realitätsnahe Enthüllungen auf die innere Befindlichkeit von »Bild« mehr Wirkung als die ganze APO, sagt Hagen. Es war ein ähnlicher Schlag für »Bild« wie die gefälschten Hitler-Tagebücher für den »Stern«, in dem Wallraffs Erfahrungen als Serie erschienen. Beim »Stern« allerdings saßen einige Männer an der Spitze den Fälschern auf, und nur einer von ihnen hat seinen Job behalten, bei »Bild« saßen sie in vielen Außenredaktionen, in Hamburg vor allem, und alle blieben sie im Amt.

Der Enthüller reiste durch die Republik und berichtete in ausverkauften Veranstaltungen über die Methoden von »Bild«, und wie dort die Wahrheit geknetet wird, bis sie zur Schlagzeile paßt. Immer konfrontiert mit einem Springer-Mann, der eloquent und kühl den Verlag verteidigte: Wolf Schneider, mal Chefredakteur der »Welt« und später Leiter der durch ihn berühmt werdenden Henri-Nannen-Journalistenschule von Gruner + Jahr. Und Wallraff wurde gejagt von einem anderen, der sich einen falschen Bart anklebte, um nicht erkannt zu werden, durch Einseitigkeit und abstehende Ohren aber auffiel: Heinz Klaus Mertes, damals bei »Report«, später PR-Mann für Kohl und Kirch bei SAT 1.

Von Ben Witter war Springer gefragt worden, welchen Spruch er analog zu seinem Seid-nett-zueinander er denn heute, 1980, erfinden würde. »Es lohnt sich immer, miteinander zu reden. Und das heißt für mich auch, meinen entschiedensten Gegnern die Hand hinzustrecken. Wenn Herr Wallraff mich sprechen möchte, kann er sofort kommen«. Auch dieser Satz wurde später relativiert, der Mann, der bei »Bild« Hans Esser war, dürfe selbstverständlich erst dann mit einer Audienz rechnen, wenn er seine Arbeitsmethoden geändert habe und selbstkritisch von dem abrücke, was er bisher gemacht habe.

Der Weihnachtsaufstand der »Bild«-Redakteure gegen ihren Herrn und Meister war der einzige, von dem die Öffentlichkeit erfuhr. Die anderen Konflikte wurden innerhalb

Der Fall Axel Springer

der Springer-Familie ausgetragen, und wenn es nicht mehr zu vermeiden war, mit Geld erstickt. Massenfluchten wie einst bei der »Welt«, als die Liberalen die Zeitung verließen und sich eine neue Heimat suchten, gab es nicht mehr. Springer zahlte ja gut, und manche gingen nicht weg, sondern lieber in die innere Emigration. Zum stetigen Ärger des Verlegers leistete sich das »Hamburger Abendblatt« ab und an freundliche Worte für linke Politiker, aber das wurde letztlich doch akzeptiert, weil man eine Zeitung für Hamburg halt leider nicht von rechts machen kann. Wer mit dem Stirnrunzeln des Königs leben konnte, überlebte.

Hans Bluhm zum Beispiel. Der war zum Start der »Bild-Zeitung« von der »Hamburger Morgenpost« gekommen, hatte unter Herbert Wehner beim »Hamburger Echo« gearbeitet, und das reichte, um ihn als politisch verdächtig einzustufen. Bei Springer reizte ihn die Weltläufigkeit, die so ganz im Gegensatz zu seinen spießigen SPD-Funktionären stand, und die Chance, etwas Verrücktes zu machen. »Bild« nämlich. Da gab es doch einen richtigen Verleger, und selbst wenn »Hänschen« zu denen gehört, die ihn am liebsten manchmal ermordet hätten, um dann aber an seinem Grab zu weinen, so wie es viele »Stern«-Redakteure auch mit ihrem Urgestein Nannen gern gemacht hätten, blieb er ihm ein Leben lang treu. Auf seine Art, also nicht korrumpierbar und nie klein genug, dem Herrn die Stiefel zu lecken. Anständig Zeitung zu machen, sogar als Chef von »Bild«, hieß für ihn immer, eben nicht die Wirklichkeit zurechtzubiegen, bis sie ins Weltbild paßte. Als er bei der »Spiegel«-Affäre vermeldete, was passiert war, statt Freude zu äußern, wie der Staat über Augstein & Co. hergefallen war, traf ihn der lautstarke Zorn des Verlegers. Und als er später zur »eigenen Verblüffung« Chefredakteur der »Welt am Sonntag« war, ließ er sich vom rechten Politbüro in Berlin nicht vorschreiben, was er zu machen habe und was besser nicht. Er blieb denn auch nicht lange im Amt.

Bei den beiden »blauen« Zeitungen, also »Welt« und »Welt am Sonntag«, hatten es Journalisten, die nicht einen anderen Beruf schwänzten, besonders schwer. Da beide Blät-

Der Blattmacher

ter Jahr für Jahr zweistellige Millionenverluste machten und keine Auflage, lautete die Auflage des Verlegers, daß wenigstens die Gesinnung stimmen müsse. Daß sie also Verkündigungsblätter des Plattmachers zu sein hatten, fein oder nicht so fein war hier nicht mehr die Frage. Die Redakteure wußten, wie es der Journalist Günter Gaus einst formulierte, auf »osmotische« Weise, was ihr Herr dachte und wünschte. Jede Rede des deutschen Mahners druckte man gepflegt mit Foto auf Seite drei oben. Jede Brise des Verlegers wurde zum donnernden Sturm aufgeblasen, jedes Treffen mit irgendeinem Heimatvertriebenen oder Hinterbänkler war ein weltpolitisches Ereignis. Wenn Springer einen UN-Beschluß kritisierte, klang es in den Blättern so, als sei die Weltorganisation dadurch in eine schwere Krise geraten.

Da es unter den Rechten wenige gab, die nicht nur Strauß verehrten, Linke zum Frühstück verspeisten und Gewerkschaften für staatsgefährdend hielten, sondern auch noch ein Blatt machen konnten, was Springer wußte und oft beklagte, mußte er manchmal einen Liberalen als Chef nehmen und den hoch bezahlen. Sehr hoch, denn die von der anderen politischen Seite verlangten Schmutzzulage.

Aber es wurde immer dafür gesorgt, daß einem liberalen Macher ein rechter Überzeugungstäter zur Seite stand, der auf die Einhaltung der reinen Lehre zu achten hatte. Abweichungen und unbotmäßige Äußerungen wurden von diesen journalistischen Fundis der Rechten Abendland Fraktion (RAF) sofort an den Hof des Königs gemeldet. Günter Prinz, der sich nicht vorwerfen lassen muß, widerborstig gewesen zu sein, erzählte 1994 dem einstigen Todfeind »Stern«, dessen Chef er allzugern mal geworden wäre, was die Redaktion allerdings verhindert hätte: »Es gab da so eine Abstufung. ›Der Verleger ist traurig‹ hieß, der Verleger ist sauer. ›Der Verleger ist entsetzt‹ – das war eigentlich das Ende der Karriere. Da konnte man sich nur noch die Kugel geben.« Er überlebte.

Springer aber mag manchmal nicht nur Jasager. Er ist ja nicht so verbohrt, um zu übersehen, was ein sperriger Mann wie Bluhm kann. Politisch fragwürdig, anfällig für liberales

Der Fall Axel Springer

Gedankengut, aber nützlich als Blattmacher. Also muß man ihn anders einsetzen, da, wo er politisch unschädlich ist. Eines Tages soll Bluhm nach Sylt fliegen, Herbst 1964, der Verleger will ihn sprechen. Natürlich alles streng geheim. Er nimmt Quartier im Gästehaus, und gegen Abend wird er ins Teehaus gebeten, ein winziges Gemäuer versteckt neben dem Klenderhof, wohin sich Springer zurückzieht, wenn er etwas unter vier Augen bereden will. Eine Haushälterin reicht Filetstückchen, dann sind die beiden allein. Springer hat alle Objekte seines Hauses auf dem Boden ausgebreitet und fragt seinen Angestellten bei jedem Blatt, was er davon hält. Nickt oder schweigt bei den Antworten. Daß er mit Zeitschriften nichts anfangen kann, weiß man. Die sind dafür da, Geld zu verdienen, und zwar jede Menge. Mal ne Sonderausgabe der »Berliner Illustrirten«, na gut. Aber doch nicht regelmäßig. Immer wieder davon träumen, dem großen »Stern« auf seinem Feld Konkurrenz zu machen. Aber wer soll das machen? Können ja nur wenige, und die wenigen sind ja nicht in seinem Verlag. Zeitungen sind aber das einzig Wahre, alles andere ist nur bedrucktes Papier.

Da nickt der Besucher. So sieht er es auch. Springer weist mit dem rechten Fuß auf »Hör Zu«. Bluhm liest die zwar selten, meint aber immerhin, das Blatt brauche eine Auffrischung, sei allzusehr noch aufs Radio fixiert, wie man es von Eduard Rhein auch nicht anders erwarten könne. Das Rheinsche Erfolgsblatt wirke doch ein bißchen verstaubt im Laufe der Jahre. Da wiederum nickt der Verleger. Und der alte Schauspieler genießt den Effekt, denn auf dieses Stichwort hat er nur gewartet: »Deshalb sind Sie hier. Ich möchte, daß Sie ›Hör Zu‹ machen.« Bluhm sträubt sich, bin doch ein alter Zeitungsmann.

Schauen Sie hinaus aufs Watt, sagt Springer, das im Dunkel vor dem Fenster ins scheinbar Endlose geht, von hier bis zum Festland wäre alles voller Menschen, wenn man die Millionen »Hör Zu«-Leser versammeln würde. Alles voller Menschen, die das Blatt mögen. Wär doch reizvoll, für die was zu machen. Bluhm bittet um Bedenkzeit. Da lächelt Springer: »Also gut, in Ihrem Fall bin ich großzügig. Sagen wir:

fünf Minuten.« Der neue Chefredakteur gibt sich geschlagen und freut sich doch. Muß aber noch schweigen, denn »Hör Zu«-Erfinder Eduard Rhein weiß noch nicht, daß er bald aus Altersgründen seinen Rücktritt einreichen soll.

Am anderen Morgen fliegt Bluhm nach Hamburg zurück. Schön wäre es, hat der Verleger zum Abschied gesagt, wenn irgendwo in jedem Heft ein Bibelzitat gedruckt wird. Auch Horoskope mögen die Leute, meint Axel Springer, der Mann auf dem Balkon.

7. *Kapitel*

Küsse an der Alster

Manchmal bat er zum Vögeln wie zum Diktat. Manchmal ließ er Mädchen nur für eine Nacht nach Sylt einfliegen und verabschiedete sich am Morgen nicht. Manchmal schickte er Frauen ein kleines Collier und ein paar Zeilen, daß es aufregend gewesen war und er sie nie vergessen werde. Diese Briefe, schön war's, aber nun ist es vorbei, waren vorgedruckt, es mußte nur der entsprechende Name eingesetzt und dann von Springer unterschrieben werden: Dein Axel. Ein Hamburger Juwelier, der dieses oder jenes verschicken sollte, höchst diskret, hatte fertige Päckchen auf Vorrat in seinem Tresor. Die Wohnungen, in denen sich der Verleger mit seinen jeweiligen Geliebten traf, waren in verschiedenen Städten verteilt, allein in Hamburg waren es drei, natürlich auf andere Namen angemietet.

Anfang der fünfziger Jahre, als er noch unbewacht unterwegs sein konnte, rannte Springer schönen Frauen einfach auf der Straße hinterher, traute sich aber nicht immer, sie anzusprechen. Eine erzählt: »Ich merkte, daß mir ein Mann folgte. An einer Ampel habe ich mich umgedreht, es war Axel. Ach du bist es, sagte er enttäuscht, hättest du ja gleich sagen können.« Sie hatten bereits das Vergnügen miteinander, und Springer mochte nichts Aufgewärmtes. »Er nahm die Frauen, wie sie sich ihm anboten, anstrengen mußte er sich eigentlich nie«, sagt Wegbegleiter Peter Boenisch, der das beurteilen kann, weil es ihm ähnlich ging. Axel Springer war, bis ihn Friede umfing, immer auf der Pirsch, und sobald er

Der Fall Axel Springer

Beute witterte, nicht mehr zu bremsen. Er konnte es sich leisten, das eine oder andere Geschenk zu machen, eine kleine Armbanduhr oder täglich teure Blumensträuße, und er ließ sich, falls nötig, bei seinen Attacken auch Eigenes einfallen, liebestolle Telegramme und liebevolle Briefe, einen nächtlichen Autokorso vor dem Haus, in dem die Angebetete wohnte. Meistens mußte er nicht lange darauf warten, erhört zu werden.

Daß er nicht die Frauen an sich liebte, sondern sich in den Frauen, merkten nur wenige und die erst, als es für einen geordneten Rückzug zu spät war. Springers Phantasie, mit der er seine Blätter gründete und vorantrieb, und vor allem weibliche Leser gewann, verhalf ihm auch im Privatleben zum entscheidenden Vorsprung vor den Konkurrenten. So unwiderstehlich wie seine Zeitungen die Leser, umgarnte der Verleger die Frauen. Nie allerdings den Macher vergessend. Denn viele der Ideen, mit denen er seine Chefredakteure traktierte, hatte er nachts im anderen Zusammenhang post festum gehört.

Ob er gerade verheiratet war oder nicht, war ihm egal, er lebte außerhalb gültiger Normen, und dies hielt er für normal. »Seine Erfolge bei allen hübschen Mädchen«, schreibt der andere Hamburger Verleger Gerd Bucerius in seinem Nachruf auf den anderen Altonaer, »auch bei den Freundinnen seiner Freunde, störten doch sehr.« Axel natürlich nicht, er spielte gern mit dem Feuer. Der Frau eines ehemaligen Mitschülers und späteren Politikers, mit der er ein Verhältnis hatte, schenkte er 1943 »Gedanken eines Einsamen«, ein Werk über den unbekannten Michelangelo, und schrieb, »Für Blondy mit Dank«, eine unverbindliche Widmung, deren Zweideutigkeit nur sie verstehen konnte, also nicht kompromittierend war, falls ihr Mann mal im Buch blättern sollte. Der verhinderte Tenorbariton, der immer auf Formen Wert legte, Narziß aus Überzeugung, machte nur in der Liebe keine Klassenunterschiede. Er befriedigte seine Lust ohne Ansehen des Standes oder der Stellung, also nicht nur in seinen Kreisen, er legte sich sogar mit dem gemeinen Volk, von dem er lebte, das er aber sonst nicht so liebte, ins Bett.

Küsse an der Alster

Gerade in dieser Spielklasse war er um den nötigen guten Einfall nie verlegen, wenn er unbedingt eine Frau haben wollte. Einmal hatte er zufällig ein wunderschönes Mädchen gesehen, das einen Frisiersalon verließ, offensichtlich dort arbeitete. Sie gefiel ihm sofort, und der Jäger ließ sich nicht lange Zeit. In einer Zeitung, nicht der seinen, gab er eine Suchanzeige unter Vermischtes auf: Das Mädchen, das am vergangenen Dienstag um 18 Uhr den Salon an jener Ecke verlassen habe, wird gebeten, sich unter einer bestimmten Telefonnummer zu melden. Eine Fotostory für ein Magazin sei geplant. Die Friseuse rief an, man verabredete sich, und als sie zur Vorstellung für die angebliche Fotogeschichte kam, saß Springer still daneben, während einer seiner Vertrauten in der Rolle des Fotografen mit ihr verhandelte. Leider sprach sie einen fürchterlichen Dialekt, und damit war das Interesse des Ästheten schlagartig erloschen. Am anderen Tag bekam sie einen Blumenstrauß und einen Anruf, zunächst müsse die geplante Geschichte verschoben werden, man bleibe in Kontakt.

Seiner Wirkung ist er sich stets bewußt, er spielt die Rolle des Casanova bis zur Hingabe, ist aber schnell beleidigt, wenn er mal nicht die gebührende Beachtung findet. So wie einst auf Sylt. Er begleitet seinen damals siebzehnjährigen Sohn und dessen Freundin aus Kampen in die »Kupferkanne« zum Tanz. Als bei der Damenwahl das junge Mädchen aber Axel den zweiten auswählt und nicht den ersten, schmeißt der wütend die Geldbörse auf den Tisch, bedient euch, und geht nach Hause.

Einmal allerdings schreibt Don Giovanni aus Altona in nur einem Jahr an die hundert Liebesbriefe. Die Frau, die sie erhält, empfindet Axel Springer als die größte Liebe seines Lebens, aber das will nichts besagen, denn seine größte Liebe war immer die zu Axel Springer und dann die, die gerade stattfand. Die leidenschaftliche Affäre beginnt er eher verhalten mit einem Telegramm in eine süddeutsche Kleinstadt: »Wann und unter welcher Nummer darf ich Sie anrufen – stop – Telegrammanschrift und zugleich Telefonnummer ist Westerland 2635. Gruß A.S.«

Der Fall Axel Springer

Daß es ihn diesmal so gepackt hat, liegt nicht an dem, was man später Midlife-crisis nennen wird. Er ist 45 Jahre alt, hat als Verleger schon alles erreicht, was nur er sich zutraute, und weiß, es muß noch mehr als alles geben. Er ist innerlich zerrissen, in der Phase seiner ersten Gottsuche, in der Rolle des Messias, doch er sieht sich manchmal realistisch selbst, erzählt seiner Geliebten davon, wie schwer es seine Frau mit ihm habe, weil er manchmal nicht mehr von dieser Welt sei.

So wechselt er in seinen Briefen zwischen leidenschaftlichen Merkwürdigkeiten – »Ich wollte Dir Veilchen schenken, weil ich Dich so lieb habe. Nun trinke ich Schaumwein aus der Tasse. Axel I. P.S. Ich hab Hunger nach Fleisch« – und merkwürdigen Leidenschaften: »Ganz und gar geliebte Monika, ich will Dir – ehe der Tag beginnt – noch einmal von Herzen für die gelebten Tage danken. Und für deren Voraussetzung, nämlich, daß es Dich überhaupt gibt... Ich saß in Gedanken noch in der Heidelberger Kneipe (oder, was schlimmer war: ich sah immer noch die Schlußlichter Deines Wägelchens). Es war alles so schön. Alles. Du gingst so stolz und zerbrechlich und von innen heraus elegant neben mir. Und wie ich es liebe, wenn Du plötzlich im Wagen nach einem Shawl verlangst und ihn Dir dann um Deinen geliebten Hals legst. Und Deine Sprache und Deine Stimme. Aber über allem Deine Augen, wenn sie miterzählen, wenn sie ankündigen oder wenn sie Dich verraten. Wie gut, daß ich die Tage hatte, um Dich fest in mein Herz zu nehmen. Nun bin ich wieder zu Hause. Mein Freund Tschaikowsky spielt nebenan in dem ganz leeren Haus. Der Mond steht über der hier schon meerhaften Elbe. Ich fühle mich allein und will es gar nicht anders. Wie himmlisch war es auf der Wiese. Ich danke Dir, mein Engel, mein wirklicher Engel, für den von Leonardo. Da Vinci starb an einem 2. Mai, an einem anderen 2. Mai wurde ein unbedeutender, aber großer Liebhaber geboren. Es küßt Dich zärtlich, Dein Axel«.

Die Geliebte antwortet dem unbedeutenden, aber großen Liebhaber: »Mein lieber Axel! Ich glaube, wir kommen nicht erst in die Hölle, wir sind schon drin. Immer Deine...«

Küsse an der Alster

Gern hab' ich die Frauen geküßt: Springer bei einer Party in den fünfziger Jahren

Das alles passiert in jenen Monaten des Jahres 1957, in denen sich Axel Springer für den Erlöser hält, und nur im Wissen um sein Problem der Selbstfindung sind manche Passagen zu verstehen: »Mein geliebtes Herz, ich fand unser heutiges Telefonat gar nicht so schlecht, ich wollte einige Meilensteine setzen (nicht ich übrigens, sondern es in mir). Du bist sicher meine wirkliche und wahre Liebe. Und ich sehne mich sehr nach Dir. Aber nach der großen Monika, nicht nach der kleinen. Ich will auch nichts Halbes (wovon ich schon so viel kenne), auch nicht, wenn es mich ansonsten den Preis des Verzichts kostet.« Sie wiederum schickt ihm nicht nur die Beteuerung ihrer Liebe, sondern aus dem biblischen Brief an die Korinther den Konfirmationsspruch, den sie als junges Mädchen aufsagen mußte. So was erfreut Messias. Er dankt ihr für den Rosenkranz, mit dem er nunmehr »inbrünstig beten« kann, und befiehlt, ganz gütiger Meister: »Im beigefügten Heft findest Du auf Seite 68 den Schmerzensmann. Schneide ihn Dir bitte aus. Er ist natürlich viel schöner, als es diese kleine Abbildung wiedergeben kann. Wenn überhaupt der Ausdruck schön hier erlaubt ist. Das Bild hängt in jenem kirchenstillen Raum, von dem ich Dir erzählte und von dem aus nun oft heiße Wünsche für Dich nach oben gehen.« Gemeint ist seine Privatkapelle im unteren der beiden Häuser auf dem Anwesen am Falkenstein, und nach oben bezieht sich nicht unbedingt auf die obere Villa im Park, in der er mit seiner Frau Rosemarie lebt. Der erwähnte Cranachsche »Schmerzensmann«, den Springer von einem Hamburger Kunsthändler gekauft hatte, stellte sich übrigens später als Fälschung heraus. Was der Verleger zwar wußte, aus Angst vor der Blamage aber verschwieg, also nie Schadensersatz forderte.

Zwölf Jahre später übrigens ist er einer ganz anderen Fälschung aufgesessen, und diese Blamage wurde öffentlich. Als die von seiner Sammlung ausgeliehenen Zeichnungen des Daniel Chodowiecki zum erstenmal in Berlin öffentlich ausgestellt wurden, genügte einer Expertin nur ein Blick, um die Muster ohne Wert zu erkennen.

Die große Monika, nach der er sich so sehnt, ist die heilige Monika, und die kleine Monika, zwanzig Jahre jünger als er, der er schreibt, ist für ihn die Verkörperung dieser Sehnsucht. Von Gott gesandt, von wem sonst, für wen sonst. Kennengelernt hat er sie in seinem Verlag, jenem für ihn zu bestimmten Zeiten unerschöpflichen Reservoir immer wieder neuer schöner Mädchen, die er bei Interesse im direkten Fahrstuhl auf eine Tasse Tee nach oben ins Allerheiligste zu sich bittet. In Verlagsbüros läßt er dem Mädchen Monika verschiedene Jobs besorgen, die aber ihrer Ausbildung entsprechen, also unverfänglich sind, damit keiner von ihrer Beziehung erfährt. London zum Beispiel: »Mein Schatz, laß dich nicht rumkriegen bei Parties. Sag immer, du bist nur im Lande, um die Sprache zu lernen, und wirst auch noch in andere englischsprechende Länder gehen. Das Haus braucht Menschen, die Public-Relation-Aufgaben übernehmen können. Es hat Dich sehr lieb: Dein Axel«.

Durch diese einleuchtende Verbindung kann er seine dringenden geschäftlichen Reisen leichter mit seiner Sehnsucht koordinieren. An der Themse hat er nach einem Rendezvous mit ihr eine göttliche Erscheinung, eine Vision, wie er sie so intensiv noch nie erlebte: »31. Oktober 57. Es ist fünf Uhr morgens. Mir ist London seit meiner Ankunft hier so vertraut, als ob ich hier geboren wäre. Es war voller ungewöhnlicher Ereignisse für mich. Ich war zwischendurch sehr schwach. Aber Du wirst es ja wohl bemerkt haben.« Von London aus wird Monika nach New York geschickt, wiederum im Auftrage des Verlages. Sie fliegt über Hamburg, und er steht am Flughafen, um sie noch einmal zu sehen.

Nach einigen Wochen, in denen sie sich nur schreiben oder miteinander telefonieren, reist er Ende November per Schiff nach New York, sie treffen sich schon am Pier. Ein paar gestohlene Tage und Nächte inszeniert wie im Hollywoodfilm. Axel, der Eroberer, der unwiderstehliche Charmeur, verliebt wie ein Schuljunge, in der Hauptrolle. Gemeinsam fährt das Paar nach Kalifornien, aber nicht nur der Liebe wegen. Die Statue des heiligen Franz im Garten eines Franziskanerklosters packt ihn in tiefster Seele mehr als die Schönheit seiner Begleiterin. Die bleibt ein wenig länger, er muß in Geschäften zurück nach New York und schickt ihr ein Telegramm »Ich wünsch Dir noch schöne Tage in Deiner Stadt und werde in Gedanken bei Dir sein«.

Springer glaubt nicht an den Zufall seiner Begegnung mit Monika, sondern an göttliche Vorsehung. Auch deshalb will er für sie beten, damit sie endlich begreift, daß ihre Liebe zwar aufregend, aber eben nicht nur von dieser Welt ist. Die Mischung aus abgehobener Jenseitigkeit und schwärmerischer Diesseitigkeit ist selbst in seinen ersten etwas verschrobenen Liebesbriefen an sie zu finden, als ihn eigentlich nur das eine beschäftigt: »Sehr geliebte Monika, noch bevor der Sonntag beginnt, diese Zeilen. Ich habe den ganzen gestrigen Tag dazu benützt, in Gedanken bei Dir zu sein. In allen Blättern warst Du, in allen Tönen hörte ich Dich, und als ich schlief, schautest Du zu. Ich greif so oft nach Dir und ins Leere. Ich glaub an Deine Güte und Sanftmut. Heute morgen werde ich mich wieder aufs Pferd setzen. Nachher gehe ich zu meinem Schmerzensmann, von dem ich Dir erzählte... Hoffentlich bedränge ich Dich nicht mit meinem Geschreibsel. Ich will Dich ja nur lieben und möchte Dir Glück bringen. Nach diesen Zeilen will ich auch diesen Tag leben.«

Eine Liebe ohne Ausweg, denn eine Scheidung kann sich Axel Springer 1957 aus naheliegenden Gründen nicht leisten. Falls nämlich dabei etwas herausgekommen wäre über seine jenseitigen Ambitionen, hätte es das Ende seiner diesseitigen bedeutet. Als sie schließlich für immer nach New York zieht, wo dank guter Beziehungen zum Ende der Beziehung ein Job gefunden wird, ist Springer nur noch in seiner Rolle als Messias gefangen. Von Visionen erleuchtet, predigt er den Reiz der Enthaltsamkeit, hat für irdische Genüsse keinen rechten Sinn mehr. Seine Liebe zu ihr ist schon nicht mehr von dieser Welt, Monika leidet darunter, denn sie will nicht heilig sein und nicht nur über Gott mit ihm reden, sie wäre gerne seine Frau geworden, er ist ihr Gott. Springer läßt ihr Jesus-Bücher, zum Beispiel den neuen Upton Sinclair, überbringen und kündigt im Begleitbrief an, daß er bei seinem nächsten Besuch ein paar Kapitel gemeinsam mit ihr lesen wird.

Daran hat sie eigentlich weniger gedacht. Sie versucht wieder über den Umweg religiöser Symbole an ihn heranzukommen, aber er bleibt auf seiner Ebene und schreibt ihr, daß Mutter Maria mit dem Christkind, zu der er erst jetzt Zugang gefunden habe, nicht mehr auf seinen Nachttisch paßt und er sie deshalb »im Lucas-Cranach-Raum« aufhängen werde: »Wie schön dein Geschenk ist. Ich habe es mir eben während eines kleinen Erholung-Hinlegens ganz in Ruhe angesehen.« Kein Wort mehr von ihrem Bild, das er auf ewig im Herzen tragen wollte. Springer ist im Gegenteil sogar überzeugt, Narziß, der er selbst als Jesus bleibt, daß es ihr ganz erträglich gehen müsse, da ihr ja seine guten Ge-

Springers spätere Ehefrau Rosemarie 1936 als Titelmädchen der »Berliner Illustrirten«

danken helfen müßten:»Manchmal weiß ich ganz genau, daß all Dein Leiden ein Ende haben wird. Es wäre ja auch nicht sinnvoll, wenn ich allein einen so großen Anstoß durch die Begegnung mit Dir erfahren haben sollte.« Monika, auf die er bald darauf mit großer Entsagungsgeste verzichtet, wird mit Hilfe diskreter Abmachungen zum Schweigen verpflichtet. Nicht etwa, weil Springer ein paar Klatschgeschichten über seine Abenteuer befürchtet, dagegen hatte er nichts. Da er als Frauenheld im Gespräch war, verstummten die Gerüchte über sein angebliches Interesse am eigenen Geschlecht. Nicht nur Rosemarie, auch Monika wußte zuviel über seine Messias-Anwandlungen. Wenn die bekannt geworden wären, hätte ihn das der Lächerlichkeit preisgegeben, und nichts fürchtete er mehr als Spott. Monika ist der erste Engel gewesen, der ihm als Verheißung seiner Visionen erschienen war. So wenigstens erschien es ihm.

Bei offiziellen Anlässen in Berlin oder Hamburg übrigens wurde seine große Liebe als Begleitung einem seiner eingeweihten Freunde zugeteilt, Robert Dependorf zum Beispiel. Deshalb gibt es Fotos, auf denen das Paar zwar zu sehen ist, aber immer voneinander getrennt am Tisch sitzt. Vergebliche Vorsicht. Man sprach bereits über die neue Affäre des Verlegers, natürlich nicht öffentlich, denn Bäumchen-wechsle-dich-Spiele spielten sie im kühlen Norden alle. Zu einer privaten Gesellschaft wird Springer mit seiner Frau Rosemarie eingeladen, aber die schöne Monika ist auch unter den Gästen. Große Hoffnung auf einen kleinen Skandal. Rosemarie Springer, nicht nur auf dressierten Pferden eine Frau von Klasse, geht ruhig auf die Rivalin zu und gibt ihr das in diesen Kreisen übliche Küßchen auf die Wange. Am liebsten allerdings hätte sie ihr die Augen ausgekratzt.

Sie ist seit vier Jahren mit Axel Springer verheiratet, er ist der Mann ihres Lebens und wird es bis zu ihrem Tod bleiben, egal welche Frau nach ihr kommen wird. Sie weiß um seine vielen kleinen Abenteuer, aber sie will nichts davon wissen, weil sie ihn bedingungslos liebt.»Gott führt Dich. Das weiß ich genau. Ich bin dankbar, neben Dir sein zu dürfen. Nimm mich bitte immer mit...«, schreibt sie ihm einmal. Als

Küsse an der Alster

sie es schafft, ihn von seinen Visionen zu befreien, befreit sie sich gleichzeitig selbst von der Konkurrenz der nicht ganz so heiligen Monika. Ihr Mann in einem Brief an sie: »Wir werden für immer glücklich sein.« Daß die nächste Gefahr schon an der Ecke des Falkensteiner Grundstücks am Zaun steht, geliebter Nachbar Alsen, und ausgerechnet die zweite Frau ihres ersten Mannes ist, kann sie ja nicht ahnen.

Auch die Geschichte von Rosemarie und Axel Springer ist die Geschichte einer großen Liebe, wenigstens von ihrer Seite, und ihre erste Begegnung, wenn sie davon erzählt, für sie selbst nach vielen Jahrzehnten nicht vom Winde verweht: Die ausgebildete Krankenschwester Rosemarie Lorenz, geschiedene Alsen, hat nach einem Blinddarmdurchbruch eine Operation hinter sich und sitzt noch ein wenig schwach beim Tee ihres alten Freundes, des Bankiers Enno von Marcard. Ins Zimmer tritt Axel Springer, und sie weiß es sofort, spürt es tief wie einen Schlag in den Magen, das ist der Mann ihrer Träume, den will sie haben.

Die Ehe mit Horst-Herbert Alsen war nicht nur zerbrochen, weil man sich schon aus dem Sandkasten und aus der Tanzstunde kannte und viel zu früh heiratete. Eigentlich hatte diese Ehe nie stattgefunden. Er war ein netter Mann, gehörte zu den fröhlichen Hamburger Nachkriegstrinkern, denen kein Fest zu lange dauern konnte und deren Heimat die »Tarantella« war. Im Gegensatz zu anderen war er nicht von Axel Springer abhängig, Geld hatte er damals noch selbst. Allerdings hatte sich seine Frau Rosemarie stets mit ihm gelangweilt, was so weit gegangen war, daß sie ihre vorgesetzten Ärzte während des Krieges regelmäßig gebeten hatte, ihr bloß keinen Urlaub zu geben, wenn sich der Ehemann für einen kurzen Besuch von der Front ankündigte. Außer der gemeinsamen Leidenschaft für Pferde hatte man wenig gemein, schon gar nicht eine Leidenschaft füreinander.

Rosemarie Lorenz, Tochter des SS-Generals Walter Lorenz, war ein schönes blondes Mädchen, aufgewachsen in Ostpreußen, und mit Pferden vertraut, schon 1936 Titelmädchen der »Berliner Illustrirten«. Sie entsprach dem herrschenden Frauenideal, und viele Männer machten ihr, wie man das damals nannte, den Hof, immer natürlich im Rahmen der herrschenden Verhältnisse. »Sehr verehrtes Fräulein«, schreibt ein Oberst Fougner während der Olympischen Spiele in Berlin, »der Reichssportführer von Tschammer und Osten ladet die Norwegische Reitermannschaft mit Damen ... zum Tee vor dem Reiterhaus auf dem Reichssportfeld ein. Ich hoffe, gnädiges Fräulein, daß Sie dieser Einladung Folge leisten werden. Ich küsse die Hand.«

In Axel Springers Augen war sie eine spannende Trophäe, und er verliebte sich ebenfalls auf den ersten Blick in sie, wohl auch geschmeichelt von der offenkundigen Bewunderung. Manche sagen sogar, von all seinen Ehefrauen habe er sie am meisten begehrt. Man traf sich bald nach der ersten Begegnung regelmäßig, aber man traf sich heimlich, denn er war ja noch verheiratet, obgleich nicht mehr so sehr. Bei Ausritten im Hamburger Forst Klövensteen konnten sie sich wie zufällig sehen. Gewann die glänzende Reiterin bei einem Turnier, verkündete sie glücklich und vor allem laut, Aggeli, du hast mir Glück gebracht. Wer sonst, erwiderte er dann. Auf gemeinsame Auftritte in der Öffentlichkeit als neue Frau Springer, seine dritte dann, mußte sie allerdings noch warten, obwohl alle wußten, daß sie schon bei Springer auf Falkenstein lebte, wenn auch vor Gästen versteckt wurde. Erst einmal mußte er von seiner zweiten Frau Katrin, der Mutter seines Sohnes Axel, geschieden werden.

Diese Katrin Küster, Vorgängerin von Rosemarie und Nachfolgerin von Martha, hieß eigentlich Erna Frieda Berta, aber wer wollte schon Erna Frieda Berta gerufen werden. Sie war für Axel Springer mehr als nur eine seiner zahlreichen Eroberungen und mehr als nur die zweite Ehefrau. Sie stand für seinen Aufstieg in die große weite Welt, sie war eine Großstadtpflanze, wie er sie nach der bürgerlichen Enge mit Martha brauchte. Mannequin im Modesalon Bibernell in Berlin, langbeinig, keß und vor allem die Verkörperung dessen, was er am leichten Leben in Berlin so liebte. Kennengelernt hat er sie bei einem Fest in Westerland auf Sylt, im Sommer 1936, und neben den Reisen zu den Musen der Berliner Bühnen war dieser leidenschaftliche Flirt noch

Springers zweite Ehefrau Katrin, Mannequin aus Berlin

Der Fall Axel Springer

während seiner ersten Ehe das eigentliche Ziel seiner Wochenendausflüge.

Mit sicherem Instinkt entdeckte Springer immer passend den Typ Frau, der für eine bestimmte Phase in seinem Leben und in seiner Karriere genau richtig war. Den Hamburger Jünglingen zeigte es der Altonaer, als er die umschwärmte Martha heiratete, dem von sich überzeugten Berliner Boheme-Klüngel bewies er bei Katrin, daß die eingebildeten Herren jederzeit da zu schlagen waren, wo sie sich für unschlagbar hielten. Sie hatte sich zwar zunächst für einen anderen Mann entschieden, außerdem war ja ihr Axel noch verheiratet, aber ihre Ehe hielt nicht so lange, und 1939 sagte sie ja. Zwei Jahre später danken Katrin und Axel Springer aus Hamburg-Othmarschen, was kurz hinter Altona an der Elbe liegt, herzlich für den »freundlichen Glückwunsch zur Geburt unseres Söhnchens« am 7. Februar 1941. Axel Springer schreibt keine Liebesbriefe mehr an Katrin, sondern Briefe in Sachen Katrin. Ein Steuerbescheid des Finanzamtes regt ihn auf, im Schreiben an seinen Anwalt ist ein Stück jener gar nicht so christlichen Gnadenlosigkeit zu spüren, die er immer dann offenbart, wenn er sich ausgenommen fühlt, wenn es ums Geld geht. Ihr Exehemann nämlich sollte die Nachzahlungen übernehmen, nicht er. Manche Formulierungen in diesem Brief, eine Mischung aus Jargon und unterschwelliger Drohung, zeigen vor allem, daß er sehr genau wußte, welche Töne er anschlagen mußte, wenn er innerhalb des braunen Systems etwas erreichen wollte:

»Es ist nun unsere Aufgabe, einen Dreh zu finden, um H. (Katrins Exmann) die Einkommensteuer aufs Auge zu drücken. Meinetwegen unter der Androhung, daß eben die Bücher wegen der abnormen Höhe des Gewinns in zwei Monaten noch mal von berufener Seite durchgesehen werden müssen. Im übrigen ist dieser H. ein so unerhört reicher Mann, daß es ihn nicht drückt. Andrerseits ist er als Ausländer, Norweger, recht vorsichtig, so daß es sich wohl empfiehlt, ihm etwas grob zu kommen... Mit deutschem Gruß, A. Springer«.

Irmgard Bibernell, die Besitzerin des Salons, in dem Katrin als Mannequin gearbeitet hatte, ist wiederum ein Beispiel für die rührende Beziehung Axel Springers zu Menschen, die ihm geholfen haben. Während des Krieges hatte sie ihn ein paar Wochen lang in ihrem Landhaus in Königswusterhausen bei Berlin untergebracht, damit er nicht allzu schnell zu finden sein würde, falls die Bescheinigung auf Wehrdienstunfähigkeit, die John Jahr besorgte, auf sich warten ließ. Das hat er ihr nie vergessen. Kurz vor Kriegsende brachte er sie und ihren Mann bei seinen Eltern in der Heide in Bendestorf unter, wohin die sich nach der Ausbombung in Altona zurückgezogen hatten. Er finanzierte den Wiederaufbau ihres Modesalons in Hamburg, und nicht nur, weil sie ihm 1945 in ihrer großen Wohnung ein Zimmer abgab für seine ersten Versuche, Zeitung zu machen, Verleger zu werden. Max Schmeling, den sie aus Berlin kannte und mit dem Axel befreundet war, wollte übrigens gleich die ganze Wohnung für die neue Firma akquirieren und mußte von ihr lautstark daran gehindert werden, die Spiegel abzuhängen.

Die Berlinerin war selbstverständlich bei allen fröhlichen Festen dabei, in der »Tarantella« und im »Trocadero«, wo die Clique um Blumenfeld, Alsen, Springer, Pabst nach dem Krieg in Hamburg ihr Überleben feierte. Als sie fürs Modegeschäft zu alt wurde und ihren Salon aufgeben mußte, wurde ihr von Springer eine Rente ausgesetzt, natürlich durfte sie in einem seiner Häuser in einer kleinen Wohnung mietfrei wohnen. Bibi, hatte er immer gesagt, bei dir in Berlin habe ich meine besten Zeiten erlebt, du hast mich versteckt, und das werde ich dir nie vergessen. Daß bald nach seinem Tod solche Versprechungen auf Lebenszeit Makulatur waren, weil von den Erben Bibis Privilegien gestrichen wurden, lastet sie nicht ihm an. Auf einem Sims in ihrem Schlafzimmer steht ein großes Foto des Freundes. Die inzwischen fast blinde Frau kann es zwar nicht mehr erkennen, sieht es aber immer vor sich.

Die Beziehung war nicht nur wegen Katrin eng, Irmgard Bibernell gehörte zur Familie, wurde Patentante des gerade geborenen Axel. Mit ihrem Lieblingsmannequin, in ihrer Erinnerung dem schönsten, das je bei ihr gearbeitet hatte, gab

Der Fall Axel Springer

es mitunter allerdings auch Krach. Katrin glaubte, daß Bibi alles von den Affären ihres Mannes wußte und eigentlich als gute Freundin die Pflicht gehabt hätte, es ihr zu sagen. Katrin Springer, 1969 an Krebs gestorben, lebt in den Erzählungen derer, die sie kannten und mochten. Vor allem in denen ihrer Freundinnen, die noch von unbeschwerten Tagen berichten können. Sie war nicht nur eine schöne Frau, aber das war ja eigentlich selbstverständlich bei Axel Springer, dem Ästheten. Sie hat ihn nicht nur ohne Respekt sogar vor anderen gern verbessert und ihm zum Beispiel das Hamburger Lispeln abgewöhnt, jenes Stoßen an den spitzen Stein, das für Hanseaten typisch sein kann und als einziger Ausrutscher der gehobenen Gesellschaft an der Elbe akzeptiert wird. Sie hatte das, was man Berliner Mutterwitz nennt, und sie hat es gewagt, ihn nicht immer ernst zu nehmen. Als er sie liebte, als sie in der Sonne des Herrn lag, wurde es ihr verziehen. Später nicht mehr.

Die beiden sind Stammgäste in der »Tarantella«, wer da nicht verkehrte, war nichts. Von einem Abend erzählt sie später stets dann, wenn im Fernsehen ein Film mit Inge Meysel läuft. Es passiert irgendwann Ende der vierziger Jahre, wie immer sind sie und ihr Mann der Mittelpunkt auf der Tanzfläche, denn Rumba tanzt kein Paar so gut. Katrin trägt ein kurzes schwarzes Kleid, viel Schulter, viel Dekolleté, und ihre tollen Beine kommen gut raus. An einem Tisch sitzt Inge Meysel, die nicht zu den Freundinnen von Katrin Springer zählt. Möchte wissen, was die unter dem Fummel anhat, zischt sie leise, aber immerhin so laut, daß man es hört. Katrin gibt der Kapelle ein Zeichen, die Musik stoppt. Sie geht auf Inge Meysel zu, bleibt direkt vor ihr stehen, hebt mit einer grandiosen Geste den Rock bis zur Gürtellinie, zeigt, ohne rot zu werden, was sie drunter anhat. Und jetzt du, sagt sie. Der Beifall ist ihr gewiß, rot wird nur Inge Meysel, und Axel Springer muß wieder mal so lachen, daß ihm die Tränen kommen.

In solchen Nächten, in denen die bei den Nazis verbotene Musik getanzt werden kann und in denen ihr Axel kein Wasser trinkt, gibt es nur eine Königin, Katrin Springer. Sie ist die Frau, die ihm die Scheu nimmt vor anderen Menschen, was paradox klingt für einen, der auf die Bühne will. Sie bringt ihm den letzten Schliff bei, den er für seine großen Auftritte benötigt, bei denen er dann ja nicht mehr unter Menschen sein muß, sondern vor ihnen steht, also Abstand halten kann. Der erste übrigens, der am anderen Morgen, egal wie spät es geworden war, um sieben Uhr in seinem Büro sitzt und Zeitung macht, ist Axel Springer. Ein Preuße aus Altona eben. Nicht nur, aber auch.

Die Ehe mit Katrin neigt sich dem Ende zu, weil er das Gefühl hat, sie paßt nicht mehr recht zu ihm und seinen gesellschaftlichen Ambitionen. Was Besseres muß her, und das hält er für normal. »Frauen sind eigentlich dumm«, macht er einem Mann klar, der sein Vertrauen hat, »Frauen sind wirklich richtig dumm, aber ich brauche sie an meiner Seite in der Öffentlichkeit. Ich nehme mir allerdings das Recht raus, sie regelmäßig auszuwechseln. Diesen Punkt akzeptiere ich nicht beim Christentum.« Katrins Vorwürfe und Tränenausbrüche, wenn er wieder mal nachts nicht nach Hause gekommen ist und morgens nach anderen Frauen riecht, nerven ihn. Manchmal brechen noch der alte Witz und die alte Frechheit in ihr durch, wenn sie ihre Freundin, eine wunderschöne Frau, die Axel Springer nie nachgab, zum Champagner ins Hotel »Vier Jahreszeiten« oder zum Omelette ins Café L'Arronge einlädt und dort erzählt, daß sie sich immer dreißig Prozent der Summe gönnt, die sie auf den Quittungen der Nachtlokale in seiner Anzugstasche findet.

Aber die Momente des Lachens werden selten, er ist nach oben entschwunden, sagt sie, und sie meint mit oben nicht den Himmel, sondern den obersten Stock seines Verlagsgebäudes, und mich hat er unten zurückgelassen. Er braucht mich nicht mehr.

So sieht es ihr Mann auch. Sie wird, wie alle Frauen Springers, nach der Scheidung selbstverständlich großzügig versorgt, es wird aber erwartet, daß sie nicht noch einmal heiratet. Am meisten trifft sie, daß er sie bis zu ihrem Ende, in vielen Briefen, Mutti nennt. Zwar ist sie die Mutter seines Sohnes, aber für Axel den Älteren wollte sie nun eigentlich

Der Fall Axel Springer

keine Mutter sein. Natürlich lebt der gemeinsame Sohn bei ihr, um seine Rechte als Vater hat Axel Springer nie gekämpft und um seine Pflichten sich weiter keine Gedanken gemacht. Er kokettiert manchmal sogar mit seiner Unfähigkeit zu lieben: »Ich glaube, das Versagen auf diesem Gebiet hängt doch wohl zusammen mit der Berufsbesessenheit, einer so unmöglichen Besessenheit, daß eine Ehe darunter leidet. Ich bin nicht froh darüber, man bereitet ja auch Schmerzen, und da sind Kinder. Andrerseits ist das Verhältnis zu meinen Frauen so gut, daß ich scherzhaft vielleicht sagen darf, ich bin der beste geschiedene Ehemann der Welt.«

Die nötigen Überweisungen erledigt sein Büro. Sein Vermögensverwalter rechnet penibel jeden Posten ab, nur um die Weihnachtsgeschenke kümmert er sich selbst, immer werden alle ehemaligen Gattinnen gleich bedacht. Jede Frau sollte ihm die einzigartige Geliebte sein, aber gleichzeitig brauchte er eine Frau, die ihn rückhaltlos und ohne Fragen zu stellen bewunderte, wie es seine Mutter einst tat. Immer mußte er die erste Rolle spielen, der Wichtigste sein, und es war ihm nie möglich, die Liebe einer Frau zu teilen mit Töchtern oder mit Söhnen. Die uneheliche Tochter, die heute gut versorgt im Süden lebt, mochte er nie treffen. Er schickte jemand vor, der sie suchen sollte, und erst, als sicher war, daß nur er der Vater sein konnte, sie sah nämlich aus wie er – was ihm wiederum schmeichelte –, wurde sie versorgt aus einer der Schatullen des Königs. Auf ein paar tausend Mark mehr oder weniger kam es ihm dann nicht an.

Briefe an den kleinen Sohn Axel benutzt er, schon in den Jahren der Trennung von Katrin, lange vor der offiziellen Scheidung, für subtile Bosheiten gegen die gar nicht mehr geliebte Frau: »Grüß die Mutti schön und sei sehr lieb zu ihr. Und sag ihr, daß Du schon ein großer Sohn bist, auf den sie besser hören sollte als auf ihre Freundinnen. Und daß das Telefon nicht für dumme Freundinnen, die stundenlang telefonieren, da sei« (März 1949).

Er bewegt sich auf freier Wildbahn. Sein Freund Robert Dependorf ist als Zutreiber eine große Hilfe, denn der Blattmacher hat kaum noch Zeit, sich selbst auf die Jagd zu begeben. Es werden sogenannte Ballettpartys arrangiert, natürlich in Dependorfs Haus am eleganten Hamburger Leinpfad (wo der sich später erschoß), und die Mädchen, die dort am Swimmingpool oder auf der Terrasse lagern, müssen nicht lange überredet werden, doch ein bißchen länger zu bleiben. Mann bedient sich. Moralische Bedenken – aufgrund welcher Richtlinien und Werte denn und von wem aufgestellt? – gibt es keine. Die Nachkriegsgesellschaft hat Nachholbedarf und schämt sich dabei nicht, denn die bei den Nazis gültige Familienideologie samt Mutterkreuz war so verlogen wie das ganze verbrecherische System. Also lebt, wer es sich leisten kann, jetzt ohne Gewissensbisse das Gegenteil.

Erst Anfang der fünfziger Jahre senkt sich wieder Mehltau der Verklemmungen übers Land, wird das christliche oder schlechter noch katholische Menschenbild zum Maß aller Dinge, gilt die Familie als Keimzelle des Staates, muß in der Hölle öffentlicher Bloßstellung schmoren, wer sich den Himmel auf Erden macht und dabei erwischt wird. Springer in einem P.S. in einem Brief an seinen Sohn: »Höfliche Bitte an Mutti: Informiere unsere Freunde nicht über meinen sogenannten Privatbereich. Du schadest mir geschäftlich. So sehr! Und hilfst Dir nicht! Aggeli schon gar nicht.«

Der Verleger wittert die Wende. Aus Axel Swinger wird wieder Axel Springer, eine Stütze der konservativen Gesellschaft, familienfreundlich wie seine Blätter. Er ordnet seine Verhältnisse, selbstverständlich ohne in Zukunft auf Verhältnisse zu verzichten, und nimmt sich die passende Frau an seine Seite, Rosemarie, geschiedene Alsen, geborene Lorenz. Sein diskreter Freund Robert Dependorf bleibt sich und ihm treu und steht mit seinen guten Verbindungen immer dann zur Verfügung, falls Not am Mann sein sollte. Der Lieblingstyp hat sich ja nicht geändert, langbeinig muß das Mädchen sein und möglichst blond.

Alles fügt sich. Rosemarie Springer kann man vorzeigen, sie weiß sich zu benehmen und weiß zu repräsentieren, spricht fließend drei Sprachen. Sie kümmert sich außerdem, wie es der Gattin des Königs geziemt, um die, die vor ihr waren. Also zum Beispiel um Katrin. Beim Gespräch über die schulische Zukunft des kleinen Axel ist sie so selbstverständlich dabei wie seine Mutter, und wenn sie ihrem Stiefsohn Briefe ins Internat schreibt, vergißt sie nie zu erwähnen, daß Mutti mit neuer Frisur gut und jung ausgesehen habe und daß es ihr gutgeht. Rosemarie begleitet den großen Axel nicht nur auf Vergnügungsreisen zum Beispiel nach Kairo, Nairobi und Kenia, auch wenn er Papierfabriken in Kanada besichtigt, um dort Geld anzulegen, ist sie dabei. Grenzenlos ihre Bewunderung nach wie vor für alles, was Axel Springer tut und sagt. Nur morgens um sieben Uhr, wenn die Zeitungen an den Frühstückstisch gebracht werden, verliert er nach erster Lektüre manchmal die Contenance und fängt an zu brüllen. Nicht mit ihr, sondern am Telefon, aber sie muß die Folgen solcher Ausbrüche, die schlechten Launen ausbaden. Sie schlägt nie zurück.

Nach der Hochzeit ihres Reitmeisters schreibt sie von Springers Auftritt wie ein begeisterter Kritiker nach einem Soloabend: »Vati hat eine so wunderbare Rede gehalten, die in allen Menschen noch den ganzen Abend nachklang. Nach dem Essen gab es nur ein einziges Gespräch, die Rede von Vati. Er hat sie humorvoll begonnen, um dann zu einem sehr schönen Ernst zu kommen. Mir kullerten natürlich wie immer, wenn Vati spricht, die Tränen herunter.« Die kleinen Leute unter den Gästen sind erst recht begeistert, denn ihre Sprache spricht nur einer so, daß Banalitäten bedeutend klingen, König Axel I.

Rosemarie Springer ist die einzige Ehepartnerin außer später sein Engel Friede, die von ihm sogar eingebunden wird in seine Arbeit. Natürlich darf sie nichts entscheiden, ihre Stimme hat kein Gewicht, denn seine grundsätzliche Einstellung zu Frauen hat sich nicht geändert, wird sich nie ändern. Aber sie ist dabei, als er sich die erste Ausgabe der »Bild-Zeitung« zurechtklebt, sie ist dabei, wenn er Chefredakteure nach Hause zitiert oder Politiker zum Kamingespräch bittet. Gern erinnert sie sich an die Nächte mit Willy Brandt, da wurde manche Flasche Kognak geleert. Springer hat sie sogar mitgenommen auf jene Moskaureise in Sachen Wiedervereinigung. Allerdings begleitetet sie ihn nicht nur der Lie-

Küsse an der Alster

Springer mit Ex-Frau Helga und Sohn Nicolaus 1970 auf Sylt

be wegen, sondern weil es ihm seine Astrologin so empfohlen hatte. Schließlich hat die ihm ja vor der Hochzeit prophezeit, Rosemarie sei die richtige Frau für ihn.
 Er läßt es sogar selbstlos zu, daß sie eigenen Ruhm nach Hause bringt. Die Sportlerin reitet für Deutschland, und dies erfolgreich. In seinen Blättern mag er allerdings nur ungern darüber lesen. Nachdem sie Olympiasiegerin im Dressurreiten geworden ist, ruft ihn der zuständige Redakteur der »Bild-Zeitung« an und meint, nun komme man ja nicht umhin... Es wurde gewährt. Sie definiert den Sinn ihres Lebens darin, immer für ihn dazusein, andere würden sie als hörig beschreiben.
 So wie sie über seine Seitensprünge schweigt und lieber wegschaut, als hinzugehen. Wenn im Turmhaus auf dem Falkenstein-Gelände, nur einen Steinwurf vom Haupthaus entfernt, eine dieser berühmten Partys stattfindet und ihr Axel, manchmal im Morgenmantel und Pantoffeln, hinübereilt, er-

trägt sie die kleinen Gemeinheiten des Egoisten. Sie streitet nicht, auch wenn er in einem seiner Jähzornausbrüche alle Formen vergißt. Sie massiert ihn, wenn er mal wieder nicht einschlafen kann, schließlich hat sie es ja in ihrem Beruf gelernt, mit Patienten umzugehen, sie teilt aber auch seine innersten Gedanken und liest mit ihm Franz von Assisi oder den Mystiker Emanuel Swedenborg oder den Philosophen Kierkegaard. Den eher weniger. Selbstverständlich begleitet sie ihn beim Ortstermin in Italien, wo er auf den Spuren Franz von Assisis wandelt. Sie ist entschlossen, diesen Mann nicht mehr herzugeben, und wenn sie sich selbst dafür aufgeben muß.

Als eine seiner Geliebten auf dem Titelbild der »Hör Zu« abgebildet wird, lobt sie die Schönheit der Fürstin und spricht nicht darüber, daß sie sonst auch alles weiß. Vorwürfe hätte er eh nicht verstanden, er trennte sehr genau zwischen Ehe und Abenteuer, und das eine hatte mit dem anderen nichts zu tun. Er konnte einfach keine schöne Frau stehenlassen, ohne zumindest den Versuch gemacht zu haben, sie ins Bett zu bekommen. Ganz egal, ob die verheiratet war, die Freundin seines besten Freundes oder politisch weit auf der anderen Seite.

Rosemarie Springer leidet, denn es ergeht ihr wie Katrin, als ihr Springers Generalbevollmächtigter Christian Kracht im Auftrage des Verlegers, der auch private Konflikte seinen Vertrauten austragen läßt, erklären muß, ihr Mann wolle sich von ihr scheiden lassen. Eduard Rhein im nicht gedruckten Kapitel seiner Erinnerungen, das gestrichen wurde, als bereits die Buchfahnen vorlagen: »Ich erlebte eine Tragödie mit, die auch mir sehr naheging. Wie eine Frau überfallartig abserviert wurde – ohne sich wehren zu können. Rosemarie, ein Mensch unter den vielen, die von Cäsar Springer kaltschnäuzig – aus der Ferne – abgehalftert worden sind.« Das letzte Abenteuer ihres Mannes war doch mehr als nur eine Affäre. Daß sie sich das Ende der Ehe nur so erklären kann, politische Gründe hätten Axel Springer dazu gezwungen, sich von ihr, der Tochter des SS-Generals, zu trennen, mag lächerlich erscheinen. Doch sie betrügt sich

Küsse an der Alster

lieber selbst und bewahrt so ihre Würde, statt dem sensiblen Feigling den Betrug persönlich anzulasten. Sie richtet sich in dieser Lebenslüge ein und überlebt, sich festhaltend im Glauben an Gott und in der Überzeugung, daß es ein Leben nach dem Tode gibt und man dort alle wieder trifft, die vorher gegangen sind.

Wenn sie noch heute von »meinem Mann« spricht, denn einen anderen hat es für sie nie mehr gegeben, dann lacht keiner. Sie ist immer seine Frau geblieben, und seit er tot ist, eben seine Witwe. Bei einem Dinner der geschäftsführenden Witwe, zu der sie eingeladen ist, beantwortet sie die Frage, wie denn sie und Friede verwandt seien, beide hießen doch Springer: Ganz einfach, wir lieben beide denselben Mann. Nichts wird für sie Vergangenheit sein, bevor sie selbst vergangen sein wird.

Während es ihm bei seiner ersten Frau noch relativ egal war, daß Axel Springer sie holte, konnte Horst-Herbert Alsen beim zweitenmal nicht verbergen, daß es ihn doch tiefer traf als eine Niederlage beim Polo. Aber, sagte er sich, was soll ich machen, Nachbar Axel war einfach zu gutaussehend, und er konnte sie doch alle irgendwie ins Bett kriegen, mit Blumen und Gedichten und Kerzenlichtdinnern, und so etwas lag ihm halt nicht. Das beste, meinte er, ich frage ihn vor meiner nächsten Ehe, ob ihm die Frau gefällt, dann soll er sie gleich haben. Ernstlich böse war ihm der Zementfabrikant nicht, man hatte ja Umgangsformen und wußte den Schein zu wahren. Weit mußte Springer beim vierten Eheversuch nicht gehen, um in fremden Revieren zu wildern, die Grundstücke der Familien grenzten aneinander, es ergab sich als lustfördernd, daß Alsen oft unterwegs war bei Reitturnieren und lieber mit seinen Freunden Motorradrennen fuhr, statt sich um seine Frau zu kümmern. Als Helga Alsen, genannt »Mausi«, zum erstenmal merkte, daß sich Springer für sie interessierte, war sie mit zwei Kindern und einem mittelmäßigen Mann gesegnet und hatte sich, das war's wohl, mit ihrem Leben eingerichtet.

Axel Springer mit seinen Attacken raubte ihr die Luft. Für sie war er wie ein gutaussehender Gott, allerdings nicht im christlichen Sinne, sondern als Mann. Er schrieb ihr – »Mein Schätzchen« – Briefe, in denen er ihr gestand: »Ich liebe Dich sehr. Ich wußte es gestern ganz genau auf dem Golfplatz. Du kamst mir entgegen in Herzlichkeit und Liebe. Und die Umgebung war dann ganz fremd und kalt.« Allerdings vergißt er nie zu erwähnen, daß er den zweiten oder dritten Schnupfen hat, und sein Hang zu Gefühlen aus zweiter Hand ist ungebrochen »...aber wachsen muß da alles in der Stille, was da groß ist. Und manchmal wundere ich mich, wie ich mich auf den Beinen halte und dennoch auch in diesem Zustand die Kraft behalte, meine innersten Wünsche wegzuschicken.«

Heute weiß Helga Springer, daß ihm die Eroberung wichtig war, der Sieg, und alles andere schon nicht mehr so wichtig. Wollte er beweisen, daß er alles schaffte, auch eine Frau mit zwei Kindern zu überreden, ihm zuliebe alles zu verlassen? Er war schon aus der ehelichen Wohnung ausgezogen, lebte von Rosemarie getrennt und erreichte dank guter Kontakte sogar, daß es eine Art Scheidung unter Ausschluß der sicher interessierten Öffentlichkeit gab. Ein Notar kam ins Haus. Ihr monatlicher Unterhalt wurde großzügig geregelt, Pferdetransporte und Reitgeld für ihren Trainer extra bezahlt. Außerdem steht ihr auf Lebenszeit das Holsteinische Gut Halloh zu, auf dem sie seit der Scheidung wohnt.

Wie er Rosemarie behandelt, schon lange vor der Scheidung 1962, bleibt den Freunden nicht verborgen. Eine, die keine Angst vor ihm hat und die ihn schon seit den dreißiger Jahren kennt, appelliert an seinen Anstand: »Mein lieber Axel, ich habe nun mit Rosemarie die letzten anderthalb Jahre miterlebt und miterlitten und kenne die Dinge besser als jeder andere. Kein Mensch und auch Du selbst kannst Dich nicht zwingen, Liebe zu empfinden, wo sie nicht mehr vorhanden ist oder jedenfalls nicht die, die jede liebende Frau sich ersehnt. Aber etwas kannst Du und kann man von Dir erwarten. Das ist die Wahrheit. Ich glaube nicht, daß es je einen Menschen geben wird, der so bereit ist, alles, aber auch alles für Dich zu tun wie Rosemarie. Stoße sie nicht vollends in die Verzweiflung. Mausi, die so einen großen Teil von Dir besitzt, muß Verständnis dafür haben, daß R. da ist, daß

Küsse an der Alster

auch sie ein Teil Deines Lebens und nicht daraus wegzudenken ist.... So wie es jetzt ist, Axel, wirst Du zerrieben zwischen beiden Frauen. Ganz egal, ob Dir ein baldiger Erfolg beschieden sein wird oder ob es noch länger dauert, auf jeden Fall bist Du bestimmt, große Dinge zu bewegen, und das ist Deine Aufgabe. Du darfst Dich nicht verbrauchen lassen von Dingen, die weit unter Deinem Niveau sind. Sei gut zu Rosemarie, sie wird immer zu Dir stehen.«

Immerhin zieht er Konsequenzen und beendet das unwürdige Spiel. Auch Helga Alsen läßt sich scheiden und zieht mit ihren Kindern zu Springer. Geheiratet wird 1962 aber ganz formlos weit von Hamburg entfernt im Zürcher Hotel Dolder. Axel Springer möchte kein großes Aufheben um seine vierte Ehe. Allerdings bleibt er sich im kleinen Rahmen mit großen Gesten treu. Er übt vor dem Spiegel in der Suite, ob an seinem Mantel, den er lässig über den Schlafanzug zu ziehen gedenkt, der eingenähte Nerz zu sehen sein wird. Daß dies dem Schweizer Standesbeamten wirklich egal ist, wie ihm sein Trauzeuge versichert, stört ihn nicht, es geht um Stil, und den hat man halt, basta. Helga Springer macht alles ohne Widerspruch mit, sie findet ihren neuen Mann, mit dem sie sich ja schon seit zwei Jahren heimlich an vielen Orten trifft, immer noch aufregend und toll und unwiderstehlich. So wie er es gern hat.

Die Geburt des Sohnes Raimund, der später Flüe zu Ehren auch noch Nicolaus hieß, nahm er ein paar Monate später verhalten zur Kenntnis. Bis er sich das Kind anschaute – »sieht eher aus wie ein Hündchen« –, das in Zürich zur Welt kam, vergingen einige Tage. Angeblich hatte er sich in ein verdunkeltes Zimmer in Berlin zurückgezogen und meditierend intensiv an seinen Sohn, den er seinem ersten Eindruck folgend Lumpi nennt, und seine Frau gedacht. Auch das verzieh sie ihm. In ihren lichten Momenten wußte sie sehr wohl, daß sie benutzt wurde und betrogen. Aber diese lichten Momente waren selten. Geliebter Schuft. Meist gab es nur eines: einen großen und schönen und schlanken Mann mit wunderbaren weichen warmen Händen, der so toll tanzen konnte und sogar steppen. Sie liebte ihn und wollte nur ein normales Leben mit ihm führen, jedwede Anwandlung von Höherem war ihr fremd. Sie genoß es, an seiner Seite zu großen Festen und Veranstaltungen zu fahren, war bei ihm in Berlin, als der junge amerikanische Präsident John F. Kennedy die geteilte deutsche Hauptstadt besuchte. Stand neben ihm auf dem kleinen Podest, das Springer hatte aufbauen lassen im festen Glauben, Kennedy würde selbstverständlich anhalten und ihm, dem berühmten deutschen Verleger, die Ehre eines Händedrucks erweisen. Den beleidigten Ausbruch voller Wut, nachdem der Konvoi ohne Stopp vorbeigefahren war, den hat sie nie vergessen. Und weil sie die Durchfahrt des Präsidenten nicht so schlimm fand, galt sie sogar noch als mitschuldig am Desaster.

Springer hat Besitzungen in der Schweiz, in Klosters und in Gstaad, und dort wohnt Helga Mausi mit den Kindern, wenn ihr Mann in Deutschland zu tun hat. Die Erziehung des jüngsten Sohnes Raimund Nicolaus, der seinen Papa Herr Vater nennt, überläßt er ihr. Wenn er bei Besuchen mitbekommt, wie das Kindermädchen, eine gewisse Elfriede Riewerts, von den örtlichen Skilehrern umschwärmt wird und dies gern hat, bricht der Puritaner in ihm durch. Die soll mir bei ihrem Lebenswandel nicht meinen Sohn erziehen. Helga Springer wird sie entlassen. Bei Ausbrüchen von Jähzorn haut er gern mit den Handflächen auf den Tisch.

In Hamburg bleiben die Häuser am Falkenstein die Familienresidenz, die Gegend kennt sie gut aus ihrer ersten Ehe. Eines Abends teilt er ihr seinen Entschluß mit, die beiden Kinder aus der Alsen-Ehe sollten ins Internat und ihr gemeinsames Kind bei der Großmutter aufwachsen. Er könne nun mal nicht mit Kindern leben. Er ist unfähig zu teilen. Kann also nicht akzeptieren, daß eine Frau ihre Aufmerksamkeit nicht mehr ihm alleine widmet, wenn Kinder zur Familie gehören. Helga Springer denkt nicht daran, für die Liebe des Herrn ihre Kinder aufzugeben. Sie lehnt ab und verläßt das Haus.

Springer schreibt ihr am 24. Mai 1966, also drei Wochen später: »Ich hatte Dich nach unserer Unterhaltung an jenem Abend inständig gebeten, im Hause zu bleiben, und Dir vorgeschlagen, daß ich ins Jahreszeiten gehen würde. Mein Vorschlag war richtig. Denn es bekommt sicherlich den Kindern gar nicht, ihre Zentrale verloren zu haben. Durch Dein Herumreisen kommt soviel Unruhe für die Gören auf. Ganz abgesehen davon, daß schon heute zuviel Leute sich für den Fall Springer interessieren... Ich hoffe, es geht Dir trotz allem einigermaßen gut. Ich wünsche Dir immer nur Gutes, auch wenn ich jetzt der Meinung bin, daß wir einen Schlußstrich ziehen sollten.«

Auch diese Ehe ist zu Ende. Was keineswegs bedeutet, daß Helga Springer nicht noch ein paar Jahre lang im Klenderhof auf Sylt Urlaub machen und sich wie alle anderen Frauen selbstverständlich am Hofe des Königs bewegen wird. Der beweist immerhin so viel Sensibilität, daß er seine neue Geliebte in einer abgelegenen Wohnung in List unterbringt, wenn Lumpi mit seiner Mutter da ist. Es muß ja nicht sein, daß seine ehemalige Frau Helga auf ihr ehemaliges Kindermädchen stößt. Die Scheidung hat natürlich wieder Christian Kracht zu arrangieren. Auf einer Abrechnung aus dem Jahre 1970, in der von Springers privatem Buchhalter aufgelistet wird, was den Verleger in den letzten fünf Monaten seine verschiedenen Exfrauen und Familienangehörigen gekostet haben – insgesamt 362 770 Mark –, taucht zum letztenmal der Name Katrin Springer auf. Für Arztkosten, Krankenhaus und Bestattungskosten sind laut Aufstellung noch einmal 24 800 Mark fällig gewesen.

Seinen zweiten Sohn Raimund Nicolaus, der bei der Mutter bleibt, sieht Springer selten. Als der Jüngling später an Krebs erkrankt und keiner weiß, ob er durchkommt, bezahlt er zwar alle Arztrechnungen, läßt sich aber kaum blicken. Verschrobene Briefe, in denen er ihn mahnt, im Religionsunterricht gut aufzupassen oder sich durch Bibellektüre um die Offenbarung des Johannes zu bemühen, sind dem Sohn kein Ersatz für Vaterliebe. Obwohl der ja subjektiv glaubt, seine Kinder unendlich zu lieben, allerdings nie begreift, daß Liebe Nähe bedeutet. Die Erkenntnis, daß Springer mit Kindern nicht umgehen kann, wenn es seine eigenen sind, daß er eher einen Zugang zu seinen Enkeln findet, weil ihm die ja nicht mehr die absolut ihm gebührende Liebe der Frau wegnehmen können, macht es denen nicht leichter, die darunter zu leiden hatten. Im Grunde konnte er mit Frauen nichts anfangen, er will den Akt an sich, weil er sich in dem selbst bestätigte. Liebt allenfalls noch die Eroberung, weil die spannend war. »Es ist kein Vorwurf«, wirft er Helga Mausi, der Frau des geliebten Nachbarn Alsen vor, »wenn ich sage, daß ich Dich nie in den Griff bekommen habe, was damit zusammenhängen mag, daß Du mich nie begriffen hast. Dein Axel.«

Er bekommt vor allem Barbara Taufar nicht in den Griff, aber eher deshalb, weil die sich von seinem Charme nicht ablenken läßt, sondern die Masche schnell durchschaut, also begreift. Die junge Journalistin aus Wien schläft zwar mit ihm, aber sie will weder die nächste Frau Springer noch von ihm ausgehalten werden. Geschenke wie Ringe oder eine Eigentumswohnung, in der sie auf ihn warten soll, lehnt sie ab. Veilchen mit kleinen Briefen, Bücher und Einladungen zum Abendessen sind okay. Sie gehört zu der Sechziger-Jahre-Generation, die Springer völlig fremd ist, mit deren aufrührerischen Ideen er nichts anfangen kann, die ihn wenig später mit ihrem Protest in eine tiefe Identitätskrise stürzen wird. Barbara betrachtet Sex wie ein gutes Essen und macht sich etwa ebenso viele Gedanken darum. Das imponiert ihm, weil es ihm entspricht, und stößt ihn gleichzeitig ab, denn Sex als reine Triebbefriedigung ist doch das Vorrecht der Männer. Die Frau an sich hat eigentlich keine Lust zu empfinden. Wenn sie es doch tut, ist sie ein loses Mädchen. So hat es ihm seine Mutter beigebracht, und daran glaubt er immer noch.

In dieser Frauenverachtung sind sich alle gleich, die um ihn herum sind und den Konzern regieren.

Schon die erste Begegnung mit Barbara Taufar verwirrt ihn. Sie trifft ihn beim Berliner Presseball, wird vorgestellt von einem Freund, Springer küßt zwar ihre Hand, aber es gibt so viele schöne Mädchen, der Blick des Herrn schweift. Wir werden uns wiedersehen, und zwar bald, verspricht die Zwanzigjährige, und er ist verblüfft. Wenige Wochen später wird sie aus der Hamburger »Bild«-Redaktion, wo sie arbeitet, mit dem Fahrstuhl nach oben gebeten. Auf eine Tasse Tee. Und wieder verblüfft sie den Mann, für den sie arbeitet. Sie unterbricht sein Vorgeplänkel übers Wetter und über Hamburg und was man so spricht und kommt direkt zum Thema. Zwar habe sie Lust auf Sex mit ihm, warum auch nicht, und er ja sicher Lust auf sie. Aber danach gebe es viel Wichtigeres zu besprechen. Sie glaubt an Vorbestimmung, hat sich intensiv mit Mystik beschäftigt und weiß, daß er daran interessiert ist. Es sei nun mal festgelegt, sagt sie, daß sie sich treffen mußten, und zwar schon lange. Und wenn wir das notwendige Sexuelle hinter uns haben, wird es erst richtig interessant. Er küßt sie auf die Stirn und läßt von seiner Sekretärin Adresse und Telefonnummer notieren.

Das klingt spannend, ganz anders als sonst. Da die Ehe mit Helga Springer on the rocks ist und die nächste Frau, Friederike Riewerts, weit weg in London arbeitet und noch nichts von ihrem zukünftigen Glück ahnt, kommt die Begegnung mit Barbara wie gerufen. Trotz ihres eindeutigen Angebots bleibt er zunächst bei seinem üblichen Spiel der Avancen und macht ihr den Hof. Da keiner was merken soll, denn offiziell ist er ja noch verheiratet, gehen sie sogar nachts heimlich an der Alster spazieren und küssen sich wie andere Jungverliebte im Schatten alter Bäume. Sie reden über Mystik und Esoterik und die Bücher, die sie beide gelesen haben. Er schenkt ihr Balzac, den sein Guru Zehrer empfohlen hat, Schriften des Mystikers Emanuel Swedenborg und die Traktate von Jakob Lorber. Dessen Neuoffenbarungen hat er alle studiert, sie überfliegt ein paar Zeilen und legt es dann weg. Sie weiß mehr.

Es ist nicht Gottes Stimme, die er manchmal zu hören glaubt, es ist, in Momenten der totalen Konzentration in verdunkelten Räumen, die eigene Stimme. Das wiederum will Springer nicht hören, denn er glaubt an Gottes Stimme, die aus ihm bei bestimmten Gelegenheiten spricht. Und das muß etwas Besonderes sein, das kann man nicht einfach üben, sonst könnte das ja jeder.

Die erste Liebesnacht, wie aus dem Lehrbuch mit gekühltem Champagner, Kaviar und Toast als Vorspiel, findet im

Der Fall Axel Springer

Schlafzimmer von Hulda Seidewinkel statt, der Frau, die für Springer Wohnungen und Häuser einrichtet und für die diskrete Abwicklung kleinerer Affären zuständig ist. Die Geliebten kamen und gingen, Hulda Seidewinkel aber blieb, bis die letzte Frau Springer kam, da mußte Hulda gehen. Nach dem eher höflichen denn leidenschaftlichen Akt schockt ihn Barbara Taufar mit dem gelogenen Geständnis, sie sei Jüdin. In ihren Erinnerungen »Die Rose von Jericho« beschreibt sie seine Reaktion: »Er saß wie tot in seinem Sessel. Sein Blick war an meinem Gesicht hängengeblieben, dann löste er sich langsam aus seiner Erstarrung und sank auf seine Knie. ›Ich habe es gewußt. Du hast so viel von Vorsehung gesprochen. Jetzt ist mir alles klar, warum wir uns getroffen haben ... Du weißt gar nicht, was es mir bedeutet, in dir eine Jüdin getroffen zu haben. Du repräsentierst für mich die sechs Millionen Toten. Ich weiß seit langem, daß ihre Todesschreie wie eine schwarze Wolke des Verhängnisses über Deutschland hängen ... Die Juden sagen, daß die Gerechten die Pfeiler sind, auf denen die Welt steht. Ich will einer der Gerechten sein. Ich muß etwas tun, sonst wird Deutschland zugrunde gehen.‹ Noch nie hatte ich Springer so aufgeregt gesehen. Er sah seine Mission klar vor sich: Er hatte eine Vision und fühlte sich auserwählt.«

Er hat nie erfahren, daß sie ihn angelogen hat, daß ihr Bekenntnis, Jüdin zu sein, die ihr eigene Kompensation dafür ist, daß ihr Vater bei der SS war, ihre seltsam anmutende Reaktion auf den Antisemitismus in Österreich. Eine naive, aber ehrliche Wiedergutmachung der persönlichen Art. Wann immer sie sich treffen in jenem halben Jahr ihrer Beziehung, wird der Sex eher schnell erledigt, die Gespräche sind ihm wichtiger, er kann es kaum fassen, ausgerechnet mit einer Frau über sein Intimstes reden zu können. Das kann man doch eigentlich nur mit Männern. Er sieht in ihr mehr seinen androgynen Gegenpart, staunt immer wieder über ihre männliche Komponente. Sich nämlich das zu nehmen, was ihr gefällt, ohne lang zu fragen, ob das in irgendeine Moral paßt. Richtig verliebt, nein, das ist sie eigentlich nie, auch sie ist davon überzeugt, eine Mission zu erfüllen. Man trifft sich, nachdem Helga Springer ausgezogen ist, bald im Falkenstei-

Küsse an der Alster

ner Haus und in Berlin, wo ihr zum erstenmal auffällt, daß diskrete Herren mit Hunden hinter Bäumen stehen, Sicherheitsbeamte, und den Verleger nicht aus den Augen lassen. Die Zeit seiner heimlichen Affären geht zu Ende, so frei wie einst wird er nie mehr sein.

Sie erzählt von Israel, das er gerne kennenlernen würde, aber es fehlen ihm die Kontakte, und er will gebeten werden zu kommen. Durch ihre Vermittlung, sagt sie, wird er im Juni 1966 zum erstenmal eingeladen. Andere sagen, sein Schulfreund Erik Blumenfeld habe dafür gesorgt, daß ihn Israels erster Botschafter in Bonn, Asher Ben Natan, nach Jerusalem einlädt. Ihre Version ist viel romantischer, würde also eher zu Springer passen: Eine Liebesaffäre in Hamburg begründet die große Liebe zwischen Axel Springer und Israel, die sein Leben bestimmen wird.

Barbara Taufar wird ihm fremd, als sie zum publizistischen Todfeind wechselt, zum »Spiegel«. Aber da bleibt sie nicht lang. Bevor sie zurückkehrt nach Wien, schreibt sie ihm einen Abschiedsbrief. Er bittet um ein letztes Rendezvous auf Sylt, sie fährt hin, obwohl sie sich schlecht fühlt und schlapp und nicht gesund ist. Noch einmal schlafen sie miteinander, und weil es ihr nicht gutgeht, bewegt sie sich kaum. Das, sagt er, war die schönste Nacht mit dir. Endlich entspricht sie seinem konservativen Weltbild, wenigstens am Ende ist die Wienerin eine Geliebte wie all die anderen vor ihr.

Später schreiben sie sich noch Briefe, vor allem über ihre Depressionen, denn auch die teilen sie. Dann nur noch Briefe über Israel, wo Barbara Taufar, die für Bruno Kreisky im diplomatischen Dienst war und nach ihrem Rücktritt wirklich Jüdin wurde, hingezogen ist und heute noch lebt. Einmal noch treffen sie sich, zehn Jahre nach den Küssen an der Alster, eher zufällig, am Hafen der griechischen Insel Patmos. Der alte Charmeur zwinkert ihr zu, und sie zwinkert zurück. Muß ja keiner wissen, daß man sich besser kennt. Vor allem nicht die Blondine an seiner Seite, die Barbara Taufar da zum erstenmal sieht und natürlich prüfend anschaut. Sie hat das Gefühl, die paßt besser zu ihm. Man macht sich bekannt.

Friede, sagt die Frau, ich heiße Friede.

Der Fall Axel Springer

8. Kapitel

Der Plattmacher

Eigentlich ist es Egon Bahr ein bißchen peinlich, mit dem Privatflugzeug Springers, dem Jet Commander, in Hamburg abgeholt zu werden. Nicht seine Art zu reisen. Aber er hat die Einladung in dieser Form angenommen, schließlich will er was erreichen auf Sylt und den Herrscher über den Berliner Zeitungsmarkt gnädig stimmen. Es ist in diesem Sommer der letzte Versuch, eine Art von friedlicher Koexistenz zwischen Axel Springer und den deutschen Sozialdemokraten zu vereinbaren, denn in den kommenden Jahren wird im Hause des Herrn die Parole ausgegeben werden, an die sich bis auf ein paar Aufrechte alle halten, nur tote Sozis seien gute Sozis. Verhätschelte Ausnahmen bleiben Leute wie Karl Schiller, aber der ist später zum Zeitpunkt des »Bild«-Lobes schon erledigt in seiner ausgabefreudigen Partei, oder Verteidigungsminister Georg Leber, der mehr Probleme hat mit den Jusos als mit der Führung der Bundeswehr.

Der Mann, den Springers Kampfschreiber neben Willy Brandt am meisten hassen sollten, wird vom Flughafen in Westerland per Jaguar in die Residenz des Königs gebracht, den Klenderhof in Kampen. Höflicher Empfang, man trinkt Kaffee, spricht eher allgemein unverbindlich. Dann zum Thema, zum Anlaß der Reise. Passierscheinverhandlungen zwischen dem Westberliner Senat und den Machthabern drüben, die täglichen Schlagzeilen der Springer-Presse gegen diese ersten Versuche der Entspannung. Brandts Vordenker erklärt geduldig, warum dies kein Nachgeben vor den Kommunisten sei, kein Aufgeben gemeinsamer Positionen, sondern im Gegenteil ein subtiles Manöver, eine sinnvolle Strategie, ein geschickter Angriff auf die Zweistaatentheorie. Zum erstenmal bestehe nach dem fürchterlichen Mauerbau die Chance, auf das Gebiet der anderen Seite vorzudringen, nicht immer nur zurückweichen zu müssen. Ganz banal ein Stück gesamtdeutscher Normalität zu erreichen durch die Begegnung von Menschen, die schließlich zu einer Nation gehörten. Und wem, wenn nicht den Menschen, habe die Politik zu dienen? Das Ziel Wiedervereinigung stehe nicht zur Diskussion.

Springer hört sehr genau zu, stellt ein paar Fragen und bekommt offensichtlich Antworten, die ihn überzeugen. Spontan, wie es seiner Art entspricht, befiehlt er seinem Adlatus Hans Wallenberg, den Bahr gut aus gemeinsamen journalistischen Tagen bei der »Neuen Zeitung« kennt, nach nebenan zu gehen und zu telefonieren: »Sagen Sie den Chefredakteuren, Feuer einstellen.« Eine Viertelstunde später kommt der zurück und meldet Vollzug. Es geschieht wie besprochen, schlagartig hören die Angriffe auf Brandt und den SPD-Senat in den Berliner Zeitungen auf. Bahr allerdings macht sich keine Hoffnungen, daß dies lange dauert. Dennoch ist er beeindruckt, mit welcher Lässigkeit Springer ihm gegenüber seine Macht demonstriert hat.

Nachdem der Hamburger aus Altona den Hauptsitz seines Verlages nach Berlin verlegt hatte, war er zunächst ein Lieblingskind der dort regierenden Sozialdemokraten, die ihm ein großes Grundstück überließen und schnell die nötigen Baugenehmigungen an der Kochstraße besorgten. Bei der Grundsteinlegung des neuen Gebäudes im zerstörten ehemaligen Zeitungsviertel dankte Bürgermeister Willy Brandt 1959 für dieses sichtbare Zeichen des Engagements in der geteilten Stadt. Axel Springer sei ein leuchtendes Beispiel für alle. Die günstige Berliner Steuergesetzgebung hat sicher die Entscheidung für den Standort beeinflußt, wichtiger aber war die Überzeugung des Verlegers, sein Schicksal erfülle sich in der ehemaligen deutschen Hauptstadt. Nur dort würde er seine vorbestimmte Rolle als Politprediger und Patriot erfüllen, seine Visionen in Realitäten umsetzen können.

Der Plattmacher

In diesem Sinne klingt auch der Text auf der Urkunde, die in einer Kassette beim Neubau eingemauert wird, nicht nur nach der Anrufung journalistischer Traditionen: »Wir rufen die Geister der Geschichte, die an dieser Stätte heimisch sind, und bitten sie, diesem Neubeginn gnädig zu sein.«

Was wie die Deklaration einer neuen Sekte klingt, wie Sinngebung in finsteren Zeiten, ist vom Stifter so gemeint. Springer, der Prophet, hat den Platz gefunden, von dem aus er seinen Kreuzzug führen wird. Hintergedanke natürlich, und dies gegen die Einwände seines gesamten Managements, daß im Falle einer Wiedervereinigung der Standort Berlin vertriebsmäßig für seine Zeitungen geradezu ideal sein würde. Was die Manager aus diesem Vorteil machten, als dann wirklich die Mauer fiel, ist bekannt. Der Verleger hat sich schaudernd vor soviel Unfähigkeit in seinem Grab am Nikolassee gedreht, sagen seine Getreuen. Er hat nur höhnisch gelacht, sagt einer seiner Erben zynisch. Haben Sie es nicht gehört?

Den Politikern der Stadt war bei der Ansiedlung des Konzerns vor allem der symbolische Akt wichtig, der das Selbstvertrauen der Berliner stärken sollte und ihnen die Furcht nehmen, alle würden sie verlassen. Denn nach dem Chruschtschow-Ultimatum, das zur Berlinkrise führte, hatten bereits einige Unternehmen Arbeitsplätze abgebaut, um sich in den sicheren Westen zurückzuziehen. Springer errichtete in Berlin nicht nur, rund 65 Millionen Mark teuer und ohne Bankkredite finanziert, ein neues Haus für seinen Verlag direkt an der Sektorengrenze, an der später die Mauer stand, er suchte sich selbst auch ein Domizil, das seinen Ansprüchen gerecht wurde. Im Palais in der Bernadottestraße traf man sich an manchen Abenden zu politischen Gesprächen, die Gemeinsamkeiten zwischen Springer, Brandt und Bahr wurden nicht festgeschrieben, aber begossen: Kampf gegen die moskautreuen Zonendeutschen, alles für die Wiedervereinigung, Mißtrauen gegen Bonn.

Dort regierte Konrad Adenauer, als Konservativer ins Springersche Weltbild zwar besser passend als der im Zweifelsfall eher linke Willy Brandt, aber ein Politiker, für den

Der Fall Axel Springer

jenseits der Elbe das protestantische Preußen begann, mit dem der Alte von Rhöndorf, katholischer Rheinländer, nichts im Sinn hatte. Das mißfiel dem Patrioten Springer, dem war die Vaterlandsliebe der SPD, für die er in den fünfziger Jahren bei Bundestagswahlen gestimmt hatte und im Hamburg der Weichmanns und Brauers sowieso, in die er fast, aber eben nur fast, mal eingetreten wäre, viel näher.

Um so größer sollte später seine Enttäuschung sein, als die Genossen das begannen, was Entspannungspolitik genannt wurde, und der Verleger sich als hämisch verunglimpfter Brandenburger Tor zurückgelassen fühlte. Axel Springer, dessen schlagfertige Ironie immer wieder aus seiner altväterlichen Wortwahl herausleuchtete, meinte zu den hohen Zeiten der Proteste während der von seinen Zeitungen herbeigeschriebenen großen Koalition 1966, in einem könne er die Demonstranten verstehen und schließe sich ihrer Parole vollinhaltlich an: Wer hat uns verraten? Sozialdemokraten. Die hatten ihre Prinzipien über Bord geworfen, nicht er. Die hatten das Erbe der Kurt Schumacher und Ernst Reuter und Erich Ollenhauer verschleudert, nicht er. Die waren den rotlackierten Faschisten auf den Leim gekrochen, nicht er.

Wenn Springer später gefragt wurde, warum in seinen Blättern die DDR nur mit Anführungszeichen gedruckt wurde, zitierte er maliziös Willy Brandt, der habe schließlich die völlig richtige Feststellung getroffen, der Staat drüben sei weder deutsch noch demokratisch, noch eine Republik. An dieser Bewertung habe sich ja wohl nichts geändert seit dem Mauerbau, wohl aber an dem, der sie getroffen habe. Was ihn tief verletzte, wie er immer wieder nicht müde wurde zu erwähnen, denn sie waren ja mal Weggenossen, im wahrsten Sinne des Wortes.

Gut, daß er nicht mehr erleben mußte, wie sich seine Nachfolger von den geliebten Gänsefüßchen verabschiedeten. Die paar Jahre bis zur Wiedervereinigung hätten sie ja noch durchhalten können, nicht wahr.

Springer, der politische Verleger, marschiert anfangs in Berlin nicht nur selbstverständlich bei den Kundgebungen zum 1. Mai mit, auf denen der Bürgermeister, dessen Wie-

Der Plattmacher

*Kämpfte für die Einheit und erlebte sie nicht mehr:
Axel Springer an der Berliner Mauer*

derwahl seine Zeitungen massiv gefördert haben, gegen die Diktatur in Hörweite wettert. Er formuliert nach dem Mauerbau 1961 die härtesten »Bild«-Schlagzeilen selbst, weil er überzeugt ist, der Westen und die Regierung in Bonn versagten schlichtweg angesichts der Bedrohung aus dem Osten: »DER WESTEN TUT NICHTS! Präsident Kennedy schweigt – Macmillan geht auf die Jagd – ... und Adenauer schimpft auf Willy Brandt.«

Erst einmal schimpft der auf den Verleger aus Berlin: »Sehr geehrter Herr Springer«, reagiert der Bundeskanzler in einem Fernschreiben vom 16. August 1961 beleidigt, »ich fürchte, Sie beurteilen die Lage nicht richtig. Was jetzt in Berlin geschehen ist, ist der allererste Anfang einer Reihe weiterer Maßnahmen gegen uns bis zur unmittelbaren Kriegsdrohung. Wenn die Dinge wirklich ernst werden, wohin wird sich dann die Nervosität der Deutschen und der Presse noch steigern? Ich stehe Ihnen gern zu einer mündlichen Aussprache am Donnerstag zur Verfügung. Ich finde die heutige ›Bildzeitung‹ unmöglich, insbesondere ›Adenauer schimpft auf Willy Brandt‹. Ich habe auf die Beschimpfungen Brandts in Nürnberg vom vergangenen Samstag sehr maßvoll in Regensburg geantwortet. Brandt hat in beleidigendster Weise unsere Partei und die Bundesregierung angegriffen zu einer Zeit, als ihm genau bekannt war, daß eine Aktion gegen Berlin beabsichtigt sei. Ich lege auf eine Besprechung mit Ihnen größten Wert. Adenauer.«

Axel Springer hält es für ganz selbstverständlich, daß der Regierungschef mit ihm sprechen will, und fliegt zum Gespräch nach Bonn. Aber er macht keinen Rückzieher. Im Gegenteil. Er tritt auf als Anwalt Berlins und der vielen Menschen in Angst. Diese Rolle muß er nicht spielen, daran glaubt er. Der Kanzler, den Springer für einen Separatisten hält, beschwert sich, daß der Herr Springer beim Abgang so lautstark die Türen geknallt habe. In den verbleibenden Wochen des Bundestagswahlkampfes hat Adenauer wenig Freude an den Springer-Zeitungen, insgesamt wird die Sympathie für die bürgerlichen Parteien nicht versteckt, aber über Brandt, den Berliner Freiheitskämpfer, zumindest in den Berliner Blättern kein böses Wort verloren.

Nur wenige wissen allerdings, warum der Verleger insgeheim auf einen SPD-Sieg hofft. Willy Brandt in seinen Erinnerungen: »Der hochbegabte und überaus erfolgreiche Verleger Axel Springer aus Hamburg war mir, auch meiner Partei, während der ersten Nachkriegszeit eher freundlich zugetan. Adenauer lehnte er ab, daß die deutsche Einheit in den Kanzlerhänden nicht gut aufgehoben sei, war sein fester Glaube. Hätte es nach den Wahlen 1961 eine Chance gegeben, er wäre nicht abgeneigt gewesen, sich in einem Kabinett Brandt der gesamtdeutschen Belange anzunehmen.«

Adenauer gewinnt die Bundestagswahl, so wie acht Jahre danach sein Gegner Willy Brandt trotz »Bild« Kanzler wird. Was dem Blattmacher Axel Springer die Grenzen seiner politischen Wirkung zeigt, ihn aber gleichzeitig darin bestärkt, außerhalb seiner Zeitungen aktiv zu werden. Daß er damit

Der Plattmacher

zum Buhmann der Nation wird, die ihm wegen seines Engagements doch eigentlich dankbar zu Füßen liegen müßte, hat der erprobte Selbstdarsteller nie verstanden. Springer hält sich nicht für einen verbohrten Reaktionär, der im Zuge seines Kreuzzuges niederwalzt oder niederwalzen läßt, wer anderer Meinung ist. Er schlägt zwar in den folgenden Jahren als eine Art Cheftheologe göttlicher Ordnungsprinzipien gnadenlos auf seine bundesdeutschen Gegner ein, verteufelt alles, was nicht seinem nationalkonservativen, von Zehrer geprägten Weltbild entspricht, also Sozialdemokraten, linke Liberale, Dichter, Gewerkschafter, Studenten etc.

Aber er ist kein Anhänger irgendeiner Ideologie, denn die Idee hinter dem Ganzen ist er selbst, er ist Philosoph und Plattmacher in einer Person. Er entfernt sich dabei von der Realität, ein Wort, das er eh haßt, wie er gern bekennt. Springer realisiert nicht, daß die restaurativen fünfziger Jahre vorbei sind, in denen es reichte, in die Hände zu spucken und anzupacken. Und er will nichts davon wissen, daß es auf die Dauer für einen Staat zuwenig ist, das gute Leben seiner Bürger zu organisieren. Daß die letzten Verkrustungen des tausendjährigen Miefs zu verschwinden haben, einverstanden, ein Nationalist oder gar Schlimmeres ist er nie gewesen. Er will vor allem nicht begreifen, warum die Nachkriegsgeneration neue Fragen stellt und mit den alten Antworten nicht mehr zufrieden ist.

»Wir hatten keine Töchter und Söhne im richtigen Alter, oder falls wir sie hatten, haben wir nicht mit ihnen gesprochen, weil sie im Internat waren oder von irgendwelchen geschiedenen Frauen versorgt wurden. Wir haben zu spät gemerkt, was wirklich los war an den Universitäten«, sagt Peter Boenisch über Springer und seine engsten Mitarbeiter selbstkritisch. Auch er gehörte zu dieser Generation der Sprachlosen, die keine Antworten mehr hat und deshalb mit Schlagzeilen zurückschlägt. Boenisch war in den Jahren des deutschen Aufbruchs, Studentenrebellion und Brandt-Regierung, die lauteste Stimme seines Herrn. Er war der Knüppel, den der Verleger am liebsten schwang, der Polemiker, der alle anderen Kampfschreiber übertrumpfen konnte. Daß er im

Der Fall Axel Springer

Hause Springers dennoch als heimlicher Liberaler galt, zeigt nur, wie weit rechts die anderen standen. Springer degenerierte vom genialen Blattmacher zum nicht so genialischen Plattmacher. Typisch für viele wackere Kämpfer, die austeilen, aber nicht einstecken können, war er sofort majestätsbeleidigt und glaubte an finstere Verschwörungen, wenn sich die bösen Linken nicht alles gefallen ließen und ihn frontal angingen. Der Poet Erich Fried, einer von den Intellektuellen, mit denen er nichts anzufangen wußte, in einem Gedicht:

»Wer sich nicht mehr bezähmt/ der treibt/ im Wind mit den welken Blättern/ der wälzt sich im Schlamm/ bei vielen Geschöpfen/ bei Kriechern und Springern/ Getier und Gewürm/ Schmarotzern und Zehrern/ versumpfend/ schwärzlich und bräunlich.«

Und Hellmuth Karasek, der schon damals Intelligenz mit Witz paarte, eine bis heute seltene Kunst in Deutschland, verhöhnte den Verleger in einer frei nachempfundenen »Rede, fast von Axel Springer« in der ebenfalls zum Linkskartell gerechneten »Zeit«: »Wir alle, meine Damen und Herren, wollen den Frieden. Aber ein Frieden, bei dem unsere Töchter Sklavinnen sowjetischer Spitzenfunktionäre sein müßten und bei dem – wie ich aus den Geheimdokumenten eines übergelaufenen jugoslawischen Gefreiten weiß – das Verlagshaus der ›Welt‹ in eine landwirtschaftliche Kolchose verwandelt werden soll, ein solcher Frieden ist kein Frieden. Man hat mir vorgeworfen, ich sei gegen die Ostpolitik, weil Chruschtschow mich unhöflich empfangen hätte. In Wahrheit war es umgekehrt. Chruschtschow ließ ganze Straßenzüge mit Kerzen illuminieren und mit Blumengirlanden schmücken – ein Prunk, den man für gewichtige internationale Persönlichkeiten in diesem Ausmaße vorher nicht gekannt hatte. Aber gerade dadurch, daß er mir bei meinem Gespräch unter vier Augen dauernd besorgt Kaviar auf den Teller legte und seine Frau anherrschte, als sie mir einmal nicht prompt nachschenken wollte, wurde ich mißtrauisch.«

Gern erzählte Springer immer wieder, er habe nie Einfluß auf seine Blätter genommen und es »meinen Herren« über-

Der Plattmacher

lassen, wie sie zu agieren gedachten. Abgesehen davon, daß die meisten Herren nur hochbezahlte Knechte waren, die im vorauseilenden Gehorsam die sogenannte Springer-Ideologie verbreiteten, gab es neben vielen direkten Anrufen und den weitergeleiteten Direktiven seines Büroleiters Claus Dieter Nagel (»Väterchen würde es gerne sehen, wenn...«) auch schriftlich genaue Anweisungen des Besitzers:
»Darf ich noch einmal an unsere Abmachungen erinnern, die wir gemeinsam bei unserer letzten Unterhaltung über das Problem der Sowjetzone in meinem Büro trafen. Bis zur Wiedervereinigung sollte jeden Tag (ohne Ausnahme) auf der ersten Seite unserer Blätter zumindest eine Meldung über Vorgänge in der Ostzone stehen. Von Zeit zu Zeit müssen solche Stoffe auch zu einer Aufmachung auf der ersten Seite erhoben werden« (aus einem Rundschreiben an die Chefredakteure der Tageszeitungen).

»Herr Springer appellierte an die Chefredakteure unter den Mitgliedern des Beirats, über das Geschehen an der Zonengrenze und in der sowjetischen Besatzungszone ausführlich zu berichten. Dies sei die einzige uns verbleibende Möglichkeit, ein Gegengewicht gegen die von manchen deutschen Politikern allzu bereitwillig aufgenommene Entspannungswelle zu bilden« (aus dem Protokoll einer Sitzung des redaktionellen Beirats).

Der Publizist Paul Sethe, großer Schreiber bei der »Welt«, bevor die zum Gesinnungslappen wurde, hatte schon Anfang der sechziger Jahre die richtige Idee: »Schickt ihn für zehn Jahre als Botschafter nach Moskau, dann ist er von seinen Träumen kuriert, und seine Begabung ist genutzt«, aber keiner setzte diesen vernünftigen Vorschlag in die Tat um. Zwar gab es einige Versuche, Springer in die Verantwortung eines Amtes einzubinden und ihn sich so als penetranten Propheten vom Hals zu schaffen. Mal war der Posten des Regierenden Bürgermeisters von Berlin im Gespräch, aber dazu wurde man ja nicht berufen, wie es Springer für angebracht hielt, sondern vom Volk gewählt. Das lag ihm dann wieder weniger. Außerdem wäre der begabte Chaot, der nachempfinden konnte, aber nicht nachlesen, mit dem nötigen Verwaltungskram, mit dem Studium der Akten und Abläufe völlig überfordert gewesen.

Außenminister zu werden, hätte sich der Mann, der nur schlecht Englisch sprach und keine andere Fremdsprache lernte, besonders gut vorstellen können. Kurt Georg Kiesinger, Bundeskanzler der großen Koalition, hatte stets die nicht unberechtigte Sorge, Springer würde sich für diese Aufgabe in Bonn anbieten und bei einer Ablehnung in seinen Zeitungen beleidigt reagieren, also zum Angriff blasen.

Die Idee von Paul Schmidt-Carell – Parteigänger Springers seit den sechziger Jahren und Parteigenosse des Kanzlers in der Nazi-Zeit –, den Menschenfänger als deutschen Sonderbotschafter nach New York zur UNO zu schicken, für die Einheit werben zu lassen, leuchtete Kiesinger ein, wurde aber im Kabinett von Herbert Wehner torpediert. Springer, dem an seinem Verlag desto weniger lag, je größer der wurde, der gern eine andere Rolle spielen wollte, hätte alles selbst bezahlt, den Staat keinen Pfennig gekostet und seinen Charme fürs Vaterland spielen lassen. Rainer Barzel, viele Jahre als Kolumnist dem Hause treu ergeben und gut honoriert, erst zum Abschuß freigegeben, als er es 1972 nicht geschafft hatte, Brandt zu stürzen, wünschte sich den Verleger als möglichen ersten deutschen Botschafter in Israel. Aber das wollten damals weder die Israelis noch Adenauer.

Und Axel Springers Wünsche? Er hat häufig damit kokettiert und in verdrechselten Formulierungen davon gesprochen, sich gegebenenfalls einem Ruf der Politik nicht verschließen zu können. Als One-Dollar-Man hätte er sich gesehen im Dienste fürs Vaterland, man hätte nur das Richtige anbieten müssen. Gern wäre er Botschafter in Warschau oder Moskau geworden. Am liebsten natürlich in einem früheren Leben, zu anderen Zeiten, in denen sechsspännige Kutschen und livrierte Diener und ein hochherrschaftliches Palais zu einem solchen Amt gehört hätten. Aber in diesen Zeiten jetzt, bei den Kommunisten des Ostblocks, und aus Überzeugung, etwas wiedergutmachen zu können, bevorzugt in Warschau, in dem Land, das Hitler zuerst zerstörte.

Andere Versuche, ihn in die aktive Politik zu drängen, waren weniger phantasievoll. Der von überzeugten Reaktionären gegründete »Bund Freies Deutschland«, ein Verein abtrünniger Sozialdemokraten und wirrer Betonköpfe, von Springer 1973 und 1974 über die Tarnfirma Atlantik GmbH mit rund einer Million Mark kräftig unterstützt, wollte sich als Partei konstituieren und mit ihm als Galionsfigur zur Bundestagswahl 1976 antreten. Die Idee dazu hatten Schaumschläger Gerhard Löwenthal, der in seinem ZDF-Magazin damals Deutschland vor den Kommunisten, den Sozialisten und überhaupt allen Linken rettete, also dem Verleger zur Seite stand, und Springers Vertrauter Claus-Dieter Nagel. Dagegen warnten Ernst Cramer und Peter Boenisch, denen die rechten Sektierer immer schon supekt gewesen waren, ihren Chef vor der persönlichen Blamage, falls der Verein als Partei untergehe.

Das leuchtete ihm ein, nichts fürchtete er so sehr wie den Spott seiner Gegner. Cramer organisierte in aller Stille den geordneten Rückzug. Die Absage ist ein Meisterstück der Vernebelung, sie wird verbreitet als leider notwendige Entscheidung eines Verlegers, dem es seine überparteiliche Position verbietet, eindeutig für eine Partei einzutreten, wie er es ja schon bei der feierlichen Eröffnung seines Berliner Verlagshauses gesagt habe: »Zeitungen haben eine Meinung zu haben, die der einzelne mag oder nicht mag, aber die Zeitungen dürfen nicht Politik ersetzen wollen. Dies würde zur Zersetzung der Politik führen.« Zwar hält sich Springer schon lange nicht mehr an seine weisen Worte, zwar machen seine Zeitungen Politik, statt sie zu kommentieren, zwar verfolgt er mit alttestamentarischem Zorn die seit 1969 herrschenden Sozialliberalen in Bonn, als seien die von Luzifer persönlich geschickt, Deutschland zu verderben. Aber er kann nicht mehr »mit der gleichen Unbefangenheit« dem Verein zur Verfügung stehen, seit dieser als Partei antreten will. Springer schließt seinen Brief mit dem üblichen Wortschwall, der wie in all seinen Reden nach mehr klingt, und gibt gleich den real existierenden bösen Sozis wieder einen aufs Haupt: »Bei Ihrem Bemühen, zur Erhaltung der Freiheit Berlins einen besonderen Beitrag zu leisten und nicht zuletzt

Der Fall Axel Springer

auch den besten sozialdemokratischen Traditionen des Widerstandes gegen Unrecht und Tyrannei wieder Geltung zu verschaffen, begleiten Sie und alle Ihre Mitarbeiter meine guten Wünsche.«
Die guten Wünsche reichten nicht aus. Schon bei den Wahlen zum Berliner Abgeordnetenhaus gingen die Springer-Freunde sang- und klanglos unter, Boenisch und Cramer hatten mit ihren Warnungen recht behalten. Als es allerdings darum ging, vor dem Finanzamt das Engagement des politischen Verlegers beim Rechts-Bund zu verschleiern, brauchte man in einer Aktennotiz vom 30. Juni 1975 eher dürre Worte. »Die Zahlungen, die die Atlantik GmbH in den Jahren 1973 und 1974 von AS bzw. der AS KG erhalten hat (rd 1 Mio.), wurden von ihr bisher als ›erhaltene Darlehen‹ behandelt. Eine Möglichkeit, die Darlehen aus Mitteln zu tilgen, die der Atlantik für Leistungen zufließen, wird nicht gesehen ... Da der Name Springer als Spender für den BFD nicht offiziell genannt werden soll ... sollen die Spenden der ASV AG im Rechenschaftsbericht als anonym ausgewiesen werden.« Kopie unter anderen an Bernhard Servatius.

Wie alle enttäuschten Liebhaber haßt Springer die am liebsten, die er einst liebte. Also die deutschen Sozialdemokraten. »Und was der Kanzler und seine Freunde für Morgenröte halten, ist die Farbe des Fahnentuchs sowjetischer Imperialgewalt, die ganz Europa bedroht«, schreibt er nach dem Warschauer Vertrag. Er läßt keine Gelegenheit aus, sie als Vaterlandsverräter zu brandmarken, und genießt es voller Verachtung, wenn die Feiglinge aus dieser Partei an ihn Ergebenheitsadressen schicken, um ihn milde zu stimmen. Sie entblöden sich sogar, ihm 1967 zum 55. Geburtstag zu gratulieren. Sie versuchen es mit Anpassung, weil sie seine Macht fürchten. Erst nach dem Wahlsieg 1972 gibt selbst der eher friedliche Brandt die Parole aus, wenn der Herr in Berlin Krieg wolle, dann könne er ihn haben. Sein Nachfolger Helmut Schmidt hat immer schon gewarnt, wer Springer gegen sich aufbringe, der begehe politischen Selbstmord. Ein kluger Satz, der ihm für seine Partei in Hamburg 50 000 Mark Wahlkampfhilfe des Verlegers eingebracht hat,

Der Plattmacher

aber nicht dessen Sympathien. Ein guter Manager, sagt der über Schmidt, mit dem kann man über Ölpreise und das Bruttosozialprodukt reden, aber ein Mann ohne Phantasie, wenn ich den sehe, habe ich immer den Leutnant vor mir. Und seufzend, mit Willy war das doch was anderes.

Springer ist immer hellwach, wenn es ums Geschäft geht, also um die Auflage seiner Blätter. Er weiß zum Beispiel, daß die CDU in der Hansestadt keine Chance hat und es auf Dauer für einen Hamburger Zeitungsmacher nicht gut ist, gegen die Regierenden und damit gegen die Mehrheit des Wahlvolkes anzukämpfen. Schließlich ist sein »Abendblatt« unter dem Motto »Seid nett zueinander« groß geworden, das ist kein Boulevardkampfblatt wie »Bild« oder wie seine »BZ« in Berlin, wo täglich an der Mauer Schüsse fallen und man kein Feindbild aufbauen muß, weil man einen realen Feind vor Augen hat. Auf welche Alternative sollte er in Hamburg bauen? Sein Freund Erik Blumenfeld, den kennt er, von dem weiß er ja, daß er eher ungeeignet ist für ein Amt, der nützt ihm nur in Bonn als charmanter Lobbyist. Auf lokaler Ebene ist das aber nicht ganz so schlimm mit den Sozis, da kann man manchmal freundlich sein.

Zum 85. Geburtstag von Max Brauer feiert sich Springer: »Sie wissen, verehrter Herr Bürgermeister, wie nahe ich in langen Jahren den Sozialdemokraten gestanden habe. Die SPD war für mich zu einer Partei der Patrioten geworden. Und das Godesberger Programm gab mir die Hoffnung, auch als Unternehmer voll ja sagen zu können. Diese Zeiten sind vorüber. Ihren Freund Springer, der sich in Sorge um den Arbeitnehmer von keinem Gewerkschaftsfunktionär überbieten ließ und läßt, der die SPD für die aus Erfahrung gewachsene, patriotische Partei Deutschlands hielt und mit ihr gegen manche Tendenzen der früher einmal sehr schwarzen CDU am Rhein zu Felde zog, will man jetzt zum Buhmann machen. Ich weiß das gut zu tragen.«

Das Sozi-Trauma des Verlegers sitzt tief. In einem anderen vertraulichen Brief an einen anderen SPD-Bürgermeister heißt es: »Es ist merkwürdig, nach einem Krieg, an dem ich gewollt nicht teilnahm und der mir den beruflichen Höhepunkt des Platzanweisers und Kinovorführers im Hamburger Waterloo-Theater schenkte (eine Gottesfügung ließ mich nicht Oberleutnant bei Hermann Göring werden), es ist merkwürdig: es waren nach 1945 Sozialdemokraten, die mich den Weg zu Deutschland zurückfinden ließen: der väterliche Freund Max Brauer, Kaisen, Reuter, der junge Willy Brandt, Erler und Weichmann... Doch Schwamm darüber.« Auch Schwamm darüber, daß es ja nicht eine Gottesfügung war, die ihn vor Göring bewahrte, sondern ein ganz irdisches Gespräch zwischen John Jahr und Baldur von Schirach.

Der Hamburger Karl Schiller, Freund Rudolf Augsteins, gehört zu den wenigen Guten unter den vielen Bösen: »Lieber Karl, mir wollen keine Glückwunschzeilen nach dem Parteitag der Sozialdemokraten in Nürnberg aus der Feder. Mit einer Ausnahme: ich finde es geradezu ermutigend, daß ein Mann, der nicht taktierte und finassierte, die meisten Stimmen auf sich vereinte. Es hat mich auch sehr gefreut, daß Sie als einsamer Rufer sich gegen den Mitbestimmungswahn gewandt haben.« Nach seinem Rücktritt als Superminister 1972 arbeitet Schiller anderthalb Jahre lang als Berater des Hauses Springer. Er bezieht wie alle dort ein fürstliches Gehalt, aber er behält Distanz zur Ideologie des Hauses. Was sich schon darin zeigt, daß er mittags im Kasino die »FAZ« und nicht das Kampfblatt »Die Welt« liest. Dort ist er aber auf Anzeigen gemeinsam mit Ludwig Erhard zu finden, in denen gegen Brandt und seine Politik gewettert wird.

Der Professor, einst Wirtschaftssenator bei Willy Brandt in Berlin und vom Verleger geradezu gedrängt, das Amt anzunehmen, muß was tun für sein Geld. Aber es tut dem brillanten Kopf, der allerdings weiß, wie brillant er ist, und nie einen Zweifel daran läßt – »Wir haben der Krise ins Antlitz geschaut, aber die Krise senkte die Augen« –, noch viele Jahre leid, daß er sich vom großen Geld hat blenden lassen. Der Umgang mit Springer, sagte er, war mindestens so schwierig für ihn wie der Umgang mit seinen Genossen.

Anzeigen gegen die sozialliberale Koalition, die aufgrund ihrer Ostpolitik angeblich das Vaterland verkauft, gibt es vor der zur letzten Schlacht um Deutschland hochgeputschten

Der Plattmacher

Wahl 1972 in vielen deutschen Zeitungen, gestaltet und getextet sind sie oft von Mitarbeitern aus dem Hause AS, abgestimmt mit Spezi Franz Josef Strauß und bezahlt nicht nur von den Freunden der Union aus der deutschen Industrie, sondern unter dem Motto »Betrug am deutschen Volk« zum großen Teil von dem, der als Verantwortlicher der Kampagne zeichnet: Axel Springer, Berlin 61, Kochstraße 50.

Seinen Blättern bekommt der Kreuzzug nicht, denn das Volk will Willy Brandt, Auflageneinbrüche sind die Folge, Redakteure gehen in die innere Emigration oder verlassen das Haus. Bei SPD-Kundgebungen versprechen Plakate, daß auch Springer-Mitarbeiter Willy wählen werden, aber verhaltene interne Kritik am harten Kurs wehrt der Verleger ab: »Wie kann man nur in solchen Schicksalsfragen der Nation an die Auflage denken?«

Und beklagt sich bitterlich, daß einer wie er, der warnt und kämpft, nicht die verdiente Anerkennung findet. »Die Mehrheit schweigt. Sie räkelt sich, statt sich zu regen. Und wenn einer aus ihrer Mitte die Stimme erhebt, um zu warnen, dann bleibt sie auch noch stumm, wenn dieser eine bezichtigt wird, er sei ein reaktionärer Rechter.« Da die Mehrheit nicht schweigt, sondern begeistert Willy Brandt, aber vor allem dessen und Scheels Ostpolitik wählt, ist er von ihr persönlich enttäuscht. Die Wirklichkeit entzieht sich seiner Wahrnehmung, da erkennt er nur, wie dumm das Volk ist, von dem er andrerseits aber lebt, und daß man dieses Volk eigentlich zwingen muß, das Richtige zu tun. Hat Zehrer doch immer so gesagt. Eine gefährliche Mischung, dieser Axel-Cocktail aus politischem Sendungsbewußtsein, Eitelkeit und verlegerischer Macht. Wer es wagt, Springers Anspruch auf die absolute Wahrheit in Frage zu stellen, bekommt den Zorn des Herrn zu spüren.

Keine Infamie ist dann zu widerlich, kein Niveau in seinen Blättern zu tief, um den »linken Sumpf« auszutrocknen. Längst gilt nicht mehr, daß Nachrichten und Kommentare zu trennen sind, die Regeln des Journalismus sind außer Kraft gesetzt, der Rufmord ersetzt die Recherche. Es geht schließlich darum, den Staat vor dem Untergang zu retten, und in

Der Fall Axel Springer

solchen Zeiten scheinen Springers Schlammringern alle Mittel erlaubt. Am Ende seines Lebens wird der Verleger, wenn er auf Patmos die Offenbarung des Johannes zu verstehen beginnt, auch über seine Fehler nachdenken, und ob nicht auch er Menschen zerstört hat im Namen der Freiheit, die er meinte und an die er reinen Herzens glaubte. Reinen Herzens, weil er nur so eine Welt begreifen konnte, die viel zu kompliziert geworden war, um sich ins schlichte Weltbild Axel Springers einordnen zu lassen.

Als Willy Brandt den Friedensnobelpreis erhält, ist das der einstmals als deutsche »Times« gedachten Zeitung »Die Welt« lediglich eine zweispaltige Meldung auf Seite eins wert. Aufmacher dagegen sind irgendwelche rechten Winde des Verleger-Freundes Franz Josef Strauß, der Springer gerne per selbstgesteuertes Flugzeug auf Sylt besucht, Weißwürste bringt und Seezunge mitnimmt. Selbst im Feuilleton der »Welt« wüten Schreibtischtäter. Ein Dichter wie Heinrich Böll kann nicht gut sein, denn er engagiert sich gegen Springer und für Brandt. Also werden Wortakrobaten wie Hans Habe gelobt, weil der sich in devoten Ergüssen vor dem großen Springer ergeht (Jahreshonorar für Habes Beiträge 200 000 Mark). Jeder Parlamentarier, der in Bonn die Hinterbank drückt und zu SPD oder FDP gehört, wird von der »Welt« begeistert gefeiert, sobald er die Koalition kritisiert. Jeder drittklassige US-Politiker, der vor der deutschen Ostpolitik warnt, kann sich einer positiven Schlagzeile in irgendeinem Springer-Blatt sicher sein.

Wehe, Deutschland, wehe? Es gibt ja Gott sei Dank noch Axel Springer, Leuchtturm in finsterer Nacht, Felsen im roten Meer: Wenn der Verleger, wie er mit untrüglichem Gespür für die Dramaturgie eines Auftritts erzählt, sich abends auf den Straßen Berlins und sonntags im Grunewald ergeht, natürlich in Sorge um Deutschland, trifft er auf Abgeordnete, die eigentlich gegen die Regierung stimmen müßten, sich dies aber nicht mehr leisten können:

»Ich weiß um die Not solcher Männer im Gewissenskonflikt, die mir ... die Hand drücken und sagen, Axel Springer, bleiben wenigstens Sie bei der Stange.« Und warum können diese verzweifelten Männer nicht mehr gegen Willy Brandt stimmen, warum ist diese entsetzliche Politik der Koalition überhaupt möglich? Da greift der Sänger noch einmal bebend in die Harfe, und gar Schauerliches muß man hören: »Weil es viele Abgeordnete aus Angst vor dem Verlust ihrer wirtschaftlichen Existenz nicht wagen konnten, ihren Überzeugungen treu zu bleiben. Man versetze sich in die Lage eines Durchschnittsabgeordneten ... Wie sieht es aus? Er hat inzwischen Verpflichtungen auf sich genommen, die Raten für das Reihenhaus, die Erziehung der Kinder, die Mitsorge für die alten Eltern, die schwere Operation der Frau und vieles andere mehr. Das ist die tragische Wirklichkeit in vielen Fällen.« Schmalziger könnte es von »Bild« nicht erfunden sein.

Tragisch auch, daß niemand Springer vor solchem Unsinn bewahrt. War unmöglich, verteidigen sich seine Redenschreiber, er hätte es nie zugelassen. Es klang doch so gut. Und was gut klingt, gefällt dem zum Bariton neigenden Tenor aus Altona. Immer noch. Dabei weiß er doch, wer immer es ihm einst geschrieben hat, daß »in Zeiten, die politisch führungslos erscheinen mögen, die Gefahr für den Zeitungsmann wächst, über seine ihm angestammte Aufgabe hinauszugehen«. Das gilt für normale Zeiten, aber die Zeiten, so wie Springer sie empfindet, sind führungslos, also den linken Systemveränderern ausgeliefert. Er hält sich für absolut staatstreu, aber die demokratisch gewählte Regierung nicht.

Das Problem mit Verlegern, hat Claus Jacobi geschrieben, bevor er zu Springer ging, sie haben Macht, empfinden aber keine Verantwortung. Seine Männerriege in Berlin, sagt ein anderer, hätte doch am liebsten Buttons mit der Aufschrift WIR HASSEN BRANDT getragen, wenn es nicht hätte auffallen und im »Spiegel« stehen können. Wolf Schneider, der mal ein knappes Jahr »Die Welt« machte, bevor er als liberaler Abweichler gekippt wurde, weil er es gewagt hatte, Nachrichten und Meinungen zu trennen: »Es war schwierig, die Ambivalenz Springers zwischen erfolgreichem Verleger und ambitioniertem Missionar zu überbrücken.« Der sich sogar nicht scheut, einen Kommunisten zu zitieren, wenn es in einer seiner vielen und natürlich in seinen Blättern ausführlich zitierten Reden gegen die Politik der Regierung geht: »Bert Brecht lieferte dazu die ins Gehirn gehende Formel: Das große Karthago führte drei Kriege. Es war noch mächtig nach dem ersten. Noch bewohnbar nach dem zweiten. Es war nicht mehr auffindbar nach dem dritten.«

Wenn Springer den Bundeskanzler angreift, ist allerdings eine Art von nostalgischer Enttäuschung zu spüren. Als ob er sagen wollte, was hätte man nicht alles gemeinsam machen können. So weit war man doch mal nicht voneinander entfernt. Auch Springer marschierte einst gegen die Gefahr von Atombomben. Auch Springer war einst gegen die deutsche Wiederbewaffnung, man könne doch den einstigen Siegermächten überlassen, uns zu verteidigen. Boenisch erzählt, daß er ihm einmal sogar das bereits aufgemalte Aschenkreuz mit einem feuchten Handtuch von der Stirn hat wischen müssen, weil sein Chef so zu einem Ostermarsch hatte gehen wollen. Und ein Stückchen Neid des ehemaligen Sängers aus der Kiesgrube spielt bei allen Angriffen gegen Brandt mit, weil der beim Publikum mit seinem Charisma ankommt, die Säle füllt.

Um so härter, geradezu perfide unter die politische Gürtellinie, trifft es Brandts engsten Mitarbeiter Egon Bahr, der nach Springers Ansicht der eigentliche Verantwortliche ist für die Ostpolitik, wie Horst Ehmke ganz sicher ein von Moskau bezahlter Agent, der Mann, der wahrscheinlich den einst so klaren antikommunistischen Berliner Bürgermeister zum Kurswechsel verführt hat: »Was macht eigentlich Egon Bahr – so frage ich –, wenn er bei seinen Besuchen in Ostberlin im Kronprinzenpalais übernachtet, statt in dem mit Steuermitteln erhaltenen Haus des Bundesbevollmächtigten in Westberlin? Das Kronprinzenpalais ist doch so nah an der Mauer, daß Bahr die Schüsse hören muß, die dort fallen, und die Schreie der Unglücklichen, die getroffen werden. Nimmt Egon Bahr, Willy Brandts außenpolitischer Mentor, Ohropax? Oder hört er die Schreie der Gequälten und kommt ihnen zu Hilfe?«

Natürlich weiß Egon Bahr, daß er da drüben Menschenschindern gegenübersitzt. Aber er muß mit den regierenden Politverbrechern verhandeln, um für die Deutschen, die sie unterdrücken, etwas zu erreichen. Das schreibt er seinem Feind im 19. Stock im Berliner Springer-Hochhaus: »Von Deutschland zu retten, was zu retten ist, verlangt mehr Mut, mehr Phantasie, mehr Arbeit, eingeschlossen die Bereitschaft, sich verleumden zu lassen, als das Beharren auf einigen großartigen Prinzipien, die nicht verhindert haben, daß Ulbricht immer stärker geworden ist, bis zu dem Punkt, an dem er, vielleicht ohne Gegenleistung, international bekommt, was er will.« Und er schließt höflich: »Ich weiß, daß Sie zu den nicht sehr Zahlreichen in diesem Land gehören, die an Deutschland denken, deshalb bedauere ich, daß Sie an der falschen Front kämpfen.«

Hätte es damals keine journalistische Gegenmacht gegeben, meint Egon Bahr rückblickend, »hätten wir keine Unterstützung gehabt im Kampf gegen Springers Dauerbeschuß, dann allerdings hätten wir mit unserer Ostpolitik aufgeben müssen«. Der neben »Stern«-Chef Henri Nannen wichtigste Mann auf der Seite der Sozialliberalen lebte auch in Hamburg, machte den »Spiegel«, hieß Rudolf Augstein und wurde von Springer insgeheim bewundert. Haßerfüllt, versteht sich. Gemeinsam war ihnen, wie der Intellektuelle nach dem Tod des anderen feststellte, daß sie den Briefwechsel zwischen Friedrich dem Großen und seinem Kammerdiener Michael Gabriel Fredersdorff für »ein exzellentes Stück deutscher Prosa des 18. Jahrhunderts« hielten.

Während der »Spiegel«-Affäre, als Strauß am Parlament und am Grundgesetz vorbei Augstein und einige seiner Redakteure – Ahlers, Jacobi – wegen Geheimnisverrats verhaften läßt, kommt bei Springer die ganz große Freude auf. Endlich habe man diesen »Vaterlandsverräter gepackt«, jubelt er nicht ganz druckreif, »dieses rote Schwein, diesen Kerl ohne Hoden«. In Zeiten der Wut, bei Ausbrüchen von Jähzorn, ist die Sprache der Proleten seine Sprache. Dann will er Egon Bahr »aufs Maul hauen«, dann empfiehlt er – nachdem ein lukrativer Druckvertrag mit dem Feind »Spiegel« geschlossen wurde –, die Herren dieses Verlages »aufs Scheißhaus zu

Der Fall Axel Springer

führen«, aber nicht ins Kasino. Ein Foto, das den »Spiegel«-Herausgeber bei der Einlieferung in den Knast zeigt, läßt er sich vergrößern und schaut es immer wieder begeistert an. Kein Wunder, daß Hans Bluhm, damals Chef von »Bild am Sonntag«, der die Staatsaktion ausführlich vermeldet hat, von einem wütenden Verleger angebrüllt und in Gegenwart von Zeugen mit einem Koffer beworfen wird. Das Angebot des kühlen Christian Kracht an die Kollegen von der anderen Straßenseite, angesichts des Notstandes bei der Herstellung des »Spiegel« auszuhelfen, muß auf Anweisung Springers zurückgenommen werden. Er glaubt, endlich den Konkurrenten erledigt zu haben, der ihm so oft den »Spiegel« vorgehalten und ihn vor allem lächerlich gemacht hat. Nichts haßt Springer mehr, als nicht ernst genommen zu werden.

Depressionen dann fast, als Augstein auf Druck einer aufgewachten Öffentlichkeit, die 1962 beginnt den aufrechten Gang zu üben, aus der Haft und Strauß aus der Regierung entlassen wird. Demokratische Verhältnisse in der DDR zu fordern ist schließlich einfacher, als die Konsequenzen demokratischer Verhältnisse im eigenen Land hinzunehmen. Springer, die Mimose, nimmt persönlich übel. Er hat in Verkennung der Wirklichkeit nicht etwa seine Attacken auf Brandt für eine gesteuerte Aktion gehalten, sondern umgekehrt die Reaktion darauf als den eigentlichen Angriff empfunden. Da plötzlich ging es dann gegen Springer, das war eine vom Verleger bitterlich beklagte »Kampagne gegen mein Haus«.

Augstein, der unheilbare Denker, mag nie verstehen, warum dieser realitätsferne Mann, der ihm geistig unterlegen ist, so erfolgreich sein kann, daß er »nicht genug Keller hat, das Geld zu scheffeln«. Ein genialer Zeitungsverkäufer, nun ja. Auch freundlich im Umgang, falls man sich mal trifft. Ein guter Autofahrer, wie festzustellen ist, als sie Anfang der fünfziger Jahre gemeinsam von Frankfurt nach Hamburg fahren. Aber doch ein Narziß, von dem bezweifelt werden darf, ob er je ein politisches Gespräch geführt hat. Der »Spiegel«-Chef polemisiert mit böser Feder: »Die Volksgemeinschaft des Adolf Hitler ist von niemandem geschickter beerbt worden als von diesen beiden, Adenauer und eben Springer.« Oder: »Da gäbe es eine Menge zu philosophieren über den Spezialwahn von Zeitungsdiktatoren, über ihre Beziehungslosigkeit zu dem, was um sie herum los ist. Wenn die Wirklichkeit beharrlich anders sein will, als sie aus den Rotationsmaschinen herauskommt, lassen sie kurzerhand gegen die Realitäten anschreiben.« Viel hat er mit dem nicht gemein, sagt er immer wieder, der da sei ein Musenjüngling und er eben ein politischer Journalist: »Kampagnen in Zeitungen mögen gut sein, um humanitäre Anliegen zu verfolgen, etwa um das Hundeschlachten zu verbieten oder um der Wohltätigkeit Kanäle zu öffnen. Die Konflikte zwischen den Weltmächten können sie nicht lösen helfen.«

Als Springer ihn einst nach seiner Moskaureise 1958 anrief und geheimnisvoll wabernd beschwor, Rudolf, glauben Sie nicht alles, was in meinen Zeitungen steht, antwortete der trocken, auf die Idee wäre er eh nie gekommen. Auch heute noch ist von Respekt nur dann etwas zu merken, wenn Augstein von der unternehmerischen Leistung des Konkurrenten spricht, der ihn als »meinen Geschäftsfreund« bezeichnete. Daß der ihn haßte, ist ihm scheißegal. Ohne Zweifel war der ein genialischer Mann, der es wie kein anderer verstand, mit Phantasie und Gespür die richtigen Zeitungen zum richtigen Zeitpunkt zu machen und damit viel Geld zu verdienen – »Der Teufel kackt, solange die Welt steht, lieber auf Hügel als im Flachland, dafür kann Springer nichts« –, aber schon »Die Welt« konnte er zwar in den Griff kriegen, aber nie begreifen, im Umgang mit seriösen Blättern war von seiner Genialität nichts mehr zu merken. »Eigentlich hatte er keinen politischen Einfluß in Deutschland, er hatte zwar Macht und konnte zwar den Bundestag aus den Ferien herbeitrommeln, wenn es um die Erhöhung der Telefongebühren ging, aber daß die Mehrheit seiner ›Bild‹-Leser eben doch Willy wählte, daran konnte er nichts ändern.«

Springers Macht bestand wohl eher darin, daß die Mächtigen dachten, er hätte Macht. Zwar wurde er deshalb von manchen Mächtigen empfangen, aber manchmal nur von

Der Fall Axel Springer

Frühstücksdirektoren oder Gouverneuren kanadischer Provinzen. Und in Deutschland natürlich von den Schwarzen oder den schwarzen Roten. Seine Wirkung war hier bedeutend bei obskuren rechten Vereinigungen, wo er sich verstanden fühlte, also den Heimatvertriebenen und Deutschlandstiftung und dem Bund Freies Deutschland. Alles zweitklassig.

Der eine hat den Aufbruch in den sechziger Jahren als Chance begriffen und sich damit auseinandergesetzt, der andere nur als Gefahr bekämpft und Auseinandersetzungen mit publizistischen Kanonen geführt. Doch am auffälligsten ist der Unterschied zwischen den beiden Verlegern aus Hamburg, die sich privat gelegentlich bei Festen ihres gemeinsamen Freundes John Jahr oder zufällig auf Sylt treffen, im Lebensstil. Hier der bescheidene Augstein, dem Inhalte und Analysen wichtig sind und nicht irgendwelche Insignien des Reichtums, irgendwelche Formen. Der lieber die Strickjacke trägt als den Frack. Der zwar auch gern singt, aber nie davon träumt. Der zwar auch die Frauen benutzt, aber eher verzweifelt die sucht, die ihm ebenbürtig ist. Der lieber in Archsum ein Bier trinkt, als in Kampen am Champagner zu nippen. Dort der Parvenü aus Altona, der sich im Ambiente eines Duodezfürsten wohl fühlt, der gerne zeigt, was er sich geschmackssicher erworben hat, und sich in der Anbetung seiner Hofschranzen sonnt. Springer will bewundert werden, Augstein ist's zufrieden, wenn man ihn fürchtet – ihn und sein Magazin, das voller Lust am Detail alles aufgreift, was Springer schaden könnte. Das heißt: nicht alles, denn die ganz privaten Affären der beiden bleiben tabu, die werden genau recherchiert, aber stillschweigend nicht veröffentlicht. Darüber spricht man, das reicht ja.

Einfluß haben sie beide, dem einen ist das egal, den anderen macht das süchtig, später depressiv. Der wiederum, und nicht ohne bösen Witz, in seinem Absagebrief an den damaligen Chefredakteur Günter Gaus, der ihn zu einem »Spiegel«-Gespräch eingeladen hatte: »Offen gesagt verwundert es mich, mit welcher scheinbar nahtlosen Glätte der ›Spiegel‹ einen Mann mit unqualifizierten Mitteln verhöhnt und ver-

Der Plattmacher

teufelt und ihn dann mit kaum zu begreifender Unbefangenheit zum Gespräch einlädt. Ließe ich mich darauf ein, dann müßte sich die Öffentlichkeit, um deren Aufklärung Sie sich so besorgt zeigen, an ein Catcher-Ensemble erinnert fühlen, das sich auf der Bühne unter die Gürtellinie tritt, um sich danach mit komplizenhaftem Augenzwinkern über die spezifischen Notwendigkeiten des Jobs zu verständigen. Ich bin kein Catcher, lieber Herr Gaus, und ich möchte Sie ... nicht durch meine Zusage zu einem solchen stempeln.«

Über die internen Machtverhältnisse und Diskussionen beim Konkurrenten ist Springer schon seit den frühen sechziger Jahren gut informiert. Immer wieder bekommt er Situationsberichte mit der dringenden Bitte, diese »Informationen nur zu Ihrer persönlichen Orientierung« zu verwenden. Beispiel: »Die Gruppe Jacobi/Ahlers stellt vor der Redaktion offen ihr Verdienst heraus, den Springer-Titel des ›Spiegel‹ entschärft zu haben. In seiner ersten Fassung soll dieser Artikel wesentlich schärfer und mit persönlichen Angriffen gegen Springer gespickt gewesen sein. Jacobi kam in der Woche vor Veröffentlichung des Artikels aus dem Urlaub, nahm das Manuskript sofort an sich und schrieb es – zur Enttäuschung des linken Flügels in der Redaktion – um.« Weiter heißt es, Jacobi bezeichne »Axel Springer in aller Offenheit vor der Redaktion als einen genialen Verleger, einen Gentleman, klugen Kopf und großartigen Menschen«. Ein echtes Zerwürfnis bestehe zwischen »Jacobi und Augstein zumindest seit jener Zeit vor gut zwei Jahren, als die beiden in Untersuchungshaft waren. Jacobi hätte hinterher erklärt, daß er durch Augsteins Aussagen schwer belastet worden sei.« Conrad Ahlers geht später nicht mit Claus Jacobi zum Springer-Verlag, er wird Sprecher der Regierung Brandt.

Axel Springer beschränkt sich nicht nur auf den einen Feldzug gegen die Sozialliberalen in Bonn. Diese Schlacht ist erst gewonnen, als 1982 die Ära des Helmut Kohl beginnt, dem Springer in einem ganz persönlichen Brief (»Nur zur Information, keinesfalls zur Veröffentlichung«) volle Unterstützung garantiert: »... erlaube ich mir, Ihnen den Durchschlag einer Aktennotiz zu überreichen, die ich dieser Tage

Der Fall Axel Springer

für die Chefredakteure unseres Hauses schrieb. Ihnen wünsche ich, daß Sie im schönen Österreich Kraft auftanken können für die vor Ihnen liegenden schweren Aufgaben. Sie wissen, daß meine Zeitungen alles nur irgend Mögliche tun werden, Ihnen dabei zu helfen.« Und ob Kohl das weiß.

Unionsfreund Springer gebietet über eine Armee, und die ist an mehreren Fronten einsetzbar. Geschossen aus allen Rohren wird in den sechziger Jahren zum Beispiel gegen das öffentlich-rechtliche Fernsehen, das der Verleger für unterwandert hält von den für diese Zeit typischen Systemveränderern: »Als ich las, was deutsche Fernseh-Prominente über das Fernsehjahr denken, bekam ich Angst – und richtig, die linken Vögel dominierten.« Zwar weiß er nicht, wovon er spricht, denn er bekennt, daß »ich mir den Luxus erlaube, das miese rote deutsche Fernsehen nicht zu konsumieren«. Aber Einfluß haben möchte er schon, Geld verdienen allemal, und wiederum ist seinen Männern jedes Mittel recht. Es werden finstere Gestalten bezahlt, die mit Erpressungen und Bestechungen das Privatleben der ZDF-Gewaltigen recherchieren, mit einer Minoxkamera wie Spione aus schlechten Filmen Akten fotografieren, damit das Material dann im Kampf gegen das System benutzt werden kann.

Doch der Systemveränderer Springer, der sich im Kampf um private TV-Kanäle zum Sprecher aller Verleger gemacht hat, steht als Kaiser ohne Kleider da, als die Gegner vom sogenannten Linkskartell »Stern« und »Spiegel« die Affäre aufdecken. Springer muß sich beim ZDF-Intendanten entschuldigen, so etwas haßt ein Mann, der von höheren Mächten geleitet wird.

Daß sein Verlag dem Kieler CDU-Landtagspräsidenten und NDR-Verwaltungsrat Arthur Schwinkowski ein stolzes Beratungshonorar bezahlt, damit der nützliches Material gegen den NDR herbeischaffe, kostet den das Amt, und Springer ist schon wieder bloßgestellt. Natürlich versichert der Verleger, daß er persönlich nichts davon gewußt hat: »Man muß schon sehr töricht oder sehr durchtrieben sein, zu glauben, daß ein Mann, der wie ich immer unter Beobachtung der Öffentlichkeit steht, sich auf ein Spionage-Unternehmen einläßt. Ich bin nicht Herr über Spitzel, und ich habe auch keine Spione losgeschickt.« Denn Springer ist ein ehrenwerter Mann, der nur von der Sorge um Deutschland getrieben ist und keineswegs von der kapitalistischen Gier auf einen Fernsehkanal. Das private Fernsehen allerdings müsse kommen, und es sei selbstverständlich legitim, daß die Zeitungsverleger solche Pläne entwickeln. Der verantwortliche Springer-Manager, der Anwalt und spätere Hamburger FDP-Chef Hermann Ferdinand Arning, dem der Presserat einen Mißbrauch der Pressefreiheit attestiert, muß nach einer Schamfrist mit millionenschwerer Abfindung das Haus verlassen, weil ein Winkeladvokat, der sich erwischen läßt, nicht mehr zu gebrauchen ist. Offiziell werden nach diesen beiden peinlichen Affären die Aktivitäten des Hauses in Sachen Privatfernsehen eingestellt, dafür aber die Attacken auf das öffentlich-rechtliche Fernsehen verschärft.

Es ist dabei hilfreich, daß man eine Zeitung hat wie »Bild«, die rein zufällig das brennende Thema entdeckt und täglich infame Zeilen gegen müde Fernsehmacher formuliert, die angeblich den schwer arbeitenden Deutschen mit einem Schnarchprogramm abends die Laune verderben. Motto: Hält uns das Fernsehen für dumm? Müssen wir uns das gefallen lassen? Noch müssen wir, belehrt dann der »Bild«-Fachmann, aber da hinten, hinter den Bergen, bei den sieben Zwergen, da gibt es ein Programm, das ist tausendmal schöner... Privates Verlegerfernsehen nämlich, das nicht nur Werbeeinnahmen verspricht, sondern vor allem politischen Einfluß. Das scheinen immerhin sogar die Sozialdemokraten in Bonn zu ahnen, denn die können sich vieles vorstellen, aber ganz bestimmt nicht auch noch »Bild«- und »Welt«-Ideologie auf dem Bildschirm. Also gibt es politischen Widerstand, und die linken Vögel, die Springer ausgemacht hat, bestätigen seinen Widerwillen vor den neuen Zeiten.

Sie spucken ihm in die Suppe. Als Springer durch die Hintertür an die Töpfe kommen und 45 Prozent der Hamburger TV-Produktionsfirma »Studio Hamburg« kaufen will – die ihm verpflichteten Hamburger Sozis hatten bei den geheimen Verhandlungen mitgespielt –, verderben Bonner Köche den

Der Fall Axel Springer

Brei. Der böse »Stern« wird mit Informationen gefüttert und läßt rechtzeitig durch einen entsprechenden Artikel den Deal platzen. In Bonn tagt zu allem Überfluß noch eine Kommission, die darüber nachdenkt, wie man per Gesetz die Macht von Pressemonopolen beschneiden kann. Bedrohliche Schatten über König Axels Reich.

»Ihr sechzigster Erinnerungstag fällt in eine Zeit, die in der deutschen Geschichte später wohl einmal erbärmlich genannt werden wird. Unkontrollierte Kräfte schicken sich an, Lebenswerke großer Persönlichkeiten zu zersetzen – mit fadenscheinigen Absichten.« Klagen aus einem Brief, den Axel Springer 1968 an Max Grundig schreibt, einen anderen großen Unternehmer. Zu den großen Persönlichkeiten, deren Lebenswerk »zersetzt« wird – der Begriff aus der Sprache der Unmenschen entlarvt plötzlich alte Denkmuster –, gehört selbstverständlich vor allem er, der Verleger aus Berlin.

Das Fundament, auf dem nach dem Krieg die Bundesrepublik aufgebaut wurde, zeigt Risse. Da Springer zu den Baumeistern des neuen Staates gehört, wird auch er in Frage gestellt. Enteignet ihn, rufen sie, und er kann sich gar nicht erklären, warum plötzlich die Studenten gegen ihn sind. Hat er nicht immer wieder Studentenwohnheime unterstützt? Hat er nicht immer wieder darauf hingewiesen, daß Hochschulreformen nötig sind? Hat er nicht immer wieder das Gespräch mit der Jugend gesucht, vor allem der, die bei ihm angestellt war? Hat er. Und bis zu den ersten Protesten gegen die Mauscheleien der großen Koalition und den Notstandsgesetzen war Springer als Person und mit seinen Zeitungen die außerparlamentarische Opposition im Lande, wenn auch eine der etwas anderen Art. Er eigentlich ist der Gründer der APO.

Für die dann die verhaßte Vaterfigur, das Symbol für das System, das immer nur sich selbst feiert und keine Kritik zuläßt. Springer wollte gern der mächtigste Mann Deutschlands sein, wer das nicht anerkannte, wurde in seinen Zeitungen bestraft. Und jetzt, da er als der mächtigste Mann gilt, als solcher im Mittelpunkt der Demonstrationen steht, schreckt er vor sich selbst zurück. Ich habe doch gar keine

Der Plattmacher

Macht. Ich bin doch gar nicht so stark. Was wollt ihr denn von mir? Ich mach doch nur Zeitungen. Daß die außerparlamentarische Opposition so große Demonstrationen zustande bringt, liegt »auch daran, daß sie ein weitverbreitetes Unbehagen zu mobilisieren wußte, das mit dem Namen Axel Springer verbunden ist« (Helmut Schmidt).

Es geht nicht mehr um Hochschulreform und überfüllte Hörsäle und alte Naziprofessoren, die immer noch unterrichten, und um die lähmenden Auswirkungen der großen Koalition ohne schlagkräftige Opposition. Nun geht es ans Eingemachte, ans Establishment überhaupt, und wer das angreift, kann ja nur zu »unkontrollierten Kräften« gehören. Viel eher allerdings sieht es, wie die Londoner »Times« kühl analysiert, nach »einer allgemeinen Revolte der deutschen Jugend gegen etwas aus, was sie als eine fette, verrottete, schuldbeladene und eingefleischt nach rechts tendierende Gesellschaft betrachtet, deren Symbol und Produkt der wohlhabende Presselord Springer ist«.

Sein Berliner Flakgeschütz »BZ«, zuständig für den Luftraum über den Stammtischen, hatte nach den Demonstrationen gegen den Schahbesuch, bei dem dessen Geheimdienst ungehindert prügeln durfte und von einem Polizisten der völlig unbeteiligte Student Benno Ohnesorg erschossen wurde, zynisch gehämt »Wer Terror produziert, muß Härte in Kauf nehmen«. Sicher, das war nichts weiter als Ausdruck der Meinung der Mehrheit. Der schweigenden Mehrheit. Aber die anderen, die nicht schwiegen, wurden immer mehr. Auch wir sind das Volk, nur jünger als ihr.

Weltweit wird demonstriert, nicht nur in Deutschland. Der Protest unter roten Fahnen und Ho-Tchi-Minh-Rufen entzündet sich am amerikanischen Einsatz im Vietnamkrieg. Daraus entwickelt sich der Protest gegen alle Werte, die der Elterngeneration als ewig gelten. Die Nachdenklichen unter den Älteren stellen sich in Frage und kommen mit ihren rebellischen Kindern wieder ins Gespräch. Die Betonköpfe, in der Politik und besonders in Springers Blättern, schlagen mit Worten um sich und kennen nur eine Antwort auf die ursprünglich sehr wohl idealistische Frage nach einer sinnvollen Zukunft, die der staatlichen Gewalt. Beim Aufprall kann es schon mal Tote geben, so ist das halt, wenn Härte provoziert wird: Tote bei Demonstrationen in der Kent State University, erschossen von Nationalgardisten, Tote bei Straßenschlachten in Paris und in Rom, und nun eben auch in der deutschen Weltstadt, in Berlin.

Am Anfang ist das Wort: Schon 1966, also ein Jahr vor den tödlichen Schüssen auf Benno Ohnesorg und zwei Jahre vor dem Attentat auf Rudi Dutschke, nach der ersten großen Demonstration gegen den Vietnamkrieg in Berlin, will »Bild« »dafür sorgen, daß in Zukunft ähnlichen Demonstrationen die gebührende Antwort erteilt wird«. Falls es stimmt, daß der Mann, der gern auf dem Kopf steht, manchmal blaue Flecken bekommt, weil er »morgens bei der Lektüre meiner Zeitungen aus dem Bett fällt«, muß er bis Mitte 1968 übersät sein von Prellungen: *Stoppt den Terror der Jung-Roten jetzt – Polit-Gammler-Dutschke dreht an einem dollen Ding – Studenten drohen: Wir schießen zurück – Unruhestifter unter Studenten ausmerzen – Jetzt wird aufgeräumt – Kein Geld für langbehaarte Affen – Abgrund von Gesinnungslumperei – Da hilft nur noch eins: Härte – Sind wir denn eine Apfelsinen-Republik? – Wer es wohl meint mit Berlin, der jage endlich die Krawall-Radikalen zum Tempel hinaus – Eiterbeulen – Schreihälse – Geistige Halbstarke – Berlin wird ihnen eine Antwort geben.* Es ist wohl so, daß diese Zeilen alle Springers Meinung entsprechen, denn irgendeine Distanzierung, zum Beispiel eine kleine Rüge an irgendeinen Chefredakteur, die er in anderen Fällen gern verteilt, ist nicht bekannt. Im Gegenteil, Berlin sei unappetitlich geworden, stellt er angewidert fest, und er meint die, die gegen ihn auf die Straße gehen.

Seine rechtsintellektuellen Kettenhunde dürfen es in anderen Worten sagen, in der »Welt« und in der »Welt am Sonntag«, aber es bleibt unappetitlich. Matthias Walden hält es für eine Wahrheit, daß man es mit einer akademischen Variante des Gammlertums zu tun hat, mit Ungewaschenen, die stinken. William S. Schlamm, bei dessen Texten sicher ist, daß der nächste Faschismus nicht mehr antisemitisch sein muß, sieht von der Linkspresse einer »verschandelten Jugend den Hof« gemacht, die es gelüstet nach LSD und DDR und Gammlern und Vietniks und Sexpartys und natürlich von kommunistischen Experten gesteuert wird.

Die Angegriffenen nützen nicht nur das Demonstrationsrecht, sie reagieren mit Straßenschlachten, mit Gewalt, mit Steinwürfen. Wer hat wen zuerst angegriffen? Gewalt erzeugt Gegengewalt, und es wird bestritten, was nicht zu bestreiten ist in einer Demokratie, daß der Staat das Monopol auf Gewalt haben muß. Die Parolen, bei denen Springer und sein Konzern im Mittelpunkt stehen, sind manchmal witzig, manchmal nur genauso platt wie der, den sie meinen: *Seid nett zu Springer, enteignet ihn jetzt – Haut dem Springer auf die Finger – Ri-ra-ro, Springer ist k.o. – Aaaxel, wir kommen – Springer-Presse, halt die Fresse.* Dieses Klima, schreiben deutsche Professoren wie Golo Mann und Walter Jens, Alexander Mitscherlich und Eugen Kogon, ist allerdings »systematisch vorbereitet worden von einer Presse, die sich als Hüterin der Verfassung aufführt und vorgibt, im Namen der Ordnung und der Mehrheit zu sprechen, mit dieser Ordnung aber nichts anderes meint als die Herrschaft über unmündige Massen und den Weg eines neuen, autoritätsbestimmten Nationalismus. Leitartikel des Springer-Konzerns forderten schon Anfang 1967 dazu auf, die Stadt Berlin vom immatrikulierten mobilisierten Mob zu befreien. Es muß darum schärfstens der Erklärung des Springer-Verlages widersprochen werden, er habe die sachliche Auseinandersetzung gesucht.«

Als »Die Zeit« die Berichterstattung der Springer-Zeitungen über die Studentenunruhen mit der Feststellung charakterisiert, diese Blätter würden fälschen und Nachrichten unterdrücken, droht Springer-Jurist Arning mit einer einstweiligen Verfügung, merkt aber zu spät, daß er dem geschickten Anwalt der Gegenseite in die Falle tappt. Der nämlich legt vor Gericht in Hamburg jede Menge Beweise dafür vor, wie in den Zeitungen des Konzerns mit objektiver Wahrheit höchst subjektiv umgegangen wird. Zwar versucht sich der Jurist des Patrioten in einem zusätzlichen Schriftsatz zu retten, es ginge viel zu weit, wenn generell alle Springer-Zeitungen auf Fälschungen geprüft werden, aber da ist es schon zu spät. Der Richter läßt ihn kühl ins Messer laufen. Nach seiner Entscheidung durfte ungestraft vermeldet werden, daß die »Berliner Springer-Blätter die Wahrheit fälschen. Und daß die Redakteure der meisten Springer-Blätter das Fälschen nicht lassen können« (»Spiegel«).

Der Berliner Bischof Kurt Scharf an Ostern 1968: »Der, an dessen Kreuzestod wir heute erinnert worden sind, sagt in seiner großen Bergrede: Mord beginnt beim bösen Wort über den Mitmenschen. Nicht der erst ist ein Mörder, der einen anderen totschlägt, sondern schon der, der ihn einen gefährlichen Lumpen nennt, einen verlausten Nichtstuer, einen Zerstörer der gesellschaftlichen Ordnung.« In diesem Sinne mag Springer Jesus nicht interpretiert wissen.

Der Verleger, das umhätschelte Weltkind in dem, was er für die Mitte hält, kann es buchstäblich nicht fassen. Jenseits kämpferischer Attitüde, mit der er sich und seine Zeitungen verteidigt, ist er tief getroffen und nicht nur in der Eitelkeit, weil er plötzlich zum Buhmann geworden ist. Öffentlich kann er nicht darüber sprechen, was er in seiner Überzeugung, von Gott gesandt zu sein, weiß oder zu wissen glaubt: Christus ist es nicht anders ergangen, auch der wurde von allen angegriffen, aber auch der hat am Ende gesiegt. Unter Gleichgesinnten macht er sich den üblichen einfachen Reim auf die Demonstrationen und Krawalle: Meine Zeitungen sind eben staatsloyal und gegen jedes Experiment, und deshalb werden wir bekämpft. Aber er begreift nicht, und es macht ihm auch keiner begreiflich, daß ebendies das Problem ist. Dies ist die Zeit der Experimente, vorbei die Zeit des Nur-immer-weiter-So. Springer fühlt sich inmitten einer feindlichen Umwelt allein gelassen, selbst evangelische Pfarrer erklären sich mit den Forderungen der Studenten solidarisch.

Wenn er nach Gründen sucht, findet er sie, typisch für sein nationalkonservatives Weltbild, in der Ideologie derer, die von Gott abgefallen sind. Die Aktionen gegen ihn können einfach nicht spontan sein, die sind von einer bösen Macht gesteuert. Also von den Kommunisten drüben. Die haben

Der Plattmacher

zwar versucht mitzumischen, die grauen Herren des DDR-Regimes, wenn es gegen Springer ging. Aber denen waren die unruhigen Rebellen eigentlich genauso suspekt, und auch die begriffen nicht, daß es beim Aufstand der jungen Deutschen keine geheimen Drahtzieher brauchte, daß die von sich heraus und ganz ohne Anweisung wußten, was sie nicht mehr wollten.

Beim Zentralkomitee, Abteilung 62, ist laut einer Aktennotiz dennoch 1967 »eine Arbeitsgruppe zur Unterstützung der Anti-Springer-Kampagne in Westdeutschland und Westberlin« gebildet worden. Die Genossen werden aufgezählt, die dabei sind: Pötschke, Ruch, Rausch, Podemis, Kittelmann usw. Man diskutiert interne Informationen einer zuverlässigen Quelle, daß Studentenaktionen »gegen das Westberliner Verlagsgebäude für Dezember des Jahres geplant sind. Dies ist bei einer Zusammenkunft von Vertretern vom ASTA der FU, dem SDS und der sogenannten Dutschkegruppe festgelegt worden. Auf dieser Zusammenkunft, deren Teilnehmer zum Schweigen verpflichtet wurden, sind weitere Aktionen festgelegt worden: für den 10.7. eine Großkundgebung in der Hasenheide, die als Anti-Springer-Kundgebung aufgezogen werden soll. Im September 67 ein go in. Dann ein Springer-Tribunal. Die Teilnehmer dieser Zusammenkunft würden mit diesen Aktionen das Ziel verfolgen, die Unruhen in Westberlin zu erhalten und zu fördern.«

In einem Brief an das DDR-Innenministerium wird aus Westberlin die Bitte geäußert, doch Wolf Biermann die Ausreise zu erlauben, damit er an einem Anti-Springer-Tribunal im Februar 1968 teilnehmen kann. Der Sekretär des Tribunals schickt in der Anlage gleich die Konzeption und die Rednerliste mit, u. a. Flechtheim und Enzensberger. In einer streng vertraulichen Mitteilung des Ministeriums für Staatssicherheit, Nr. 952/67 an den Genossen Oberst Halle vom 30. Oktober 1967, wird darauf hingewiesen: »Das Sekretariat des Tribunals ist auch daran interessiert, die von ihnen gesuchten Kontakte zur DDR nicht öffentlich bekanntwerden zu lassen.« Der Sekretär, der sich peinlich devot bei den Kommunisten anbiedert, ist der Schriftsteller Peter Schneider,

Der Fall Axel Springer

in den neunziger Jahren nach der Wiedervereinigung einer der modischen Neokonservativen, die beklagen, daß die Linke nicht mit der Nation umgehen könne. Laut Mitteilung der Abteilung Agitation wird übrigens von diesem Tribunal berichtet, daß es zwar »tätig gewesen sei, jedoch nichts erreicht habe. Enzensberger wird durch die HVA operativ bearbeitet.« Man solle sich auf die Hauptaufgabe konzentrieren. Die Planung geht in Kopien ans ZK, das Presseamt, den Verband Deutscher Journalisten und an die FDJ, »mit allen Maßnahmen zur Entlarvung der Politik des Springer-Konzerns und zur Entwicklung der Anti-Springer-Aktionen zu einer über den studentischen Rahmen hinausgehenden Bewegung beizutragen« (20.11.1967).

Daraus wird, wie bekannt, dann doch nichts. Die freie Gesellschaft in der Bundesrepublik trägt ihre Konflikte unter sich aus. Demonstrationen hätte es ohne Agitation der manifesten Kommunisten gegeben, die demokratische Unruhe eben unterscheidet den westdeutschen Staat von dem drüben, wo verordnete Friedhofsruhe als Ordnungsprinzip gilt und wie in der braunen Diktatur die Allmacht der Partei, die Bespitzelung des Nachbarn. Gedanken sind dort nie frei gewesen, und wer aufmuckte, wurde ins Zuchthaus gesperrt. Die Aufforderung der westdeutschen kalten Krieger an ihre unbotmäßigen Kinder, doch nach drüben zu gehen, falls es ihnen hier im Land der Väter nicht mehr passe, war deshalb von besonderer Einfältigkeit.

Der Versuch der rebellierenden Aktiven, mit den anderen Genossen drüben den Abflußkanal der Fäkalien des Springer-Hochhauses zuzumauern und dadurch für einen chaotischen stinkenden Rückstau zu sorgen, endete eher komisch. Tut mir leid, Freunde, sagte der über die Pläne gebeugte rote Spezialist, ist leider nicht zu verwirklichen.

Axel Springer hat die Jugend verloren, wie er beklagt. Aber er begreift nicht, daß er die junge Intelligenz nie hätte gewinnen können, weil die politisch interessierten Studenten in diesen wilden Zeiten, als alles möglich schien und die Welt plötzlich jung, immer in die Vorträge seines Feindes Augstein gestürmt waren und dessen Blatt ihre Bibel geworden war.

Der Plattmacher

Was denn hätten sie mit dem verblasenen Propheten Axel anfangen sollen, der war doch repräsentativ für das verkrustete Bürgertum und außerdem kein kluger Kopf wie der andere. Er ahnte natürlich noch nicht, daß die Aufmüpfigen der sechziger Jahre am Ende des Jahrzehnts seinem geliebten Feind Willy Brandt zur Macht in Bonn verhelfen werden. »Wir brauchen die Herausforderung der jungen Generation«, sagt der und holt sie von der Straße in die Wahllokale, »sonst würden uns die Füße einschlafen.«

Selbst im fernen Waltham an der amerikanischen Ostküste, wo Springer einen Lehrstuhl im Angedenken an seine Mutter Ottilie gestiftet hat, werden ihm an der Brandeis University Schilder ENTEIGNET SPRINGER entgegengestreckt, tragen sich Studenten in Unterschriftslisten gegen den berühmten deutschen Verleger ein. Den Höhepunkt der Aktionen nach dem Attentat auf Rudi Dutschke durch einen verwirrten Rechtsradikalen, der genüßlich mit der Aussage zitiert wird, er habe seine Informationen und seine Weltanschauungen vornehmlich aus Springer-Zeitungen bezogen, erlebt der Verleger nicht live. Er hat sich nach der Rückkehr aus den USA mit seiner Privatmaschine, begleitet von Christian Kracht, in die Schweiz fliegen lassen.

Sein ungeliebter Spitzenmanager Peter Tamm wehrt kerzengerade, wie er es liebt, den Angriff der Studenten auf das Verlagsgebäude in der Berliner Kochstraße ab. »Licht brauchten wir keines«, sagt er lakonisch, »es brannte ja die Kraftfahrzeugshalle, da sah man genug.« Polizisten mit Schlagstöcken und mit Knüppeln bewaffnete Drucker verteidigen die Zitadelle des Verlegers, den Leuchtturm der Freiheit, es gehen viele Glastüren und Fenster zu Bruch, Glaserrechnung später 120 000 Mark, aber der selbsternannte Feldherr hält die Stellung. Das sind Schlachten nach seinem Geschmack, da fühlt er sich wie der Admiral auf der Kommandobrücke, die Guten und die Bösen sind klar zu unterscheiden, und so hat Tamm es gern. Springer läßt an diesem Karfreitag 1968 anrufen, ob was los sei. Eigentlich nicht, sagt sein Stellvertreter an der Mauer, die Eingangshalle ist zerdeppert, die Garagen brennen, 10 000 Mann stehen vor dem Haus, vielleicht brennt morgen der ganze Verlag, aber sonst ist alles okay. Sagen Sie Herrn Springer, beendet er das Gespräch, er kann mich sonstwo lecken, er soll mich in Ruhe lassen oder herkommen.

Beim späteren Prozeß gegen den APO-Anwalt Horst Mahler, von dem der Verlag 1970 Schadensersatz verlangt und der wegen Aufruhr und Landfriedensbruch vor Gericht steht, wird Axel Springer geladen. Ein paarmal gelingt es ihm, sich mit fadenscheinigen Gründen zu verweigern, Ordnungsstrafen lassen ihn eher kalt. Dann, als er endlich in Moabit erscheint, schwer bewacht und gut begleitet, weiß er gar nicht, was die gegnerischen Anwälte von ihm wollen: »Ich war nicht im Dienst. Sie wenden sich an die falsche Adresse. Ich habe mit der Aufbereitung der Zeitung nichts zu tun.« Doch er sitzt bleich in der ersten Reihe, fast erstarrt. Man hatte ihn bewacht wie einen Schwerverbrecher, wie einen Diktator, um ihn vor der Menge draußen zu schützen. »Seine Selbstachtung«, stellt der »Spiegel«-Gerichtsreporter Gerhard Mauz fest, der seinen Springer noch aus den Zeiten kennt, als er für ihn bei der »Welt« arbeitete, »hat einen Schock erlitten.«

Es hat Tote gegeben bei diesen Unruhen an Ostern, und ganz klar, schreibt Rudolf Augstein, diese Toten gehen auf das Konto des SDS, des Sozialistischen Deutschen Studentenbundes. Günter Grass, der mit über hundert anderen deutschen Schriftstellern auf der Buchmesse 1967 für einen Boykott aller Springer-Blätter gesorgt hatte, wirft den Studenten vor, genau das gemacht zu haben, was die Springer-Presse von ihnen erwartet habe, nämlich Kopf und Konzept verloren zu haben. Böll fordert eine Klausur der Studenten, in der sie sich andere, gewaltlose Methoden überlegen sollen. Bundespräsident Gustav Heinemann spricht von der alten Erfahrung, daß Ausschreitungen und Gewalttaten genau die gegenteilige öffentliche Meinung schaffen, die sich ihre Urheber wünschen. Gewalt sei nicht nur gemein, sondern obendrein dumm. Hans Huffzky, viele Jahre Chefredakteur der von Springer und Jahr gegründeten Frauenzeitschrift »Constanze«, schreibt am 19. April 1968 an seinen lieben Axel:

Der Plattmacher

»Unser Volk befindet sich im Zustand der Selbstzerfleischung. Die letzten Tage seit dem Attentat auf Rudi Dutschke haben das bewiesen. Wenn dieser Prozeß der Selbstzerfleischung anhält, ist das Ende mit all seinem Schrecken nicht mehr vorstellbar. Ich möchte Dich bitten zu überlegen, ob Du nicht zurücktreten solltest. Ich meine damit, als politische Potenz ausscheiden aus unserer Öffentlichkeit ... müssen Dir die letzten Tage bewiesen haben, daß Du objektiv der angreifbarste Punkt in unserer innenpolitischen Geographie geworden bist. Dieses Volk lebt in einer unvorstellbaren inneren Zerrissenheit. Hilf ihm aus dieser Not, aus dieser Angst, aus dieser Verzweiflung, aus dieser Ratlosigkeit. Gib ein Zeichen, ein spektakuläres Zeichen, das keiner erwartet: Tritt ab, so guten Glaubens Du auch sein magst. Dein Name ist geschändet, ob in Deiner Verantwortlichkeit oder nicht, das ist jetzt gleich. Und so widersprüchlich es auch klingen mag: Vom Trauma Springer befreit wären auch Ungezählte, die heute noch Deine Speere tragen, Journalisten in Deinen eigenen Blättern, Politiker, Parteien, Regierungen – nicht weil sie aus Deinem Geiste sind, sondern aus purer jeglicher Angst vor Deiner Macht. Dein Rücktritt gäbe diesen Ungezählten ihre Identität zurück. Er könnte gleichsam in vielen hervorragenden, aber heute von Dir gefangenen Gehirnen neue geistige Freiheit produzieren.«

Für eine Übergangszeit soll er, setzt Huffzky in einem persönlichen Gespräch nach, seinen Verlag vom begabten Christian Kracht leiten lassen. Um des lieben Friedens willen. Der weiß zwar nichts von der Empfehlung, hat mit der Idee nichts zu tun, ist schließlich nicht blöde und kennt Springers Eitelkeiten, aber von dem Moment an, so stellt es sich ihm heute dar im Blick zurück ohne Zorn, ist Springer wahrscheinlich entschlossen, ihn um einen Kopf kleiner zu machen.

Der kämpfende Patriot ist natürlich empört über die Zumutung, sich aus der Öffentlichkeit zurückzuziehen. Nun erst recht, er steht das durch, und mit diesem Huffzky rede ich nie wieder. Dann schwankt er wieder, weil den alten Mimen natürlich das Einmalige des Auftritts reizt, welche Schlagzeilen würde es bei seinem Rücktritt geben. Allerdings

Der Fall Axel Springer

zum letztenmal. Also lieber hart bleiben. Auch das kann man ja spielen.

Dennoch: Die neue Nachdenklichkeit am Ende der Straßenschlachten und am Beginn des sattsam zitierten langen Marsches der sogenannten Achtundsechziger-Generation durch die Institutionen erfaßt sogar Axel Springer, der im kleinen Kreis bekennt, wie tief ihn schon der Tod von Benno Ohnesorg getroffen habe. Einem Journalisten des »Daily Mail« in London sagt er: »In diesen jungen Köpfen herrscht eine tiefe Animosität gegen das Establishment, gegen dieses gutgeregelte, ordentliche, konservative und – lassen Sie uns ehrlich sein – ziemlich graue Leben, das wir alle in einer solchen Gesellschaft führen müssen. Sie sehen um sich herum das Streben nach materieller Verbesserung und fast nichts, das auf dem Weg künstlerischen Ausdrucks dabei herauskommt. Ich sage, der Fehler liegt bei uns allen, nicht beim Staat.«

Axel Springers Einsichten aus diesem Interview werden nie dementiert.

9. Kapitel

Israel, mon amour

Zur Begrüßung seines anderen Vaterlandes küßt er stets den Boden, wenn er in Tel Aviv eintrifft. Israel, mon amour. Was die Umstehenden davon halten, ist ihm egal. Dan Turk, der Fahrer, der auf ihn wartet und ihn bei allen Besuchen ab 1968 nie aus den Augen verliert, wird von Axel Springer umarmt wie ein alter Freund. Schön, wieder bei euch zu sein. Anfangs ist diese spontane Geste dem Mann mit der eingebrannten Erinnerung an das andere Deutschland, das er nur knapp überlebt hat, ein bißchen peinlich, was sollen die Kollegen am Flughafen denken. Als ob er sich ranschmeißen würde an den berühmten Verleger. Später wird die Umarmung zwischen den beiden genauso selbstverständlich sein wie Springers Gewohnheit, sich neben ihn zu setzen und nicht wie Ernst Cramer oder Pierre Pabst oder Friede Springer in den Fond des Wagens. Da vorne kann man sich doch viel besser unterhalten und direkt erfahren, was die Leute in »seinem« Land wirklich bewegt, wovor sie Angst haben.

Die beiden reden auch von der Schuld der Deutschen, aber nie abstrakt, immer ganz konkret am Beispiel von Schicksalen bestimmter Menschen. Dan Turks Lebenskämpfe, die mit dem Grauen der Konzentrationslager und mit Vertreibung zu tun haben und der Schwierigkeit, so etwas zu überstehen und nicht alle zu hassen, die deutsch sind. Springers Geschichten von der alltäglichen Anpassung und seinem Glück, persönlich frei von Schuld zu sein, aber sich verantwortlich zu fühlen für die »Todeswolke«, die seit Auschwitz über

Der Fall Axel Springer

Deutschland hängt. Er leidet geradezu körperlich an diesen Verbrechen, und daran ist nichts gespielt, nichts aufgesetzt, dies ist keine Rolle in irgendeiner seiner üblichen Inszenierungen. Er weiß, daß es nichts Vergleichbares gab in der Geschichte, daß der Tod ein Meister aus Deutschland war.

Eine Chance, diese Schuld abzutragen, ist für ihn die kompromißlose Bekämpfung des Kommunismus, bloß nicht noch einmal versagen und schweigen wie 1933, als Hitler die Macht übernahm. Er sieht keinen Unterschied zwischen den beiden totalitären Systemen, beide sind unmenschlich und beide vor allem gottlos: »Man kann nicht die braune Unfreiheit hassen und bekämpfen, die rote aber herbeireden und lieben oder verharmlosen.« Schuld abtragen will er vor allem durch eine bedingungslose Unterstützung des Staates Israel und seiner Politik, ganz egal, wer da gerade an der Regierung ist. Springer, der sich in Deutschland immer als staatsloyal bezeichnet hat, stets dabei aber den starken und nicht den liberalen Staat meinte, kann sich hier zu seinen konservativen Ordnungsprinzipien bekennen und weiß, die Mehrheit denkt wie er.

»Auch wenn es ganz altmodisch klingen mag«, gesteht er in dem Fernsehfilm von Renate Harpprecht, die er als Interviewpartnerin akzeptierte, weil sie von den Deutschen verfolgt worden war, drei Jahre im KZ saß, in Bergen-Belsen befreit wurde, und dieses Zitat ist dem Schnitt zum Opfer gefallen, »ich wage es zu sagen, es ist ein Land, in dem man zum Beispiel das Wort Vaterland noch ohne bösen Beigeschmack sagen kann. Hier darf man Mutter und Vater ehren, hier ist Pornographie immer noch Pornographie und keine Kunst, all diese Dinge nehmen mich sehr für Israel ein, und ich liebe es sehr, in diesem tüchtigen Land zu sein.« Tüchtig zu sein ist die Eigenschaft, die man den Deutschen zugesteht, selbst wenn man sie nicht liebt. Dazu paßt, daß die meisten Deutschen ihr Herz für Israel ausgerechnet dann entdeckten, als die höchst tüchtige Armee des Landes in nur sechs Tagen einen Blitzkrieg gewann. In »Bild«-hafter Sprache ausgedrückt: Donnerwetter, diese Juden.

Dan Turk hört sehr genau zu, wenn Springer von seinen

Israel, mon amour

Gefühlen für Israel spricht, anfangs noch distanziert, denn er kennt den Mann ja kaum, später wie den Erzählungen eines alten Freundes, dem er auf seine Art nahe ist. Springer ist ein Mann, der ihn zwar bezahlt, aber nie wie einen Angestellten behandelt, dem er alles glaubt, an den er glaubt und dessen Feinde irgendwann seine Feinde sind. Deshalb achtet er stets darauf, daß er freien Zugriff zum Handschuhfach hat, wo sein Revolver liegt. Der ganz besondere Chauffeur hat selbstverständlich in der israelischen Armee gekämpft, er weiß mit gefährlichen Situationen umzugehen. Allerdings braucht er seine Waffe nie, denn in Israel kann sich sogar in den sechziger Jahren der bestgehaßte Mann der Bundesrepublik so frei bewegen wie in deutschen Städten schon lange nicht mehr. Er muß nie Angst davor haben, daß an der nächsten Ecke ein Mörder lauert, und auch dies ist ein Grund, warum sich der Verleger in Israel bis ans Ende seines Lebens so wohl fühlt.

Er kann wie jeder andere Gläubige die heiligen Stätten besuchen, kann wie jeder andere Tourist in der verwinkelten Altstadt Jerusalems herumspazieren, er kann sogar endlich wieder spontan abends in ein Restaurant gehen, muß nicht jeden Schritt absprechen mit seinen sonst allgegenwärtigen Bodyguards. Natürlich wird er beschützt, aber er merkt es nicht. Natürlich achtet Dan Turk nicht nur auf den Straßenverkehr, er hat ein antrainiertes Gespür für mögliche andere Gefahren. Natürlich kündigt es sein Freund Teddy Kollek vorher bei den Sicherheitskräften an, wenn er mit Springer zu einem seiner spontanen Spaziergänge durch Jerusalem aufbricht oder der sich wünscht, morgens ganz allein dort zu beten, wo auch Jesus von allen verlassen war, im Garten Gethsemane. Ein Soldat bewacht ihn.

Von Tel Aviv aus fährt Dan Turk den Verleger und dessen Begleitung, die anfangs mit Springers Flugzeug kommen, später mit dem der Burdas oder ganz normal mit der Lufthansa, meist direkt nach Jerusalem, ins »King David«-Hotel. Dort hat das Büro des Verlegers immer unter dem Namen Bloch Zimmer buchen lassen, bis König Axel in den achtziger Jahren auch hier, in der Stadt Davids, in vertrauter Umgebung in eigenen Wänden leben kann. Direkt neben dem berühmten Hotel soll ein großes Wohnhaus entstehen, der Deutsche kauft sich mit einem zweistöckigen Appartement ein. Als der Neubau auf dem Gelände der ehemaligen britischen Polizeikaserne stockt, hilft er diskret mit einem Gesamtdarlehen aus. Von Gut Schierensee wird sein Kustos Henrik Lungagnini eingeflogen, der kümmert sich um die Ausstattung. Den passenden ungarischen Bauerntisch findet er ausgerechnet auf einem Flohmarkt in Jaffa.

Axel Springer will unbedingt hier oben wohnen, nirgendwo sonst in Jerusalem, obwohl ihm sein Freund Teddy Kollek als Bürgermeister der Stadt sicher manches hätte besorgen können. Das liegt an der Aussicht, die ihm symbolisch scheint und die mit seiner Bestimmung und seiner Sehnsucht zu tun hat: Bevor er den Vertrag unterschreiben ließ, hat er sich auf einen der Felsen im Garten helfen lassen – kann man von hier die Himmelfahrtskirche sehen? Man kann sie sehen, jenseits des Tales, aus der Altstadt herausragend, Symbol für Christi Himmelfahrt, und von der Terrasse seiner Wohnung sieht man sie erst recht. Es gilt dieser Kirche immer Springers erster Blick, wenn er nach Jerusalem kommt. Auch hier in King's Garden 27 steht neben der Klingel auf dem Türschild der Name Bloch.

Prinzip Hoffnung, daß keiner erfahren wird, wer sich wirklich hinter diesem Namen verbirgt? Für ganz so blöde aber hält man die palästinensischen Gesinnungsgenossen der deutschen Terroristen wohl doch nicht. Selbstverständlich wird also dieser Eingang gut und unauffällig bewacht von der staatlichen Firma, zu der auch jene Herren gehören, die stets wie zufällig in der Lobby des »King David« herumlümmeln, ab und an in alten Zeitungen blättern, aber jeden prüfend anschauen, der das Hotel betritt. Wenn Springer im Garten auf der Steinbank sitzt, in die auf deutsch das Wort Friedensecke eingraviert ist, und hinüberschaut über die Mauern der Altstadt, bewegt sich der Strauch hinter ihm nicht vom Abendwind.

Seine ehemalige Geliebte Barbara Taufar glaubt, daß sie durch ihre Erzählungen Springer für Israel begeistert hat, daß

Israel, mon amour

Versöhnung mit Willy Brandt 1985 in Jerusalem

sie es war, die dafür gesorgt hat, daß er offiziell eingeladen wird ins Land seiner Sehnsucht. Das hat zufällig nichts mit Mystik und Vorsehung zu tun, sondern mit ihren Kontakten zum israelischen Geheimdienst Mossad, der sie mal vergeblich als Mitarbeiterin hat gewinnen wollen, um die Redaktion der »Bild-Zeitung« auszuforschen. Asher Ben Natan, erster Botschafter Israels in Deutschland und später von seinem »politischen Freund Axel« oft mit Curd Jürgens verglichen, dem er in der Tat gleicht, glaubt das eher nicht. »Wir wußten schon sehr genau, welchen Einfluß Springer hatte«, sagt er, »und wir wußten sehr genau, was er während der Nazizeit gemacht hat und daß er sich schämte für die Verbrechen, die von Deutschen an den Juden begangen wurden. Über Axel Springer mußte uns eigentlich niemand etwas berichten.«

Wer annimmt, daß mit »uns« der berühmte Mossad gemeint ist, wird so falsch nicht liegen. Eine Kiste mit Grapefruits aus Jaffa, die aus Israel dem Verleger an Weihnachten 1965 mit den besten Wünschen für ein gutes neues Jahr geschickt wird, ist nur für ihn etwas ganz Besonderes. Solche Geschenke machen die Israelis aus Tradition vielen ihrer Freunde und Lobbyisten im Ausland. Einfach eine nette Geste. Aber für Springer ist diese Sendung ein göttliches Zeichen. Als sie in seinem Hamburger Büro angeliefert wurde, hat er Barbara Taufar von ihrem Redaktionsschreibtisch zu sich in den zwölften Stock gebeten, wo er neben seinem Arbeitszimmer ein Schlafzimmer und ein Bad hatte, und ihr stolz und aufgeregt gezeigt, was da aus Israel gekommen ist. Asher Ben Natan lädt ihn dann wenig später offiziell nach Israel ein, Springer nimmt dankend an, weil er glaubt, die Zeit sei reif und die Vorsehung habe es so bestimmt.

Bei den politischen und diplomatischen Vorbereitungen der Reise helfen Ernst Cramer, der ehemalige Schulfreund Erik Blumenfeld, Abgeordneter der CDU in Bonn, und der israelische Industrielle Yekutiel Federmann, der insgeheim darauf hofft, daß der reiche Deutsche überredet werden kann, in Haifa einen Konzertsaal zu finanzieren. Im Juni 1966 fliegt Springer, aufgeregt wie vor einem besonderen Rendezvous, zum erstenmal nach Tel Aviv. Von dort fährt er nach Jerusalem, damals noch nicht von Dan Turk begleitet, der in der Armee gebraucht wird und ein Jahr später im Sechs-Tage-Krieg kämpft.

Springers Begegnung mit Israel ist eine Liebe auf den ersten Blick und der Beginn einer Freundschaft, der mit Jerusalems Bürgermeister Teddy Kollek. Im November 1966 kommt er schon wieder, von da an in jedem Jahr, so oft es seine Geschäfte in Deutschland erlauben. Für die Eröffnung seines neuen Verlagsgebäudes, nicht zufällig auf Teilen der ehemaligen Jerusalemer Straße in Berlin, hat er sich Oskar Kokoschkas Gemälde über Jerusalem aus einem amerikani-

Israel, mon amour

schen Museum ausgeliehen und zieht in seiner Ansprache die Parellelen zwischen den beiden geteilten Städten. Israel ist seine Verheißung, das Gelobte Land, sein Garten Eden. Israel wird seine glühend umworbene Geliebte, der er immer treu bleibt. Hier kann der zu Hause umstrittene Verleger nach anfänglichen Schwierigkeiten, weil er eben ein Deutscher ist, bald baden in Wogen von Sympathie wie schon lange nicht mehr. Hier kann er nicht nur auf seine königliche Art etwas wiedergutmachen, obwohl er weiß und in vielen Reden betont, eigentlich sei der Begriff Wiedergutmachung falsch, die Verbrechen der Deutschen seien nicht wiedergutzumachen. Besonders schlimm, sagt er in einem Interview mit der »Jerusalem Post«, sei die Tatsache, daß mit der NPD schon wieder Faschisten in Deutschland erstarken, aber er verspricht, bald zu einer ihrer Veranstaltungen zu gehen und zu beweisen, »wie lächerlich sie eigentlich sind«, denn nach seiner Meinung sind sie keine große Gefahr. Natürlich geht er nie hin.

Vor allem ist der Menschenfänger in Israel dem Menschensohn besonders nahe, denn überall im Land trifft er auf Zeugnisse aus längst vergangenen Zeiten, als Christus hier lebte. Hier wandert Springer in der Tat auf den Spuren des Messias, hier erlebt er alles unmittelbar, worüber er gelesen hat. Er hat seine Bibel immer dabei und blättert in ihr wie in einem Reiseführer. Lukas sei ein glänzender Reporter gewesen, erzählt Springer seinen Leuten in Berlin, alles stimme bei ihm, jedes Detail.

Israel, mon amour. Es gab sogar Überlegungen kurz vor seinem Tod, den gesamten Konzern in eine Stiftung einzubringen und die dem israelischen Staat zu schenken, sozusagen als letzte große Geste der Wiedergutmachung. »Für uns ist Axel Springer einer der drei wichtigsten Deutschen der Nachkriegszeit«, meint Asher Ben Natan, »der erste ist Adenauer, weil er nach dem Holocaust mit Ben Gurion das Verhältnis der beiden Staaten geordnet hat und weil er dafür sorgte, daß zumindest materielle Wiedergutmachung geleistet wurde. Der zweite ist Franz Josef Strauß, weil er uns mit seinen Kontakten die Waffen besorgt hat, die wir gegen unsere Feinde brauchten. Und der dritte ist Axel Springer, der hat uns geliebt, und wir haben ihn geliebt.«

Er hat sie nicht nur geliebt, er hat in seinen Blättern dafür gesorgt, daß der junge Staat eine unüberhörbare Lobby hatte. Alle Redakteure mußten mit ihrem Vertrag jene vier Essentials unterschreiben, von denen eines fordert, jederzeit für Israel einzutreten. Die Feinde der Juden, vor allem die Araber, waren seine Feinde, und das ließ er in seinen Zeitungen schreiben, und das sagte er selbst immer wieder in Reden und Vorträgen. Der Islam war ihm fremd und so bedrohlich wie der Kommunismus, die arabischen Länder gehörten für ihn zum Reich des Bösen, zum Reich des Satans. Er hat die Botschaft immer wieder in die Welt getragen, und nicht nur in seine, daß Israel, vor allem von den Deutschen, immer und um jeden Preis unterstützt werden müsse:

»Ich weiß, die unaussprechlichen Dinge, die ... getan worden sind, können nicht ungeschehen gemacht werden. Sie können auch nicht überwunden werden. Nur eines bleibt: die historische Gelegenheit zu nutzen, die der Herr der Geschichte dem deutschen Volk offensichtlich gewährt: die Gelegenheit, fest an der Seite des Staates Israel zu stehen, jenes Staates, den die Kinder und Brüder der von den Deutschen Ermordeten aufgebaut haben« (Rede vor dem Oversea's Press Club in New York, 1969).

»Ich bin mir bewußt, daß diese Ehrung fast dreißig Jahre nach dem Ende des Zweiten Weltkriegs stattfindet, auf dessen grausamem und beispiellosem zweiten Schlachtfeld der Versuch unternommen wurde, die Juden in Europa auszurotten. Dafür muß mein Vaterland die Schuld tragen und die Verantwortung in Ewigkeit annehmen« (Rede bei der Verleihung der Ehrendoktorwürde der Bar-Ilan-Universität, 1974).

»Jede Eröffnung eines PLO-Büros in einer westlichen Hauptstadt hilft den Radikalen und entmutigt die Maßvollen unter den Arabern in Israel und außerhalb Israels. Und ich weiß auch, daß, je schwieriger die Lage wird, desto härter und unbeliebter die Gegenmaßnahmen sein müssen ... Aber sie müssen ergriffen werden, ob es die sogenannte aufgeklärte Welt nun mag oder nicht. Letzten Endes aber sehe ich keinen anderen Weg, als sich an den Geist des Gebotes zu halten: Liebe deinen Nächsten wie dich selbst. Was wiederum ein Glaubensgrundsatz ist. Ich bin zutiefst überzeugt, daß dieser Geist sich schließlich durchsetzen wird« (Rede bei der Eröffnung einer mit Spenden der Axel-Springer-Stiftung erbauten Klinik in Jerusalem, 1976).

»Ich bete zum Herrn, daß das Volk der Bibel, das auch das Volk des Friedens ist, endlich Frieden im Land der Bibel findet. Jenseits von Wiedergutmachung, jenseits der Debatte über Kollektivschuld und Kollektivverantwortung ... jenseits davon sitzt ein tiefes Gefühl für die Juden, und insbesondere für Israel, in den heutigen Deutschen, alt oder jung« (Rede bei der Verleihung der Leo-Baeck-Medaille, 1978).

Die Juden sind das auserwählte Volk Gottes. Je mehr ihn dieses Volk akzeptierte, desto mehr schien es ihm auch seine gottgewollte Berufung zu sein, sich einzumischen auf der Welt. Und das machte er auch, wenn ihn keiner um seine Meinung gebeten hatte, dann erst recht. Er sah sich auf einer Stufe mit denen, die regierten. Gerade die brauchten seinen Rat, denn die waren ja nur für eine gewisse Zeit gewählt, er dagegen auserwählt. Axel Springer in einem Brief vom 30.6.1967 an den damaligen deutschen Bundeskanzler Kurt Georg Kiesinger, der bekanntlich nicht zu den Widerstandskämpfern zählte:

»Jerusalem ist die Hauptstadt Israels. Dies ist die Erfüllung einer 2000 Jahre lang wachgehaltenen Sehnsucht der Juden. Nur ein Krieg könnte ihnen diese Stadt wieder entreißen... Als ich Herrn Kollek für seinen Jerusalem-Fonds einen Scheck über eine Million israelische Pfund überreichte, sagte er mir, daß ein Großteil dieses Betrages, ebenso wie andere eingezahlte Summen, zum Aufbau der Altstadt verwendet würden. Was den Status der Stadt anbelangt, so sind alle in der UNO oder sonstwo angestellten Überlegungen, Jerusalem wieder wie zuvor zu teilen, unrealistisch, beinahe anachronistisch. Ich glaube sogar, unser Land könnte der richtigen Sache einen großen Dienst erweisen, wenn die deutsche Botschaft jetzt, schon sehr bald, offiziell ihren Sitz von

Der Fall Axel Springer

Tel Aviv nach Jerusalem verlegen würde... Die Bundesrepublik Deutschland und ihre Menschen haben sich in Israel ein Ansehen erworben, das man noch vor einem Jahr in diesem Ausmaß nicht zu erhoffen wagte.«

Äußeres Symbol dafür sei der spontane Händedruck gewesen, mit dem ihn Sonderminister Begin begrüßt hat, der Mann, dessen Likud-Partei sich »seinerzeit aus prinzipiellen Gründen gegen die Unterzeichnung des Wiedergutmachungsabkommens gestemmt hatte und dessen Anhänger sowohl gegen Konrad Adenauer... demonstriert hatten und dem Museum noch im vergangenen Herbst empfohlen hatten, meine damalige Spende nicht anzunehmen... Wir alle sollten kurzum, so glaube ich, die uns gebotene historische Chance, das Richtige zu tun, ausgerechnet gegenüber dem von Deutschen so geschundenen israelischen Volk das Richtige zu tun, nutzen und wahren. Ich bin davon überzeugt, daß sich, auf die lange Sicht gesehen, eine anständige Haltung auch in der Politik auszahlt.«

Der Mann, der auf seine Art anständige Politik machen möchte, berichtet bei einem Zwischenaufenthalt in Rom dem katholischen deutschen Kurienkardinal Bea von seiner Reise als Staatsmann, der er auch ohne offizielles Amt ist, und dem gibt er anschließend schriftlich zu Protokoll, wie man mit Israel umzugehen habe: »davon überzeugt, daß den Gläubigen am besten damit gedient ist, wenn das wiedervereinigte Jerusalem und damit die heiligen Stätten der Christenheit unter der Schirmherrschaft des Staates Israel bleiben«. Axel Springer argumentiert moralisch, seine Ansprechpartner sind Realisten. Sie bleiben höflich, schließlich ist der Mann ja ein berühmter Verleger, aber ihre Realpolitik wollen sie sich nicht von solchen Friedensaposteln stören lassen.

Springer wäre ein überzeugter und überzeugender Botschafter gewesen, für sein Vaterland in seinem anderen Vaterland, in Israel. Hier paßte einfach alles ideal zusammen. Der Bürgersohn aus Altona hat im Lande der Opfer seine deutschen Sekundärsehnsüchte nach Ordnung, Elternliebe und Sauberkeit erfüllt gesehen – und gleichzeitig seine vom Gefühl und vom Glauben bestimmte Moral gegen deutsche

Israel, mon amour

Sekundärtugenden wie Pünktlichkeit und Disziplin setzen können. Sekundärtugenden, die ja auch galten, als es darum ging, pünktlich die Züge nach Auschwitz zu leiten und diszipliniert die Juden zu vergasen.

Dan Turk erzählt Geschichten, die nicht fürs Geschichtsbuch und die Nachwelt aufgeschrieben sind und die er für typischer hält, wenn er erklären soll, warum die Juden ihren Axel Springer nicht vergessen werden. Also nicht die Geschichte seiner 15-Millionen-Mark-Spende für eine Poliklinik in Ostjerusalem, wo jährlich 100 000 meist arabische Patienten behandelt werden, nicht die Geschichten seiner großzügigen Zuschüsse für ein Krebszentrum, für eine neue Bibliothek oder einen Hörsaal, im Museum oder in der Universität. Also nicht die Geschichte von seinem allerersten Scheck über eine Million Dollar, der 1966 zur Regierungskrise führte, weil man von einem Deutschen kein Geld nehmen dürfe. Das war die Zeit, als sogar ein Minister zurücktreten mußte, weil er privat einen Volkswagen fuhr. Teddy Kollek hat das Geld genommen, und Springer hatte gewonnen, als er ihm einen natürlich öffentlichen Brief schrieb, er verstehe sehr wohl die Gefühle der Empfänger, er wolle gar nicht genannt werden, anonym bleiben, aber dennoch das Geld für den Anbau des Israel-Museums spenden.

Solche Geschichten kann man nachlesen, sagt sein ehemaliger Fahrer. Und daß er mir einen Mercedes geschenkt hat, daß er mich und meine Frau nach Deutschland eingeladen hat, könnte man ja noch erklären durch die Nähe zwischen uns beiden auf dem Vordersitz. Von meiner Dankbarkeit wollte er nichts wissen, du gehörst zu uns, Dan. Es sind eher die kleinen Erlebnisse, die für ihn viel besser die Einmaligkeit seines Herrn Springer erklären.

Einmal saß der mit seiner Frau und Freund Pierre Pabst in der Bar des »King David«, es war 1973 beim Jom-Kippur-Krieg. Ein Soldat betrat den Raum und ging zum Barkeeper, zu Robert, dem Emigranten, sagte irgend etwas, was nicht zu verstehen war. Der Mann hinter der Bar wurde bleich und brach auf dem Boden zusammen. Springer sprang auf, was ist los, Dan? Der erkundigt sich und berichtet, während sein

Chef schweigend zuhört. Roberts Sohn sei gefallen und die Nachricht ihm gerade eben überbracht worden. Am anderen Morgen lädt Springer den von den Nazis aus Österreich vertriebenen Robert und seine Frau für zwei Wochen nach Deutschland ein, kümmert sich persönlich um sie, versucht zu trösten, obwohl es für Eltern beim Tod eines Kindes kaum Trost gibt. Bei einem späteren Besuch sieht er einen anderen Mann hinter dem Bartresen. Wo ist Robert? Der ist im Krankenhaus. Springer läßt sich von Dan in die Klinik fahren, vorher von Ernst Cramer – »mach das mal, Ernie« – als Mitbringsel einen kleinen Fernsehapparat besorgen, sitzt eine Stunde an Roberts Bett und redet mit ihm.

Ach, und diese wunderbare Geschichte, sagt Dan Turk und lacht, als der Herr Springer 1976 nachts um halb eins in der menschenleeren Lobby des »King David« tanzte, im Schlafrock und in Pantoffeln, gerade geweckt worden war, mich umarmte, los, besorg was zu trinken, jetzt mitten in der Nacht?, na und, es gibt endlich was zu feiern. Er hatte als einer der ersten erfahren, daß es der Armee gelungen war, die Geiseln in Entebbe zu befreien und mit ihnen nach Israel zurückzukehren. Und er freute sich über dieses berühmt gewordene präzise Kommandounternehmen wie über einen ganz persönlichen Erfolg.

Es gehört zu den Widersprüchlichkeiten in der Lebensgeschichte Axel Springers, daß er zwar bedingungslos für Israel eingetreten ist und zum Beispiel nie ein Wort der Kritik an der gnadenlosen Siedlungspolitik des Staates geäußert hat. Daß er politisch sicher dem rechten Likud-Block nahestand und dennoch befreundet war mit dem sozialistischen Bürgermeister von Jerusalem, mit Teddy Kollek. Eine Parallele zu seinen früheren Zeiten, als er Adenauers Politik grundsätzlich bejahte und Sozialdemokraten für ihren Patriotismus bewunderte. Springer hat aber nie die üblichen deutschen Ausflüchte gebraucht, nichts gewußt zu haben von den Verbrechen der Nazis und deshalb frei von Schuld zu sein. Er betonte immer, und nicht nur, weil Ernst Cramer ihm solche Reden schrieb, keine bösen fremden Dämonen seien für Auschwitz verantwortlich gewesen, das waren wir, das ist unsere Schuld.

Israel, mon amour

*Axel Springer beim gut bewachten Spaziergang
mit Teddy Kollek in Jerusalem*

Und er sagte es vor denen, die so etwas gar nicht hören wollten, vor den Heimatvertriebenen zum Beispiel: »Ihrer Flucht und Ihrer schmerzlichen Vertreibung gingen, auch das dürfen wir in einer solchen Stunde nicht vergessen, Vertreibung und Flucht anderer voraus. Sie wissen, wen ich meine: die während der Jahre des Nationalsozialismus aus rassischen oder politischen Gründen Verfolgten, vor allem die von ihren deutschen Mitbürgern verjagten Juden – von den Ermordeten ganz zu schweigen.« Er sprach nicht wie andere seiner Generation verwaschen von Verbrechen, die im Namen von irgendwelchen Deutschen begangen wurden, die wohl von irgendwoher gekommen sein mußten und den guten deutschen Namen mißbraucht hatten. Er benutzte das Wort von der Kollektivhaftung seiner Generation für die Nazi-Verbrechen und hoffte, daß vielleicht einmal die Nachgeborenen unbefangen miteinander umgehen konnten, er dagegen könne das nicht und sei dankbar, wenigstens helfen zu dürfen.

Diese Haltung ehrt ihn, die wenigen Eitelkeiten in seinen

Vorträgen in Jerusalem, die manchmal peinlich aufgesetzte Demut eines guten Christenmenschen spielen beim Gesamtauftritt Springers in Israel keine entscheidende Rolle. Sein Engagement war echt, das geben auch seine Gegner zu. Axel Springer hätte nie zugelassen, was die rechtsradikal geputzten Ernst-Nolte-Jünger in seinen Zeitungen später schrieben. Er hätte sie, ritsche-ratsche, gefeuert. Denn rechtes Gedankengut war erlaubt und gern gesehen, aber sobald es antisemitisch wurde oder gar der Holocaust bezweifelt wurde, nahm der Verleger das Alte Testament zur Hand. Sechs Tage lang hat er, erzählte er selbst scherzend, während des Sechs-Tage-Krieges in Deutschland aus seinen Blättern israelische Zeitungen gemacht. Aus Verkaufsgründen habe er allerdings nicht in hebräisch gedruckt.

Bei allem Engagement jedoch war Springer unfähig – oder einfach zu faul? –, die Ursachen des Nationalsozialismus zu analysieren, die letztlich Konzentrationslager, Genozid, Kriege bewirkt haben. Unfähig zu erkennen, wes Geistes Kind zum Beispiel die nationalistische und reaktionäre Deutschland-Stiftung war, deren nach Konrad Adenauer benannten Preis für aufrechte Deutsche er in altbekannter Eitelkeit dankend entgegennahm. Unfähig, zu erkennen oder gar zu verhindern, wenn manche seiner Starschreiber im Idiom der Nazi-Stürmer auf alles einschlugen, was nicht ihrer Meinung war. Auch nicht zu verhindern, daß ehemalige aktive Nazis wieder hohe Posten in seinen Blättern erhielten. Daß ihn niemand darauf hingewiesen hat, ist eher unwahrscheinlich. Sein treuer Hausmeier Ernst Cramer hat als Emigrant ja selbst erlebt, was Faschismus im Alltag bedeutet, und keinen Hehl daraus gemacht, was er von manchen Mitgliedern der Springer-Kamarilla hielt. Die waren ihm zu ähnlich den Häschern, denen er einst entkommen war.

Das ist kein Widerspruch, denn der politische Verleger Springer war in Wahrheit ein eher unpolitischer Mensch, der nur in Kategorien von böse und gut denken konnte, also alles für Teufelswerk hielt, was seiner Ordnung nicht entsprach. Die Linken waren des Teufels, also schlecht, die Rechten glaubten an Gott, waren also gut. Er war überzeugt,

Israel, mon amour

stets im Namen von Gott und Vaterland zu handeln, im Geiste höherer Werte, aber er war unfähig, andere Argumente gelten zu lassen, sie wenigstens anzuhören, geschweige denn daraus etwas zu lernen oder gar seine Meinung zu überprüfen. Für seine wichtigsten Blätter fehlte ihm jene Heerschar jüdischer Intellektueller, Journalisten aus Berlin, die von den Nazis vergast oder in die Emigration getrieben wurden. Die man allenfalls noch bei der »New York Times« treffen konnte.

Nur wenn es um Israel geht, vergißt er die Nähe zu denen, die in Deutschland sonst seiner Gunst sicher sein dürfen, egal was sie machen. Eine Gnade der späten Geburt, wie sie Bundeskanzler Helmut Kohl bei seinem ersten Staatsbesuch in Israel für sich reklamierte, hat Springer nie als Begründung dafür gelten lassen, mit Israel umzugehen wie mit anderen Staaten, und dies in einem harschen Brief an den Bundeskanzler seiner Wahl geschrieben. Daß der immer wieder erzählte, bei Kriegsende erst fünfzehn gewesen zu sein, also frei von Schuld, ist für ihn nicht zu akzeptieren:

»Ein Jude, der im selben Alter in Auschwitz war und es überlebte, trägt an dem Entsetzen bis an sein Lebensende. Ein deutscher Regierungschef, der durch Israel reist, begegnet unzähligen Menschen, deren Angehörige im Holocaust vergast, am Rande der Gruben erschossen oder in KZ-Baracken erschlagen worden sind. Und trotzdem reichen die Überlebenden und Nachkommen der Opfer den deutschen Gästen die Hand. Wer könnte da unbefangen sein? Wer dürfte da wagen, um Normalität zu ersuchen?«

Er schweigt erst recht nicht über die Instinktlosigkeit des Regierungssprechers Peter Boenisch, seines ehemaligen Lieblingschefredakteurs, beim Staatsbesuch 1984 ausgerechnet in der Gedenkstätte Yad Vashem einen langen schwarzen Ledermantel zu tragen.

Dieses Rätsel Springer, meint der Schriftsteller und Publizist Klaus Harpprecht, Redenschreiber Willy Brandts und früher mal heftig als Chefredakteur für die marode »Welt« umworben, könne vielleicht ganz einfach erklärt werden: Springer war ein Gefühlsmensch, er hörte zu, wenn Menschen erzählten, was sie beim Holocaust erdulden mußten. Das hat ihn getroffen, empört, berührt, und danach hat er gehandelt, und da galten sonstige politische Präferenzen nichts mehr. Wenn Rudi Dutschke dazu aufgerufen hätte, jeder Student sollte ein Jahr lang im Kibbuz arbeiten, um die Schuld der Väter zu sühnen, dann hätte ihn Springer an sein großes Herz gedrückt und für alle Genossen die Flugkosten übernommen.

Auch bei der Bundestagsdebatte 1979 um die Verjährung der Naziverbrechen, bei der er für die Opfer Partei ergriff, kümmerte er sich einen Dreck darum, ob vielleicht seine rechten Freunde von der CSU für eine Verjährung waren, er beschwor wortgewaltig und eindrucksvoll die Bilder, die ihn bewegten: »Vor unseren geistigen Augen müssen die Opfer sichtbar werden, die nackt in die Gaskammern getrieben wurden. Die Kinder, die in den Armen ihrer Mütter starben. Die Ehepaare, die in einer Umarmung dem Tod entgegensahen. Die Männer, die, nachdem sie ihre eigenen Gräber geschaufelt hatten, am Rande der Grube stehend die Todesschüsse erwarteten. Auch an die Täter an den Schreibtischen und den Telefonen der Vernichtungsbürokratie müssen wir uns erinnern; an die Mörder in den Schaftstiefeln, die Henker mit Tressen und Litzen.« So etwas dürfe ganz einfach nicht verjähren. Eine Nation, die diese Schuld verdrängt, verliere ihre Würde.

Seinen Sohn Axel hat er als Kind nach Bergen-Belsen mitgenommen, Gedenkfeier im KZ für die Opfer der Nazis, und ihm gesagt, grabe mit beiden Händen in den Boden, spüre die blutige Erde, fühle mit den eigenen Händen die schrecklichen Dinge, die hier geschahen. Und vergiß es nie. Das Unrecht erfühlen, ja. Aber er konnte sich nie ein abstraktes Bild aus Büchern machen, er brauchte das persönliche Erlebnis mit Leuten, denen er in die Augen schauen und die er anfassen konnte. Man hat deshalb unterschätzt, welche Wirkung die in Deutschland ausgestrahlte US-Fernsehserie »Holocaust« nicht nur bei denen hatte, die täglich »Bild« lasen, sondern auch bei dem, der »Bild« für sie machen ließ. Hat »mehr bewirkt als tausend akademische Seminare«, womit

Israel, mon amour

Springer ja recht hat. »Wir haben es mit unserer Schreibe allein nicht hingekriegt.« Tiefe Erschütterung der deutschen Seele, als ob es zuvor nie einen Film über das staatliche Morden gegeben hätte und nie ein Buch über die Schuld der Mörder und nie ein Theaterstück über die Richter und die Henker und ihre Stellvertreter auf Erden. Als ob es ein Zufall gewesen sei in der wertfrei wiederaufgebauten Westrepublik, daß erst 1969, fast 25 Jahre nach Kriegsende, aber schon ein Jahr nach dem angeblichen Scheitern der APO-Rebellion, die ja »immerhin endlich die letzten Nazis weggefegt hat« (Ben Natan), der Emigrant Willy Brandt deutscher Bundeskanzler geworden ist. Einer, der sich nicht schämen mußte für seine Vergangenheit und dennoch stellvertretend für die anderen, die sich nicht schämen wollten, im Warschauer Getto auf die Knie gegangen war.

Das hätte der Springer, der so gnadenlos richtig von der Schuld der Deutschen spricht, weil die sechs Millionen Toten nicht wiedergutzumachen sind, eigentlich verstehen müssen, aber die Enttäuschung des anderen, des deutsch borniertern Springer über seinen ehemaligen politischen Freund ist so tief, daß er sogar die Insel Sylt verläßt, wenn der andere dort Urlaub macht. Daß er hämisch bekennt, vor Glück kaum habe schlafen zu können, als Willy Brandt 1974 über die Guillaume-Affäre stürzte. Und was er noch Ende 1982 an Claus Jacobi schreibt, klingt ebenfalls nicht sehr christlich: »Nach Amtsantritt besuchte mich Dohnanyi und sagte u.a., Brandt sei für ihn der größte deutsche Politiker der Nachkriegszeit. Der Schierensee war zu weit weg, um mich in ihn zu stürzen.«

Unversöhnlich? Ex-Bundeskanzler Willy Brandt, Chef der Sozialistischen Internationale, reist nach Jerusalem und trifft dort seinen Parteifreund Teddy Kollek, der ihn am 6. Februar 1985 zu einem Mittagessen einlädt ins berühmte Restaurant Mishkenot. Im Nebenzimmer speist, nicht ganz zufällig, Axel Springer mit seiner Frau und seiner Begleitung. Dan Turk hat den Verleger die zehn Minuten von seinem Haus herunter begleitet, ein paar Schritte tun doch gut, wird ihn später mit dem Auto wieder in die Wohnung fahren. Teddy

Der Fall Axel Springer

Kollek fragt Brandt eine halbe Stunde vor dem Termin, ob er was dagegen hätte, daß Springer im Restaurant sei – nichts dagegen, hat der gesagt –, und dann seinen Freund Axel gefragt, ob er nicht zum Essen gehen wollte und dabei nicht ganz so zufällig Brandt treffen. Auch Springer hatte zugesagt. Die beiden haben sich fast ein Jahrzehnt nicht gesehen, nur einmal noch hatte Brandt an Springer einen sehr privaten Brief geschrieben, als sich dessen Sohn Axel umbrachte.

Gute Väter waren sie ja beide nicht, hatten nie Zeit für eine Familie, waren immer zu sehr mit sich selbst und höheren Aufgaben beschäftigt, immer war die große Welt wichtiger als die kleine. Beide litten sie zeitlebens unter Depressionen, zogen sich in verdunkelte Räume zurück, wollten von keinem gestört werden, egal ob Minister oder Chefredakteur. Und beide hatten kurz vor Sonnenuntergang noch einmal eine neue Beziehung angefangen zu Frauen, die ihre Töchter hätten sein können, Frauen, die sich bedingungslos für sie aufopferten und in denen sich täglich ihre Größe spiegelte.

Nach der Vorspeise geht Kollek mit Brandt ins Nachbarzimmer des Lokals, wo Springer und seine Begleitung bei Tisch sitzen. Es kommt zu der ungewöhnlichen Begegnung zweier alter Männer, und die anderen im Raum halten den Atem an, als sie einander gegenüberstehen. Axel Springer, der seine Begabung als Menschenfänger nie verloren hat, löst die Spannung. Auf einem Foto, das seine Frau Friede macht – »Es war ein bewegender Moment« –, ist die typische spontane Springer-Geste zu sehen, zu der er neigt, wenn ihm ein Mensch nahesteht: er hat die Hand auf der Schulter von Willy Brandt. Die beiden, jeder auf seine Art die deutsche Geschichte der Nachkriegszeit prägend, versöhnen sich in Jerusalem. Es ist ihr letztes Treffen, ein dreiviertel Jahr später stirbt Springer. Wie hätte sich Axel gefreut, meint Kollek, wenn er noch die Rede Brandts hätte hören können nach dem Mauerfall, das war doch wieder der Patriot, den er einst so bewunderte. In einer Danksagung an seinen Freund schreibt Teddy Kollek ein paar Tage nach der Begegnung in Jerusalem, wie glücklich er war, »daß ein Zusammentreffen mit Willy Brandt so gut gelungen ist. Meine ganze Hochschätzung für Deine feine Geste, Dich zum Schluß persönlich vor allen Anwesenden von ihm zu verabschieden.«

So hochpolitisch geht es nicht immer zu in Israel. Klar, es gibt Gespräche mit den jeweiligen Regierungschefs, auch sollen möglichst viele von Springers Managern und Chefredakteuren nach Jerusalem kommen, selbstverständlich später als Gast des Verlegers in dessen Wohnung, um ein Gefühl für dieses Land zu entwickeln. Aber meist bewegt sich Springer wie ein politischer Pilger. Dan Turk und er fahren von Jerusalem aus in den Sinai oder ans Tote Meer, an die Allenby-Brücke oder an den See Genezareth, nach Haifa oder in den Gazastreifen. Trinken Kaffee in einem kleinen Gartenlokal am Ufer des ausgetrockneten Flusses in Jericho. Blinzeln einfach nur so in die Sonne, über die sich der stets fröstelnde Verleger besonders freut. Springer läßt sich schon mal, »Bild« lesend, im Toten Meer treiben und dabei fotografieren.

Am liebsten sitzt er, immer wieder in der Bibel blätternd, ganz für sich allein auf einem Felsvorsprung über der Wüste, wie immer diskret von seinem Fahrer bewacht. Der König ist in Gedanken, lassen wir ihn in Ruhe. Der Blick tief hinunter geht ins Wadi, wo die Oase liegt, oder zum Kloster des heiligen Gregorius, das an der Felswand klebt wie ein verlassenes Vogelnest. Links geht es hinauf in die Stadt des Himmels, nach Jerusalem, die Spitzen der Türme sind zu ahnen, rechts in der Ferne sieht man den grünen Streifen, da beginnt Jordanien, damals noch Feindesland. Springer weiß, auf diesem Weg kam einst der Messias, als er nach Jerusalem zog. Manchmal macht er sich mit seiner Frau und mit Begleitern von da oben auf den langen Marsch durchs Tal nach Jericho, wo das Auto wieder auf sie wartet. Erst später, als er schon nicht mehr so gut laufen kann und sich oft stützen lassen muß, bleibt Springer zurück und für sich.

Ganz allein geht er im anderen Teil der himmlischen Stadt, in Ostjerusalem, zu einem kleinen Haus, das von einem eisernen Zaun umgeben ist, die höchst bescheidene Niederlassung der Evangelischen Marienschwesternschaft, die hier inmitten einer feindlichen arabischen Umwelt eine Art Kloster aufgebaut hat. Dort, wo Christus seinen Fuß auf die Erde gesetzt hat, sind die deutschen Schwestern für die Menschen da, egal, welchen Glauben die haben. Sie wollen bei alltäglichen Problemen und kleinen Krankheiten helfen oder Touristen, die sich hierher verirren, von Gottes Wirken erzählen. Turk wartet ein Stückchen weiter oben, steht sprungbereit am Auto, in dieser Gegend ist es nicht so ganz ungefährlich, ist ja Moslemland und erst seit dem Sechs-Tage-Krieg unter israelischer Verwaltung, nachdem die Mauer zwischen den beiden Teilen der Heiligen Stadt geschleift worden ist. Ich bin der Axel Springer, ruft der Verleger über den Zaun, darf ich reinkommen? So erzählen es die Schwestern, aber selbstverständlich hat sich der Verleger vorher erkundigt und angemeldet, sie wußten also, wer da am Zaun stand, und selbstverständlich hat Teddy Kollek von diesem Besuch gewußt und entsprechende Vorsichtsmaßnahmen angeordnet. Springer wird ins Innere gebeten, er unterhält sich mit den Frauen, schaut sich die religiösen Schriften auf dem Regal an, habe ich alles gelesen, erst recht die Psalmen aus der Bibel, die an den Wänden hängen wie in anderen Häusern die Gemälde, sind ihm vertraut. Er läßt sich ins Gebetzimmer führen, die kleine Kapelle, von der aus man einen freien Blick hat auf die heiligen Stätten, auf Gethsemane. Die Himmelfahrtskirche ist zu sehen, aber diesmal von der anderen Seite, der sogenannten feindlichen.

Die Marienschwesternschaft ist gegründet worden von Basilea Schlink, deren Traktate Springer kennt und deren Gedanken er in manchen Reden zitiert. Einmal wird er ihr von Patmos aus schreiben und Fotos schicken von der Stelle, an der sie ihr Buch über die Offenbarung des Johannes verfaßt hat. Sie war während des Dritten Reiches im christlichen Widerstand der Bekennenden Kirche, und die Arbeit für die Menschen hier in Jerusalem ist nicht nur der Wunsch der Schwestern, ihrem Herrn Jesus möglichst nahe zu sein, sie wollen »einen Tropfen Öl in die Wunde gießen, die den Juden von den Deutschen zugefügt wurde«. Springer kommt bei allen Jerusalembesuchen an diesen Ort auf dem Ölberg, meditiert für sich ganz allein auf dem Dach des bescheidenen Hauses, bespricht sich vor wichtigen Terminen und bittet dann die Schwestern, betet für mich, ich habe einen schweren Gang vor mir. Bei Visiten der klassischen heiligen Stätten nimmt er das Pilgerbuch der Basilea Schlink mit, in dem schlicht und in dürren Worten erklärt wird, was einst dort geschah, zum Beispiel in der Eleonagrotte, Stätte der Himmelfahrt Jesu, und welche Gedanken einem da so kommen können: »In unserer Zeit ist erfüllt, daß die Menschheit als Ganzes fast völlig losgelöst von den Geboten, den Gesetzen Gottes lebt, in sodomitischen Sünden, Gewalttaten und Verbrechen. Jesus sagt: Wenn ihr das alles sehet, so erkennt daran, daß es nahe vor der Tür steht... Hier wird Trost in mein Herz strömen, wenn ich angesichts der Finsternis unserer Zeit diese frohe Hoffnung festhalte.«

Einen für den ganz persönlichen Glauben besonders wichtigen Satz liest Springer immer wieder: »Den Posaunenruf um die Mitternachtsstunde hören nur die, deren Herz auf diesen Klang eingestellt ist. Das sind die Jesus Liebenden, die auf ihn warten.« So wie er, der zwar auch Angst hat vor dem Sterben, wie jeder Mensch, aber nicht vor dem Tod und vor dem, was danach kommt.

Natürlich hilft er dem einfachen Orden diskret mit dem, wovon er am meisten hat, mit Geld. Bei offiziellen Anlässen, wenn er einen Ehrendoktor der Hebräischen Universität bekommt oder als Bewahrer Jerusalems ausgezeichnet wird, besteht er darauf, daß seine Marienschwestern eingeladen werden. Es sitzt übrigens auch mal überraschend eine gute Bekannte aus Berlin in der ersten Reihe, die gerade einen Film in Jerusalem dreht, Romy Schneider, damals die Frau seines alten Freundes Harry Meyen. Mit dem war Springer in seinen unkeuschen Zeiten gern in Berlin und Kampen auf Mädchenjagd gegangen, und er hatte lachend davon erzählt, daß Harry immer zur Seite schaute, wenn in irgendwelchen Restaurants der Ober die Rechnung brachte.

Diesen anderen Springer, den fröhlichen, den undeutschen, den leichtlebigen und so charmanten, kennen sie so natürlich nicht in Israel. Fröhlich kann er schon sein und lachen auch, aber in Israel sucht er nicht die Liebe, sondern Gott. Da ist er nicht Mann, sondern Staatsmann. Da fordert er keine Verehrung, da bittet er um Vergebung. Wobei er nie vergißt, daß er als ein Auserwählter, und so empfindet er sich nun mal, die Schuld der anderen zu tragen hat, nicht nur die eigene. Unbelastet zwar, aber nicht unbefangen. Er gibt zu, daß »ich mich bei Auslandsreisen oft geniere, meinen deutschen Paß zu zeigen. Diese Scheu entspringt dem Gefühl einer Kollektivscham und widerspricht nicht meiner Liebe zu meinem Vaterland.«

Von der anderen Seite des Vaters, dem einst so unwiderstehlichen Charmeur, berichtet den Bewunderern des aufrechten Deutschen bei seinen Besuchen Springers Sohn Axel, der sich als Fotoreporter Sven Simon nennt. Der ist oft im Lande, und nicht nur in Zeiten des Krieges, wenn er mit Vaters Flugzeug als erster vor allen anderen Fotografen ankommt. Auch der kleine Springer, so beliebt wie der große, ist in Israel nicht vergessen. Der Verleger erzählt gerne, und natürlich voller Stolz, daß sein Sohn einmal in irgendeinem der Schützengräben mit israelischen Soldaten gesprochen hat, und über Deutschland. Und wie schwierig es sei für Israelis, mit dem Volk der Mörder umzugehen. Einen aber gebe es, der sei wirklich anders und ein ganz anderer Deutscher, der würde wirklich Israel und den Juden helfen, ein großer Mann. Wer das denn sei, fragte Axel junior. Der Mann heißt Axel Springer, war die Antwort. Das ist mein Vater, erwiderte Sven Simon.

Nach seinem Selbstmord wird von Angehörigen und Freunden ein Wäldchen gepflanzt, und jedes Jahr am Todestag gibt es einen neuen Baum. Der Junior war immer so lustig, liebte die jüdischen Witze, und man konnte so wunderbar lachen mit ihm, sagt Asher Ben Natan und stellt dabei fest, daß diese Beschreibung auch auf den anderen Axel passen würde, so wie er ihn damals in Deutschland erlebt hat. Eines der bekanntesten Fotos von Sven Simon ist in Israel entstanden, es zeigt Ben Gurion beim Spaziergang mit seinem Enkel am Strand. Dieses Bild steht auf dem Schreibtisch des Vaters in Deutschland – neben dem des kleinen Jungen aus dem Warschauer Getto, der die Arme hebt vor den Schergen der Nazis.

Israel, mon amour

Aus dem Tagebuch von Ben Gurion, dem ersten Ministerpräsidenten Israels und einem der Gründerväter des Staates: »14.6.67. Heute kamen zu mir der Sohn von Springer und Günter Stiller. Sie fragten mich, wie Deutschland uns helfen könnte. Ich antwortete mit der Frage: Haben Sie Waffen? Ihre Antwort war positiv. Ich sagte, wir brauchen Waffen, denn Ägypten würde jetzt viele Waffen von der Sowjetunion erhalten und es sei nicht auszuschließen, daß Rußland 1000–1500 russische Piloten in ihren Flugzeugen mit ägyptischen Hoheitszeichen schicken könnte, um unsere Flugfelder anzugreifen. Sie fragten, ob ein Frieden mit Ägypten möglich wäre. Ich antwortete, daß dies vor allem von Nasser abhängig wäre. Ohne Nasser würde kein anderer arabischer Staat mit uns Frieden schließen. Wir müßten allerdings bereit sein, Frieden mit Nasser zu machen, und in diesem Fall werden wir bereit sein, uns aus dem Sinai zurückzuziehen, ohne auch nur einen Fußstapfen des Sinai zu behalten. Jerusalem, das alte, muß mit dem neuen vereinigt werden als jüdische Stadt, seit 3000 Jahren Hauptstadt Israels. In der Westbank müßten wir eine Autonomie der Einwohner schaffen mit wirtschaftlichen Verbindungen zu Israel. Sie sagten, daß Springer am Ende der Woche zu mir kommen würde. 19.6.67. Um halb elf kamen Springer und Cramer zu mir, und dann kam auch sein Sohn. Springer erzählte, daß der israelische Sieg in Deutschland mit Begeisterung aufgenommen wurde, und er selbst als Protestant wird zum Papst nach Rom fahren, um ihn zu überreden, Jerusalem in den Händen der Juden zu lassen. Wir sprachen über Amerika und Rußland und natürlich auch über de Gaulle. Springer möchte, daß Deutschland und Frankreich zur Vereinigung Europas beitragen sollen. Er hat gewisse Zweifel, was England betrifft, das sich im Schlepptau der USA befindet. Es ist erstaunlich, daß sein Sohn nicht so groß ist wie sein Vater. Ich erzählte ihnen, daß in Israel die Söhne größer seien als ihre Väter.«

Mit Ben Gurion spricht Springer nicht nur über Politik. Hier hat er einen weisen Mann vor sich, mit dem er darüber reden kann, was ihn auf seiner Suche nach Gott bewegt. Einen Mann, der als großer Mystiker all die Bücher der toten

Der Fall Axel Springer

Mystiker kennt, die Springer gelesen hat, der ihm Ratschläge aus eigenen Erfahrungen geben kann, der ihn nicht für meschugge hält. Die Stimme Gottes, die der gläubige Christ, der sich eigentlich als »Christjude« fühlt, in sich zu hören glaubt, ist die eigene Stimme. Sozusagen der innere Springer. Wer fastet und sexuell enthaltsam lebt, sich zurückzieht in verdunkelte Räume und auf das lauscht, was in ihm ist, kann Erleuchtungen und Visionen erleben. Balzac hat das so beschrieben und Emanuel von Swedenborg und natürlich Jakob Lorber. Springer hat das oft versucht. Manchen ergeht das so in der Wüste, wo andere Menschen so fern sind und die Unendlichkeit so nahe, daß ihnen das normale Hören und Sehen vergeht und sie Gott zu schauen glauben, ihre ganz persönliche Offenbarung erleben. »Das sind dann die holy days of life«, sagt Barbara Taufar, und sie weiß, wovon sie spricht. Sie hat diese Momente des Gefühls, mit der Schöpfung eins zu sein und gleichzeitig ein Teil des Schöpfers, nicht nur am eigenen Leib, besser: in der eigenen Seele erfahren, sie hat ein Leben lang die jüdische Mystik studiert. Das allerdings bleibt Springer fremd, denn ein solches Studium dauert ihm zu lang, erfordert Selbstaufgabe und Geduld. Die Mystik war für ihn nur eine andere Art zu glauben und deshalb nicht mehr als ein Zwischenspiel auf seiner lebenslangen Suche nach Gott.

Die Wohnung neben dem King David Hotel wird ein paar Jahre nach Springers Tod verkauft, die Erben brauchen da schon kleinere Summen, um ihre familiären Konflikte zu verkleistern. Springers Witwe Friede, deren Name Schalom bedeutet, kommt nur noch selten ins Heilige Land. Eine kleine Straße am Jerusalem-Museum heißt »Axel-Springer-Weg«, und auf der Tafel wird – in englisch, in arabisch, in hebräisch, nicht in deutsch – erinnert an den »Verleger, Verteidiger von Israels gebührender Stellung unter den Völkern, Ehrenbürger von Jerusalem«.

Sein Name, sagt Teddy Kollek, wird hier für immer leben. In Israel vergißt man nicht so leicht und wird nicht so leicht vergessen.

10. Kapitel
Herz & Hand & Vaterland & Co.

»Meine Herren«, verkündet er zum Abschluß der Managertagung 1967 im Klenderhof, und er meint dies nicht im Scherz, »wir werden die Wiedervereinigung erleben, glauben Sie mir, und dann werde ich in Leipzig stehen, und die Leute werden mir zujubeln.« Der Verleger hätte es nicht so gut verkraftet, sagt einer von denen, die dabei waren und sich damals auf einer falschen Veranstaltung wähnten, daß die Leute bei der Wiedervereinigung einen Mann namens Kohl gefeiert hätten. Was zwar eine unerlaubte Spekulation ist. Aber einen wahren Kern hat.

Denn Axel Springer, zeitlebens als der letzte Träumer belächelt, der noch an die deutsche Einheit glaubte, hat postum recht bekommen mit seinen Träumen, die er gegen die Realität setzte, ein Wort, das er nach eigenem Bekunden geradezu haßte. »Ich will auch mal ganz mutig sein«, hat er auf die Frage von Renate Harpprecht 1970 geantwortet, ob er denn wirklich so sicher sei, die Wiedervereinigung noch erleben zu können, »ich will mal diese Prophetenrolle spielen und ganz klar und eindeutig sagen, ja. Ich sehe dieses Berlin eines Tages wieder als *die* Stadt in Deutschland, die Hauptstadt in Deutschland. Aber ich räume ein, daß Propheten ja den Nachteil haben, sich zeitlich immer etwas zu vertun.« Bei ihm waren es vier Jahre zwischen seinem Tod 1985 und der Maueröffnung 1989.

Das Anerkennen von Realitäten – und als schreckliche Realität wurde die DDR ja längst sogar von denen betrachtet, die immer noch in ihren Sonntagsreden symbolisch Kerzen ins Fenster stellten, die Brüder und Schwestern grüßten, aber dem maroden System Milliardenkredite vermittelten – war für ihn eigentlich nur ein »Ausdruck der Schwachen, denn die Welt wird ja doch verändert durch Träume«. Insofern war der Träumer Axel Springer ein Systemveränderer.

Tragisch, aber eben passend zum niemals in normalen Bahnen verlaufenden Leben des Romantikers, daß er das Ende der DDR und die Wiedervereinigung nicht mehr erlebte, ausgerechnet er. Aber letztlich waren es nicht Axel Springer und seine Zeitungen, sondern ein Kommunist namens Michail Gorbatschow, der den Mantel der Geschichte öffnete. Und ein deutscher Bundeskanzler, der sich einen Zipfel griff. Auch Moses, Mann der Bibel, die er ja oft zitierte, hat das Gelobte Land wohl aus der Ferne erblicken dürfen, aber es war ihm nicht mehr vergönnt, um in Springers Sprache zu bleiben, sein Volk selbst dorthin zu führen.

Der preußische Schwärmer aus Altona hat das Vaterland nie wie eine ferne Größe betrachtet und nie wie einen abstrakten Begriff aufgefaßt, den Staatsrechtler in Seminaren erklären. Er hat es nicht politisch definiert, also mit dem Verstand hinterfragt. Er hat das Vaterland geliebt wie ein Ritter die hohe Frau, der man sich ohne sündige Lust, aber mit glühender Leidenschaft näherte. Er hat das Vaterland besungen, und er hat es beschworen, es war die Sehnsucht seines Lebens, die er sich von keinem nehmen ließ und von der er nie ließ. Den ihm zugeschriebenen Satz »Ich werde Deutschland wiedervereinigen, ob Sie es glauben oder nicht« hat er zwar dementiert, aber inhaltlich entsprach es seiner Überzeugung. Wenn er vom Vaterland sprach, klang es stets wie ein Gebet, und wenn er die dritte Strophe des Deutschlandliedes sang, wie ein Choral. Die Eröffnungsansprache für sein neues Verlagshaus direkt an der Berliner Mauer, die damals fünf Jahre schon das Vaterland trennte, beschließt er mit dem patriotischen Bekenntnis, das er aus seiner Schulzeit kannte: »Ich hab mich ergeben/Mit Herz und mit Hand/Dir Land voll Lieb und Leben/Mein deutsches Vaterland.«

Herz & Hand & Vaterland & Co.

Ein altmodischer Patriot, aber wer bedingungslos liebt, wirkt oft lächerlich. Springer wird deshalb verspottet als Brandenburger Tor. Das war ihm egal, sagen seine nationalen Redenschreiber Claus Dieter Nagel und Paul Schmidt-Carell. Diese Kritik hat ihn nicht getroffen, diese Häme prallte an ihm ab. Vom Vaterland war er so überzeugt wie von der Religion. Und nicht von ungefähr habe er alles, was irgendwie mit Gott und Vaterland zu tun hatte, also den politischen Standpunkt ins Metaphysische überhöht, in seinen Reden persönlich bearbeitet:

»Man marschiert für die Freiheit der Chilenen, der Schwarzen in Rhodesien oder Südafrika. Man demonstriert dafür, daß Kommunisten in der Bundesrepublik Deutschland Richter, Lehrer, Verwaltungsbeamte und Staatsanwälte werden dürfen. Aber für unsere Nächsten im politischen Sinne des biblischen Begriffs, die drüben aus politischen Gründen oder einfach als getarnte Geiseln für bei uns gefaßte kommunistische Spitzenagenten hinter Schloß und Riegel sitzen, marschiert man nicht.«

»Wenn es bei so elementaren Fragen wie Freiheit und Frieden um Gott geht – und es geht um ihn –, dann muß auch eine andere Feststellung getroffen werden, daß nämlich das Vaterland eine Schöpfung Gottes ist. Es gibt kein Vaterland ohne Gott. Wenn das Vaterland ein Hort sittlicher und politischer Freiheit ist, dann erhält auch das Problem der Wiedervereinigung eine neue Perspektive, ja eine Zwangsläufigkeit.«

»Aus den fünf Grundsätzen des 1947 heiliggesprochenen Bruder Klaus möchte ich zitieren: Was die Seele für den Leib, das ist Gott für den Staat. Wenn die Seele aus dem Körper weicht, dann zerfällt er. Wenn Gott aus dem Staat getrieben wird, ist er dem Untergang geweiht. Mich bestärkt das in der Überzeugung, daß es kein Vaterland ohne Gott gibt. Das gilt auch für Deutschland – und für seine gesamte Politik.«

»Als Ausdruck eines modernen Patriotismus, wie er mir vorschwebt, weiß ich keinen besseren Zeugen zu nennen als ... Friedrich Ebert. Ich zitiere aus einer Rede, die er am 18. Januar 1921 anläßlich des fünfzigsten Jahrestages der Reichsgründung, über die Grenzen des Landes hinausschauend, gehalten hat: Unsere innere staatliche Einheit weiter zu erhalten und zu festigen muß unser aller fester Wille sein. Wenn uns auch politische und wirtschaftliche Anschauungen, mehr als gut ist, trennen, in einem sind wir alle einig: Grenzen werden uns nicht trennen. Die Einheitlichkeit unseres Vaterlandes ist für uns alle ein Stück unseres Glaubens, unserer Liebe und unserer Hoffnung.«

Gott und Vaterland waren für Springer deshalb eine selbstverständliche Einheit. Gott ist der eigentliche Vater des Landes, und er kämpfte stellvertretend für ihn. Nur mit Gottes Hilfe konnte das Vaterland gerettet werden, und nur wer an Gott glaubte, hat die Einheit des Vaterlandes verdient. Ein Vaterland ohne Gott gab es für ihn nicht. Gern zitiert er Joseph von Eichendorff, den anderen Romantiker, daß kommen werde eine Zeit, da »macht der Herr ein End, da wird den Falschen genommen ihr unechtes Regiment«. Solche und ähnlich bedeutend klingende Zitate ähnlich bedeutender Menschen fanden für ihn nicht nur seine Redenschreiber, die natürlich den ganzen Ernst Moritz Arndt, den ganzen Ludwig Uhland, den ganzen Reinhold Schneider lesen mußten. Er schlug passend Klingendes mitunter selbst nach, in seinem ersten Werk, das er als Verleger hatte drucken lassen »Besinnung. Ewige Worte der Menschlichkeit. Ein Kalender für das Jahr 1946«.

Springer ist nie wie manche seiner politischen Nahkampffreunde à la Dregger darauf reingefallen, den faschistischen Begriff vom Vaterland – das ja keine Grenzen mehr kannte, sondern nur noch zu erobernden Raum fürs deutsche Volk – mit dem Vaterland gleichzusetzen, das er sich erträumte. Er war, um in seiner seltsam distanzierenden Diktion zu bleiben, ein »Deutscher, der in seiner Qual über sein zerrissenes Vaterland nie die Kausalität in der Geschichte übersieht. Was bedeutet, daß er weiß, woher das Unglück für sein Land rührt.« Seine Kollektivscham widerspricht deshalb nicht seiner Vaterlandsliebe. Er war im Blick auf die Folgen des Dritten Reiches ein klarsichtiger Radikaler, der deutliche Worte über Ursachen und Wirkungen bevorzugte. Ganz anders als die meisten jener grauen Herren, die bei seinen Reden unten

Herz & Hand & Vaterland & Co.

im Saal saßen, Heimatvertriebene, Deutschlandstifter und andere Rechte, die nur noch die Wand neben sich duldeten (von denen er aber wiederum jeden noch so unwichtigen Preis, noch so lächerliche Medaille, noch so seltsame Ehrung entgegennahm). Wer seinen Nächsten liebt, sagt er, so wie es in Gottes Geboten steht, kann kein Antisemit sein und kein Mörder – und kann keine Kriege führen.

Die deutsche Teilung war die logische Folge der deutschen Schuld, die Strafe Gottes für die Verbrechen der Nazis, die in Wahrheit Vaterlandsverräter waren, weil sie im Namen des Vaterlandes zu Mördern wurden. Das hat er so empfunden, als Christ so ausgedrückt und nie unterschlagen. »Diese Untaten haben mehr als irgend etwas anderes den Untergang Deutschlands herbeigeführt und den Sowjets den Weg nach Berlin frei gemacht.« Aber genauso radikal sprach er den menschenverachtenden Kommunisten das Recht ab, mit dem Hinweis auf die Verbrechen der anderen die eigenen zu relativieren: »Vor fast vierzig Jahren«, sagte er 1972, »haben wir versagt, indem wir eine Minorität, damals die deutschen Juden, ihrem Unglück überließen. Nun sieht es so aus, als würden wir ein zweites Mal eine Minderheit ihrem Schicksal überlassen, ein zweites Mal schuldig werden.«

Wenn er allerdings so richtig in Form war und auf keine Ratgeber mehr hörte, denen es manchmal gelang, die schlimmsten Beleidigungen und Unterstellungen gegen die regierenden Söhne des Satans in Bonn aus Briefen oder Reden zu streichen oder unter seiner wolkigen Predigersprache zu verstecken, wurde er zum fundamentalistischen Kämpfer fürs christliche Vaterland, das er meinte. Verriet dann viel von den Überzeugungen, die sein Weltbild prägten, und seinen Abscheu vor allem, was da nicht reinpaßte: »Die roten Fahnen der menschenverachtenden Kommunisten flattern um das Transparent Freiheit: Freiheit für Terroristen, Freiheit für Radikale, Freiheit für Umsturz, Freiheit für hemmungslosen Sex, Freiheit für Abtreibung, Freiheit für jede Unappetitlichkeit.« Wie so vielen seiner Generation, aufgewachsen und erzogen in der Vorstellung, der Mann sei die Krone der Schöpfung, und dies selbstverständlich praktizierend, waren ihm aber

Freiheit für hemmungslosen Sex und Freiheit für Abtreibung nicht nur aus Büchern und den Erzählungen anderer bekannt.

Was er altmodisch die Trägheit der Herzen nennt, ist für ihn die eigentliche politische Sünde, die er denen vorwirft, die Wandel durch Annäherungen für ein mögliches Rezept gegen die Erstarrungen des kalten Krieges halten. Schon normale Beziehungen aber sind für ihn Hinnehmen von Unrecht, was er nicht für normal hält, und wieder weist er auf die Parallelen zu Hitler hin, auch der ist von den Demokratien des Westens zu lange akzeptiert, sein Anspruch auf Weltherrschaft zu lange nicht ernst genommen worden. Wohlverhalten und Nachgeben, um den Frieden zu retten, führt letztlich zu Krieg. Ohne Gott verliert das Vaterland seine Seele, so zumindest stellte er sich das bildhaft ganz im Geiste des verehrten Eremiten Nikolaus von der Flüe vor. Wer Realpolitik macht, wer Grundlagenverträge aushandelt, wer Kredite gibt, wer menschliche Erleichterungen mit Diktatoren bespricht, und vor allem mit denen von der Zone drüben, der ist für ihn des Satans, der wird von Springer und vor allem von »Bild«, der nationalen Dampfwalze, gnadenlos attackiert. Bei gewissen Realitäten, ob nun den braunen oder den roten, gibt es nichts anzuerkennen. Da gilt nur die Parole Widerstand und Änderung.

Manchmal schweift er in die Ferne, um die Kommunisten zu bekämpfen. Die Buren-Fürsten des südafrikanischen Apartheidregimes erzählen ihm bei einem geheimen Abendessen in Berlin von der roten Gefahr, die ihr Land vor allem am Kap durch U-Boote und getarnte Fischtrawler bedroht. Sie suchen nach einem europäischen Partner, der ihnen politisch nahesteht, der ihnen hilft. Nicht im Krieg gegen die Bösen. Es geht um eine patriotische, zweisprachige Fernsehzeitschrift, Begleitheft für das staatliche Fernsehen, das sie jetzt unter ihrer Kontrolle aufbauen wollen, um die Untertanen vor allzu freien Informationen zu schützen. Axel Springer hört das gerne, denn die christliche Kampfbereitschaft, die sture Wagenburgmentalität der weißen Herrscher gefällt ihm eh. Außerdem gilt Südafrika als sicheres Land für Kapitalanlagen, auch er legt ein paar Millionen, zum Beispiel in

Herz & Hand & Vaterland & Co.

einer Brotfabrik, an. Offen kann man die Buren allerdings nicht unterstützen, das Regime ist weltweit geächtet. Die journalistischen Abgesandten aus Deutschland arbeiten in Johannesburg also unter strenger Geheimhaltung. Das Projekt zerschlägt sich, die Nähe zu den Buren bleibt.

Das Reich des Bösen kann der Prediger des Vaterlandes aber schon beim Blick aus seinem Berliner Büro morgens in all seiner Tristesse erkennen. Jedem, der ihn dort besucht, zeigt er vom Fenster aus diese deutsche Wirklichkeit. Daß die Menschen aus dieser Realität fliehen wollen, scheint ihm logisch. Wenn es damals unter Hitler einen freien Teil Deutschlands gegeben hätte, wir wären alle dorthin abgehauen, bestimmt.

»Wenn Sie einen zweiten deutschen Staat schaffen«, sagt er in ebendiesem Büro unter Christian Bernhard Rodes Ölgemälde Friedrichs des Großen seinem Gast Henry Kissinger und zitiert sich Jahre später selbst in einer Rede, die unter dem Titel »Kein Aufschrei geht durch unser Vaterland« sogar noch auf Schallplatte gepreßt und in allen Springer-Zeitungen angepriesen werden muß, »wenn Sie einen zweiten deutschen Staat schaffen, in dem jeder Bürger alle jene Freiheiten genießen kann wie bei uns; wenn er seine Meinung sagen kann; seinen Arbeitsplatz und seine Partei frei wählen und über die Grenze gehen kann, wann er will; und wenn er sicher sein kann, daß es nicht der Staatssicherheitsdienst ist, der morgens um sechs Uhr an die Tür klopft; wohlan, einen solchen zweiten Staat würde ich akzeptieren. Möglicherweise würde ich meinen Wohnsitz dahin verlegen.« Zumindest einen. Einheit in Freiheit war das Traumziel. Aber auch mit Platz zwei hätte sich Springer zufriedengegeben: Freiheit statt Einheit. Zwei freie Vaterländer klingt auch nicht schlecht als Zukunftsmelodie.

Er war davon überzeugt, daß er eines Tages durch das Brandenburger Tor nach Ostberlin reiten würde, erzählt Peter Boenisch, und als der ihm lachend sagte, man könne doch zu Fuß gehen, wenn es mal soweit war, hat er ganz ernsthaft geantwortet, nein, hoch zu Pferde will ich da durch. Alle sollen mich sehen. Alle, die jetzt über mich lachen.

Der Fall Axel Springer

Die Vision vom vereinten Vaterland war sein Credo. Daran glaubte er so wie die Juden an ihre Verheißung, nächstes Jahr in Jerusalem. Bei jeder Gelegenheit hat er die wiedervereinigte Stadt dort und die noch geteilte Stadt hier verglichen, um zu beweisen, daß aus Träumen doch Realität werden kann, hat Theodor Herzl zitiert: »Wenn ihr es nur wollt, wird es wahr.« In der deutschen, vor allem natürlich in der preußischen Geschichte fand er Beispiele für die mystische Kraft des Vaterlandes, und das hat ihn fasziniert. Vaterlandsliebe als Wert jenseits aller Ideologien, von Gott den Völkern geschenkt. So hat es ihm Hans Zehrer erklärt, und so hat er es fast wörtlich übernommen von ihm. Der habe schließlich nach dem Krieg das Vaterland wiederentdeckt, sieht er ihn verklärend und wird nicht müde zu lügen, der Freund habe mit seinem »Tat«-Kreis das Vaterland damals vor dem Faschismus retten wollen. Springer hat dabei natürlich nicht realisiert, daß es zumindest peinlich ist, wenn ausgerechnet die wieder von der Einheit der Nation schwärmten, die mal an ihrer Zerstörung beteiligt waren. Es war in den Jahren der Diktatur eine pervertierte Rechte, die den Begriff Vaterland für sich mißbrauchte, sagte er. Und diese Rechte sei ja folgerichtig mit Hitler untergegangen. Wenn es aufrechte Konservative gegeben hätte im christlichen Sinne, hätte das Dritte Reich gar nicht erst entstehen können.

Nebbich. Wer das glaubt, muß schon ziemlich selig sein, aber Springer glaubt es. Um so wichtiger, daß jetzt in der Demokratie die richtigen Konservativen, die Bewahrer des Guten und Wahren und Schönen, den Wert Vaterland mit Leben erfüllen, sich zu ihrer Vaterlandsliebe bekennen und nicht nur wie üblich die Linken, sondern auch die Rechtsextremen bekämpfen.Nicht noch einmal von denen die Begriffe Nation, Tradition, Glaube und Ehre mißbrauchen lassen. Klingt nicht sehr analytisch, aber kühle Analyse war ja nie Springers Stärke.

Egon Bahr, einer der liebsten Feinde Springers, wägt ab: »Er war ein, sagen wir mal, sentimentaler Patriot, was insoweit keineswegs abwertend gemeint ist. Er hat am liebsten über das Vaterland da gesprochen, wo man so ein Bekennt-

Herz & Hand & Vaterland & Co.

Ein Patriot wird gemalt: Axel Springer bei einer
Porträtsitzung im Fayencenzimmer seines Gutshauses
Schierensee 1985 (ganz rechts sein Kustos Henrik Lungagnini)

nis wegen der ungebrochenen Tradition gut verstehen konnte. In den USA, in Israel. Er war ein deutscher Idealist, mit all den Schwächen, die solche Menschen immer hatten.« Der nicht nur auf Männer vertraut, die diskreditiert sind durch ihre Vergangenheit und auf deren Meinung spätestens ab Mitte der sechziger Jahre kein junger Mensch auch nur einen Pfifferling gibt. Ist ja nicht mehr der Staat der alten Männer, selbst wenn die noch an der Macht sind. Er umarmt sogar jeden obskuren Schwafler als Zeugen, solange es nur gut klingt und als Zitat in sein Weltbild paßt: »Wer am Vaterland vorbei in ein Weltbürgertum flüchten möchte, ist ein Drückeberger, der die ihm unbequeme Nächstenliebe mit einer bequemen Fernstenliebe vertauschen möchte, sagte Pastor Evertz von der Evangelischen Notgemeinschaft.«

Aber er war auch ein großer Verleger, der schon früh, und früher als andere, den Markt Vaterland & Co sah. Im wiedervereinigten Deutschland, meinte er, werden seine populistischen Massenblätter noch ganz andere Chancen haben als in der Teilrepublik im Westen, denn die Leser dort kennen ja nur gleichgeschaltete Parteipresse. Bei der Eröffnung seiner Druckerei in Ahrensburg 1967 lobte er den Autobahnanschluß und die kurzen Transportwege in die ehemalige Hauptstadt und nach Mitteldeutschland. »Sie haben ganz richtig gehört, auch nach Mitteldeutschland. Denn wir hören nicht auf zu hoffen, daß eines Tages überall im freien Deutschland auch eine freie Presse gelesen werden kann.« Wer den Mut hatte, nach Berlin zu ziehen, und eben nicht im bequemen sicheren goldenen Westen blieb, würde beim Fall der Mauer mitten in Deutschland sein. Also von idealen Voraussetzungen aus operieren können, bevor die Konkurrenz aufgewacht ist. Wer Berlin hat, zitierte Springer den Klassenfeind Lenin, der hat Deutschland, und wer Deutschland hat, der hat Europa. »Ein Zeitungshaus wie das unsere muß sich beizeiten eine geistige Zentrale in der Hauptstadt Deutschlands schaffen«, wußte der Seher schon 1959 bei der Grundsteinlegung des Baus an der Kochstraße Nr. 50. »Eines Tages und in nicht allzu ferner Zukunft wird sich herausstellen, daß der Rock, den wir tragen, zu eng ist. Wir glauben, wiederum mit den Augen der Zukunft gesehen, daß dieser Platz in einem einheitlichen Berlin der verkehrsgünstigste ist.« Der Prophet behielt zwar recht, aber seine Jünger verspielten den Startvorteil schmählich, als es dreißig Jahre nach dieser Weissagung wirklich soweit war, als die Kochstraße wirklich wieder mitten in Berlin lag.

Ein anderer deutscher Prophet, mit dem sich Springer später heftigst stritt, sah das bei derselben feierlichen Veranstaltung übrigens genauso, und er sprach so, als hätten beide gemeinsam einen Redenschreiber beschäftigt: »Alle diejenigen in der Welt machen eine falsche Rechnung auf, die glauben, dieses Volk habe sich mit dem Zustand widernatürlicher Zerklüftung abgefunden. Und in diesem Sinne sollten wir verstehen, daß diese Stadt trotz ihrer geographischen Lage, die man vielleicht eine deadline nennen kann, ein geschichtlicher Mittelpunkt dieses Volkes ist und daß ... die Wege zur

Herz & Hand & Vaterland & Co.

Wiederherstellung unserer staatlichen Einheit über dieses Berlin laufen werden.« Da klatschte der Patriot Axel Springer dem Patrioten Willy Brandt begeistert Beifall. Zwei Träumer in realer Zweisamkeit.

Nur einer von beiden hat den Sieg über die Realität 1989 noch erlebt. Die berühmte Rede des ehemaligen Regierenden Bürgermeisters, daß nun zusammenwachse was zusammengehöre, entworfen auf kleinen Pappdeckeln auf dem Flug nach Berlin an jenem 10. November 1989, die hätte dem Verleger gefallen. Da hätte er wieder geklatscht.

Axel Springer ergeht sich nicht nur in großen Worten. Sein Engagement für das eingesperrte Teilvolk, das er in zwei Diktaturen für doppelt bestraft hält, erst durch die Nazis, dann durch die Kommunisten, gilt genauso im Alltag. Das Volk an sich ist ja nie böse, es sind immer die Herrscher. Nicht einzusehen, daß die Ostdeutschen hinter Mauern und Stacheldraht bezahlen für Hitlers Verbrechen und die anderen es sich wohl ergehen lassen können in Reichtum und Freiheit. Zumindest reden muß man für die, und zwar laut, denen freie Rede verboten ist. Menschen, die bei ihrer Flucht auf eine Mine getreten sind, beide Beine verloren haben. Menschen wie Niko Hübner, die verurteilt werden wegen Wehrdienstverweigerung – »Der Haftgrund: Mut, Freiheitsliebe und Vaterlandstreue« –, Menschen wie Peter Fechter, die an der Mauer verbluten, erwähnt er in allen Vorträgen. Nervt sogenannte große Staatsmänner, die dazu neigen, diese deutschen Realitäten aus diplomatischen Gründen wolkig zu umschreiben, in mahnenden Briefen. Alles natürlich öffentlich, denn der Prophet muß sich nicht schämen, er sagt nur, was wahr ist. Für Niko Hübner engagiert er sich ganz besonders, lädt ihn nach Israel ein, als der endlich 1979 freigelassen wird.

Wenn er in einer seiner Zeitungen eine Fluchtgeschichte entdeckt, und die sind ja nicht schwer zu entdecken, weil der Verleger so etwas auf Seite eins lesen will, kümmert er sich persönlich um das Schicksal der Betroffenen. Einmal, erzählt Claus-Dieter Nagel, der solche Fälle auf den Schreibtisch bekommt, ist ein Arzt aus Dresden mit seinen Angehörigen unter abenteuerlichen Umständen geflüchtet. Im Kofferraum versteckt, eingeschweißt, und gerade noch ist es gutgegangen, bevor die ganze Familie erstickt ist. Später klappt so was ja nicht mehr, als die Schweine anfangen, an jeder Grenzstation alle Autos zu durchleuchten. Also, den Mann will Springer kennenlernen, und dem will er helfen. Meinen Sie, zehntausend Mark als Starthilfe sind zuwenig? fragt er seinen ganz persönlichen Sekretär. Aber nein, das ist doch viel, das reicht doch. Und kann ich den wirklich im Club oben im 18. Stockwerk empfangen, wirkt das nicht zu protzig und zu neureich auf den? Aber nein, da sieht der doch gleich, was wir uns hier aufgebaut haben, da hat der doch gleich die Unterschiede zwischen hier und dort ziemlich plastisch vor Augen. Also gut. Springer ist nervös wie bei anderen Auftritten. Gibt dem Mann mit ein paar sehr menschlichen Worten einen Scheck über die zehntausend Mark, und der Flüchtling weint, dem ist das gar nicht peinlich.

Die von drüben regen sich bei einem solchen Gegner, dem sie nichts anhaben können, sogar über Kleinigkeiten auf. Empörter Aktenvermerk der Hauptverwaltung Aufklärung vom 24.9.69 – STRENG GEHEIM – über eine Sitzung mit dem Leiter des Westberliner Senatspresseamtes Peter Herz und leitenden Mitarbeitern des Konzerns sowie Chefredakteuren, die am 19.9.69 im Springer-Hochhaus stattfand und in der »beschlossen wurde, alle Unterlagen von Senat und Polizei und die eigenen in den Springer-Zeitungen aufeinander abzustimmen und die Leistungen der DDR anläßlich des 20. Jahrestages totzuschweigen und statt dessen Fluchtgeschichten groß zu bringen«. Immerhin ein spannenderes Redaktionsprogramm als die verlogenen Lobhudeleien in der gleichgeschalteten Presse drüben. Eine schlechte Zeitung dort gelesen, alle schlechten Zeitungen gelesen.

Noch lächerlicher ein Vermerk der Hauptverwaltung Paßkontrolle und Fahndung: »Operativer Diensthabender – Berlin, den 7. April 1968 – Ergänzung zur Information über die Durchfahrt der Jacht ›Shepherd 46‹, Schwanenwerder, Besitzer Axel Cäsar Springer, von Westdeutschland nach West-

Herz & Hand & Vaterland & Co.

berlin. Die Jacht und das Motorschiff (das die Jacht zog) wurden dokumentiert.« In solchen Fällen paßt Springers oft gebrauchter Lieblingssatz von den Hunden, die bellen, und der Karawane, die ungerührt weiterzieht.

Es glaubt kein Mensch, und erst recht nicht der benachbarte Klassenfeind, daß Springer nichts von dem Fluchttunnel weiß, der 1967 unter der Mauer gebohrt wird und im Hinterhof seines Verlagsgebäudes endet. Ist ja praktisch, und unauffällig dazu, denn bei ihm wird damals auf dem Grundstück gebaut, und die mit den Ferngläsern schöpfen keinen Verdacht. Dutzenden von DDR-Bürgern gelingt es, auf diesem Weg in den Westen zu fliehen, und erst als es bei einem letzten Fluchtversuch am Einstieg des Tunnels zu einem tödlichen Schußwechsel kommt, bei dem ein Vopo stirbt, fliegt die Sache auf. Proteste bei den alliierten Schutzmächten im Westen. Strafanzeige gegen Springer und gegen Tamm. Gesucht wegen Mordes drüben, was aber keine öffentliche Resonanz findet. Ermittlungen sind eher sinnlos: Die Arbeiter im Westen wissen natürlich von nichts. Peter Tamm, Springers Statthalter, weiß natürlich von nichts. Claus-Dieter Nagel kann sich gar nicht erinnern, daß da überhaupt irgendetwas war, und wenn, war es eine gute Sache. Der Bundesnachrichtendienst weiß von nichts, aber das erstaunt keinen, weil die aus Pullach selten was wissen, die wissen ja nicht mal, wie viele von ihnen für die Stasi arbeiten. Die einzigen, die alles wissen, sind die freundlichen Herren vom CIA. Von denen wiederum weiß man, daß sie keine Pressekonferenzen geben.

Im DDR-Film über Springer übrigens steht der Mann, der Springer spielt, beim nächtlichen Schußwechsel an seinem dunklen Bürofenster und beobachtet alles durch den Feldstecher. Aber das besagt nichts, denn der Mann, der das Drehbuch zu dem DEFA-Film geschrieben hat, weiß erst recht nichts über Springer.

Der wiederum weiß genau, daß Fluchthelfer nicht nur christliche Samariter sind. Na und, sind sie halt Legionäre »im Dienst der Freiheit. Für Ängstliche und Theoretiker ist das kein Geschäft. Doch der Einsatz ist legitim im Sinn der

Moral.« Er hält es geradezu für eine Schande, daß die sogar im Westen verurteilt werden, falls man sie erwischt. »Auch die Juden, die Sozialisten, die Kommunisten, die Konservativen, die aus Hitler-Deutschland flohen, haben ihre gefälschten Papiere und ihre Lotsen bezahlen müssen und gern bezahlt. Hat man ihre Helfer nach dem Krieg etwa verurteilt?« Geschickt sein Hinweis auf berühmte Sozialdemokraten wie Heinz Kühn und Willy Brandt, die es ohne ihre Fluchthelfer wohl nicht geschafft hätten, der Gestapo zu entkommen.

In Sachen Vaterland ist der Verleger auch in Kleinigkeiten unerbittlich, da läßt er auch auf Nebenkriegsschauplätzen seine Truppen immer aus vollen Rohren feuern, da kennt er kein »Pardon«: Als diese Zeitschrift unter der Überschrift »Krieg wegen Axel Springer?« eine böse Satire veröffentlicht, ist der König nicht nur beleidigt. Er läßt ein paar Telefongespräche führen, und einige der wichtigsten deutschen Grossisten sehen anschließend keine Möglichkeit mehr, das Anti-Springer-Heft von »Pardon« auszuliefern. Es war natürlich nur ihre Sorge wegen möglicher strafrechtlicher Folgen, Verleumdung und Verbreitung derselben, hat nichts mit dem Verleger zu tun, an dessen Zeitschriften sie am meisten verdienen.

Nachweisbar dagegen sind die Folgen der Aktion, keine Fernsehprogramme der DDR mehr abzudrucken, solange nicht »unsere Programme in der Sowjetzonen-Presse gedruckt werden«. Die Idee kommt vom Marktführer »Hör Zu«, und die anderen großen Programmzeitschriften schließen sich an. Das kann man gut finden in Zeiten des kalten Krieges oder weniger gut, Springer findet es gut, und das ist sein gutes Recht. Wer allerdings anderer Meinung ist und beim Boykott nicht mitspielen will, lernt schnell das begrenzte Demokratieverständnis des Berliner Patrioten kennen und daß den die Meinung von Andersdenkenden allen pathetischen Fensterreden von der Freiheit des Wortes zum Trotz einen Dreck interessiert, wenn es um seine Interessen geht. Ein kleiner Düsseldorfer Verleger druckt nämlich in seinem regionalen Blatt dennoch das umstrittene Zonenpro-

Herz & Hand & Vaterland & Co.

gramm, Leserservice sagt er, aber die Grossisten machen ihm schnell klar, sie könnten nicht garantieren für die Auslieferung seines Blattes, wenn er so weitermache. Der Mann hält dem Druck nicht stand, verkauft an den Bauer-Verlag und zieht sich zurück.

Andere Blätter, unter anderem das linke »Blinkfüer« aus St. Pauli, aber vor allem Zeitschriften in Berlin, wollen es jetzt erst recht wissen. Sie drucken. Springer handelt, und er weiß, wann man das am wirksamsten macht, kurz nach dem Mauerbau. Die Stimmung ist, dank »Bild« und »BZ« und anderen, so kämpferisch aufgeladen, daß alles begrüßt wird, was die roten Verbrecher drüben trifft. Das muß denen doch weh tun, nicht wahr, wenn die im Westen nicht mehr erfahren, was die im Osten senden.

In einem Rundschreiben des Springer-Verlages, das an alle Zeitungshändler in der Bundesrepublik geht, zeigt schon der Briefkopf, welche Macht sich da präsentiert: »Bild-Zeitung«, »Bild am Sonntag«, »Hamburger Abendblatt«, »Hör Zu«, »Kristall«, »Die Welt«, »Welt am Sonntag«, »Das Neue Blatt«. »Lieber Geschäftsfreund«, heißt es da, »die rücksichtslosen Gewaltakte, unter denen die Bevölkerung in Ostberlin und in der Zone seit Wochen schwer zu leiden hat, haben überall in der freien Welt Empörung ausgelöst. Die Kette der Rechtsbrüche und Zwangsmaßnahmen gegen unsere Brüder und Schwestern im Osten reißt nicht ab. Ganz unbegreiflich erscheint es deshalb, daß es immer noch Spekulanten gibt, die sich mit dem Abdruck der Ostprogramme für die Verbreitung der Lügen aus Pankow hergeben. In dieser Bewährungsprobe unseres Volkes muß man von ... Zeitungs- und Zeitschriftenhändlern erwarten, daß sie sich vom Vertrieb derjenigen Blätter distanzieren, die auch jetzt nicht bereit sind, auf den Abdruck der ostzonalen Rundfunk- und Fernsehprogramme zu verzichten...«

Wer das nicht mitmache, dem droht der Konzern unverhohlen mit einer »Überprüfung« der Geschäftsbeziehungen, auf gut deutsch mit dem Entzug der umsatzbringenden Springer-Produkte. Vorschlag für einen Handzettel, den die Händler verteilen sollen, um ihren Kunden den Boykott schmack-

Der Fall Axel Springer

haft zu machen: »Die politisch bewegte Zeit verlangt von uns allen eine klare Entscheidung. Der deutsche Zeitschriftenhandel hat diese Entscheidung jetzt getroffen. Er ist der Meinung, daß es zu seiner selbstverständlichen nationalen Pflicht gehört, vorläufig keine Zeitschriften mehr anzubieten, die das ostzonale Rundfunk-und Fernsehprogramm abdrucken.«

Klingt wie einst in den politisch bewegten Zeiten, als Hans Zehrer noch für die »Tat« kämpfte, nationale Pflichten beschwor und den Führer des Vaterlandes herbeischrieb. Aber man lebt ja inzwischen in einer Demokratie, und da gibt es nicht nur Rechte, sondern vor allem Rechte. Die Verleger der denunzierten Blätter wehren sich und erreichen einstweilige Verfügungen, mit denen die Weiterverbreitung der Boykottaufforderung verboten wird. Berliner Händler beschweren sich bei Springer direkt über die Nötigung. »Diktatorische Maßnahmen werden in Ihren Zeitungen abgelehnt. Ganz unserer Meinung. Handeln Sie selbst danach.« Er handelt. In Berlin wird seine Aktion, die Zone durch Nichtbeachtung ihres Fernsehprogramms zu destabilisieren, schnell beendet.

»Blinkfüer« aber soll kaputtgemacht werden, der Winzling hat durch den Druck des Zonenprogramms im grenznahen Gebiet nicht nur seine Auflage auf 50 000 Exemplare verfünffacht, also schnöde Geld verdient am geteilten Vaterland. Erschwerend kommt hinzu, daß ein alter Kommunist Herausgeber ist und der sich vor Gericht wehrt. Springers Juristen, auch der unsägliche Arning ist dabei, gehen bis zur höchsten Instanz. Urteil zwei Jahre nach dem Rundschreiben, man könne in Springers Aufruf nichts erkennen, was rechtswidrig gewesen war. In einer »die Lebensinteressen des Volkes« berührenden Angelegenheit sei eine mögliche Schädigung des Bedrohten geringer einzuschätzen als das Recht auf Meinungsfreiheit des Drohenden. Nicht die Meinungsfreiheit des Klägers wird berücksichtigt, sondern die des Beklagten. Verkehrte Welt? Offensichtlich waren deutsche Richter politisch nicht weit vom Staatsverständnis Springers entfernt. 1964 druckt dann auch klammheimlich, aber mit der staatstragenden Begründung, Kundendienst für die Zo-

Herz & Hand & Vaterland & Co.

nenrandgebiete zu leisten, Springers Flaggschiff »Hör Zu« das Fernsehprogramm der natürlich sogenannten DDR. Das Bundesverfassungsgericht revidiert erst 1969 das seltsame »Blinkfüer«-Urteil, politische Auseinandersetzungen dürfen laut Auffassung der dann entscheidenden Richter nur mit geistigen Mitteln geführt werden und nicht durch Boykottdrohungen, wie geschehen. Aber was nützt das da noch »Blinkfüer«?

Daß Axel Springer sogar seine unpolitischen Zeitschriften, mit denen er nur Geld verdienen will, politisch versteht, wenn es ums Vaterland geht, daß er ganz persönlich eingreift bei diesem Thema, zeigt ein halbes Jahr vor dem Mauerbau der Brief an den sowjetischen Botschafter in Bonn, Andrej Smirnow: »Es wurde gefragt, ob wir bereit wären, im Programmteil unserer Fernseh- und Rundfunkzeitschrift ›Hör Zu‹ die deutschsprachigen Sendungen des Moskauer Rundfunks zu veröffentlichen... oder eine bezahlte Anzeige mit den deutschen Programmen des Moskauer Rundfunks aufzunehmen. Zu letzterem darf ich sagen, daß wir selbstverständlich nicht bereit sind, eine solche Anzeige zu veröffentlichen. Ich möchte jedenfalls zu meinem Teil der These von Lenin nicht beipflichten, daß die Kapitalisten bereit seien, selbst den Strick zu verkaufen, an dem man sie aufhängt.«

Im redaktionellen Teil würde er nur dann einer Veröffentlichung zustimmen, wenn im Gegenzug die Sendungen westlicher Länder ungestört in der UdSSR zu empfangen sind, außerdem »Prawda« und »Iswestija« bereit sind, die Programme westlicher Sender zu drucken. »Ich würde gern darüber hören. Wir haben uns lange nicht gesehen, sehr geehrter Herr Botschafter. Ich glaube, seit meiner Reise in Ihr Land nicht mehr. Geblieben ist bei mir eine Sympathie für Ihr liebenswertes Volk, das ich auch keineswegs für die geistige und wirtschaftliche Knechtung des mitteldeutschen Teils meiner Heimat verantwortlich mache...«

Er bekämpft nicht nur die deutschen Kommunisten und ihre Befehlsgeber in Moskau, er verhöhnt sie manchmal so geschickt, daß er die Lacher im Publikum verdient. Aus dem Grußwort des Verlegers bei einer Verleihung der »Goldenen

Kamera« seiner Fernsehzeitschrift »Hör Zu« im Verlagshaus an der Berliner Mauer: »Auch wenn ich unseren Nachbarn – Sie erkennen ihn in seiner ganzen Trostlosigkeit, wenn Sie aus dem Fenster sehen – kränke, es ist nun einmal die russische Grippe, die mich daran hindert, bei Ihnen zu sein.«

Im Zentrum zu sein, also in Berlin, hat neben der sentimentalen Sehnsucht nach dem Mittelpunkt Deutschlands und günstiger Steuergesetzgebung auch was zu tun mit Springers Jugend. Der Junge aus Altona wollte ja nicht nur in der Nachfolge des verehrten Richard Tauber die Berliner Bühnen singend erobern. Der Vater hat ihn genau von diesem Traum zunächst einmal mit dem Versprechen auf die Erde zurückgeholt, als zukünftiger Verleger des Altonaer Heimatblattes dürfe er das journalistische Handwerk bei Ullstein in Berlin lernen. In dem Haus, in dem die besten Zeitungen erschienen und die berühmtesten Autoren schrieben. In dem Haus, das für Weltbürgertum made in Berlin stand und nicht für deutschen Provinzialismus. In dem Haus mit der erfolgreichen »Berliner Illustrirten«, der »BZ«, der »Berliner Morgenpost«, den wichtigen Büchern wie Erich Maria Remarques »Im Westen nichts Neues«, den Werken von Lion Feuchtwanger, Walter Hasenclever, Bert Brecht, Carl Zuckmayer, Arthur Koestler oder Leonhard Frank. Springer bewundert Ullstein wie das einst ähnlich moderne Zeitungsimperium des August Scherl, dessen Biographie er mehrmals las und mit dem, eben nicht mit Hugenberg, man ihn allenfalls vergleichen kann. War ja auch so ein wachsamer Träumer, der aus der Provinz gekommen war und mit seiner revolutionären Idee eines »Berliner Lokalanzeiger« die Hauptstadt zu Beginn des Jahrhunderts schon erobert hatte. Nur enden wie der, abgehalftert, von anderen geschluckt, verbittert, ein wenig irre, das wollte er nicht. Natürlich nicht.

Daß es damals mit der Lehre bei Ullstein nicht klappte, lag nicht an ihm, sondern am herrschenden Zeitgeist. 1934 hatte Goebbels den Verlag eingedeutscht, die Besitzer zum Verkauf an die Nazis gezwungen. »Der junge Mann aus Altona«, beschreibt Springer rückblickend seinen ersten Eindruck bei der Hundertjahrfeier des alten Ullstein-Verlages,

Herz & Hand & Vaterland & Co.

»steht zu Beginn der dreißiger Jahre fassungslos vor dem, wie mir schien, gigantischen Ullstein-Haus hier in der Kochstraße. Er bewunderte rückhaltlos die reiche Palette der brillanten, amüsanten, geistvollen, im Handwerk des Zeitungs-, Zeitschriften- und Büchermachens souverän geerdeten Erzeugnisse. Es war ein Eindruck, der sich nie verlor.«

Ein Anfang also nach Maß, als sich Springer 1956 in der einzigen Weltstadt, deren Sprache er verstehen konnte, einkauft, diesmal in der »Rolle des Getriebenen, der Berlin in seiner tödlichen Bedrohung beistehen wollte und hier an der Sektorengrenze, an der Grenze des sowjetischen Imperiums, die Aufgabe sieht, bei der Sicherung des freien Wortes, das heißt der Freiheit, mitzuwirken«.

Zunächst Minderheitenanteil bei Ullstein, »Tante Marthas Aktien« wurden die Anteile der Witwe genannt, aber damit Teilhabe am Ruhm der frühen Jahre. Plötzlich ein König mit Tradition, nicht nur irgendein neureicher Emporkömmling. Ullstein braucht ihn dringend, vor allem sein Geld und seine Druckaufträge, denn das Comeback des Verlages nach dem Krieg war ein mühsames Geschäft, kein Vergleich mehr mit den Erfolgen von einst und nicht nur, weil die besten Köpfe fehlten, die jüdischen Journalisten deutscher Nation. Zwar hatte man nach einem Prozeß die Druckerei zurückbekommen und die Grundstücke, die alten Zeitungstitel »BZ« und »Berliner Morgenpost«, die »Radio Revue« und den Buchverlag, aber Millionen für dringend notwendige Investitionen hat man nicht. Die Stadt ist geteilt, es gibt keinen Markt mehr für die Großstadtzeitungen in der mitteldeutschen Provinz, also in der real existierenden DDR. Probleme auch, weil die Erben der Gründergeneration untereinander zerstritten sind und sich, wie es so oft passiert in der Geschichte großer Familien, mißtrauisch belauern, gegenseitig blockieren. Wird einmal im Hause Springer nach dessen Tod nicht anders sein.

In den Erinnerungen für seine »Kinder und Kindeskinder« hebt Springer seine geschickte Akquisition naturgemäß in andere Sphären. Rein kommerzielle und deshalb ja nicht weniger ehrenwerte Gründe für Expansion läßt der Verleger aus

Der Fall Axel Springer

Gesinnung und Leidenschaft nie gelten. Ein bißchen Philosophie möcht schon immer dabeisein, wenn ein Prophet spricht: »Ein deutscher Zeitungsverlag, der für die Idee des ungeteilten Vaterlandes wirken will, gehört nach Berlin.« Wiederum ist es sein richtiges Gespür, sich in Berlin zu engagieren, denn auch andere hätten sich Ullstein-Aktien kaufen können, aber andere haben eben nicht geglaubt an die Zukunft der Stadt und an die Zukunft des Zeitungsmarktes dort. Geschweige denn an ein so unerreichbares Ziel wie die Einheit der Nation. Dafür braucht er natürlich die Mehrheit bei Ullstein, denn es ist »doch klar, daß ich am Tage der Wiedervereinigung mit meinen überregionalen Objekten nach Berlin gehe. Eine Zeitung wie ›Die Welt‹ muß doch einfach im Fluidum der Metropole herauskommen. Und ›Bild‹ braucht den Berliner Impetus.«

Den heiklen Auftrag, Ullstein für ihn zu erwerben, seinen Jugendtraum zu erfüllen, gibt Springer seinem geschicktesten Unterhändler, dem knapp vierzigjährigen Finanzgenie Christian Kracht. Den treibt nicht so sehr die Liebe zum Vaterland, eher die Lust auf ein gutes Geschäft. Der beweist wieder einmal, wie er still und leise und freundlich, aber höchst effizient zum Wohle seines Herrn wirken kann. Verhandelt mit den verkaufswilligen Erben Heinz und Frederick, Rudolf und Karl und Elisabeth Ullstein. Sie telefoniert mit dem Verhandlungsführer meist aus einer Telefonzelle, weil sie sich in ihrem Hotel abgehört fühlt, dabei immer wieder unterbrochen durchs Fräulein vom Amt, das darum bittet, Geld nachzuwerfen. Die Erbin gibt erst dann ihr Okay, als auf den ausgemachten Preis eine halbe Million draufgelegt wird und ein silbernes Geschirr für sie dazu.

Unterschriften beim Notar in Berlin. Kracht trifft ein paar Minuten vor dem Termin ein, das macht er immer so vor wichtigen Verabredungen, das hat er von seinem Chef gelernt. Er beobachtet die Ankunft der Verkäufer. Einer kommt ein wenig zu früh, läßt seinen Chauffeur an der Ecke halten und geht noch ein paar Schritte bis zum Eingang. Einer schmeißt dem Taxifahrer einen großen Schein zu, der Rest ist für Sie. Einer läßt sich vorfahren und spricht zu sich selbst,

Herz & Hand & Vaterland & Co.

ich geh erst später rein. Einer seufzt bei der Ankunft vor sich hin vom schwersten Augenblick seines Lebens, aber es müsse wohl so sein, es ließe sich wohl nicht ändern.

So endete 1960 eines der berühmtesten deutschen Zeitungshäuser, aber der Mehrheitsaktionär Axel Springer hat nicht einmal im eigenen Haus eine Mehrheit für seine Entscheidung hinter sich. In einem Brief, den er von einem Erholungsaufenthalt im Hotel Schloß Fuschl aus diktiert, beschwert er sich im April 1961: »Es fällt mir etwas schwer, ruhig zu bleiben bei dem geradezu grotesken Betragen leitender Männer unseres Hauses. So direktionslos ist unser Haus wohl seit Jahren nicht mehr gewesen. Wir schmeißen mit Geldern um uns, daß mir schlecht wird. Das peinliche Dilemma der ›Radio Revue‹. Einstellen, weitermachen, einstellen, überführen (sie wird dann mit der »Hör Zu« zusammengelegt, also beerdigt, Anm. d. Verf.). Es gibt für die ganze Ullstein-Behandlung drei mißliche Umstände: die einen sind Anti-Ullstein, die anderen glauben nicht an Ullstein oder Berlin, und die dritten sehen alles unter ihrem persönlichen Aspekt.« Am Hofe des Königs wird schon kräftig intrigiert, aber noch ist der König stark genug, seinen Willen durchzusetzen. Auch die noch übrigen freien sieben Prozent Ullstein wird er sich kaufen.

Sechs Jahre später steht der Name Ullstein am neuen Haus mit der berühmten Eule noch vor seinem Namen, aber alles gehört Axel Springer, und der hat sich nicht nur dem Vaterland, sondern vor allem Berlin ergeben mit Herz und Hand. Dafür ist ihm nichts zu teuer. Zur Eröffnung seines Verlagszentrums läßt er 4000 Taxifahrern in Berlin eine goldene Armbanduhr überreichen, Gruß von Axel, dem König. Sie danken mit einem Hupkonzert. Für die Tombola beim jährlichen Taxiball spendet er ein Auto, und er kommt selbst vorbei und überreicht den ersten Preis. Gegenüber von seinem Verlagshaus wird ein fünfzehnstöckiges Wohngebäude errichtet, in dem alle einziehen können, die durch den Neubau im alten »Kreuzberger Kiez« ihre bisherige Bleibe in den heruntergewohnten, baufälligen Mietskasernen aufgeben mußten. Wohnrecht auf Lebenszeit, keine Erhöhung der Billigmieten. Sogar das Stammlokal »Alter Fritz« wird umgesiedelt und als Eckkneipe in der neuen Heimat wiedereröffnet. Springer, der Menschenfreund, der Nächstenliebe nicht nur fordert, sondern praktiziert. Die Urkunde im Grundstein beherzigt das amerikanische Motto, nicht nur Gutes zu tun, sondern gelegentlich laut darüber zu reden: »Das Haus entstand im vollen Sinne uneigennützig auf die private Initiative Axel Springers hin und ist als nachahmenswertes Vorbild für andere gemeint, die zum Wiederaufbau der zerbombten Wohnviertel Berlins beitragen wollen.«

Der Patriot verdient nicht nur an Berlin, er macht sich auch verdient um Berlin, wird gefeiert, und er läßt sich gern feiern. Er nennt den Entschluß, von »der Peripherie, die Hamburg heißt, ins Zentrum unseres Schicksals, nach Berlin« zu gehen, später den »nach wie vor glücklichsten Entschluß meines Lebens«, ist geschmeichelt, wenn er von französischen Journalisten »Monsieur Berlin« genannt wird, und verkündet geradezu pathetisch: »Berlin ist das Herz Europas – ich kenne kein anderes. Das ist die ständige Vision, die Besessenheit, von der man erfüllt sein muß. An Berlins Überleben wird man den Wert aller Politik messen können.« Berlin ist ihm so viel wert, erklärt er erstaunten amerikanischen Redakteuren, daß er persönlich bereit sei, für seine Rettung sein Leben und sein Vermögen sowieso zu geben. Und daß er die Stadt so liebt, ist natürlich Schicksal, einer jener »geheimnisvollen Aufträge«, die ein Mensch wie er in sich trägt.

Nur wer an Gott so glaubt wie er, kann sich seiner patriotischen Pflichten so sicher sein. Am Grab von Heinz Ullstein, dem letzten mit dem großen Berliner Namen, von Springer bis zum Schluß als Dekoration gut bezahlt, aber nicht beschäftigt, gibt der Verleger wieder einmal den politischen Prediger: »Es ist ein Christus-Wort, das einmal dem Apostel Paulus in der Weltstadt Korinth offenbart wurde und das heute überhaupt und in seiner Vieldeutigkeit genausogut in der Weltstadt Berlin gesagt werden kann: Fürchte dich nicht, sondern rede, und schweige nicht, denn ich bin mit dir, und niemand soll sich unterstehen, dir zu schaden, denn ich habe ein großes Volk in dieser Stadt.«

Herz & Hand & Vaterland & Co.

Er hatte ein großes Volk in dieser Stadt, und dieses große Volk haßte die Kommunisten wie er und verachtete die neureichen Westdeutschen wie er und träumte vom Zentrum eines wiedervereinigten Deutschland wie er. Kaufte engagiert die Anstecknadeln mit dem Brandenburger Tor, die bei der von ihm erfundenen Aktion »Macht das Tor auf« angeboten wurden, auf daß keiner die Brüder und Schwestern in der Zone vergesse. Das »Kuratorium Unteilbares Deutschland«, in Westdeutschland eher als Krematorium Unheilbares Deutschland verlacht, war nicht nur wegen Springers Unterstützung in der sogenannten Frontstadt eine feste Größe.

Die Tradition, in der er sich und seinen inzwischen größten Zeitungsverlag Europas sah, konnte nur in Berlin neu gelebt werden: »Ich glaube, es hat immer Zeitungshäuser gegeben, die Epochen begleitet haben. Sagen wir einmal August Scherl, überhaupt nicht zu verwechseln mit Hugenberg, begleitete Kaiser Wilhelm, das Ullstein-Haus ist gewesen, was repräsentativ für die Weimarer Republik stand. Und heute würde ich sagen, daß dieses Ullstein-Springer-Haus zu der Symbolfigur der Bundesrepublik gehört.« So wie er das Vaterland verstand, wohl ja.

So wie sich das geteilte Vaterland verstand, wohl nicht. Da galten schon ganz andere Namen als Symbole für das andere, das neue (und eben nicht das Neue) Deutschland, der liberale Gruner + Jahr Verlag und Henri Nannens »Stern«, der »Zeit«-Verlag und Gerd Bucerius, der »Spiegel«-Verlag und Rudolf Augstein. Vaterlandslose Gesellen in Springers Augen, wie er schon früh erkennt und ebenfalls öffentlich geißelt: »Andere Verleger – übrigens alle aus Hamburg – haben sich nicht nur selbst an der Anti-Springer-Kampagne beteiligt, sondern den ... studentischen Mitläufern auch noch die wesentlichsten Scheinargumente gedruckt mit auf den Weg gegeben und finanziell geholfen.«

Keiner der anderen Verlage hatte seine Zentrale in Berlin, keiner der anderen Verleger träumte von der Einheit Deutschlands. Als die dann sozusagen über Nacht machbar schien und nicht mehr nur ein Traum, war es ausgerechnet der stets realistische Springer-Freundfeind Rudolf Augstein, der sie mit und in seinem Blatt herbeischrieb.

Springer regiert nicht nur seinen Konzern von Berlin aus, er baut sich auch privat eine Residenz. Das Haus auf der Insel Schwanenwerder nennt er Tranquillitati und schenkt es schon zu Lebzeiten seiner fünften Frau. Ein preußischer König hätte in dieser unprotzigen Pracht, in der die deutsche Geschichte sich von ihren besten Seiten in Möbeln, in Porzellan, in Silber, in Fayencen, in Gemälden ausweist, nicht besser leben können, aber eine Art König in Preußen war Springer ja. Der Mann, der als möglichen Traumberuf Innenarchitekt nennt, kümmert sich um jedes Detail des Neubaus, als der ursprüngliche gläserne Bungalow 1977 abgerissen und durch ein in die märkische Landschaft passendes Herrenhaus ersetzt wird. Er bespricht mit dem Architekten die richtigen Formen und Größe der Fenster, sucht die besten Plätze für die deutschen Expressionisten an den Wänden. Wo soll der Pool hin, wo der Tennisplatz, wo der kleine Hafen fürs Boot? Hier empfängt er die Prominenz der Halbstadt und immer häufiger Besuche aus der großen Welt.

Gespräche mit Boxern, Malern, Schauspielern und Fußballtrainern, die sich in Berlin für den Nabel der Welt halten, sind ihm auf die Dauer langweilig. Als Juan Carlos, der spanische König, bei einem Deutschlandbesuch Berlin ausläßt, reagiert der andere König im eigenen und in Berlins Namen beleidigt. Sagt aus »Termingründen« das Abendessen in der amtierenden Hauptstadt Bonn ab, zu dem er geladen war, und läßt in seinen Zeitungen Befremden über den Staatsgast zum Ausdruck bringen. Wer ihm und den Berlinern dagegen seine Aufwartung macht, darf mit Elogen in allen Springer-Zeitungen rechnen. Ob es nun der amerikanische Präsident Jimmy Carter ist, ob es Wirtschaftsbosse sind – der Verleger ist nicht gewählt, aber er tut so, als regiere er die Stadt.

Keiner hat in der ganzen Welt für Berlin so geredet wie er, Zeugnis für die Freiheit abgelegt, wie er es nannte. Bei großen Worten, meint sein ehemaliger Bürochef Claus-Dieter Nagel, hat er es im Gegensatz zu vielen anderen nicht belassen. Er war der großzügigste private Mäzen, den die Stadt

Herz & Hand & Vaterland & Co.

je hatte. Axel der Große trommelte anderthalb Millionen für die Rettung der Gedächtniskirche zusammen, spendete eine neue Schatzkammer fürs Antikenmuseum, Bilder von Jean Raoux und Antoine Pesne fürs Charlottenburger Schloß, Glockenturm und Glockenspiel für die neue Jerusalemkirche, eine Calder-Plastik für die Nationalgalerie, einen wertvollen Leuchter für die Jüdische Gemeinde, einen Bronzeguß der Schadow-Plastik Friedrichs des Großen, aber auch Goldmedaillen für den Eishockeymeister, einen Achter für die Ruderer etc. Großzügig außerdem als Kunstfreund, so wenn es um Gastspiele von Sammy Davis oder Leonard Bernstein ging, einen Auftritt von Bert Kaempfert, dessen Sound er besonders mochte – alles von ihm bezahlt. Berlin an sich hielt er für eine »große Stiftungsaufgabe für das ganze deutsche Volk«.

Als er dem Berliner Herzzentrum ein Gästehaus für die Patienten baut, will allerdings sein preußischer Paladin nichts mehr davon wissen, daß er Gutes im verborgenen tut. Sollen die doch sehen, was sein Verleger macht, sollen sich die anderen Reichen doch ein Beispiel nehmen. Für die Nachwelt läßt Nagel eine Erinnerungstafel an den Big Spender Axel Springer anbringen. Der spricht im Namen der Stadt, und der spricht für die Stadt, der schickt Telegramme an Politiker, wenn er glaubt, die Hauptstadt des geteilten Vaterlandes sei bei irgendeinem Ereignis vergessen worden. Der warnt vor Ausblutung und natürlich unentwegt vor der Bedrohung durch die deutschen Satansjünger des roten Teufels in Moskau, dessen Gegner, die Dissidenten, bei ihm immer Hilfe finden.

Auf die Ankündigung, daß er als deutscher Patriot den Bayerischen Verdienstorden bekommen solle, schreibt der Verleger an die Bayerische Staatskanzlei über das, was ihn wirklich bewegt. Zunächst lamentiert er darüber, daß die größtenteils rot verseuchten öffentlich-rechtlichen Anstalten den Fall des regimekritischen Schriftstellers und späteren Chefredakteurs der von Springer unterstützten Dissidentenzeitschrift »Kontinent« nicht gebührend berücksichtigt hätten, und droht dann ganz ungeniert: »Ich konnte von hier

Der Fall Axel Springer

aus nicht übersehen, was der Bayerische Rundfunk tat. Sollte auch er Maximow verschwiegen haben, so gilt ihm nicht nur mein anhaltendes Mißtrauen, sondern eben auch jene Verachtung eines Mannes, der sich nach besten Kräften müht, den Braunen nicht die Roten folgen zu lassen.«

Springer ist Berlins bester PR-Mann. In der Rolle als Patriot, als Prophet, als Prediger, als Preuße ist er einfach unschlagbar. Keiner kann so gut wie er Berlin zum »Prüfstein für Moral, Gesinnung und Geschichtsbewußtsein einer gestürzten Nation« überhöhen. Im täglich aktuellen Programmheft seiner Aufführungen, seinen Zeitungen, wird das Genie entsprechend gefeiert: Seine Appelle an die deutschen Unternehmer, daß es ihre vaterländische Pflicht sei, in der Stadt zu investieren, wo die »Freiheitsglocke der Welt« hängt. Seine Anzeigen in großen amerikanischen Zeitungen – »Mein Name ist Axel Springer. Ich bin Deutscher. Meine Stadt – Berlin – ist geteilt durch eine Mauer« – mit der Mahnung an die geliebte Schutzmacht, Berlin nie zu vergessen. Seine Attacken gegen die so offensichtlich von Gott verlassene sozialliberale Regierung. Die Aufsätze, Artikel, Reden, deren Aussagen sich im Laufe der Jahre in Variationen wiederholen, gipfeln in einem Weihnachts- und Neujahrsgruß des Verlegers, den er 1976 in Balladenform schreibt und verschickt. Eine Art vaterländische Ode, die beweist, daß der König ein Dichter sein kann, wenn es denn unbedingt sein muß:

> *»Nach Bethlehem*
> *gehen zu Weihnachten die Gedanken.*
> *Hier ging der Stern auf,*
> *der zum Kompaß der Menschheit wurde.*
> *Gott schenkte uns den Erlöser,*
> *der Nächstenliebe und Gnade*
> *in eine gewalttätige Welt brachte.*
> *Bethlehem ist Gottes Stadt,*
> *die Herodes trotzte.*
> *Neben der heiligen Stätte*
> *mit Krippe und Kind*

Herz & Hand & Vaterland & Co.

*steht für mich zu Weihnachten
unser Berlin
die politische Wasserscheide
zwischen Freiheit und Unfreiheit
der Wellenbrecher
gegen das gewalttätige Imperium
herodischer Prägung
unserer Tage
Die Lebensfähigkeit Berlins
seine wirtschaftliche Kraft
und politische Aufgabe
sind keine Fragen der Caritas
sondern der politischen Moral
Die Jugend spürt es
Das Volk spürt es
Spüren es auch die Politiker?
Berlin ist Teil
unseres weihnachtlichen Gebets
Auftrag der Geschichte
gegenüber dem Vaterland
Denn das Vaterland
gehört zu Gottes Ordnung«*

Preußen, kein Volk, aber die Idee eines Staates, ist für ihn nicht nur die Geschichte schlagkräftiger, disziplinierter Soldaten. Nicht nur die Geschichte einer Armee, die sich einen Staat hielt. Nicht nur die Verkörperung einer so fragwürdigen Sekundärtugend wie Gehorsam. Und vor allem nicht die Ideologie, die den Nationalsozialismus vorbereitete und mit ihm unterging. Auschwitz, sagt Springer, wäre in Preußen nie möglich gewesen, und waren es nicht preußische Offiziere, die sich opferten, als es endlich Widerstand gegen Hitler gab? Friedrich der Große ist für seinen Bewunderer Axel Springer eher ein einsamer Philosoph, der von der Vergänglichkeit des Ruhms wußte und von der Vergeblichkeit, mit gewonnenen Schlachten auf Dauer die Welt zu verändern. Preußens Gloria war nicht der Krieg, sondern die Toleranz gegenüber Menschen anderen Glaubens und anderer Rasse, Preußens

Glanz war die Harmonie von Sanssouci, die Musik von Johann Sebastian Bach, die Kunst eines Schinkel, eines Schadow. Preußens Vermächtnis die Überzeugung, daß Gott eine feste Burg ist. Ein Staat, in dem die Freuden der Pflicht, der Dienst am Vaterland, selbstverständlich gelebt wurden, vom König und von seinen Untertanen. Ein Staat, dessen berühmtester Herrscher nie an das Gute im Menschen glaubte.

Gefragt, warum ausgerechnet Jens Birkholms Ölgemälde »Berliner Waisenhaus« im Schlafzimmer seines Hauses auf Schwanenwerder hing, antwortete König Axel, der preußische Patriot aus Altona: »So ist das Leben. Der Mensch ist böse.«

11. Kapitel

Wenn der Russe sonntags kommt

Die Giftkapsel, die er immer bei sich trug, hätte Axel Springer im Notfall nie zerbissen. Sagt Paul Schmidt-Carell, der ab Ende der sechziger Jahre für seine Sicherheit verantwortlich ist. Davor hätte er dann doch wohl zuviel Angst gehabt. Mag auch sein, daß der überzeugte Christ diesen letzten Ausweg selbst bei Todesgefahr nicht vor dem verantworten wollte, der über ihm stand und Rechenschaft verlangen würde. Auch Jesus hat gelitten und sich seinen Mördern nicht entzogen. Daß die Kapsel nach der Hinrichtung Schleyers, für dessen Rettung Springer vor seinem »Schmerzensmann« kniend gebetet hatte, vorsichtshalber in einen seiner Zähne implantiert wurde, gehört ins Reich der Legende.

Auf der Todesliste, die fast zehn Jahre nach den ersten Drohungen in der Fluchtwohnung des erschossenen Terroristen Michel Mukarbel in Paris gefunden wird, steht Springers Name immer noch unter den ersten Dutzend, die erledigt werden sollen. Die Killer arbeiten international. Die Drohung wird ernst genommen, denn die Desperados der Roten-Armee-Fraktion pflegen in ihrem bösen Wahn, das System durch Gewalt verändern zu wollen, keine Kompromisse zu machen. Axel Springer ist eine der wichtigsten Stützen des verhaßten Staates, eine Symbolfigur wie Buback, wie Ponto, wie Schleyer. Also muß der Verleger geschützt werden wie ein Politiker, bewacht werden rund um die Uhr.

Schon damit haben ihn die Terroristen getroffen, denn Personenschutz heißt Verlust an Lebensqualität. Er muß verzichten auf die spontanen Freuden, zum Beispiel einfach abends in Berlin mit Freund Pierre Pabst in irgendwelche Kneipen zu gehen und sich unters Volk zu mischen. Natürlich erkannt von den meisten, ist das nicht der Axel Springer?, und dies genießend. Einer von denen, die in den frühen Berliner Jahren als Pflastermaler ihr Studium verdienten, erinnert sich an eine seltsame Begegnung mit dem Mann, dessen Enteignung er später in den Straßen fordern wird. Aus dem Restaurant »Ricci« ist Springer gekommen, ein paar hübsche Mädchen waren dabei, das Gemälde auf dem Trottoir hat er sich angeschaut, war zufällig ein Jesus-Bild, und mit den jungen Leuten darüber kurz diskutiert. Bevor er weiterging, hat er in die Tasche gegriffen und was unter die Schale gelegt, in der die Münzen der Passanten gesammelt wurden. Danke, aber geschaut haben sie erst, als er schon weg war, wäre ja sonst peinlich. Es war ein Hundertmarkschein, und dies war damals für Studenten ein kleines Vermögen, die Hälfte der Miete.

»Er hat am meisten darunter gelitten«, erzählt seine wirklich rechte Hand Claus-Dieter Nagel, »daß er nicht mehr so einfach unter Menschen gehen konnte, jeder Schritt mußte abgesprochen werden.« Größer noch als die Angst vor einer Entführung war die Wut auf die, die ihn so zu leben zwangen. Weil er immer unter Beobachtung stand, war es außerdem vorbei mit den kleinen Abenteuern, aber darüber spricht Nagel natürlich nicht. Ein junges Mädchen, das Springer gern näher kennenlernen wollte, arbeitete zwar in seinem Verlag, wohnte aber ausgerechnet in Kreuzberg, und dahin konnte er sich Anfang der siebziger Jahre eigentlich nicht mehr wagen. Das hätte schon ein großes Abenteuer werden können. Er hat es dennoch gemacht, aber auf die gewünschte Begegnung der anderen Art verzichtet, weil die Guards seinen Body bewachten und er Gerede fürchtete. Erpreßbar wie andere wollte er nicht sein, hat deshalb besonders freudig gelacht, als Willy Brandt wegen Guillaume zurücktreten mußte. Gerade Springer wußte dank seiner exzellenten Kontakte zum Bundesnachrichtendienst, die noch von den Gesinnungsgenossen Zehrer und Gehlen geschmiedet und dann über Freund Franz Josef erst richtig ausgenutzt wurden, daß der Spion von drüben genüßlich die Nächte des Kanzlers hätte beschreiben können.

Nicht nur Springers Privatleben war gestört. Unter der Abschirmung litt auch der Journalist, der ja immer geschickt erschnüffelt hat, was der sogenannte kleine Mann von der Straße lesen wollte. Solche Leute traf er jetzt nicht mehr, der Mann auf dem Balkon war nicht mehr sichtbar. Die Familie, die er in Berlin angeblich überraschend besucht, weil er auf einem Ausflug in die reale Welt besteht, ist lange vorher von Nagel ausgesucht und vor allem von Schmidt-Carells Leuten untersucht worden. Keine Gefahr, normale Bürger. Da kann der Verleger zwar sehen, was bei Hempel überm Sofa hängt, unterm Tisch liegt, in der Küche steht. Ist aber alles arrangiert. Ging anderen Königen in der Geschichte fast immer so, wenn sie sich unter ihr Volk mischen wollten. Die immer häufiger werdenden kleinen Fluchten ins Ausland, also nach England, in die Vereinigten Staaten, vor allem nach Israel und auf die Insel Patmos, sind zwar Fluchten seiner Seele, und Fluchten vor der Reglementierung seines deutschen Alltags, aber auch Fluchten vor der eigenen schieren Größe.

Rosebud ist das letzte Wort des Orson Welles in der Rolle des sterbenden und von allen verlassenen amerikanischen Verlegers im berühmten Film »Citizen Kane«. Rosebud hieß der Schlitten seiner Kindheit, die ihm gestohlen wurde, weil ihn seine Eltern in ihrer Armut zur Adoption für eine reiche Familie freigaben. Als junger Mann kaufte sich Kane eine Zeitung und wurde zum überlebensgroßen Tycoon. Sein ganzes Leben, in dem der geniale Blattmacher sich alles leisten konnte, Schlösser und Frauen und Politiker, mächtig war und berühmt und viele Menschen zerstörte, hat er sein Rosebud nicht vergessen. Rosebud war die Sehnsucht nach Geborgenheit in einer unwirtlichen Welt, die Citizen Kane nur durch Stärke und Macht und Geld zu bestehen glaubte. Und die erst in einer anderen Welt erfüllt wurde, wo alle wieder Kinder sind.

Axel Springer war kein brutaler Citizen Kane, der über Leichen ging und dies für unabdingbar hielt. Die Sehnsucht des jungen ungestümen Mannes, des Kinofans und Frauenlieblings, lag nur wenige Kilometer von seinem Geburtshaus entfernt, in Hamburg. Den Pfeffersäcken dort wollte er beweisen, daß einer aus Altona, was ja als schier unmöglich galt, auf hanseatischen Bühnen der Star sein würde. Axel Springers Rosebud war Axel Springer in den Zeiten, als er noch nicht gefesselt war durch die Zwänge der Größe, als er noch von Richard Tauber schwärmte, als nichts seine Phantasie einengen und nichts ihn bremsen konnte, als nichts unerreichbar und jede Rolle so gut wie die nächste war. Als es für ihn keine Grenzen zu geben schien: Reich mir die Hand, mein Leben.

Und jetzt, was war denn das für ein Leben? Immer nur nach Plan, immer nur nach strengen Regeln, immer auf der Flucht vor dem eigenen riesigen Schatten. Sich beugen müssen den Anforderungen derer, die dieses Leben zu schützen hatten. Eingeschlossen wie ein Panther im Käfig.

Daß sein Sicherheitsbeauftragter Paul Karl Schmidt, der sich als Autor Schmidt-Carell nannte, ein überzeugter Parteigänger Hitlers gewesen ist, hat Springer nicht gestört. War ja keiner von diesen widerlichen braunen Schlägern, nur Täter am Schreibtisch im Auswärtigen Amt, und anständige Umgangsformen hatte der ehemalige Chef des Presse- und Informationsamtes auch. Wenn sich sogar Adenauer einen Mann wie Hans Globke ins Kanzleramt holte, mußte er sich mit seinem Ex-Nazi erst recht nicht schämen. Auch die schreibenden ehemaligen SS-Führer Giselher Wirsing oder Ferdinand Fried (Zimmermann), widerliche Antisemiten zu Hitlers Zeiten, hatten in der »Welt« eine neue Heimat gefunden. Und sie waren nicht die einzigen, deren Vergangenheit es eigentlich hätte ausschließen müssen, daß sie sich in der Gegenwart politisch über die Zukunft der Nation äußerten. Daß er diese Deutschen meinte, wenn er in seinen Reden von der deutschen Schuld sprach und die Verbrechen der Deutschen benannte, sie aber gleichzeitig in seinem Verlag beschäftigte und nicht als Hausboten, ist nur für ihn kein Widerspruch. Springer konnte ohne Schwierigkeiten damit umgehen, weil er als geläuterter Patriot in einer anderen Rolle

Flucht in die eigene Welt: Axel Springer empfahl die Kunst der Meditation, die auf dem Kopf stehend er lässig beherrschte, auch seinen Managern

auftrat, in der Rolle des guten Deutschen, des bekennenden Philosemiten, der das wiedergutmachen wollte, was er selbst nicht angerichtet hatte.

Solche Reden schrieb der heimgekehrte Emigrant Ernst Cramer, der Mann für die eher auswärtigen Angelegenheiten, die deutschnationalen Vorträge im Inland verfaßten Nagel oder eben Schmidt-Carell. Wobei beide zugeben, daß er nur das vortrug, was er selbst glaubte, daß er also seine Gedanken in ihren Entwürfen wiederfinden wollte und nur selten eine Rede so übernahm, wie sie vorgeschrieben war. Ausnahme sei seine Rede zur Verleihung des Fugger-Preises gewesen, sagt Schmidt-Carell: »Die hat er wörtlich von mir so genommen.« Kennengelernt hat Springer den ehemaligen Pressechef des großdeutschen Auswärtigen Amtes, weil ihm Anfang der fünfziger Jahre dessen Artikel über Autosuggestion aufgefallen war, das hat ihn interessiert. Den Erfinder des autogenen Trainings Johannes Heinrich Schulz hatte er als junger Mann mal getroffen, viel mit ihm darüber gesprochen, und diese Technik, zur Ruhe zu kommen, hat den unruhigen Geist immer beschäftigt.

Schmidt-Carell blieb nach der ersten Begegnung mit dem Verleger dem Hause erhalten, allerdings nicht für Medizinthemen. Schrieb für Springers Zeitschrift »Kristall« Serien über die Heldentaten der deutschen Wehrmacht an der Ostfront – »Unternehmen Barbarossa« – oder über die »Wüstenfüchse« Rommels und ihre Panzerschlachten. Vergaß immer zu erwähnen, daß auch deutsche Soldaten und nicht nur die SS verantwortlich waren für die Greueltaten unter der Bevölkerung eroberter Staaten. Reflektierte nicht unnötig lange darüber, ob vielleicht das Verbrechen der Deutschen schon darin bestand, überhaupt einen Krieg begonnen zu haben. Die »Frankfurter Allgemeine Zeitung«, unverdächtig jedweder Linksneigung, listete nicht nur zahlreiche historische Fehler in den Berichten von der Front auf, sondern machte deutlich, Carells Art zu schreiben »verdummt jene, die zu vergessen geneigt sind, und sie erbittert diejenigen, die schwer vergessen können«. Die Legende von den aufrechten deutschen Hakenkreuzrittern im Osten traf aber den Nerv der »Kristall«-Leser, entsprach also deren Überzeugungen. Die als Tatsachenberichte angepriesenen Landserverherrlichungen des Bestsellerfabrikanten verdreifachten die Auflage der Illustrierten. Proteste der Redaktion gegen den ehemaligen Propagandisten des Unrechtsregimes blieben deshalb unbeachtet.

Es reichte dennoch nicht. Als die Zeitschrift eingestellt werden mußte, weil der wirtschaftliche Erfolg ausblieb, durfte Paul Schmidt-Carell, vom Verleger PC genannt, aber bleiben und seine anderen Fähigkeiten beweisen. Nicht nur Reden schreiben, sondern Sicherheit für den Mann organisieren, den er Sir nannte. Nicht nur Pläne ausarbeiten für Personenschutz, insbesondere die Personen aussuchen, die den Schutz gewährleisten sollten. Eine Lebensaufgabe, zumindest so lange, wie der Schützling lebte.

Immer den gepanzerten Mercedes benutzen, nicht irgendein Auto. Immer auf der Seite aussteigen, die der Straße abgewendet ist, damit von gegenüber kein freies Schußfeld entsteht. Immer den Hinterausgang nehmen, wenn er am Berliner Verlagsgebäude vorfährt. Immer die Route wechseln, wenn er regelmäßig bestimmte Punkte anfahren muß. »Er hat sich widerwillig, aber widerspruchslos an solche Anweisungen gehalten«, berichtet Schmidt-Carell. Es sind Beamte vom Bundeskriminalamt abgestellt für die Bewachung, aber das reicht PC nicht. Private Leibwächter werden engagiert. Darunter Männer, die schon in den Zeiten ihre Härte bewiesen haben, als es noch keine terroristische Gefahr gab, weil die Terroristen an der Macht waren. Springer macht keinen Schritt mehr ohne sie, selbst bei seinen Auslandsreisen ist zumindest einer immer dabei.

Daß Springer Schußwaffen haßt, stört seine Beschützer nicht. Sie demonstrieren Präsenz. Nach einem Besuch des Edvard-Munch-Museums in Bergen bittet er seinen Begleiter vor allen anderen Gästen im Fahrstuhl des Hotels Norge, doch gefälligst auf seine Waffe zu achten, es könne sich ja mal ein Schuß lösen und ihn selbst in den Fuß treffen. Nur in England ist es problematisch mit eigenen bewaffneten Leibwächtern. Die Pistole wird Springers Guard schon am

Flughafen abgenommen, als er ein paar Tage vor der Ankunft seines Schützlings das Terrain sondieren will, da helfen beglaubigte Schreiben über die Gefährdung des Verlegers in Deutschland nicht. Die unauffälligen Herren von der Special Branch trauen sich zu, den prominenten Deutschen ohne fremde Hilfe schützen zu können. Schußwaffen sind in Großbritannien nicht einmal den eigenen Polizisten erlaubt, warum also sollten irgendwelche Deutschen Sonderrechte beanspruchen können.

Manchmal wird es ein bißchen eng bei der Sicherheit. Wenn sich die Bewacher von Springer und die von Strauß, der zu Besuch auf Sylt ist, in der Küche des Klenderhofs um die Bratkartoffeln drängeln, muß man eher befürchten, daß sie sich aus Versehen gegenseitig anschießen. Als er sich mal mit dem Bayern zu einem nächtlichen Wattspaziergang über die Terrasse davonstiehlt, bricht eine gelinde Panik unter den Beschützern aus. Wo sind die beiden? Nicht weit. Strauß klopft auf seine Tasche, ich hab meine Waffe dabei, ich kann schießen, keine Sorge. Aber Springer kann es wirklich nicht, der hat Schießübungen auf Schierensee nur einmal mitgemacht und dabei nicht mal die Scheibe getroffen, die der Jäger aufgebaut hat.

Selbst dort auf seinem Herrensitz soll er sich nicht ohne bewaffnete Begleitung bewegen. Schußsichere Fenster sind eingebaut, seit der zeitweilige Generalbevollmächtigte Eberhard von Brauchitsch, geübter Landschaftspfleger, beim Blick auf die Wiesen geäußert hat, dies sei doch ein ideales Schußfeld für einen Scharfschützen. Im Entree des Hauses liegen immer mehrere Revolver in einer kleinen Schale, manchmal greift sich Springer achtlos einen von ihnen und steckt ihn ein, bevor er spazierengeht. Manchmal klopft er stolz auf die Tasche und sagt, da drin ist sie, und wiederum haben alle, die ihn besser kennen, so wie seine ehemalige Frau Rosemarie mehr Angst, daß er sich selbst aus Versehen trifft, als daß ihn Terroristen erwischen könnten. Bei einem seiner letzten Besuche auf ihrem Gut Halloh sind sie noch einmal zusammen ausgeritten wie einst und durch Wald und Feld galoppiert. Die Bewacher mit dem Fahrrad hinterher, keuchend vor Anstrengung und Aufregung, denn reiten konnten sie nicht. Hat ihrem Schützling diebische Freude gemacht.

Nervös sind die Bodyguards immer, obwohl zum Beispiel Schierensee mit einem von Fernsehkameras bewachten Tor und einem bei Berührung Alarm auslösenden Zaun so abgesichert ist, daß es unmöglich scheint, daß Fremde das Grundstück ungesehen betreten, geschweige denn auf Schußweite an Springer herankommen können. Eine feste Burg ist unser Gut. Es gibt eine Standleitung zum nächsten Polizeirevier, zwanzig Beamte aus Kiel bewachen im Schichtdienst das gesamte Areal, im Keller des Gutes sitzt in der Zentrale für alle Alarmeinrichtungen ein Ingenieur, der sich einmischt, wenn wieder mal ein Fehlalarm mit Sirenengeheul und Scheinwerferstrahlen die Umgebung aufschreckt. In jedem Zimmer, selbst auf dem Klo, sind gut getarnte kleine Knöpfe verteilt, die bei entsprechendem Druck in Kiel ein rotes Licht aufleuchten lassen, Alarm auslösen.

Dennoch nimmt der Verleger die Warnungen seiner gutbezahlten Beschützer so ernst, daß er sogar im eigenen Haus in unregelmäßigen Abständen die Schlafzimmer wechselt. Was nicht weiter schlimm ist, er leidet eh an Schlaflosigkeit und liest nachts, läuft umher, hört die Bibel vom Tonband, ruft Leute an und reagiert ungnädig, wenn die eigentlich lieber schlafen wollen. Pater Jungclaussen, der den Verleger auf Schierensee besucht, erinnert sich an einen Spaziergang zu dritt, mit Friede und Axel Springer, und er hat den bis heute nicht vergessen. Vor ihnen gingen Leibwächter mit einer MP, hinter ihnen auch. Alle mit Funkgeräten, die plötzlich knatterten. Ein weißer Hubschrauber kreiste über dem Gut. Friede wurde nervös, drängte ihren Mann, ins Haus zurückzukehren. Könnte ja die RAF sein. Bis ebenso plötzlich Entwarnung gegeben wurde, war nur ein harmloser Überflieger.

Auch Familienangehörige sollen beschützt werden, die könnten ja entführt und Springer so erpreßt werden. Die ehemalige Ehefrau Helga Springer wird nach der Scheidung mit Sohn Nicolaus in England untergebracht, weil dort keine Gefahr besteht, auch die Costa del Sol gilt später als sicher, solange Francos Faschisten herrschen. Nachdem dort die De-

Der Fall Axel Springer

mokratie siegt, bietet die Schweiz einen sicheren Hafen, Helga Springer zieht nach Lausanne. In einer Abrechnung des Buchhalters für Springers Privatschatulle wird vermerkt, daß für die Einrichtung der Wohnung zunächst einmal 157300 Mark ausgegeben wurden.

Es passieren aber ganz konkrete Attentate, und da man an Springer nicht rankommt, weil er zu gut gesichert ist, trifft es andere Unschuldige. Sein Gästehaus auf Sylt brennt eines Tages ab, zufällig ist gerade Karl Schiller zu Gast, damals schon zurückgetreten aus der Regierung Brandt. Die Polizei vermutet einen terroristischen Hintergrund. Niemand wird verletzt, aber am Klenderhof entsteht ein Schaden von einer Million Mark. Ein Zusammenhang mit den Drohungen der RAF wird kaum Zufall sein, kann aber nie bewiesen werden, weil die Täter nicht zu ermitteln sind, ebensowenig wie jene Brandstifter, die Springers Berghütte in den Schweizer Bergen abfackeln. Siebzehn Menschen sind nach einem Bombenanschlag auf sein Hamburger Verlagsgebäude verletzt, und diesmal herrscht kein Zweifel daran, wer die Attentäter sind. Springer läßt verbreiten, daß er der Meinung ist, »nunmehr sei die Teufelssaat der Linken aufgegangen, und daß es unsere Zeitungen in den letzten Jahren waren, die auf diese Gefahren unaufhörlich ohne Ergebnis hingewiesen haben«.

Der Verleger zeigt sich nach außen unerschütterlich und unerschüttert. Die kriegen mich nicht auf die Knie, verspricht er beim Besuch im Krankenhaus seinen verletzten Mitarbeitern, wird alles wieder aufgebaut, schwört er seinem Personal auf Sylt. Aber im Kreis von Vertrauten ist er nicht mehr so stark, da gibt er zu, daß er lausige Angst um sein Leben hat. Daß er am liebsten alles verkaufen würde, um sich im wahrsten Sinn des Wortes aus der Schußlinie zu begeben. Er war ja nie ein besonders mutiger Mann, weder unter den Nazis noch später, er hatte immer nur den Mut, seine Ideen umzusetzen, manche seiner Träume zu realisieren. Mit ein Grund dafür, daß der Sensible aus Altona sich auch optisch solche bulligen Typen wie Tamm oder Brauchitsch in seiner Umgebung hielt, weil die das verkörperten, was ihm fehlte. Kampfgeist und Härte. »Er war wie ein Reh, das auf eine

Lichtung geht«, beschreibt ihn der auch eher scheue Christian Kracht, »nach allen Seiten wittert, ob die Luft rein ist, und bei der geringsten Andeutung von Gefahr im Wald verschwindet.«

Tiefer als die Angst vor der RAF sitzt eine ganz andere Angst. Die ist in ihren Auswirkungen nicht nur irrational, sondern eher lächerlich, wenn auch konsequent für Springers Weltanschauung: die Angst vor den bösen Russen. In den fünfziger Jahren macht er noch einen seiner guten Scherze und sagt leichtfertig, wenn die bei uns einmarschieren, ziehe ich mir halt einen Blaumann über, setz ne Mütze auf, damit mich keiner erkennt, schwing mich aufs Rad und trample Richtung Osten, denn damit rechnen die ja nicht. Später wird er konkreter und läßt systematisch mögliche Fluchtwege vorbereiten, und natürlich nicht Richtung Osten. Gibt den Auftrag, Wohnungen zu mieten oder zu kaufen, die an der Grenze liegen, überall in Europa, die erste in Flensburg, von dort aus ist es nicht weit nach Dänemark. Ein etwa gleichaltriger Mitarbeiter, der mal als Double von Springer bei einem seiner Scheidungsprozesse die lauernden Reporter von der Konkurrenz verwirrt, hat diese Wohnung unter seinem Namen angemietet. Früher schon als Strohmann für 136 000 und 221 000 Mark zwei Appartements in List auf Sylt gekauft, die allerdings lange Zeit eher einer kleinen Flucht des Verlegers dienen als der möglichen großen. Im Haus »Wattenblick« wohnt Friede Riewerts, solange sie noch versteckt werden soll vor einer neugierigen Öffentlichkeit. Es gibt in Norwegen ein Haus, wiederum unter anderem Namen angemietet, das wie eine Art Museum eingerichtet wird, also mit wertvollen Möbeln und Bildern, weil es nach gelungener Flucht länger genutzt werden und Springer sein gewohntes Ambiente bieten muß.

Andere Appartements sollen nur One-Night-Stands sein, da reicht sparsame Möblierung. Man muß ja im Falle des Falles nur schnell raus aus Deutschland. In England oder in der Schweiz gibt es mehrere Springer-Residenzen, die seinen Standards entsprechen, da kann er anschließend hin, denn so weit werden die wohl nicht kommen, die Kommunisten. Die

Vorbereitungen der Fluchtwege, um die sich Schmidt-Carell zu kümmern hat, gehen so sehr ins Detail, daß sogar am Nord-Ostsee-Kanal in einem ganz bestimmten Gebüsch ein Schlauchboot zur nächtlichen Überquerung des Wassers versteckt wird, falls die Straßen schon vom Feind kontrolliert sein sollten. Springer gibt nicht nur die Anordnung, daß alles perfekt vorbereitet werden soll, er will in die Planungen eingeweiht sein und sich nicht blind auf die PC-Truppe verlassen. »Wenn der Russe sonntags kommt und ich keinen von euch erreiche, muß ich wissen, wie ich wegkomme und wo die Schlüssel liegen.« Das hat eine gewisse Logik, macht Sinn in der scheinbar sinnlosen Aktion. Deshalb fährt er in »Friedenszeiten« alle Routen ab, macht sich mit den verschiedenen Adressen vertraut und weiß anschließend wirklich, wo die Schlüssel versteckt sind. Ist allerdings nach der Ortsbesichtigung in Flensburg nicht ganz so erfreut, als er feststellen muß, daß aus Tarnungsgründen die Wohnung im Rotlichtbezirk angemietet wurde.

Wer flieht, braucht Geld, und zwar in einer Währung, die weltweit gilt. Von Springers Mann für besondere Aufgaben werden Konservenbüchsen gekauft in verschiedenen Gemüsegeschäften, der Inhalt entleert, die Büchsen mit Hundertdollarnoten gefüllt und dann verschweißt. Diese Dosen von schätzbarem Wert liegen an bestimmten Stellen unter den Dielen der Fluchtwohnungen. Ihr Besitzer schlägt vor, sie besser in die Rückseite der Sofas einzunähen, weil man im Bedarfsfall schneller rankommt und nicht erst die Bodenbretter aufstemmen muß. Auch Goldbarren, die andere internationale Währung, werden gehortet, die vor allem in seinen Häusern in der Schweiz. Nicht nur wegen der Russen fürchtet Springer um sein Geld. Der Milliardär, der Ende der sechziger Jahre neben dem Wert seines Verlages rund 60 Millionen Mark in Immobilien angelegt hat, der rund 320 Millionen Mark jederzeit cash hätte auf den Tisch legen können, hat immer Sorge, über Nacht alles verlieren zu können.

Auch das natürlich eine irrationale Angst, aber das Trauma der Weltwirtschaftskrise 1929, als Aktien nur noch das Papier wert waren, auf dem sie standen, sitzt tief. Gern folgt er dem Rat seines lauten Junkers Brauchitsch, Geld in amerikanischen Immobilien anzulegen, ein sicheres Geschäft. Russensicher sozusagen. »Bis jetzt sind Sie nur wohlhabend, jetzt mache ich Sie reich«, wird von Tamm, der wirklich Geld verdient und am Hofe des Königs abgeliefert hat, höhnisch lachend als Bonmot des zeitweiligen Generalbevollmächtigten B. überliefert. Denn die Wohnungen in Key Biscayne in Florida, wo der kaufen ließ, erbrachten einen Verlust von rund sechzig Millionen Mark. Pech, nicht wahr.

Die Stabsabteilung Sicherheit kümmert sich sogar um die, denen Springer vertraut. Der Masseur, der ihn täglich behandelt und weiß, wie man eine Sauerstoffdusche bedient, wird als seltsamer Heilpraktiker entlarvt, der schon mal im Gefängnis gesessen hat. Weg mit ihm. Als Friede Springer anonyme Briefe mit wüsten Beschimpfungen und Hinweisen auf ihre Vergangenheit in Gstaad erhält, manche dieser Haßtiraden sind sogar mit Hundescheiße gefüllt, wird in Zusammenarbeit mit dem Bundeskriminalamt der Absender ermittelt und zum Schweigen gebracht. Die Telefone Springers werden ständig untersucht, ob Wanzen angebracht worden sind, ob er abgehört werden kann, er selbst besteht darauf. Sein Scherz, er müsse seine Kritik an der Bonner Regierung einfach nur per Telefon diktieren, man könne sich die Druckerschwärze sparen, weil ja eh alles abgehört wird, geht ins Leere. Gespräche von und nach Berlin wurden vom CIA, vom KGB, von der Stasi, aber nicht vom BND abgehört. Falls er mal nicht bei einem Spaziergang über wichtige Entscheidungen informieren kann, also das Telefon benutzen muß, spricht er nur in Andeutungen und weiß, daß der Vertraute ihn auch so versteht. Paranoia?

Nicht nur, denn das Springer-Hochhaus an der Mauer, Symbol für die Freiheit, wie die anderen sie nicht verstehen, wird von denen mit Richtmikrophonen abgehört und überwacht. Die Abschriften aufgezeichneter Gespräche müssen ganze Stasi-Keller gefüllt haben, und natürlich gibt es Inoffizielle Mitarbeiter, IM, die im Auftrag der sogenannten Volksaufklärer den Mann ausspähen, der sie so gnadenlos an den Pranger stellt und mit Lust demütigt. Die Ergebnisse solcher Mühen sind eher dünn, wie man nachlesen kann. Die Herren der öffentlichen Meinung in der Kochstraße sind ja nicht blöde und können sich gut vorstellen, wie auf der anderen Seite versucht wird, sie auszuhorchen. Verhalten sich also entsprechend vorsichtig.

Als Axel Springer eines Tages Anfang der sechziger Jahre bei Rainer Barzel in Bonn anruft, damals Gesamtdeutscher Minister im Kabinett Adenauer, bittet er ihn deshalb nur, dringend nach Berlin zu kommen. Am Telefon könne er nicht darüber reden. Man wisse ja, warum. Barzel kommt noch am selben Abend in Springers Privathaus in die Bernadottestraße, alles wird vorher nach Wanzen abgesucht. Sauber. Es geht um Flucht, allerdings um eine ganz andere. Über Kontaktleute ist Springer als Mittelsmann gebeten worden, bei der Regierung in Bonn zu fragen, ob man am Freikauf von Häftlingen interessiert sei. Pro Kopf so um die 40 000 Mark stellt man sich drüben vor. Absolutes Stillschweigen ist erforderlich. Barzel informiert seinen Chef, der in Cadenabbia Boccia spielt wie jedes Jahr, doch Adenauer zögert, will nicht so recht. Falls was rauskommt, überzeugt ihn schließlich Barzel, werde er alle Schuld auf sich nehmen und abtreten. In der Tat ist die Aktion politisch nicht ungefährlich, denn wer kann garantieren, daß es ein ernstes Angebot ist, nicht nur ein Trick der Zonis, die verhaßten Brüder im Westen in eine Falle zu locken und bloßzustellen. Barzel: »Wollte man uns vielleicht auf diese Art und Weise ein paar Maulwürfe unterschieben, die wir auch noch bezahlen? Würden Leute auffliegen, wenn man selbst eine Wunschliste übergibt?« Man rechnet mal kurz aus, was das Ganze kosten könnte, und kommt auf über hundert Millionen Mark. Das braucht einen geheimen Sonderfonds, also muß die Opposition eingeweiht werden. Herbert Wehner, stellvertretender Fraktionsvorsitzender der SPD, stimmt dem Geschäft sofort zu. Nachdem er ein paar Jahre später Barzels Amt übernommen hat, führt er genauso stillschweigend die Aktion Freikauf weiter.

Die ersten Häftlinge, die man aus kommunistischen Zuchthäusern befreien möchte, werden besonders sorgfältig ausgewählt. Nur Namen von Leuten auf die Liste draufgeschrieben, die schon bei den Nazis saßen, also wirklich unverdächtig sind, nur eben das Pech hatten, sich wieder ihr Maul nicht verbieten zu lassen, und deshalb verurteilt wurden. Es klappt. Austausch am Bahnhof Friedrichstraße in Berlin, 320 000 Mark cash gegen acht Köpfe, organisiert von der evangelischen Kirche, von karitativen Einrichtungen, und auf der anderen Seite vom später so berühmten Rechtsanwalt Wolfgang Vogel. Es bleibt fast zehn Jahre geheim, bis sich Andeutungen über Häftlingsgeschäfte zwischen der Bundesrepublik und der DDR häufen und Axel Springer in einem Interview mit dem französischen Nachrichtenmagazin »L'Express« 1972 von der Aktion erzählt. Im Laufe der Jahre übrigens hatte die DDR die Kopfprämie von anfangs 40 000 auf 70 000 Mark erhöht. Springer in seiner Rede zur Verleihung des Fugger-Preises: »Von 1965 bis 1976 wurden 9000 politische Häftlinge für ein Lösegeld von 448 Millionen Mark freigekauft. Das ist das größte Menschenhandelsgeschäft, das es je in der Geschichte der Welt gegeben hat. Um kein Mißverständnis aufkommen zu lassen: Ich beklage den Posten Lösegeld nicht. Ich gehörte zu den Wegbereitern des Freikaufs unschuldiger Geiseln aus Zonengewahrsam, weil Menschen wertvoller, teurer sind als Geld.« Wurde alles aus einem Sonderfonds finanziert, auch von unseren Nachfolgern, beteuert Rainer Barzel.

Nicht alles, sagt Claus-Dieter Nagel, natürlich hat auch Springer Dutzende von Häftlingen freigekauft. Das war für ihn eine christliche Verpflichtung und eine patriotische dazu. Schmidt-Carell bestätigt, daß Springer Millionen für den Freikauf von Häftlingen aus DDR-Gefängnissen ausgegeben und nie ein Wort darüber verloren hat. Dagegen immer öffentlich laut wurde, wenn Diplomaten sich in stille Verhandlungen flüchten wollten: »40 000 Apparate mit explosiven Splitterladungen hängen in den Gitterzäunen der Zonengrenze. Sie zerfetzen Menschen. Wir müssen die Aufmerksamkeit der Welt auf diese Mord-Mechanismen, auf das Blut, das durch sie floß, und auf die Gräber der Opfer hinweisen. Zu sprechen ist von den Menschen, denen es beim

Der Fall Axel Springer

Weg in die Freiheit in den Minenfeldern die Beine unter dem Leib zerriß, zu erinnern ist an die Tausende politischer Gefangener, an unsere Landsleute, die in den Zuchthäusern des SED-Regimes darauf warten, daß unsere Freiheit des Wortes genutzt wird, auszusprechen und zu schildern, welches Unrecht geschieht.«

Daß dies den Machthabern drüben nicht gefällt, versteht sich. Selbst als der unsäglich dumme und von keiner Recherche getrübte DDR-Fernsehfilm über Axel Springer vorbereitet wird – »Ich – Axel Cäsar Springer« –, der dann bei der Ausstrahlung entsprechend flachbrüstiges Zonenniveau bietet und inhaltlich nicht der Erinnerung wert ist, sind höchste Stellen der DDR involviert. Der Chef des Ministeriums für Staatssicherheit (MfS), Erich Mielke persönlich, wird vom Propagandagenossen Albert Norden am 10. Juni 1966 um tätige Mithilfe der Abteilung Agitation gebeten, damit der »verdiente Genosse Karl-Georg Egel« genügend Material fürs Drehbuch habe. Der gibt entsprechende Anweisungen, und ein Oberstleutnant Halle meldet wenig später Vollzug: »Ihrer Weisung entsprechend ist das von uns zusammengetragene Material über den Axel-Springer-Konzern in zweifacher Hinsicht überarbeitet worden... Der Informationsbericht enthält mit ganz geringen Ausnahmen ausschließlich Material des MfS, in keinem Fall aber Aussagen des »Spiegel«. Das ursprüngliche MfS Material ... wurde ergänzt.« Mielke zeichnet ab und befiehlt, daß dies alles ab sofort nur mit Genehmigung zu verwenden sei.

An ein Stück aus einem noch schlechteren Film erinnert die Aktennotiz der Abteilung Agitation vom 28.8.1968: »Am 12.8.1968 erfolgte die von Gen. Egel gewünschte Aussprache auf Vorschlag des Gen. Generalleutnant Wolf. Sie fand in der Pressestelle statt. Es nahmen daran teil: Gen. Generalleutnant Wolf, Gen. Oberstleutnant Hauck, Gen. Hauptmann Beckert, Gen. Bierbaum, HVA, Gen. Laschak, HVA. In einer vierstündigen Aussprache wurden die Probleme entsprechend der Konzeption des Gen. Egel besprochen. Die inhaltliche Seite erstreckte sich im starken Maße auf die Probleme der Außenpolitik der imp. Mächte in den vergangenen

Jahren und jener Momente, die zur Person Springer jeweils in der Filmgestaltung eingearbeitet werden könnten. Im wesentlichen waren es jedoch Erwägungen, deren Beweisführung nicht in jedem Fall gegeben ist. Beispiele: a) In welchen Ferienhäusern oder sonstwo im Ausland verbringen Strauß und Springer gemeinsame Zeiten? b) Wer ist Springers Hauptmann in Israel, mit welchen Finanz- und politischen Größen ist Springer in Israel befreundet, bei wem pflegt er abzusteigen? c) Was ist über Kraemer, früher politischer Funktionär der Ami-Besatzungsmacht, Mitglied des CIA, dann Mitglied des Springer-Direktoriums, bekannt? Gibt es Einzelheiten über Freundschaften Springers mit den aggressivsten Kreisen des amerikanischen Monopolkapitals und deren Vertretern, der Gesellschaftsschicht, die hinter den Morden an der Familie Kennedy steht?«

Bei solchen Feinden konnten sich Schmidt-Carell und seine Mannen in Ruhe den Gegnern im eigenen Land widmen. Falls die Kommunisten überraschend doch kommen sollten, ist ja alles vorbereitet. Und es ist alles getan, um die tägliche Sicherheit des Verlegers zu garantieren. Auch vor den schußsicheren Glastüren im obersten Stockwerk an der Mauer oder in Hamburg sitzen Bewaffnete. Seine Verlagsgebäude dürfen eh nur noch durch eine Sperre und nach einer Ausweiskontrolle betreten werden. Wer langes Haar trägt oder einen Bart, wird erst mal nicht für Jesus gehalten. Videokameras an den Hausecken registrieren finstere Gestalten, auch lichte in der Finsternis. Peter Tamm, der bald ebenfalls Bodyguards beschäftigt und in gepanzertem Mercedes fährt, genießt die Spannung. Springer braucht diese Spannung nicht, er erträgt sie allenfalls. Er ist plötzlich ein Menschenfänger ohne Menschen und fühlt sich wie in Isolationshaft, er fühlt sich der Quellen beraubt, aus denen er trank und die ihn stark machten. Stärker als die anderen. Auch dieses Leben aus zweiter Hand macht ihn krank.

Wie in guten Spionageromanen lauert die Gefahr überall. Feinde sind manchmal nicht bewaffnet, sondern nur informiert. Also werden Agenten bei anderen, bei liberalen Blättern gesucht, gefunden und bezahlt, die früh herausbringen sollen, was die gegen das Haus von Springer und gegen ihn persönlich vorhaben. Sind natürlich keine richtigen Spione, nur Journalisten mit einem überzogenen Konto. Wenn sie auffliegen, haben sie angeblich eine Zusicherung, im großen Verlag bei irgendeiner Zeitung beschäftigt zu werden. Was von außen aussieht wie das Räuber- und Gendarmspiel von großen Jungs, die nicht erwachsen werden wollen, ist von den Veranstaltern aber bitter ernst gemeint. Kein Vergleich mit der Welt von John Le Carré, denn es wird nicht gemordet und nicht vergiftet und nicht erpreßt. Geld ist eine gute Waffe, man muß nur rechtzeitig wissen, wo sie einzusetzen ist. Die Dossiers allerdings, die verschiedene Herren über jeweils andere Herren haben, die aber auch über sie, und Springer natürlich über alle, werden nicht von seinen hauseigenen Geheimdienstlern angelegt. Für diese Liebesdienste braucht es keine freien Mitarbeiter, das erledigen die Festangestellten an der Spitze persönlich. Mit Sicherheit.

»Persönlich/Streng vertraulich: Lieber Herr Springer, weder Befehlsverweigerung noch Befehlsverzögerung, aber wie ich Sie schon telefonisch informierte, wollte ich des Grundsatzes wegen gern noch den Termin der letzten Sitzung des Geschäftsführungsbereiches Zeitungen vom... in Berlin abwarten. Nachdem Herr P. T. am Vormittag bei Ihnen gewesen ist, stieß er... ab mittags zu dieser Konferenz. Nach meinen bisherigen Informationen so etwas wie eine Sternstunde unseres Hauses, denn die Teilnehmer der Gesprächsrunde haben seit langen Jahren zum erstenmal wieder in Anwesenheit des Alleinvorstandes ihre Sorgen vortragen können...«

»Persönlich/Streng vertraulich: Lieber Herr Springer, der innerbetriebliche Verschleiß bei internen Konkurrenzkämpfen kostet uns einfach zuviel Kraft und sollte mit einem Machtwort beendet werden.«

»Persönlich/Streng vertraulich: Lieber Herr Springer, lassen Sie mich unter dreifachem Offiziersehrenwort bitte zusammenfassend noch sagen, daß die Motivation aller Herren, die arbeiten wollen, die Ihr Haus voranbringen wollen... ganz langsam vor dem Trend zu kapitulieren beginnt, der da sagt: Dieses große Haus, das nach wie vor unsere Heimat ist, scheint sich in die Richtung Druckerei mit einem kleinen angehängten Verlag zu entwickeln, bei dem man ja nach Tarif bequem leben kann.«

»Persönlich/Streng vertraulich: Lieber Herr Springer, ist es nun doch passiert? Hat Ihr antiker Schrank im untersten Schubfach keinen Boden? Dort nämlich, so sagten Sie mir, sollten meine persönlichen/streng vertraulichen Briefe liegen... Heute nun rief mich C.D.N. und... bat um Übersendung von Kopien direkt an ihn.«

Irgendwie verständlich, daß sich Axel Springer angesichts der in seinem Haus herrschenden verwirrenden Zustände zur Flucht entschließt und nicht wartet, bis der Russe wirklich kommt. Er flieht in seine Welt.

12. Kapitel
Ruhe in Friede

Daß Axel Springer seine Lebensgefährtin Elfriede Riewerts geheiratet hatte, erfuhr Sohn Axel im Januar 1978 aus einer Zeitung, die nicht zum Konzern gehörte. Stimmt, sagte der Vater beim Glückwunschanruf, die Friede hat es aber verdient. Und mit seinem englischen Statthalter George Clare scherzte er, man könne ja schließlich nicht öffentlich Moral predigen und selbst seit mehr als zehn Jahren in wilder Ehe leben.

So wild war die Ehe eigentlich nicht, sagen andere, sondern eher mild. Es war, meint Peter Boenisch, eine schöne, ruhige, große, gelassene Liebe, und sie war von einer tiefen gegenseitigen Zuneigung geprägt. Was sicher richtig ist, aber nur stimmt für die letzten Jahre nach der Hochzeit. Schließlich hat ihn Friede spätestens dann nicht mehr allein gelassen, und das gilt für 24 Stunden rund um die Uhr, als Springers im amerikanischen Rochester genau diagnostizierte Schilddrüsenkrankheit die regelmäßige Einnahme von Tabletten erforderte. Springer in einem Brief an einen alten Mitarbeiter: »Die Mayo-Klinik mit ihrem Herausfinden der Schilddrüsen-Ursache (sie funktioniert nicht mehr – aber das läßt sich heute offensichtlich durch tägliche künstliche Gaben korrigieren) hat das Können wieder hervorgezaubert.« Die von seinem Zürcher Arzt Wolfgang Horst verordneten Pillen hat sie verwaltet, und wenn er ins Krankenhaus mußte, ging sie mit. Liebe ist, schrieb er nach einer Operation im August 1980, wenn man sich gemeinsam die Mandeln rausnehmen läßt.

Der Fall Axel Springer

Sie war sein Alter ego, sein anderes Ich, und sie teilte nicht nur sein tägliches Leben, sondern auch seine tägliche Leidenschaft, Gott zu suchen. Der war ihr anfangs noch nicht so nahe, da las sie noch nicht die Bibel, als sie Springer kennenlernte, aber sie war lernfähig, und der protestantische Glauben an eine höhere Macht lag für das Mädchen aus Schleswig-Holstein in der Tradition ihrer Familie. In der Hoffnung aufs Jenseits fand Axel Springer später Trost für schmerzliche Verluste hier, und diese Überzeugung wurde die ihre. Was er dachte, dachte auch sie, was er für falsch hielt, hielt auch sie für falsch, was er sprach, sprach sie nach. Altmodisch ausgedrückt: Friede Springer tat Axel Springer gut, weil sie ihn nie in Frage stellte und seine Fragen die ihren wurden. Sie erinnerte ihn an alles, was er zu vergessen drohte. Deshalb wurde der Verleger, wie seine Vertrauten erzählen, stets unruhig, geradezu hektisch, wenn er sie nicht in seiner Nähe hatte, sie mal einkaufen war oder bei einem Juwelier oder beim Friseur. Wo ist Friede? Wann kommt Friede?

Für alle diesseitigen Schätze, in Schwanenwerder oder Schierensee zum Beispiel, die der König gesammelt hatte, besaß sie die Schlüssel. Da war sie dann schon nicht mehr das Kind von der Insel, sondern die Herrin des Hauses. Immer natürlich im gebührenden Abstand zum König, der sehr genaue Vorstellungen darüber hatte, welcher Platz der Frau an seiner Seite zustand, und sie auch dafür liebte, daß sie diese nach seiner Meinung gottgewollte Ordnung nie in Frage stellte. Wenn ein Besucher die kostbaren Tabatieren sehen wollte oder ein Stück Silber oder ein wertvolles Porzellan, mußte Springer erst »meine Beschließerin« rufen lassen, die dann mit ihrem Schlüsselbund kam und die Schränke öffnete, in denen die Pretiosen standen.

Als er Friede Riewerts 1967 zum erstenmal nach Sylt mitbringt, wird sie vor dem Personal auf dem Klenderhof noch ferngehalten, wohnt nicht bei ihm im Teehaus und nicht im Gästehaus, wo Exfrau Helga gerade mit dem kleinen Raimund Nicolaus Urlaub macht. Das junge Mädchen, das verständlicherweise ungern seiner ehemaligen Chefin begegnen

Ruhe in Friede

möchte, bezieht offiziell das unter anderem Namen gekaufte Appartement hinter den Lister Wanderdünen, wohin es dann abends den Besitzer zieht, und dies nicht mit der Bibel im Gewande. Was den Höflingen nicht verborgen bleibt. Sie merken sich zwar den Namen Riewerts, allerdings glaubt da noch keiner, daß es eine längere Geschichte werden könnte. Sie haben gewisse Erfahrungen, was Springers wechselnde Zuneigungen betrifft. Hulda Seidewinkel, die als erste Dame des Hofstaates so viele Frauen hat kommen und vor allem gehen sehen, macht sich keine Gedanken, ob da vielleicht die fünfte Frau Springer ins Haus steht. Man hat einiges erlebt, wenn der Verleger sich verliebte, und besonders einer unter seinen Männern verdient allein schon wegen seiner Diskretion in allen Beziehungen das hohe Gehalt, das der ihm bezahlt. Erst als Wohnungen in Hamburg und in Berlin eingerichtet werden für die neue Blonde, als dort die bislang unumstrittene Hulda Seidewinkel ihr Appartement für den Dauergast räumen muß, als nicht mehr sie Gut Schierensee einrichten darf, sondern Friede Riewerts bestimmt, wer das zu machen hat, dämmert es ihr und Springers Männern langsam, daß dies wohl mehr sein wird als nur eine Affäre.

Die Höflinge übten neue Pirouetten, und wer zuerst vertraulich Friede sagen durfte, konnte sich im Neid der anderen sonnen.

Wenn er Friede nicht getroffen hätte, sagt einer, der Springers Sprunghaftigkeit kennt, dann hätte es durchaus passieren können, daß er noch ein paarmal zum Altar gegangen wäre. Was er übrigens fast ein Jahr nach der standesamtlichen Hochzeit mit Friede machte, sie im Dezember 1978 auch kirchlich zur Frau nahm, also vor Gott.

Bei offiziellen Anlässen zeigt er sich in den ersten gemeinsamen Jahren möglichst selten mit ihr, obwohl sie schon bei der feierlichen Eröffnung des Berliner Verlagsgebäudes, im Oktober 1966, auf ganz besonderen Wunsch des Verlegers, in der zweiten Reihe so plaziert wird, daß er sie bei seiner Rede direkt anschauen kann. Er ist oft auf Reisen, aber nur wenige wissen, warum er so oft weg ist, hat ja nicht nur etwas mit Geschäften zu tun. Er fährt mit seiner neuen Lebensgefährtin nach England und genießt in London die Weltstadtatmosphäre. Bei solchen Abstechern trifft er nicht nur die üblichen bedeutenden alten Männer in ihren bedeutenden alten Clubs. Da zeigt sie ihm Restaurants, die er nicht kennt und die er ohne sie nie betreten hätte, natürlich läßt er sich mit seinem Rolls-Royce vorfahren. Er weiß, wie man ein junges Mädchen beeindrucken kann, und seinen Reichtum hat er nie schamhaft verborgen. Springer fliegt mit ihr nach Israel, und er reist mit ihr in die Vereinigten Staaten, er geht mit ihr, eigene Jacht ist selbstverständlich, zum Segeln ins Mittelmeer oder in die Nordsee, und wer heute von diesen Zeiten berichtet, erzählt von einem verliebten, fröhlichen Mann. Einem, der sozusagen augenzwinkernd neben sich steht und staunt, daß es neben dem selbsternannten Propheten noch den Jüngling von Altona gibt, der nicht nur Bäume umarmen will, sondern manchmal am liebsten die ganze Welt. Friede ist diese Welt. »Wir waren auf einer Segeltour in der Ägäis«, erzählt sie, »und haben dabei Patmos entdeckt. Es war für Axel Springer Liebe auf den ersten Blick.« Ihre Jugend macht ihn wieder jünger, was keine besondere Erkenntnis ist, sondern eher normal für Männer seines Alters, die glauben, von Gott in einer neuen Liebe noch einmal eine Chance auf ein neues Leben zu bekommen.

Friede ist sein Gottesgeschenk. Er verhehlt nicht, daß er glücklich ist mit ihr, soweit ihm das möglich ist, und nicht nur zufrieden, weil sie nie widerspricht. Im Ausland muß Springer nicht täglich den schwermütigen christlichen Denker geben, wie man ihn von deutschen Bühnen kennt, da brilliert er wieder in anderen Rollen. Der glänzende Tänzer genießt beim Wiener Opernball nicht nur, daß ihn die Frau in seinen Armen so offensichtlich anbetet, sondern vor allem, daß ihn die vielen Männer um ihn herum so offensichtlich um sie beneiden.

Springer ist über dreißig Jahre älter als die junge Elfriede, die Friede genannt wird. Aber er ist noch längst kein alter Mann. Er stilisiert sich zwar gern als über den Wolken schwebend, als jenseits von Lust und Leidenschaft, nur noch seiner großen und tragischen Liebe Deutschland verfallen,

Ruhe in Friede

*Das Kindermädchen, das Königin wurde:
Axel Springer mit seiner letzten Ehefrau Friede*

nur noch seiner Leidenschaft Wiedervereinigung. Aber falls es sich ergibt, bringen ihn nachts nicht immer die Gedanken an die Nation um den Schlaf. Beileibe nicht. Es ist zwar nicht immer Friede, auf die sein begehrlicher Blick fällt, aber falls die merkt, daß eine andere ihre Kreise stören könnte, fällt ihr immer was ein, kann sie besser und schneller wegbeißen, als man es dem stillen Mädchen zutraut. Bis sie mit ihrem geliebten Axel, den sie oft noch im Anklang an die Zeiten, da er ihr Chef war, Herr Springer nennt, wieder allein ist.

Bei einem Strandspaziergang in den siebziger Jahren blickt Karl-Heinz Hagen einem besonders hübschen Mädchen nicht ohne gewisse Sehnsucht hinterher. Springer fragt ihn, gibt Ihnen das noch etwas?, und als der meint, er müßte lügen, wenn er so einfach nein sage, lügt der andere um so mehr und antwortet abgeklärt weise, mir schon lange nicht mehr, darüber bin ich hinweg, das läßt mich kalt.

Solche Geschichten nähren die Fama, daß Friede Riewerts vor allem als Krankenschwester Tag und Nacht bei Springer war, die nötigen Tabletten immer griffbereit. Nähren die abschätzige Beurteilung, eigentlich sei sie ein asexuelles, neutrales Wesen und eher die ständige Betreuerin des kränkelnden Tycoons, weniger eine ständige Leidenschaft. Keine Frau aber kennt Axel Springer besser als sie, mit keiner Frau hat er länger gelebt, und keine Frau ist so unterschätzt worden wie die Gärtnerstochter aus Wyk auf Föhr. Die anderen Frauen sagen zwar, ihre Liebe sei die größte gewesen, und für sich hat sicher jede recht. Aber seine Liebe heißt Friede, sie ist sein Engel, und das meint er nicht im Sprachgebrauch derer, die Engel für eine andere Form von Darling halten. Engel heißt, von Gott geschickt.

Aber so wie Springer ein genialer Verleger in einer bestimmten Zeit war, und nur für die, wie seine Witwe eher zögernd bestätigt, war sie die richtige Frau in ebender bestimmten Zeit, die sie mit ihm verbrachte, und nur für die, wie eine ehemalige Geliebte ohne Zögern bestätigt: »Friede war das Beste, was ihm in seinem Alter passieren konnte, nett und gottergeben und ein bißchen langweilig.« Was so nett nicht klingt, aber nett gemeint sein kann.

Springer-Freunde, von denen sie lange glaubt, daß es ihre Freunde sind, werfen ihr vor allem vor, ihn am Schluß nicht rechtzeitig ins Krankenhaus gebracht zu haben, auch gegen seinen Willen. Und einer macht hämisch in ihrem norddeutschen Tonfall nach, wie die letzte Frau Springer vom Tod des Zeitungskönig auf der Intensivstation berichtet habe. Erst seien die Füße kalt geworden, dann die Beine, dann der Rest, und dann habe sie gewußt, daß er wohl stirbt.

Fest steht, daß er sie kennenlernte, als sie in der Schweiz Kindermädchen war und in seinem Haus in Gstaad seinen kleinen Sohn Raimund Nicolaus versorgte. Fest steht, daß sie als Nachfolgerin von Helga »Mausi« Springer, für die sie dort arbeitete, die fünfte Ehefrau des Verlegers war. Fest steht, daß sie von ihm zur Haupterbin seines Vermögens bestimmt wurde. Fest steht, daß sie nicht seine größte Liebe war, aber eine große, und ganz sicher seine letzte vor Sonnenuntergang. Aber zwischen diesen Eckpfeilern liegt viel unerschlossenes Gelände, wuchern viele Geschichten, gibt es fast zwanzig Jahre gemeinsames Leben. Nur mit einer einzigen anderen Frau hat Axel Springer so viel Zeit verbracht. Mit seiner Mutter Ottilie. Auch die hat ihn, ähnlich wie Friede, ohne eine Spur von Kritik rückhaltlos bewundert, zu ihm aufgeblickt, ihr Leben seinem gewidmet.

Und es gibt, wie üblich im Springerschen Männerbund, der schwer daran zu kauen hat, daß ausgerechnet einer Frau Springers ganzes Vertrauen gehört, daß ausgerechnet eine Frau als Nachfolger des Verlegers auserwählt wurde, jede Menge geschickt verpackter Halbwahrheiten, Gerüchte, ziemlich übler Nachrede. Die meisten erst dann, als Springer tot ist, denn da müssen die Urheber seine Rache nicht mehr fürchten. Mit ihr, so denken sie, werden sie leicht fertig, die ist doch viel zu einfältig. Hat zwar viel studiert, aber nichts begriffen.

Was ein Irrtum sein wird.

Man habe sie das heiße Kindermädchen von Gstaad genannt, weil sie von Skilehrern umschwärmt war und die bei ihr nicht nur zur Laute griffen. Tatsache ist, daß sie damals 22 war, ziemlich hübsch und nicht ahnen konnte, daß Axel Springer auf sie wartete oder sie auf ihn. Sie hat also ganz normal wie andere junge Mädchen in den sechziger Jahren geliebt, und wer dies verwerflich findet, wer da den ersten Stein wirft, sitzt im Glashaus einer verlogenen Moral. Auch

Springer hat sich bei seiner vierten Ehefrau, bevor er auf ganz andere Gedanken kam, über den Lebenswandel des jungen Mädchens beschwert und voller moralischer Empörung ihre Entlassung gefordert. Was die Exgattin entsprechend süffisant kommentiert, als sie erfährt, wer die neue Geliebte ihres Mannes ist.

Warum kam er eigentlich auf andere Gedanken? Die Neue entsprach doch gar nicht dem bisher gepflegten Frauenideal? Die hätte doch viel eher seine Tochter sein können. Die wußte doch gar nicht so viel von Gott und der Religion und vom deutschen Vaterland. Die hatte doch gar nichts vorzuweisen außer ihrer Jugend und daß sie blond war, nun ja, und daß sie ihn anhimmelte, was seiner Eitelkeit schmeichelte. War sie im Vergleich zu den anderen aufregenden Frauen in seinem Leben nicht sogar eher ein bißchen langweilig, ein bißchen spröde, ein bißchen öde? Ben Witter, dem sie vertraute, weil ihr Mann ihm vertraut hatte, schrieb 1988 ein Porträt in der »Zeit« über die scheue Witwe, die sich konsequent allem entzog, was Journalisten gern von ihr wissen wollten: »Sah er in ihr nicht allein das Kindermädchen in seinem Haus in Gstaad, sondern auch den Markenartikel aus Schleswig-Holstein, das er zu seiner weiteren Heimat zählte: fleißig, folgsam, zäh, nie laut und zappelig.«

Es gibt in diesem Artikel übrigens viele authentische Zitate von Friede Springer, aber da sie nicht zitiert werden wollte, gibt es sie wiederum eigentlich nicht. Der Reporter hat sich für seinen Text ein geheimes Notizbuch ausgedacht, in das Friede Springer schreiben würde, falls sie so etwas schriebe, sagt also alles, was sie ihm gesagt hat, und hält sich doch an die Abmachungen. Die Idee kam an im Hause Springer, wie ein Danksagungsbrief mit einer kleinen Berichtigung an Witter verrät. Nicht an der Bauchspeicheldrüse sei der Verleger erkrankt, sondern an der Schilddrüse.

Wollte Axel Springer sie etwa deshalb für immer an seiner Seite haben, weil sie Friede hieß, was ja eine Verheißung war, weil sie wie der einst versprochene blonde Engel aussah, den Gott ihm als Begleitung im Kampf gegen das Böse schicken würde, den er immer wieder zu finden hoffte? Ja, auch das war dem Mann wichtig, der an die Vorsehung glaubte, und auch das ließ ihn sie lieben. In vielen vor allem politischen Briefen an Freunde in Israel hat er stets darauf hingewiesen, daß die Übersetzung des Wortes Friede Shalom bedeute und Peace. Und daß es ihm im Alter bestimmt sei, mit einer Frau namens Friede zu leben, weil die ihm Frieden bringen würde. Da sie übrigens bei allen Reisen und privaten Treffen fotografierte, wenn kein Hoffotograf in der Nähe war, gibt es eine in der »Welt« abgedruckte Aufnahme ihres Mannes, unter der als Vermerk steht: Foto Shalom.

Springer glaubte ja nie an Zufälle wie andere Menschen, denen Seltsames passiert. Alles steht schon irgendwo geschrieben, alles ist vorherbestimmt. Friede ist für ihn ein blonder Engel, was noch nicht so überraschend ist, denn alle Engel sind blond und übrigens keine Blondinen, sondern eher androgyne Wesen. Friede ist sein Ziel, aber mit nur durchgeistigter Nähe und platonischem Verlangen ist diese Beziehung nicht erklärbar. Sein Frauentyp war eher der Filmstar Julie Christie als beispielsweise die deutsche Reichswasserleiche Kristina Söderbaum oder die Dame des Nachkriegsfilms Ruth Leuwerik. Die Engländerin, die dem als Kinofan weltbürgerlichen Axel Springer in »Darling« so gefiel und die er als Lara im »Doktor Schiwago« so aufregend fand, hätte er gern mal in Berlin getroffen. Kann man der nicht mal die »Goldene Kamera« verleihen, egal wofür?

Die frühen Fotos von Elfriede Riewerts zeigen nicht nur eine langhaarige, aufregende Blonde, angezogen so jung, wie sie war, also eher aus Läden der Carnaby Street in London – wo sie nach dem Rausschmiß in Gstaad gearbeitet hat –, denn aus einem Hamburger Modesalon, in dem die echten Perlenketten schon mal in der Umkleidekabine vergessen werden. Die Aufnahmen zeigen, auf den ersten Blick, daß die Assoziation zu Julie Christie gar nicht so abwegig ist. Er hat sich also ganz simpel in sie verliebt, und nicht als Messias in Friede, sondern als Mann in Elfriede.

Wer die Witwe Friede Springer heute trifft, kann sich gar nicht mehr vorstellen, daß sie optisch einst eher zur »Blow Up«-Generation paßte als zu den Altlutheranern. Aber sie hat seit diesen Fotos 25 Jahre hinter sich, in denen sie erst nach allen Regeln der Kunst auf Gattin gedrillt worden ist – Weltwirtschaftsschule in Kiel, Sprachkurse, Unterricht in Fayencenkunst und preußischer Geschichte, Religion –, bevor sich Springer regelmäßig mit ihr in der Öffentlichkeit zeigte. Auf diesem Weg nach oben an die Seite des Königs hat sie natürlich vieles von dem aufgeben müssen, nicht nur die blonde Mähne, was sie so anziehend gemacht haben muß. Hat anziehen müssen, was man in der besseren Gesellschaft einer Dame so zugesteht, damit sie im Kreise der ebenfalls Wangenküssenden nicht weiter auffällt. Sie ist im Namen des Herrn domestiziert worden, koste es, was es wolle, bis sie zu dem wurde, was andere Frauen, die Springer gut kannte, als typisch langweilige deutsche Blondine bezeichnen. Aber da ist nicht alles von reiner Nächstenliebe geprägt, was über sie erzählt wird.

Denn die Enttäuschungen derer, die von ihm auf seinem Lebensweg zurückgelassen wurden, wenn auch großzügig versorgt, endeten ja nicht mit dem Tod des geliebten Mannes. Daß er Friede suchte, können sich ihre Vorgängerinnen nur im christlichen Sinne erklären, aber nicht mit unchristlicher Sinnlichkeit.

Richtig allerdings ist, daß Elfriede Riewerts sich nicht dagegen gewehrt hat, auf Friede Springer getrimmt zu werden, und richtig mag auch sein, daß die eher spröde Friesin deshalb heute mehr als damals mit sich im Einklang ist. Heute nimmt man ihr ab, daß sie lieber im Losungsbuch der Herrnhuter Brüdergemeine blättert als in einer Modezeitschrift. Ihre verständliche Unsicherheit, die am Anfang mit norddeutscher Arroganz verwechselt wird, hat sie durch Übungen im Selbstbewußtsein überwunden. Zumindest dann, wenn sie sich beobachtet fühlt. Was den anderen eiskalte Berechnung scheint, immer das hohe Ziel Gattin vor Augen, ist für sie selbstverständliches Verhalten. Dem geliebten Mann keine Schande zu machen, also Eindruck selbst bei denen zu hinterlassen, die ihre Geschichte kennen. Politisch natürlich felsenfest von dem überzeugt, was er sagt und denkt und schreibt. Für sie wie für ihn sind die Sozialdemokraten der

Untergang Deutschlands, nur klingt es bei ihr verbindlicher, fast freundlicher. Auch andere Bürgerskinder, die in den sechziger Jahren kurzfristig zum Nonkonformismus neigten und heute konforme Rechte sind, sehen inzwischen eher aus wie ihre Eltern und betrachten ihre Jugend als Jugendsünde. Insofern ist Friede Springer ein ganz normales Wesen.

Die ganz hohen Herren, die nach dem Tod des Juniors dessen Freundin Renate wieder als nicht standesgemäß verachtet haben, werden auch jetzt nicht müde, auf die Abstammung Friede Springers hinzuweisen. Gärtnerstochter halt und nicht sehr gebildet. Wiederum typisch für die Arroganz der männlichen Aufsteiger, die ihre eigene kleinbürgerliche Herkunft stolz als Beweis dafür zitieren, daß sie es dank eigener Kraft und Willen und Talent von unten nach oben geschafft haben. Frauen passen da nicht ins Raster, die sind doch mit Männern einfach nicht vergleichbar. Die gehören dahin, wo sie hingestellt werden. Also da, wo die Männer sie gerne hätten. Wenn eine Frau Karriere macht, dann hat es doch meist etwas mit einem Mann zu tun, mit mehreren vielleicht. Man kennt das ja, nicht wahr.

Aber mit Gerüchten wird Politik gemacht, und wahrscheinlich ist es eher nicht zufällig, daß sie zum erstenmal aufkamen, als die Auseinandersetzungen zwischen Leo Kirch und dem Springer-Verlag auf dem Höhepunkt waren.

Friede Springer ist zwar die entscheidende Stimme im Nachlaß, ihr gehört zwar die Mehrheit des Hauses Springer, aber sie gehört ihm nicht. Es gibt ein privates Leben nach dem Tod des Mannes, den sie liebte und verehrte und dessen Andenken sie pflegt. Sie hat längst bewiesen, daß sie nicht Witwe als Beruf sieht, sondern begriffen hat, was sie alles hat lernen müssen. Dem kaufmännischen Unterricht in Soll und Haben mag ihre Abstammung hilfreich gewesen sein. Wie die von Sylt sind auch die von Föhr immer dann am geschicktesten gewesen, wenn es galt, bei stürmender Nordsee Schiffe durch falsche Feuer in gefährliche Untiefen zu locken und dann auszurauben. Strandräuberei nannte man die damals übliche Art der Eigentumsvermehrung, eine Mentalität, die in den Inselbewohnern über Generationen steckt.

Der Fall Axel Springer

In jenen Klatschspalten, die gern jeden Seitenblick als Seitensprung ausmalen, steht nie der Name Friede Springer. Was nicht verwunderlich ist, denn unterhalb gewisser Ebenen hackt die eine Krähe der anderen nun wirklich kein Auge aus, bestehen auf gewissen höheren Ebenen unter Konkurrenten die berühmten kurzen Drähte. Deshalb steht über die einen nichts in »Bild« und über die anderen nichts in »Bunte«, über jene nichts in »Gala« und über diese nichts in der »Neuen Revue«.

Wenn einer diese stillschweigende Übereinkunft bricht, also intim wird, wo nur politische oder private Häme erlaubt ist, gibt es Ärger. Es reicht ja nicht nur die Andeutung, daß man ebenfalls genügend wisse, falls das nicht sofort aufhört, manchmal kann man auch gezielt dafür sorgen, daß die Verstimmung unter den selbsternannten Damen und Herren der öffentlichen Meinung publik wird und der Verursacher blamiert. Sozusagen auf offener See und vor aller Augen einen Schuß vor den Bug geben. Wer könnte das zum Beispiel besser als Peter Tamm, nachdem sein Konkurrent Günter Prinz endlich mit goldenem Handschlag vertrieben und im Burda-Verlag zwischengelandet ist. Als in der Wirtschaftszeitschrift »Forbes« über Friede Springer zu lesen war, die Witwe habe als Angestellte im Hause Springer begonnen, was ja stimmt, oder daß »aus diesem Stamme nichts mehr komme«, was in der Tat auch stimmte, denn Springer war tot, mußte sich Verleger Hubert Burda, der sich gern als Freund Springers und als den eigentlich von ihm gewünschten Nachfolger sah, in aller Form für sein Blatt entschuldigen: »Ich verstehe jetzt, warum Axel Cäsar gelegentlich über den einen oder anderen Artikel seines Hauses unglücklich war.«

Friede Springer zeigt, daß sie nicht so unbedarft ist, wie die anderen sie gerne hätten. Daß sie gewisse Regeln der Männergesellschaft begriffen hat und daß sie vor allem niemand braucht, der ihr Briefe vorschreibt. Das kann sie selbst, und zwar so geschickt, daß auch jeder Leser die Unterschiede zwischen Freunden und Bekannten, zwischen Verlegern und Verlegern versteht: »Auch Axel, den keiner seiner Freunde je Cäsar nannte, mußte sich gelegentlich wegen Fehllei-

Ruhe in Friede

stungen in dem einen oder anderen seiner Blätter entschuldigen. Nie ist es allerdings geschehen, daß von derselben Zeitung oder Zeitschrift hintereinander niederträchtige Artikel über die gleiche Person oder dasselbe Unternehmen erschienen wären. In solchen Fällen hätte er sich durchgesetzt, ein für allemal.«

Das ist die andere Seite der stets freundlichen und höflichen Friede Springer, der selbst ihre Gegnerinnen zugestehen, mit gelassenem Charme den Verlag in der höfischen Männergesellschaft bestens zu vertreten. Sie ist die Gralshüterin, die anderen nur Gralsritter, und sie nimmt lächelnd wissend hin, daß herzliche Gegner, und Servatius hat viele, immer dann einig scheinen, wenn sie, die Witwe, überzeugt werden soll, daß alles nur zum Besten des Hauses geschieht und gar nichts mit eigener Karriere zu tun hat. Ihre eh vorhandene Neigung, Harmonie zu erzeugen, stille Gefühle von Friede und Eintracht, ist gewachsen in den vielen Jahren an der Seite des doch eher unberechenbaren und zu Ausbrüchen neigenden Verlegers. Der fand nur Ruhe in Friede. Bei dem hat sie sich sogar für das störende Geräusch entschuldigt, wenn ihr mal ein Bleistift auf den Boden gefallen war, statt ihn einfach leise aufzuheben, und sie wußte auch, daß sie in seiner Gegenwart nicht zu telefonieren hatte.

Aber diese fast demütige Zuneigung gilt nur ihm, dem König. Als die Diadochen meinen, mit ihr herablassend umgehen zu können, sie zu informieren, aber möglichst erst nach den Entscheidungen, zeigt sie kurz die Zähne, und fortan wissen die, wer Friede Springer ist.

Bernhard Servatius zum Beispiel wird im »Manager Magazin« abgebildet im ehemaligen Hamburger Büro des Verlegers, wo er als Aufsichtsratsvorsitzender residiert, zu seinen Füßen am Sofa ein Foto des verstorbenen Axel Springer. Das hätte der eitle Anwalt lieber nicht tun sollen, denn solche Mißachtung des Gründers wird von dessen Witwe als Majestätsbeleidigung geahndet. Seine Erklärung, die bösen Buben des »Spiegel«-Verlages, wo das »Manager Magazin« erscheint, hätten das Porträt Springers ins Foto von ihm reinkopiert, ist so lächerlich, daß sie nicht mal lachen kann.

Nichts und niemand darf das Bild des verstorbenen Verlegers trüben, er bleibt auch nach seinem Tod ihr Held. Im Gegensatz zu einer anderen berühmten deutschen Witwe aber handelt Friede Springer stets so, daß die Maxime ihres Handelns dem des preußischen Patrioten entsprochen hätte, was immer man von dessen unentwegt verkündeten Überzeugungen halten mag. Die andere dagegen stilisiert sich selbst so, daß man sich manchmal verwirrt fragt, ob nun Willy Brandt den Friedensnobelpreis bekommen hat oder Brigitte Seebacher. Und wie er es eigentlich geschafft hat, auch vor der Zeit mit ihr, also in der Ehe mit der großartigen Rut Brandt, vernünftig Politik zu machen.

Solche Eitelkeit ist der Frau fremd, die jetzt im achtzehnten Stock des Berliner Verlagshauses am ehemaligen Schreibtisch ihres Mannes sitzt, und deshalb versteht sie sich mit Ernst Cramer am besten, der sich wie sie zurückhält, wenn frühere Götterboten um den besten Platz auf der Bühne rangeln, die ihr Gott geräumt hat. Ihr Erbe ist ihr eher Verpflichtung als die Chance, endlich auf den Putz zu hauen. Das unterscheidet sie von anderen Erben, die ihren Namen tragen.

Friede ging in Axel Springer auf, was für Außenstehende manchmal peinlich wirkte. So grinste der Junior, wenn seine fast gleichaltrige Stiefmutter von Herrn Springer sprach, wenn sie von ihrem Mann Axel, seinem Vater, was erzählte. Als ob sie immer noch nicht realisiert hätte, daß sie nicht mehr zum Personal gehörte, sondern Personal einstellen oder entlassen konnte. Der Junior hat sie gemocht. Er konnte sich mit ihr über Themen und Wünsche unterhalten, die den mehr und mehr am Alltag desinteressierten Verleger langweilten. Er bewunderte insgeheim die Festigkeit und die sture Entschlossenheit, mit der sie ihren Platz im Club der deutschnationalen Herrenreiter behauptete, was ihm ja nie gelang. Aus seinen Eindrücken und aus seinen Erfahrungen heraus gab er ihr ziemlich unziemliche Charakterstudien der Männer am Hof, die sie freundlich belächelten, aber hinter ihrem Rücken Grimassen schnitten. Auch Renate Lüdmann, die von ihr in Briefen gern »schöne Frau« genannt wurde, erinnert die wenigen Begegnungen mit Friede Springer als menschlich, als normal, als angenehm. Wie sie wurde auch die Frau des Verlegers von den ach so gebildeten Menschen, die er um sich scharte, mitunter wie ein zufällig arrivierter Dienstbote behandelt, dem eigentlich der hintere Eingang zustand.

Springers Berliner Vorgänger August Scherl, der andere große Verleger in einer anderen Epoche, hat sich einst in ein Mädchen aus sogenanntem niederen Stande verliebt, das er auf einem Defregger-Gemälde aus Bayern entdeckt hat. Er hatte einen Beauftragten losgeschickt nach Kufstein, diese Bauerntochter zu finden, so wie einst Springer seine Vertraute Hulda Seidewinkel nach Föhr geschickt hatte, um die Adresse der Elfriede Riewerts in London herauszubekommen. Der Scherl-Bote hatte Erfolg und schaffte es, die Schönheit aus Bayern zu überzeugen, nach Berlin zu kommen, Scherls Frau zu werden. Wie der andere Tycoon kam der eher aus kleinen Verhältnissen. Wie der andere AS verstand der sich nicht mit seinem Vater. Wie der andere Verleger hatte der viele Frauen und viele Kinder, die er nicht immer freundlich behandelte. Wie der andere Blattmacher fand der erst bei seiner letzten Liebe das, was er immer schon gesucht hatte.

Scherl baute der seinen ein Schlößchen in Berlin, das sie grauenvoll fand und er deshalb nie bewohnte. Axel Springer schenkte seiner Friede das preußische Palais auf Schwanenwerder, beide bewohnten es bis zu seinem Tod, und sie noch heute.

Friede Springer hatte schnell gelernt, sich höheren Zielen unterzuordnen, und dies nicht nur, weil sie die höheren Ziele Springers als die ihren empfand. Er selbst war das höhere Ziel, aber nicht aus Berechnung verfolgte sie dieses Ziel namens Springer, auch wenn es ihr manche unterstellten, sondern weil der königliche Axel ihre Bestimmung war, ihr Lebenszweck. So wenigstens verstand sie ihre Liebe, und so erklärte sie es denen, die ihr nichts Böses wollten. Harmonie zu verbreiten war ihr nicht nur die Pflicht der Ehefrau, sondern inneres Bedürfnis, entsprach ihrer Natur. Selbstverständlich also für sie, daß sie nach dem Tod des Verlegers versuchte, im Einklang mit denen zu handeln, die jetzt mehr sein wollten als nur Ratgeber. Daß sie nicht an Rache dachte für manche Demütigung, sondern das Vermächtnis als Verpflichtung ernst nahm, die eigentlich zu groß war für sie.

Aber sie hatte ja nicht jahrelang nur feines Benehmen bis zum Halten der Teetasse mit gespreiztem Finger geprobt, also gelernt, hinter Umgangsformen ihre wahren Gefühle zu verbergen. Sie hat gut aufgepaßt, wenn die hohe Kunst des Managements in der Theorie und später im Kreise der Mächtigen auf dem Lehrplan stand. Springer hat sie nicht nur aus Liebe, sondern auch aus Überzeugung schon zu Lebzeiten neben dem unvermeidlichen Juristen an die Spitze seines Hauses berufen. Der Mann, den er eigentlich wollte, Matthias Walden, den gab es ja nicht mehr. Die gelehrige Schülerin machte nach dem Tod des Gründers zwar klar, daß sie mitentscheiden wollte und nicht nur als Witwe repräsentieren, aber nach Ansicht des Großwesirs Peter Tamm nicht deutlich genug, nicht laut genug. Der hat ihr geraten, härter zu sein und ja oder nein zu sagen, sich festzulegen. Sie aber hat das alles brühwarm Bernhard Servatius erzählt und sich dann von dem wieder einwickeln lassen. Armes Menschenkind, Spielmasse für die Ehrgeizlinge, die ihren Herrn überlebten und alle nur eigene Interessen im Sinn haben?

Sie kann vielleicht nicht anders, sie kann vielleicht nicht gegen ihre friedliche Natur. Als die anderen Erben, Kinder und Enkel, sich mit Verbalinjurien belegen und nur noch dann teilweise gemeinsam handeln, wenn es gegen die im Namen des Vaters und Großvaters Herrschenden geht, versucht Friede Springer sich immer noch und immer wieder als Friedenstifterin, als Hüterin des Hauses, als Familienoberhaupt. Was bei ihrem ehemaligen Zögling Raimund Nicolaus am schwersten ist, weil der sie manchmal noch wie sein ehemaliges Kindermädchen behandelt. Immerhin: Nicht den ausgebufften Juristen, die ja auch ihr Mann so besonders liebte, gelingt es, ein Stückchen Springer ans Haus zu binden, bevor andere darüber disponieren können. Das schafft sie mit ihrer freundschaftlichen Beziehung zur ältesten Springer-Tochter Barbara, die ihren zehnprozentigen Anteil am Erbe

Ruhe in Friede

an Friede verkauft – was der umstrittene Letzte Wille Springers bei geschickter Auslegung erlaubt – und nicht heimlich mit Leo im Keller Geld gegen Aktien tauscht.

Sie nimmt die undankbare Aufgabe auf sich – da sie ihr Image als geizige Witwe kennt, die sogar das Hotelfrühstück einpacken läßt, um ein Mittagessen zu sparen –, alle Privilegien zu überprüfen, die der König einst verliehen hat. Freie Mieten und regelmäßige Zuwendungen sind schon ein halbes Jahr nach seinem Tod von ihr persönlich gestrichen. Und die, die es trifft, reden von ihr natürlich nicht in den höchsten Tönen. Aber die fetten Zeiten sind halt vorbei, es muß gespart werden, sogar bei Hofe. Die Frau, die Verträge verlängern kann und über das Schicksal von Zeitungen und Zeitschriften entscheidet, die beim mißglückten JA-Projekt den Daumen senkt und gern den Rat Außenstehender annimmt, als der sogenannte Monaco-Kreis den Tabakmanager Günter Wille als neuen Boß des Hauses empfiehlt, fragt sich bei jeder Entscheidung, wie ihr Übermann Axel Springer entschieden hätte, den in einer anderen Welt wieder zu treffen ihr Glaube verspricht.

»Friede schwebt über ihrer Stätte, heitere verwandte Engelsbilder schauen vom Gewölbe auf sie herab, und welch ein freundlicher Augenblick wird es sein, wenn sie dereinst wieder zusammen erwachen«, beendet Goethe seinen Roman »Wahlverwandtschaften«, das Buch, aus dem Springers Mutter Ottilie bei den Ausflügen nach Weimar ihren Kindern am liebsten vorgelesen hat.

Politisch hält sich die schmale Friede Springer so gut bedeckt wie bei ihren Röcken das Knie. Keine flammenden Artikel, keine patriotischen Reden, keine demonstrative Nähe zu denen, die ihrem Mann, dem Träumer, so nahestanden. Sie bleibt im Hintergrund, und dort bleibt sie unverbindlich, nicht so recht faßbar. Einmal taucht sie mit ein paar wohlklingenden Sätzen auf in einem Fernsehfilm über das Leben des Verlegers, aber was sie da sagt, hat sie so ähnlich schon oft gesagt und besagt ganz bewußt eigentlich nichts. Solche Auftritte mag sie nicht, sie macht sich untypisch rar für die Branche, in die sie hineingestoßen wurde. Der Film aber wird vom tiefschwarzen Mitteldeutschen Rundfunk ausgestrahlt, und Servatius, vielleicht nicht ohne Einfluß auf diese PRO VOBIS-Produktion, hat ihr zugesagt, daß kein kritisches Wort über Springer geäußert werde. Was stimmt.

Friede Springer ist unnahbar freundlich. Keine Frau, bei der man auf den Gedanken kommen könnte, die indische Sitte der Witwenverbrennung unter positiven Aspekten zu betrachten. Wer sie angreift, läuft ins Leere. Wer sie unterschätzt, dem vergeht das Lachen. Wer sie gut kennt, wie die ehemalige Schiller-Gattin Etta oder Irina Pabst, die Witwe von Pierre, sucht allgemeinplätzig nach den richtigen Worten. So ergeht es denen, die Friede Springer eher nicht mögen, aber auch. Sie entzieht sich der Wertung ganz einfach dadurch, daß sie nur als Axel Springers Witwe in Erscheinung tritt und das, was sie zu Hause auf ihrer Insel privat macht, privat bleibt.

Kaum anzunehmen also, daß sie sich anders geben würde, wenn das zweite Testament in Kraft wäre. Das hat ihr mehr Macht hinterlassen, und das hat sie zur Prima inter pares gemacht und nicht nur gleichberechtigt, zur Einstimmigkeit verdammt, mit den anderen beiden Testamentsvollstreckern Ernst Cramer und Bernhard Servatius. Aber Axel Springer ist gestorben, bevor er es unterschreiben konnte.

Sein vorletzter Wille gilt, nicht sein letzter.

13. Kapitel

Tod des Sohnes, Tod im Spiegel

Die Nachricht, daß man die Leiche seines ältesten Sohnes gefunden hat, erreicht ihn an diesem 3. Januar 1980 gegen halb elf Uhr. Der Vater nimmt den Anruf stehend entgegen. Die Tür zum Nebenraum ist geöffnet, und er weiß, daß er beobachtet wird. Er hält sich an der Schreibtischkante fest, bis die Knöchel weiß werden. Dann gibt er, scheinbar gefaßt und Haltung bewahrend, die Anweisung, seine Frau zu suchen, die nach Hamburg gefahren ist.

Axel Springer, im Schlafrock und in Pantoffeln, hatte sich noch nicht angezogen, denn seit dem Morgengrauen ging ununterbrochen das Telefon, und er war unruhig, nervös, von düsteren Ahnungen geplagt. Eigentlich war für diesen Donnerstag ein ganz besonderes Treffen vorgesehen, er erwartete seinen Sohn und seinen Enkel und hatte sich darauf vorbereitet, denn es galt etwas zu verkünden, ex cathedra zu sprechen. Ganz früh war es Renate Lüdmann gewesen, seit fast zehn Jahren Lebensgefährtin von Axel Springer junior, die aufgeregt am Telefon war und wissen wollte, ob er wieder mal draußen auf Schierensee übernachtet habe, im gemeinsamen Zuhause in der Brabandstraße in Hamburg sei er nicht gewesen. Auch sein Labradorhund sei verschwunden.

Springer hatte daraufhin eine Angestellte über den Hof ins andere Haus geschickt. Keine Spur vom Sohn, das Bett ist unberührt. Hat er das nicht öfter gemacht, hat nachts noch mal seinen Hund genommen und ist losgefahren in seinem grünen Jaguar, um bei der ersten Morgendämmerung auf die Jagd zu gehen? Ja, aber doch nicht an einem solchen Tag, er weiß doch vom wichtigen Termin beim Vater, hat doch Silvester in Morsum noch davon erzählt. Wo ist er also? Sein Vater ließ in Hamburg im Verlag anrufen, nein, auch dort weiß keiner, wo er ist. Sicherheitschef Paul Schmidt-Carell wurde benachrichtigt. Große Beklommenheit, konnte ja eine Entführung sein. Obwohl ich den Terroristen sicher viel zu dick bin, passe in gar keine Kiste mehr, hatte der Junior in seinen seltenen fröhlichen Momenten gern gescherzt.

Um diese Zeit ist Axel Springer junior schon einige Stunden tot. Sein Hund »Larch« war neben der Parkbank gesessen, auf der eine frühe Spaziergängerin kurz nach acht Uhr morgens die Leiche entdeckt und die Polizei alarmiert hatte. Ließ erst gar keinen ran, fletschte die Zähne und knurrte. Ausweispapiere hatte man beim Toten nicht gefunden, und vom Kopf war nicht mehr viel übrig. Er schoß sich, schrieb sein Freund Claus Jacobi drei Tage später in der »Welt am Sonntag«, die er mal gemeinsam mit dem jungen Axel in dessen besseren Zeiten zu einer guten Zeitung hatte machen wollen, mit seiner »Smith & Wesson« zwischen die Augen. Die Stelle der Tapferen, wie er das nannte, und entsprechend schwer fiel es, Axel Springer junior noch als den zu erkennen, der er mal war.

Das übernimmt dann Paul Schmidt-Carell, der routinemäßig den Hamburger Polizeibericht über die Ereignisse der letzten 24 Stunden durcharbeitet. Ein unbekannter Mann, zwischen 35 und 40, Selbstmord. Er fährt ins Polizeipräsidium und dann ins Gerichtsmedizinische Institut, identifiziert dort den Toten als Sohn seines Verlegers. Anschließend in den Verlag. Wer muß es seiner Lebensgefährtin sagen und wer dem Vater? Claus Jacobi übernimmt die traurige Pflicht. Friede Springer ist gerade in Hamburg im Modesalon von Irmgard Bibernell und sucht sich dort ein Kostüm aus, als sie der Anruf vom Herrenhaus in Schierensee erreicht. Sie will spontan zu Renate Lüdmann fahren, um ihr und den Kindern beizustehen, die Weihnachten und Neujahr mit dem Vater verbracht haben. Dein Platz ist an meiner Seite, befiehlt ihr Mann am Telefon, an meiner Seite. Komm sofort raus, ich brauch ich. Und sie kommt.

Am Mittag wird in einer offiziellen Verlautbarung des Verlages der Selbstmord gemeldet: »Axel Springer junior (38), der älteste Sohn des Verlegers Axel Springer, ist in der Nacht vom 2. zum 3. Januar freiwillig aus dem Leben geschieden. Im Anschluß an eine vor einem halben Jahr aufgetretene Allgemeininfektion traten bei Springer junior depressive Verstimmungen ein. Axel Springer junior hatte sich lange Zeit mit großem Erfolg als Fotograf unter dem Pseudonym Sven Simon einen Namen gemacht. Nach seinem Eintritt in das väterliche Haus übernahm er zunächst eine Reihe journalistischer Entwicklungsaufgaben. Zur Zeit seines Todes war er einer der Chefredakteure der »Welt am Sonntag«.

Vermutungen am nächsten Tag in den Zeitungen: Es war wohl eine Kurzschlußreaktion, ein spontaner Entschluß in einer tiefen Verzweiflung.

War es das?

Zwölf Tage vor seinem Tod hat »Aggeli« seinen ehemaligen Lehrer Hans Georg Bergmann besucht, der zum Freund geworden war. Der hatte ihm ein paar Bücher über Kaspar Hauser besorgt, denn dessen Suche nach seiner Herkunft, nach seiner Familie, nach seinem Vater interessierten »den kleinen Axel« sehr. Er hat sie nicht mehr gelesen.

Er hat immer mit seiner Waffe rumgespielt, sagt Nachbar John Jahr jr., sogar vor den Kindern und vor allem dann, wenn er nicht mehr so ganz nüchtern war. Da hätte immer was passieren können. »Ich habe immer gesagt, laß das mit dem Revolver, Axel, bei uns werden Waffen an der Garderobe abgegeben.« Er konnte das Leben nicht mehr ertragen und hat Schluß gemacht, sagt Claus Jacobi, und am Vater, am überlebensgroßen, hat das bestimmt nicht gelegen. Die beiden haben sich am Schluß gut verstanden, und zu Weihnachten hat der Sohn ihm noch einen Brief geschrieben und sich für alles bedankt, was der für ihn getan hat.

Stimmt nicht, sagt eine enge Vertraute des Junior. Er hat manchmal nicht mal dann einen Termin beim Vater bekommen, wenn er ihn ganz dringend darum gebeten hat. Der

Der Fall Axel Springer

war zu gut abgeschirmt von seinen Hofschranzen, die mal gehört hatten, wie der alte Springer den jungen einen Versager genannt hatte. Gekränkt hatte der Junior akzeptieren müssen, daß Springer-Vorstandsmitglied Rolf von Bargen, dem Gründer des Hauses treu ergeben, eingeschaltet wurde zwischen ihm und dem Vater, wann immer »Aggeli« etwas wollte. Der kleine Axel mußte also den ehemaligen »Bild«-Verlagsleiter vorschicken, um nach einer Sitzung in Berlin einen Brief an den großen Axel direkt übergeben zu können. Er kam im Dezember, ein paar Wochen vor seinem Tod, deprimiert von einem Gespräch nach Hamburg zurück. War wohl nicht das gewesen, was er sich erhofft hatte, spricht aber nur vage darüber. Hat sich nicht beliebter gemacht bei den starken Männern des Vaters, daß er ihnen genüßlich unter die Nase rieb, die sie ach so hoch trugen, wenn es ihm doch gelungen war, direkt zum Alten durchzukommen, und der ihm in seiner spontanen Großzügigkeit wieder mal zugestand, was die vorher abgelehnt hatten. Den Scheck für ein Gemälde zum Beispiel, das er unbedingt für seine Sammlung haben wollte.

Überhaupt seine permanenten Geldschwierigkeiten, ist er nicht daran verzweifelt? Immer alles ausgegeben, Bilder von Modersohn und Spitzweg gekauft oder kostspielige Jagdgewehre, dazu der angemessen teure Unterhalt für die geschiedene Frau und die gemeinsamen Kinder, die Häuser in Morsum und in Hamburg. Waren zwar Geschenke vom Vater, aber zwei Haushalte kosten ja einiges jeden Monat. Sein regelmäßiges Einkommen war für normale Verhältnisse gewaltig, aber für seine gewaltigen Verhältnisse nicht hoch genug, davon konnte er nicht mal seine festen Kosten bestreiten.

Er kam nie mit seinem Geld aus, auch in seinen besseren Zeiten nicht, damals in den sechziger Jahren in München, als es ihm eigentlich doch gutging. Der Vater beklagte sich oft bei Vertrauten, daß der Sohn immer noch glaube, eine Mark Einnahmen seien eine Mark Gewinn. Der Junior wiederum hat sich beschwert, daß er seinen Vater um lächerliche 50 000 Mark gebeten und »der Alte mir nur 30 000 ge-

Tod des Sohnes, Tod im Spiegel

Familienmensch wider Willen: Axel Springer mit Sohn Axel und Mutter Ottilie

geben hat«. Der »kleine Axel« hat sich manchmal sogar von den Hausboten Zigaretten geliehen. Laß das, Aggeli, haben ihm Prinz und Hagen geraten, die Leute sind doch gebauchpinselt, wenn du so was machst, und reden in der Kantine darüber, daß der Sohn des Verlegers bei ihnen schnorrt. Wenn du was brauchst, dann komm zu uns. Sie haben darüber oft gelacht, und er mit ihnen, daß er vielleicht mal als Pflastermaler enden würde, daß er mal statt 300 Millionen als Pflichtteil nur 50 erbt und ein armer Mann sein wird. Was er keinem erzählte: Er hatte mit einem Vertrag bei einem Hamburger Notar darauf verzichtet, Nachfolger des Verlegers zu werden, einzusteigen an der Spitze des Konzerns, und dieser Verzicht hatte ihm Millionen eingebracht, schon 1968. Das wissen die Manager ganz oben, das macht sie stark dem Junior gegenüber, als Ende der siebziger Jahre Gerüchte hochkommen, daß er vielleicht doch vom Vater als Nachfolger auserwählt sei. Von diesen Millionen ist übrigens nicht mehr viel da, als er sich auf die Parkbank setzt und sich umbringt.

Er war nicht zynisch genug für die üblichen Verlagsintrigen. Er hat sie zwar durchschaut, aber nicht bekämpft. Hat mit seiner Schnoddrigkeit und seinem Witz, Erbe des Vaters und der Mutter, das überspielt, was ihm als widerliches Spiel der Macht erschien. Claus Jacobi: »In einer Krisensitzung, im Konzern, in der ein Mächtiger alle Schuld Abwesenden zuschob, meinte er, um seine Meinung gebeten: Warum in die Ferne schweifen, lügt das Gute doch so nah.« So ähnlich dem Vater in seinem Abscheu, was Manager betrifft. Aber nicht so geschickt wie der, sie nach seinen Launen tanzen zu lassen. Und nicht so devot, wie es der Verleger sogar beim Sohn hin und wieder doch gern gesehen hätte. Viel näher beim Volk als bei den Herrschern, näher bei normalen Menschen, mit denen er sich schnell duzte und wo er unter kumpelhafter Derbheit seine Melancholie verbarg und das, was ihn wirklich beschäftigte, was ihm wirklich wichtig war, was ihn quälte. Zum Beispiel die Angst, in irgendeine Funktion im Konzern gedrängt zu werden, die er nicht mochte. Die Freuden der Pflicht waren ihm eine Last. Bin doch Journalist, würde sogar in Bochum im Hinterzimmer ein Blatt machen, wenn es das richtige wäre. Die Fluchten des Vaters zur Mystik und später zu Gott, die waren ihm fremd, damit konnte er nichts anfangen. Wenn der Vater darüber erzählen wollte und ihm Bücher empfahl, hat er schnell das Thema gewechselt und lieber über Fußball geredet. Davon verstanden sie beide was, und das hat sie oft aus der Sprachlosigkeit gerettet, die sie untereinander pflegten und die sie beide bedrückte.

Es war eine ganz private Tragödie, er fühlte sich von seiner Freundin verlassen, als er sich erschoß, sagen die, die immer schon was zu sagen hatten, und auf diese Interpretation kann man sich im Verlag einigen. Das schafft ruhige Gewissen. Das stoppt alle Spekulationen, daß er am Vater zugrunde gegangen ist oder gar an der Arroganz und Kälte der Männer, denen der Vater Macht auf Zeit verliehen hatte. Es ist

Tod des Sohnes, Tod im Spiegel

für die schön bequem, die Schuld dort abzuladen, wo unter dem Namen Renate schon ein Haufen Elend liegt. Denn auch diese angebliche Erklärung für die todbringende Einsamkeit ist falsch. Mehr noch: Es ist die zweite Schuld derer, die schon in seinen letzten beiden Lebensjahren den Junior nicht mehr wahrnahmen, weil sie wußten, daß er keine Konkurrenz für sie sein würde, die ihn auch dadurch in eine ausweglos scheinende Verzweiflung trieben. Zweite Schuld deshalb, weil die letzte Lebensgefährtin des anderen Axel Springer, die sich nicht wehren kann – wie auch, soll sie die »Bild-Zeitung« anrufen und beteuern, nein, ich wollte ihn nicht verlassen, und meinetwegen hat er sich nicht umgebracht? –, fast fünfzehn Jahre brauchen wird, um sich von ihren quälenden Selbstvorwürfen zu befreien.

Er hat schon bei der Scheidung von seiner großen Liebe Rosemarie mit Selbstmord gedroht, erzählen Freunde aus den Jahren, als er in München seine Fotoagentur Sven Simon aufbaute, mit regelmäßigen Unterstützungen des Vaters übrigens. Aber das hat keiner ernst genommen, er war viel zu lebenslustig und hätte sich bestimmt nie was angetan. Schien außerdem zu feige für einen solchen Schritt, doch was heißt schon Feigheit, wenn einen schleichend der Mut verläßt. Lebenslustig und leichtlebig war er in München, denn wiederum ist es nicht so einfach mit der Schuld, wie es der Hamburger Männerbund in seinen Bewertungen gerne hätte: Rosemarie, die schöne Schickeriapflanze, sagen die, eine der Hauptattraktionen auf dem Münchner Jahrmarkt der Eitelkeiten, hat ihn zerstört. Wirklich? Wer hat wohl wen zuerst betrogen? Wer hat wen zuerst vernachlässigt? Wer hat wem zuerst nicht mehr zugehört? Axel Springer junior leidet unter dem Ende seiner großen Liebe, die ja viel mehr war als »die Richtige«, nämlich seine Emanzipation vom Vater und der Versuch, sich den Kindheitstraum von einer heilen Familie zu erfüllen. Aber wem soll er zugestehen, daß er viele Fehler gemacht hat und selbst schuld ist, verdammt noch mal. Richtige Männer weinen nicht.

Vergeblich auch eine andere Emanzipation vom Vater, nämlich Axel juniors Sucht, es dem so fernen und so geliebten Vater gleichzutun, keine Frau stehenzulassen, ohne wenigstens den Versuch gemacht zu haben, sie ins Bett zu bekommen. In einer Kladde, so geheim wie die des Vaters über seine Tageshoroskope, werden die bestandenen Abenteuer mit Datum und Art der Begegnung eingetragen. Aber er hatte nie eine Chance, die Anzahl königlicher Eroberungen zu übertrumpfen. Der war einfach zu gut, vermerkte er anerkennend und neidisch. Eben nicht nur mit seinen Zeitungen.

Depressionen führten zum Selbstmord, sagt ein Arzt, der ihn behandelte, und er hatte ziemlich schlimme Depressionen, er neigte dazu, wie sein Vater auch. Er wollte sich nicht von denen helfen lassen, die ihn zwar nicht begriffen, sich aber wenigstens um ihn Sorgen machten. Ich gehe doch nicht zum Psychiater, bin doch nicht verrückt. Ich brauch' doch kein autogenes Training wie der Alte, hab doch keine Macke, ich doch nicht. Gibts noch was zu essen? Depressionen als Folgen seiner Erkrankung, der Kinderkrankheit Windpocken, die ihn als erwachsenen Mann überfiel, die Folgen der Mittel, die er gegen die Neurodermitis nehmen mußte, Cortison zum Beispiel, da passiert schon mal so was. Er wollte raus aus seiner Haut, er konnte sich, aufgedunsen von den Medikamenten, selbst nicht mehr leiden, und der letzte Ausweg ist die letzte Freiheit gewesen, die ihm blieb. Das klingt fast logisch, obwohl es für die Zurückbleibenden nie logisch klingt, wenn ein Mensch Selbstmord begeht. Eine innere Logik, die zum Freitod führt, können Selbstmordforscher nachvollziehen. Aber das hilft denen nicht, die sich schuldig fühlen.

In den besseren Kreisen, denen Axel Springer junior zugerechnet wurde, stirbt man nicht nachts auf einer Parkbank, die am Weg zu einer Schrebergartenkolonie steht. Wäre er der Träger eines der anderen großen Namen der deutschen Gesellschaft gewesen, so hätte die größte Zeitung des Vaters am anderen Tag eine Serie über sein Leben begonnen. So blieb es bei der Schlagzeile und einem »Bild«-üblichen spekulativen Bericht: »Mit einem Schuß aus einem 9mm-Revolver hat sich der älteste Sohn des Großverlegers Axel Caesar Springer, Axel Springer junior, gestern im Hamburger Alsterpark (angeblich hat Springer jr. sich in den Mund ge-

Tod des Sohnes, Tod im Spiegel

Axel Springer mit seinem Sohn bei einem Empfang, den Hamburgs Bürgermeister Max Brauer 1952 gab

schossen) das Leben genommen. Die Polizei fand die im Gesicht kaum noch identifizierbare Leiche des 38 Jahre alten Journalisten am frühen Morgen ausgestreckt auf einer Parkbank. Daneben soll ein Abschiedsbrief gelegen haben.« Es gab definitiv keinen Abschiedsbrief, beteuert Schmidt-Carell, das ist eine von vielen Spekulationen, frei erfunden. Und selbst wenn es einen gegeben hat, meint ein anderer, dann liegt der bestimmt nicht mehr in der Asservatenkammer der Hamburger Polizei.

Beerdigt wird er nicht auf Sylt auf dem Friedhof neben der Keitumer Kirche, wie es der Vater zunächst gewünscht hat. Renate Lüdmann erzählt davon, daß es immer sein Wunsch gewesen sei, neben seiner geliebten Mutter draußen am Stillen Weg im Hamburger Vorort Groß-Flottbek zu liegen. So geschieht es. Axel Springer steht versteinert am Grab, nimmt den Auftrieb der Prominenten nicht wahr. Viele von denen bedauern den überlebenden Vater und nicht den toten Sohn. Im Verlag gibt es anschließend eine Trauerfeier im engsten Kreis, mit allen Verwandten, mit der Exfrau, mit seinen Kindern Axel Sven und Ariane, mit den Freunden. Die letzte Lebensgefährtin und ihre Tochter Melanie, die von Axel Springer junior geliebt wurde wie ein eigenes Kind, sind nicht gebeten worden. Die Geliebte des Sohnes war am Hof des Königs nur zu Lebzeiten des Kronprinzen geduldet. Jetzt gehört sie nicht mehr dazu, jetzt soll sie wieder zurück in ihre Welt, die kleinbürgerlich normale Welt, die der Junior so brauchte und nach der er sich immer gesehnt hatte. Wo es Vater gibt und Mutter und Kinder und Kartoffelsuppe und Leberwurst und Bier aus der Flasche und nicht jeden Abend einer auf Besuch kommt.

Meine Mutter, so erzählte er oft, steckte mich als kleinen Jungen morgens in einen Matrosenanzug und ließ mich nur im Zimmer, aber nicht draußen spielen, falls mein Vater vorbeischauen würde. Sollte sauber sein, der Kleine. Axel Springer, der Narziß, konnte eigentlich mit Kindern nicht so recht was anfangen, und schmutzige mochte er gar nicht. Der Vater kam allerdings fast nie. In einer kurzen handschriftlichen Antwort auf den Beileidsbrief von Eduard Rhein fragt Axel

Springer: »Habe ich nicht viel Schuld? Der Vater fehlte dem Sohn.«

Nach Axels Selbstmord blieb der Vater tagelang in einem verdunkelten Zimmer, dort hatte er ein Foto seines Sohnes aufgestellt und eine Kerze angezündet und gebetet und mit ihm endlich über alles geredet, was er ein Leben lang versäumt hatte, mit ihm zu besprechen. Später zog er sich mit seiner Frau Friede in sein Haus nach Kampen zurück, um wieder zu sich zu finden. Sylt war die Insel des Sohnes, von der er immer träumte, die einzige Heimat seiner Kindheit. Ihr galt sein letzter Fotoband, an dem er über zehn Jahre gearbeitet hatte, eine Liebeserklärung voller Wehmut und Sehnsucht und Nostalgie, das beste Album von Sylt, erschienen nach dem Tod des Autors.

Die Danksagungen auf Kondolenzbriefe nach dem Freitod des Sohnes, unterschrieben von Friede und Axel Springer, beginnen mit einem Satz aus der Bibel: »Darum verliere ich nicht den Mut. Mein natürliches Leben geht zugrunde. Aber das Leben, das Gott mir schenkt, erneuert sich jeden Tag.« Und der Mann, der sich für den Trost der anderen bedankt, zitiert sich selbst aus einem Brief, den er an die Eltern von Freunden geschrieben hat, die ebenfalls den Sohn durch Selbstmord verloren hatten: »Ein totes Kind ist ein unendlich kostbarer Besitz. Man darf es immerzu liebhaben und mit Zärtlichkeit umgeben. Wenn ein wenig Zeit vergangen ist, wird man auch dieses erfahren und erleben.« Im Gespräch mit Ben Witter am Ende des Jahres 1980, fast zwölf Monate nach dem Selbstmord, läßt der Verleger etwas von seinen Gefühlen ahnen, spricht davon, daß er Axel nun ganz bei sich hätte und durch seinen Glauben die Nähe vollständig sei. »Ich habe immer für ihn mitgeträumt.«

Zwei Jahre später, bei einem Abendessen mit Karl-Heinz Hagen auf Schierensee, beklagt sich der alte Mann, daß sich der erste Sohn davongeschlichen habe, gerade dann, als er ihn brauchte. Hagen erinnerte sich an manchen Sonntagnachmittag damals, als er noch die »Bild-Zeitung« machte, und wie oft Axel Springer ihm erzählt hat, daß er keinen

Der Fall Axel Springer

Kontakt zu seinem Sohn finden könne, den er doch auf seine Art liebt. Auf seine Art.

Der Hintergrund jenes Treffens mit ihm, das am 3. Januar geplant war und das nicht mehr stattfand, wird erhellt durch einen kurzen Hinweis in einer Rede, die Axel Springer auf einer Vertriebstagung am 10. Oktober 1980 hält. Ein Hinweis, der fast untergeht, aber doch erklären könnte, daß der Sohn nicht von dem träumte, was der Vater für ihn geträumt hatte – und sich dieser Herausforderung durch die letzte Flucht entzog: »Mir ist in diesem Jahr Schlimmes zugestoßen. Ich habe meinen Sohn und den Erben des Verlages verloren. Er war nicht nur ein guter Fotograf, er war ebenso ein guter Journalist. Mir machte es besonders Freude, daß er als Sohn eines wohlhabenden Mannes mit bekanntem Namen keiner Schickeria angehörte. Er war vielmehr der echte Freund der Bauern von Morsum und Keitum. Sie liebte er, und sie liebten ihn. Sechs Wochen vor seinem Tode hatte ich eine große Aufgabe für ihn in unserem Hause vorgesehen, nachdem er vorübergehend in das Kaufmännische eingestiegen war, was ihm keinen besonderen Spaß machte. Hierin schlug er dem Vater nach. Am Morgen des 3. Januar sollten auf Schierensee zu Holstein Axel der Erste, der Zweite und der Dritte, mein kleiner Enkelsohn, sich versammeln. Ich wollte meinem Sohn eine noch größere Aufgabe anvertrauen, nämlich Verbindungsmann zwischen den Verlagsspitzen und mir intensiv zu spielen. Zu dieser Begegnung kam es nicht mehr. In der Nacht zum 3. Januar war Axel in großer Einsamkeit aus dem Leben geschieden.«

Das Leben des großen Axel Springer sei zu Ende gewesen, als sich der kleine Axel Springer umbrachte, sagt Peter Boenisch. Als der Königssohn starb, merkte der König, daß sein Königreich verloren war. So war es wohl. Aber so war es nicht nur, sagen andere, die beide Axel Springers gut kannten, den bedeutenden Vater und den nicht so bedeutenden, aber als Fotograf Sven Simon berühmten Sohn. Axel junior hatte eigentlich nie einen Vater, sogar nach dem Selbstmord habe der sich nur im eigenen Schmerz gespiegelt und nicht über die Ursachen nachgedacht. Was so einfach wohl nicht stimmt, wenn der Brief an Rhein mit den Fragen nach der eigenen Schuld ehrlich gemeint ist und nicht nur für die Nachwelt geschrieben.

Der Sohn hatte Angst vor dem riesigen Verlag, traute sich eine führende Rolle im Konzern nicht zu. Darüber hätte er mit dem Vater doch am Schluß wunderbar reden können, da hätten sie sich doch gut verstanden, denn auch der empfand das Lebenswerk eher wie eine Last, von der er sich befreien wollte. Gleichzeitig aber wollte Axel junior, zerrissen zwischen Depressionen und Hochgefühlen, es doch noch einmal wissen, wollte dem Vater beweisen, daß er es schaffen würde, daß er Verleger sein konnte. Hat am Schluß sogar Betriebswirtschaft gebüffelt, täglich fünf Stunden, weil er meinte, dies müsse man wohl können als eine künftige Nummer eins. Spinnst du? hat ihn der alte John Jahr, der Freund des Vaters, angeschnauzt, wozu studierst du Steuerrecht? Dafür hat man seine Leute.

Betriebswirtschaft, wie es der preußische Flick-Junker und Vater-Bewunderer Brauchitsch empfohlen hatte? Ach, Quatsch, das war mit Sicherheit die falsche Beschäftigungstherapie. Das hat ihn doch nur gelangweilt. Das hat er doch nur ein paarmal aus Pflichtbewußtsein gemacht und weil er dem Vater einen Gefallen tun wollte. Er hat doch die Erbsenzähler gehaßt und sehr wohl gemerkt, wie die mit ihm umgingen, als sie glaubten, er sei keine Konkurrenz mehr für sie. Hat doch alles liegen- und stehenlassen, und irgendwelche Lehrbücher sowieso, wenn sein bester Freund Franz Burda jr. anrief und sagte, los Axel, komm, gehen wir auf die Jagd, ich hab da ein paar sehr schöne Vierzehnender. Hat seine Gewehre eingepackt, das wertvollste hat ihn 50 000 Mark gekostet, seine Renate abgeholt, und los ging's. Was interessierte ihn der Konzern, wenn er mit Franzl auf dem Hochstand saß und über das Leben reden konnte. Das Leben an sich und das Leben von Söhnen berühmter Männer, und wie schwer es die haben, sich ein eigenes aufzubauen. Dann geschwiegen, bis sich das Wild zeigte. Da war alles so einfach, da mußte man nur den richtigen Moment abwarten und abdrücken. Sein Vater hat die Jagd verabscheut, der fand es furchtbar, das Faible des Sohnes für teure Schußwaffen.

Hat er bei seinem letzten Versuch, doch mehr zu sein als der Sohn des Alten, vielleicht verdrängt, daß er längst auf alle Rechte verzichtet hatte? Nicht auf sein Erbe, das nun nicht, aber auf den Platz ganz oben, auf dem der »Admiral« Peter Tamm für viele zur Vaterfigur geworden war und den Konzern mit harter Hand steuerte? »Wir hätten«, wägt Tamms bester Feind Bernhard Servatius jedes Wort ab, »nach dem Tod des Gründers einen Mann wie seinen Sohn gut gebrauchen können. Eine Identifikationsfigur für das Haus und seine Menschen, einen Vollblutjournalisten.«

Axel Springer hat zwar seinem Axel in den letzten Jahren gelegentlich ein bißchen Nähe erlaubt, war sogar richtig begeistert, wenn der über die Kaufleute des Verlages herzog, aber sich immer abfällig geäußert, wenn der wieder so viel gefressen hatte, daß er in keine Hose mehr paßte. Wie siehst du wieder aus, was hast du wieder an, kannst du nicht besser auf dich achten? Der Alte haßte dicke Menschen, ist ja widerlich, wie wenig Selbstdisziplin die haben. Erinnerung dabei an eigene Phasen der Fettleibigkeit? Auch der Sohn mochte sich nicht dick. Im Keller seines Hauses in der Brabandstraße in Hamburg, ein Geschenk des Vaters wie auch sein damaliges Haus in Keitum und später das in Morsum, stand eine Kartoffelwaage. Gut versteckt. Auf der hat er sich regelmäßig gewogen und Striche gemacht. Wenn er ein paar Pfund abgenommen hatte, stieg die Laune, und er war für ein paar Tage wieder der fröhliche Axel, den alle mochten, weil er die besten Witze erzählen konnte. Falls der Zeiger aber anzeigte, daß er wieder mal zugenommen hatte, und am Schluß war er so kurzatmig fett, daß er kaum noch Treppen laufen konnte, fiel er stets in schwarze Löcher und hatte keine Lust mehr, irgendwas zu tun. Vor allem keine Lust mehr auf Leben. Er konnte sich am Schluß selbst nicht mehr leiden, diesen dröhnenden Fettsack mit den strähnigen Haaren, und diesem Selbstmitleid machte der Melancholiker auf seine Art ein Ende. »Herr, Jesus Christus, Sohn Gottes, erbarme Dich seiner«, steht in der veröffentlichten Todesanzeige des Vaters.

Tod des Sohnes, Tod im Spiegel

Auf seine Art, aber eben auf seine, hat der Vater diesen Sohn stets geliebt, mehr als den anderen. Er wollte immer nur das Beste für ihn, und das Beste schien ihm zum Beispiel das beste Internat in der Schweiz oder das beste in England. Der Junge war zehn Jahre alt, wirklich ein kleines Kind, hatte geschrien und getobt und gebettelt, bitte laß mich doch zu Hause bleiben, bei der Mutti, aber Axel Springer, der Preuße aus Hamburg-Altona, blieb hart. Eine gute Erziehung für den künftigen Erben sollte sein, und da er keine Zeit hatte, weil er sich um eine andere Familie kümmern mußte, die große Springer-Familie im wachsenden Konzern, setzte er sich natürlich durch. Er war als Junge in den Ferien oft bei mir im Büro, erzählt Peter Tamm, und ich habe ihn gefragt, warum gehst du nicht zu deinem Vater? Ach, da ist schon wieder eine neue Mutti, der hat keine Zeit für mich.

Abwesenheit trotz Anwesenheit gilt als normales Verhalten bei sogenannten großen Männern, die sich zwar eine Familie anschaffen, aber es angesichts ihrer Verpflichtungen, die sie für wichtiger halten, nicht schaffen, sich als Teil dieser Familie zu begreifen. Vorhanden zu sein, wenn man sie brauchte. Noch lange kein Grund, es irgendwann dem Vater mit einem Selbstmord heimzuzahlen. Sozusagen als späte Rache für frühe Verletzungen.

Axel Springer hatte Probleme mit allen seinen Kindern. Wenn sie mal geschaffen waren, haben sie ihn wenig interessiert. So wie Zeitungen, die er erfunden hat. Sollten sich andere um den langweiligen Alltag sorgen. Chefredakteure zum Beispiel oder bei den Kindern eben die Ex-Ehefrauen. Wurde ja alles von ihm großzügig bezahlt. Er ließ kümmern, aber er sorgte sich nicht. Machte sich Gedanken um Deutschland und die Wiedervereinigung, um Gott und um sein Volk, aber nicht um seine Familie, besser: um seine verschiedenen Familien. Was wiederum von ihm nicht böse gemeint war, nur seine Unfähigkeit zeigte, andere zu lieben wie sich selbst.

Die älteste Tochter Barbara, von allen kurz Bärbel genannt, hat sich am klügsten emanzipiert, sich einfach der Statistenrolle am Königshof, dem Klüngel in Hamburg und Berlin entzogen, nach Irrungen und gescheiterten Ehen in der

Mein Aggeli, sorgend,

bei Deiner Abfahrt
hatte ich vergessen, Dir
die drei Luftballons mit-
zugeben. Vielleicht wird
Mutti in Vertretung
Deines aufgeblasenen
Vaters die Dinger auf-
pusten. Einen kleinen
Himmel (der war vor

Brief an den kleinen Aggeli 1949...

Tod des Sohnes, Tod im Spiegel

...vom fernen Vater Axel Springer

Schweiz ein eigenes Leben aufgebaut. Die Tochter von Springer zu sein, der sie gern ab und zu mal sah und dem sie gleicht, schien ihr irgendwann nicht mehr der Erwähnung wert. Ich bin selbst wer. Mit ihrem Stiefbruder Axel hat sie sich gut verstanden. Du bist mit einer Dame gesehen worden beim Mittagessen, wurde der eines Tages nach der Rückkehr in den Hamburger Verlag begrüßt, mit einer richtigen Dame. Wer war denn das? Meine Schwester, ihr Banausen.

Der andere Sohn, aus der vierten Ehe, Raimund Nicolaus, hat sich was anderes einfallen lassen, um dem Schatten des Vaters, der ihn nicht gewünscht hatte, zu entkommen. In London flüchtet er als Jugendlicher in bunte Welten, die man sich gerade dort kaufen kann, wenn man die richtigen falschen Leute kennt. Die Flucht schien zu Ende, als er an Krebs erkrankte, aber er hat es geschafft, auch with a little help von Vaters England-Statthalter George Clare, und beides überlebt, die unechten Träume und den echten Alptraum. Die Briefe, die ihm der alte Mann über seinen Lieblingsdichter Matthias Claudius schrieb, den er sogar noch Rilkes Gedichten vorzog, verbunden mit pastoraler Mahnung, im Religionsunterricht immer gut aufzupassen, die konnte er sich doch in die Haare schmieren. Hat er mir als Vater sonst nichts zu sagen? Hatte schon, aber er wußte nicht, wie.

Anrührend liebevoll und gleichzeitig hilflos dagegen die Versuche des jungen Vaters namens Axel Springer in den Nachkriegsjahren, sich wenigstens schriftlich zu sehen, wenn er schon nicht Sehnsucht durch spontane Umarmungen erfüllen konnte. Die Ehe mit der zweiten Frau ist schon zerbrochen, besteht nur noch auf dem Papier, alle Horoskop-Voraussagen sind widerlegt. Er reist schon mit Rosemarie, der dann folgenden dritten Frau Springer, die in Hamburg bei offiziellen Anlässen noch versteckt wird. Er grüßt ab und zu Mutti, wie er seine einst geliebte Katrin nun nennt, wenn er seinem damals erst achtjährigen Aggeli aus der großen weiten Welt berichtet, in der der Vater zu Hause sein muß. Und deshalb nicht Zu Hause sein kann.

»18.3.49, Badenweiler. Mein Pumpelchen, mein Stumpelchen, mein Sappelchen, mein Zappelchen. Es ist 11.00

Tod des Sohnes, Tod im Spiegel

vormittags und Dein Papischko liegt noch im Bett. Draußen regnet es in Strömen. Ich habe ein Thermalbad genommen. ... Vorher hatte ich im Bett schon gefrühstückt. Zwei Bananen, Apfelsinensaft, Brot mit Butter und Honig und eine Tasse Kaffee. Dabei habe ich das Hamburger ›Abendblatt‹ gelesen und sehr über den Fußballspieler Spundflasche gelacht, der in dem Verein Fußball spielt, in dem Dein Pappi auch früher Fußball gespielt hat, und der heute in Pappis Zeitung menschlich gesehen wird. Das letztere wirst Du noch nicht verstehen. Aber wenn Du zu Mutti sagst: Spundflasche, Menschlich gesehen, so weiß ich, daß sie lacht. Wie geht es Dir, mein Pumpelchen? Ich möchte gern, daß Dein ewiger Schnupfen einmal aufhört. Ich habe auch gerade wieder einen. Willy hat mir gestern abend die Haare gewaschen. Das war sehr lustig, weil er dabei beinahe in die Toilette geplumpst wäre. Ich konnte ihn gerade noch festhalten. Dafür fiel er dann in die volle Badewanne. Noch heute läuft ihm das Wasser aus seinen Stiefeln. Mein Axelchen, Dein Bild steht auf dem Nachttisch. Als ich gestern abend das Licht ausmachte, sah ich als letztes Dein kleines Gesicht. Da hätte ich Dich ganz gern geknuddelt. Aber das magst Du ja doch nicht haben. Hier hast Du einen Kuß von mir, den Du Mutti weitergeben kannst. Dein Papischko.«

»27. Juli 49, Kampen. Lieber Aggeli, liebe Mutti, nun bin ich schon eine Woche in Kampen. Das Wetter ist ganz gut. Ich glaube auch, daß ich mich gut erhole. Am letzten Wochenende war Herr Voß hier, der hat mich über alles Geschäftliche unterrichtet. Das gibt mir etwas mehr Ruhe. Übermorgen wird er wieder kommen. Erik und Sibylle sind inzwischen wieder abgereist. Mit der Ausnahme eines Viertelstundengesprächs mit Zehrer sind sie die einzigen Bekannten, mit denen ich sprechen wollte. Wie gehts, Aggeli? Ich hätte so gerne etwas gehört. Eine kleine Karte hätte es auch getan. Ich habe mir vom Geschäft Eure Adresse besorgen müssen! Alles Liebe und Gruß. Axel-Papa.«

»Hamburg. 5. Aug. 1949. Mein Schnuppelchen, mein Duppelchen, Knuppelchen. Papi ist auf einige Tage nach Hamburg gefahren, wo er Sitzungen mitmachen mußte. Das

Wetter war in Kampen gar nicht so schön und die Zita spitzte beim Sturm sehr die Ohren und wollte mich immer abwerfen. Heute fahre ich nach Travemünde, um Oma Ottilie und Bärbel zu besuchen. Ich habe gerade für Bärbel ein Zeugnis aus Salem bekommen. Sie ist eine gute Schülerin. Ich hoffe, daß auch Du immer gut aufpassen wirst. Ich hoffe, daß Du manchmal versuchst, Wolkenzipfel für mich zu fangen. Das finde ich sehr süß von Dir und vergrößert sehr oft meine Sehnsucht. Es küßt Dich Dein Papa.«

»Starnberg, 28. Sept. 49 Mein Aggeli, bei Deiner Abfahrt hatte ich vergessen, Dir die drei Luftballons mitzugeben. Vielleicht wird Mutti in Vertretung Deines aufgeblasenen Vaters die Dinger aufpusten. Grüß die Mutti und laß Dich knuddeln von Deinem Pappi (Vati).«

Natürlich gibt es nicht nur ferne Schmusegrüße des liebevollen Vaters, der seine Liebe leider nur in kleine große Worte fassen kann, sondern auch gemeinsame Schiffsreisen, Ferien in fernen Ländern. Der Vater nimmt ihn sogar mit zu Empfängen, stolz stellt er seinen Sohn dem väterlichen Freund Max Brauer vor, aber auf dem Foto von dieser Veranstaltung steht der kleine Axel neben dem damals ziemlich dicken großen Axel eher rum wie vergessen, nicht abgeholt. Zwei Jahre später, gerade zehn Jahre alt, wird Aggeli auf seine Reise durch die Internate Europas geschickt. Der Stafettenlauf, wie er es später nennt, beginnt im Schweizer Engadin. Der Vater gerät aus dem Blickfeld, und mit seiner Mutter ist er anfangs böse, weil sie es nicht verhindert hat. Er fühlt sich abgeschoben und reagiert trotzig, beleidigt. Wie hätte sie es aber verhindern können, die Ausbildung des Sohnes war ja nicht ihre Entscheidung. Solche Entscheidungen behält sich der Vater vor, da geht es um den künftigen Erben, und da muß alles vom Feinsten sein. Drachen steigen lassen, Schnuppelchen? Leider keine Zeit, laß gerade eine neue Zeitung steigen. Aber kauf dir doch einen schönen Drachen. Geld ist ja da.

Der Sohn wollte natürlich nicht weg, wollte in Hamburg bleiben. Lehrerin damals in Othmarschen in der Volksschule: Hannelore »Loki« Schmidt, Frau des späteren Bundes-

Tod des Sohnes, Tod im Spiegel

kanzlers Helmut, von ihrem Schüler bis zu seinem Lebensende mit Zuneigung bedacht. Gelernt hat er in der Schweiz eigentlich nichts, in dieser besseren Verwahranstalt gab es für die Zöglinge reicher Eltern, die keine Zeit hatten, wohlweislich keine Zeugnisse, sondern nur Beurteilungen, in denen so etwas stand wie freundliches, fröhliches Wesen.

Also noch einmal ein Versuch in Hamburg, die Eltern sind inzwischen geschieden, und er darf bei seiner Mutter leben, aber für die Oberschule in Blankenese reicht es nicht. Ein Privatlehrer wird engagiert, Hans Georg Bergmann, empfohlen von Christian Kracht, dem Mann, der alles für Springer machen mußte, wofür der keine Zeit hatte, wozu der keine Lust hatte. Axel junior ist vierzehn Jahre alt, man übergibt ihn nach einem Gespräch am Falkenstein, bei dem seine Mutter, seine Stiefmutter Rosemarie und sein Vater dabei sind, der Obhut des neuen Hoffnungsträgers. Engagiert für den Sohn wie ein Chefredakteur für ein Blatt, das in den roten Zahlen steckt und keine Auflage macht. Soll der mal zeigen, was er kann. Unterricht im Turmzimmer, Axels Zimmer, Blick auf die Elbe, und wenn die beiden unter sich Schritte hören, sagt der Sohn, eher verächtlich als liebevoll, das ist der Alte, der betet. Im ersten Probediktat gibt es 48 Fehler, und danach weiß der Lehrer, warum der Junge als schwieriges Kind gilt. Verweigert sich einfach und hat nie aufgepaßt, wenn ihm irgend etwas erklärt wurde.

Du mußt doch lernen, einen anständigen Brief zu schreiben, wenigstens das. Einen Brief ohne Fehler. Das braucht man doch fürs Leben. Stell dir vor, du willst einen Kredit bei der Deutschen Bank und schickst deine Anfrage mit so vielen Fehlern. Was glaubst du, wie schnell du eine Absage bekommst? Da lacht der Junior. Wenn ich einen Brief schreibe, und in jedem zweiten Wort ist ein Fehler, aber mich auf meinen Vater beziehe und meinen Namen richtig schreibe, was glaubst du, wie schnell ich eine halbe Million habe. Da nützt dir dein Brief ohne Fehler einen Scheißdreck.

Der Lehrer will eigentlich nur Lehrer sein, wird aber bald mehr als das. Vaterersatz. Freund. Vertrauter. Der Junge ist verdorben für alle Kriterien einer formalen Bildung, erkennt

Bergmann bald. Aber er hat einen enormen Charme, kann Menschen für sich begeistern, reagiert schnell und witzig. Sein Ehrgeiz ist bescheiden, irgendwann will er es schaffen, daß Axel auf einer Seite keine Deutschfehler macht. Was auch gelingt. Am liebsten sitzt der Junge bei Bergmann zu Hause am Küchentisch und ißt Bratkartoffeln, spielt Mensch ärgere dich nicht. Sein Vater läßt sich über Fortschritte regelmäßig berichten, ist mit dem Unterricht zufrieden, mahnt aber in einem Brief, der Lehrer möge darauf achten, daß sich der Sohn anständig zu Dienstboten und Angestellten verhalte. Hat nichts dagegen, wenn Bergmann mal dem Schüler eine langen müßte, was der aber nie tut.

Der Alte schon. Einmal hat der Kleine den Großen zum Flughafen begleiten dürfen, es ging wieder mal irgendwohin, wo der glaubte, gebraucht zu werden. Axel macht einen unpassenden Scherz, und schwupp, hatte er eine gefangen. Der Vater war halt spontan.

Schüler und Lehrer verleben ihre beste Zeit in London, im Stadtpalais Springers. Der Unterricht, vor allem natürlich in der englischen Sprache, soll dort fortgesetzt werden. Sie ziehen nicht nur in ein feines Haus mit Butler und wertvollem Interieur, sie ziehen vor allem um die Häuser. Flanellhose und Blazer vom Schneider in der Old Burlington Street, ein paar Pfund in der Tasche, was kostet die Welt? Gerüchte dringen nach Hamburg, daß die beiden die lateinische Weisheit, nicht für die Schule lernen wir, sondern fürs Leben, allzu wörtlich nehmen, weniger sogar fürs Leben als das Leben an sich üben. Her mit den kleinen Engländerinnen. Erst kommt Katrin Springer, um sich vor Ort kundig zu machen, dann der Vater, beide sind anschließend beruhigt. Der Junge hat was gelernt. Er kann in der Tat mindestens eine Seite fehlerfrei deutsch schreiben, er spricht ein ziemlich gutes Englisch, auch das eine oder andere Buch hat er nicht vor dem Ende weggelegt. Vor allem allerdings hat er nicht nur die besten Jazzplatten gehört, sondern die Musiker live erlebt. Diese Musik begleitet ihn ein Leben lang. Trennung aber vom Lehrer, nunmehr ist er reif fürs nächste Internat, diesmal auf der britischen Insel und nicht mehr in der Schweiz.

Tod des Sohnes, Tod im Spiegel

Da es den Vater bei seinen Meditationen stört, wenn über ihm jemand geht, bleibt das Turmzimmer des Sohnes in Hamburg unbewohnt, solange er in England ist. Auch Freundinnen dürfen da nicht übernachten. Rosemarie Springer in einem Brief an ihren Stiefsohn: »Nun zu Deinem wohl wichtigsten Punkt Deines Briefes, ich kann das Verbot leider nicht aufheben, es ist auch gar nicht meine Sache, sondern Vatis, Vati möchte unter gar keinen Umständen, daß Ingrid in den Turm geht. Du mußt Vati bitte verstehen. Er geht auch oft in den Turm. Er liegt öfter in dem hinteren Zimmer, und es wäre nicht auszudenken, wenn dann jemand auf seinem Kopf herumtrampelt. Vati geht selten ins Büro, er ist sehr viel hier und bestellt sich seine Herren heraus.«

Der Junge ist sauer und beschwert sich bei Robert Dependorf, einem der besten Freunde des Vaters, der für den so manches nette Partymädchen angerichtet hat, über die Sturheit des Alten. Der läßt ihn zwar bei geschäftlichen England-Aufenthalten aus der Abbotsholme School, seinem Internat in Rocester-Uttoxeter, nach London kommen, will aber immer nur wissen, ob er gut vorankommt in der Schule und ob sich das viele Geld lohne. Dependorf schreibt dem Sohn: »Ich habe mir vorgenommen, bald wieder einmal in Deinen Turm am Falkenstein zu gehen und oben aus dem Fenster auf die Elbe zu schauen. Du hast es mir ja erlaubt. Deinen Vater habe ich schon lange nicht mehr gesehen. Er hat sehr viel zu tun und macht sich viele Sorgen. Und deshalb mußt Du ganz besonders nett zu ihm sein. Vergiß nie, daß Dein Vater immer nur das Allerbeste für Dich will, auch wenn Du das manchmal nicht immer ganz verstehst. Ich kann Dir nur sagen, daß er Dich über alles liebt.«

In den Ferien, sofern er sie in Hamburg verbringt und nicht lieber mit seinem angeheirateten Onkel Frank Lynder und seinem Cousin Andreas verreist, sieht er zwar seinen Vater, aber sie haben sich da nicht viel zu sagen. Axel junior reicht das Taschengeld nicht, aber das ist normal für einen Jungen in seinem Alter. Axel junior versucht deshalb, irgendwelche Geschenke zu verscherbeln, merkt der Alte doch nicht, aber auch das ist nicht ungewöhnlich. Meist hält er sich eh bei seiner Mutter auf, und die hat ein gewisses Verständnis dafür, daß er sich nach einem Vater sehnt, nach seinem, aber immer frustriert ist, wenn er von ihm zurückkommt. So erging es ihr einst in anderer, in ihrer Beziehung zu Axel Springer auch. Sie spricht nicht immer gut vom Ex-Ehemann, wenn der Sohn schlecht vom Vater spricht.

Der Junge macht eine Art Mittlere Reife in England, geht nach seiner Rückkehr brav zur Bundeswehr, was der Vater als vaterländische Pflicht akzeptiert, worin er aber, da er von Uniformen und Militär nun mal nichts hält, keinen besonderen Wert sieht. Was der Sohn dort wird, ist ihm herzlich gleichgültig. Und was danach? Soll er halt ein Volontariat beginnen in irgendeinem Blatt des Vaters. Macht er auch, und natürlich zuerst beim »Abendblatt«, der Mutter aller Zeitungen. Kannst ruhig bleiben, Junge, noch ein bißchen Handelsschule, und dann sehen wir weiter.

Will der Junior aber nicht. Will was Eigenes. Will nicht nur Sohn sein. Zeigt, daß er stur sein kann, wenn er sich was vorgenommen hat. Zeigt Kraft, die keiner vermutet hat in ihm. Riskiert den Krach mit dem Vater und steht ihn auch durch, als er ihm mitteilt, kaum 21 Jahre alt, daß er die Liebe seines Lebens gefunden habe und die heiraten werde. Daß er als Fotograf arbeiten wolle, denn das hat ihn fasziniert, seit er 1958 bei einer Weihnachtsreise in Afrika zum erstenmal richtig fotografiert und nicht nur geknipst hat, seit er bei den Olympischen Spielen in Rom mal draufdrücken durfte und das auch veröffentlicht wurde. Das ist spannend, und das verspricht eine eigene Zukunft. Der Vater hält die Entscheidung für falsch, was ist denn das für ein Beruf für einen Verlegerssohn.

Das schöne blonde Mädchen, das er heiraten will, heißt Rosemarie, ist die Tochter eines Handwerkers, und er kennt sie, seit sie sechzehn ist. Er hat sie nach allen Regeln der Kunst erobert, das Mädchen, das ihm schon bei der ersten Begegnung in einer Jazzkneipe an der Elbe die Luft raubte. Erobert mit unwiderstehlichem Charme. Hallo Vater, ich bin halt dein Sohn. Jugendliche Träumereien, sagt der, habe ich auch erlebt, habe mich oft verliebt, du mußt doch nicht gleich

Tod des Sohnes, Tod im Spiegel

heiraten. Außerdem gibt es sicher noch was Besseres, bist schließlich Axel Springer.

Der Sohn aber will eine Familie, die er selbst nicht hatte, will Geborgenheit, die ihm nie einer gab. Er heiratet, und es ist ihm egal, daß der König ungnädig reagiert. Wie im richtigen Leben mit Hausverbot und Enterbung droht, allerdings zur Hochzeitsfeier kommt. Ist ja schließlich der Sohn, und die Braut in der Tat eine Schönheit. Seine Mutter hält zu ihm, auch die erste Frau des Vaters, Martha, kann ihn gut verstehen. Dein Vater war genauso, Aggeli. Der hat sich auch nicht von seinem Vater abhalten lassen damals, mich zu heiraten. Und er war nicht älter als du. Von ihrem Sohn Sven leiht er sich später den Vornamen aus, als er als Fotoreporter sein Brot verdient und dann eine Agentur gründet, von Fritz Simon, dem einstigen Freund des Vaters, der nach England hat emigrieren müssen, den Nachnamen. Er schafft sich eine neue Identität, eine eigene, er befreit sich von der aufgestülpten, der ererbten. Nun heißt Axel Springer junior Sven Simon, und als Sven Simon wird er zu einem der besten jungen Fotografen, die es in Deutschland gibt. Ist selbst wer und nicht mehr der Sohn des großen Verlegers.

Daß dessen Zeitungen eher ungern von ihm Fotos kaufen, weil sie wissen, daß er beim König in Verschiß ist, kratzt ihn herzlich wenig. Er verkauft halt an andere Blätter, zunächst nur Sportfotos, dann exklusiv ausgerechnet für den Heinrich-Bauer-Verlag alle Arten von politischen Fotoreportagen, Porträts großer Männer von Adenauer bis Kokoschka, von Ben Gurion bis Fidel Castro. Rosemarie, die schöne Blonde, kümmert sich um die Buchhaltung und den Versand und genießt das wunderbar leichte Leben von München, das so ganz anders ist als das damals so starre der Pfeffersäcke von Hamburg.

Eine Anweisung Springers an seine Redakteure, vom Sohn kein Foto zu drucken, gibt es nicht. Wie üblich dachten die im vorauseilenden Gehorsam für ihn mit, vermuteten nur, er würde es gern sehen, in seinen Zeitungen nichts von Sven Simon zu sehen. Die kennen ja nicht seine Eigenheit, daß manche Entscheidung von gestern ihm heute schon leid tut und morgen nicht mehr gilt. Viele seiner Blattmacher hielten ihren Chef für so piefig, wie sie selbst waren, aber was immer er gewesen sein mag, so billig ist er nicht zu begreifen.

Es gab zwar handfesten Krach zwischen den beiden Springers, aber der dauerte nie lange. Die eigentlichen Ursachen der Entfremdung wurden nie besprochen. Keiner von beiden wollte daran rühren. Alte Narben hätten aufbrechen können. Als er, längst versöhnt und wieder mal Großvater – aus den verschiedenen Ehen seiner Tochter Barbara gibt es bereits zwei Enkel, Carina und Alexander –, den Sohn in München besucht und ihn fragt, ob er Geld brauche, sagt der, nein danke. Aber du kannst gern bei mir einsteigen, wenn dich dein Laden in Hamburg langweilt. Machen wir halt ein richtiges kleines Familienunternehmen daraus. Sven Simon und Vater. Ex-»Stern«-Chefredakteur und »Geo«-Erfinder Rolf Gillhausen, genannt »Das Auge«, ein unumstrittener Meister seines Fachs: »Sven Simon war einer der Großen, er hatte den sechsten Sinn, den man braucht, um gute Fotos zu machen.«

Das journalistische Handwerk lernt er vor allem in verschiedenen Jobs bei Prinz und bei Hagen, bei der »Quick«, bei der »Revue«, bei »twen«. Die Agentur, die seinen angenommenen Namen trägt, läuft weiter. Besondere Aufträge erfüllt der Fotograf selbst, weil es ihn interessiert. Israel-Krieg zum Beispiel, Fußballweltmeisterschaft in England. Wenn andere über den Vater lästern, und dies ist in den sechziger Jahren nun wirklich nicht selten, verteidigt er ihn. Mit der politischen Ausrichtung des Konzerns hat er nichts am Hut, aber er bewundert die Leistung des Gründers. Sollen die erst einmal nachmachen, die ihn jetzt als Buhmann verteufeln. Für Spaß bleibt weniger Zeit, für geistige Beschäftigungen jenseits des Berufs auch nicht.

Hubert Burda, der andere Verlegersohn, der in München mit dem ambitionierten, aber vom Erfinder und Chefredakteur Walther H. Schünemann gegründeten, seiner Zeit weit vorauseilenden Männermagazin »M« scheitert, schenkt dem Junior aus Hamburg einmal Ortega y Gassets Essay über die Jagd. Erhält als Gegengeschenk eine Anleitung zum Angeln.

Tod des Sohnes, Tod im Spiegel

Damit kann der studierte Kunsthistoriker weniger anfangen, und die Werke des Nikolaus von der Flüe, die er vom Verlegervater aus Hamburg mit besten Grüßen bekommt, verstauben irgendwo ungelesen. Er liest die französischen neuen Philosophen. »Meine Brüder und ich sind auf die Nachfolge hin erzogen worden, man kann fast sagen, getrimmt worden. War bei den Bauers ähnlich. Bei Springer war das anders. Da hat schon die Nomenklatura dafür gesorgt, daß der Sohn nicht hochkam.«

Die Höflinge, aber auch die Manager, sind nicht gerade begeistert, daß Sven Simon nach gescheiterter Ehe als Axel Springer junior endgültig nach Hamburg zurückkehrt. Was er liebt, Rosemarie und seine beiden Kinder und seine eigentliche Passion, bleibt in München. Seine Mutter ist seit einem Jahr tot. Hamburg ist wie Diaspora. Hamburg ist der Alptraum der Kindheit. Hamburg ist der ungeliebte Konzern. Hamburg ist das Aufgeben der mühsam erarbeiteten Selbständigkeit. Das nagt am Selbstbewußtsein, und das macht kaputt. Schleichend, langsam, gut versteckt vor den anderen unter seiner üblichen Fröhlichkeit und Derbheit, vor den anderen, die Oberflächliches sehen – daß er sich wieder verliebt, daß er auf die Jagd geht, daß er ein Haus in Morsum auf Sylt bezieht, daß er bald eine Zeitung mitmachen darf. Mitmachen, nicht alleine machen. Das traut ihm der Vater nicht zu oder zumindest die vom Zentralkomitee, die den Vater beraten.

Der denkt öffentlich darüber nach, daß nicht unbedingt der Sohn für die Nachfolge in Frage komme, was der ja weiß, weil er den Verzicht längst unterschrieben hat. Dennoch ist die öffentliche Diskussion seinem schwachen Ego nicht gerade förderlich. Der Verleger spekuliert nämlich darüber, daß vielleicht mal ein Außenstehender der richtige Mann an der Spitze sein könnte, und er meint schon damals seinen geliebten Matthias Walden. »Ich habe dem Vater immer geraten, seinem Sohn ein Blatt zu geben«, sagt Peter Boenisch, »ein Blatt, an dem Axel junior sich hätte beweisen können, denn er war ein begabter Journalist, nicht nur Fotograf und bestimmt kein Verlagskaufmann.« Auch Peter Tamm meint,

Der Fall Axel Springer

dies wäre die richtige Entscheidung gewesen. Ganz allein hätten sie ihn was machen lassen sollen, denn er war nun mal Journalist und hatte keinen Sinn für Management. Intensives Tagewerk freilich war nicht seine Sache.

Stück für Stück und unaufhaltsam verliert Axel Springer junior über die Jahre die Schutzschicht, die er sich in den Jahren als Sven Simon zugelegt hat. Die ihm Sicherheit gegeben hat. Enthäutet sich und wird dadurch im Kern wieder verwundbar. Zurück zu seiner Agentur kann er nicht mehr, das wäre wie ein Eingeständnis einer Niederlage. Außerdem ist sein Lebensstil mit dem Einkommen dort nicht mehr finanzierbar. Er ist wieder abhängig geworden vom Vater, und das hat er immer schon gehaßt, davon hatte er sich mal mühsam befreit. Immerhin, nach außen ist es ja was, ein Chefredakteur der »Welt am Sonntag« zu sein, aber er weiß natürlich, daß er für viele dort, die ihm journalistisch nicht das Wasser reichen können, nur ein Fotograf ist und als ungebildet gilt. Greift erlöst zur Kamera, falls die Chance besteht, selbst ein Foto zu machen, weil er das halt am besten kann. Bucerius zum Beispiel freut sich und springt wie üblich hoch im Stuhl, als bei einem Termin der berühmte Sven Simon vorbeikommt. Hallo, Axel.

Die letzten beiden Lebensjahre im zweiten Stock des Verlagsgebäudes, weit weg von dem, was ihm spannend schien, fühlt er sich erst recht allein gelassen. Ich muß auf Verleger lernen, erzählt er mißmutig. Prinz und Boenisch und Jacobi, die zu ihm halten, haben mit ihren Blättern eigene Sorgen, kommen zwar vorbei, aber entscheiden tun schließlich die anderen, die Manager. Die sitzen ganz oben, etwa zehn Stockwerke von ihm entfernt, und genau das lassen sie ihn spüren. Er spielt sogar den Sohn des Verlegers, der wichtige Aufgaben im Konzern wahrzunehmen habe, zum Beispiel wenn er zu irgendwelchen Veranstaltungen eingeladen wird und bedauernde Absagebriefe diktiert, leider könne er nicht kommen, weil er bei einem anderen Termin seinen Vater vertreten müsse. Alles gelogen, keiner braucht ihn. Er verbeißt sich zeitweise in die Rolle des Aussteigers und überlegt mit Freunden auf Sylt, die ihm näher sind als irgendwelche Kofferträger des Herrn, eine Labradorzucht zu beginnen. Läßt sich Material aus England darüber schicken, aber natürlich wird daraus nichts.

Wenigstens sein Privatleben will er regeln, denn die Uhr zurückstellen, das hat er begriffen, das kann er nicht. Rosemarie, die große Liebe, ist wirklich unerreichbar geworden und sagt ihm das auch. Renate Lüdmann, die er Molly nennt, braucht keinen Luxus, die wäre auch bei ihm geblieben, wenn er wirklich Hundezüchter geworden wäre. Aber Bernhard Servatius, der Jurist des Vaters, rät ihm ab, noch einmal zu heiraten. Könnte zu teuer werden, wenn irgendwann doch wieder geschieden werden müsse. Soll mal an die kostspieligen Scheidungen des Seniors denken. Also läßt er es. Zumindest aber macht er mit Hilfe von Servatius ein Testament, in dem die Ausbildung von Melanie geregelt wird und das, was nach seinem Tod seine Lebensgefährtin Renate Lüdmann erhalten soll: »... wende ich dem Kind die Kosten eines angemessenen Unterhalts zu einer erstklassigen Ausbildung zu, die von dem Unterhalt, den der Vater leistet, und von der Mutter – auch unter Berücksichtigung meiner Zuwendungen an sie gem. Ziff.1 – nicht bestritten werden können.«

Die Mutter erbt später 250 000 Mark in bar und verschiedene Gemälde. Sie muß fünfzehn Jahre lang Prozesse führen, demütigende Prozesse, um zu ihrem Recht zu kommen, und hat in Wahrheit erst dann gewonnen, als ihr egal ist, ob der Springer-Nachlaß oder sie die Erbschaftssteuern zu zahlen hat. Es sind ja noch nicht die Zeiten angebrochen, in denen vor Gericht eine Frau, die ein Jahrzehnt mit einem Mann lebt, als Lebensgefährtin anerkannt wird, also beim Erbe steuerlich so behandelt wird wie eine längst entschwundene Ehefrau. Die Gemälde, die ihr Axel Springer junior hinterläßt, verkauft sie aus Geldmangel an den Vater, es soll in der Familie bleiben, aber sie braucht nun mal das Geld, als sie die Brabandstraße verlassen und sich ein eigenes Haus suchen muß: »Lieber Herr Springer, liebe Friede, ich sehe mich gezwungen, mich auch von den mir von Axel vermachten Gemälden zu trennen. Dies ist ein schrecklicher und folgenschwerer Satz – und ich kann und will nicht die

Träume beschreiben, die ich durchlitten habe, bis ich ihn so nüchtern erkennen und formulieren konnte.«

Sie war zwar enttäuscht, als er sie nicht heiraten wollte nach neun Jahren des Zusammenlebens. Aber das ist zwischen ihnen, sagt sie, längst kein Thema mehr, als er krank wird. Sie fühlt sich auch ohne Trauschein als seine Frau. Bei ihr läßt er sich fallen, und manchmal beim alten Kumpel Hermann Schreiber, dem er schon früh seine neue Liebe Renate vorgestellt hat. Beide lebten damals im ehemaligen Liebesnest des Vaters, das Friede bewohnte, bevor diese Beziehung offiziell wurde. Der Sohn blüht als Vater auf, wenn seine Kinder bei ihm auf Sylt Ferien machen. Er ist dann ein guter Vater und gibt ihnen nicht nur seine Liebe, auch seine Zeit. Beide sind ihm so nah wie die Tochter seiner Lebensgefährtin. Melanie sieht den Freund der Mutter als Vater, nicht den eigenen, und die anderen Kinder, also seine, fast als Geschwister.

Nach wie vor ist er der Kumpel der kleinen Leute. Spielt zum Beispiel Lotto wie die Bauern, und gemeinsam vertrinken sie mal im »Morsumer Kaiser« einen Gewinn von 900 Mark. Er ist beliebt bei denen, die er für sein Sylt-Buch besucht und interviewt, Feuerwehrleute, Heimatforscher, alte Kapitäne. Aber selbst die merken erst, als es vorbei ist mit seinem Leben, daß er die letzten beiden Jahre bis zum Tod eher sterbend gelebt hat.

»Axel Springer jun. wußte, daß ich neben meinem Spezialfach Brandermittlung auch Ermittlungen in Todesfällen mit unnatürlichen Ursachen durchgeführt habe«, schreibt einer seiner Gesprächspartner, bei dem er über sylttypische Brandstiftungen recherchiert hatte, in seinem Kondolenzbrief. »Auf dieses Thema kamen wir bei seinem letzten Besuch am 23. Juli 1979 wieder, als ich mich im Verlauf der Diskussion in der Sache Klenderhof (da war er zuständig für die Ermittlungen nach dem Feuer, Anm. d. Verf.) nach dem Befinden des Hausmeisters Sönksen erkundigte (der sich umgebracht hatte, Anm.d.Verf.). Wir kamen also völlig ungewollt von Brandstiftungen auf Suizid. Ich möchte hier nicht darüber sprechen, was wir alles diskutierten. Doch kann ich rückblickend

Tod des Sohnes, Tod im Spiegel

sagen, daß Herr Springer jun. Ausführliches über Motive und Vorgeschichte, Motiverkennung und Motivforschung wissen wollte. Vorher hatten wir über seine überstandene Krankheit gesprochen, die er als sehr unangenehm schilderte. Der Versuch, sie einfach als Kinderkrankheit abzutun, mißlang, da er Folgeerscheinungen – zeitweise schlechte Stimmung und Unlust bei der Arbeit – erwähnte. Es hat wenig Sinn, sich jetzt Vorwürfe zu machen, zumal die Krankheit beim letzten Besuch erst kurz überstanden war und evt. Nachwirkungen – psychisch oder physisch – natürlich gewesen wären. Herr Springer jun. verhielt sich wie bei den vorherigen Besuchen, war aber nicht ganz so lustig. Sollte jemand von der Familie ... daran interessiert sein, meine Schlüsse und Erkenntnisse zu erfahren, bin ich zu Auskünften gern bereit. Sie könnten zur Klärung eines Rätsels – falls es überhaupt ein Rätsel ist – beitragen.«

Axel Springer trifft sich mit ihm ein paar Monate später und kündigt in seinem Brief an: »Ich würde das Gespräch aus lauter Liebe zu dem verstorbenen Jungen gern führen. Sie werden in mir einen gelassenen Vater sehen, der sich aus der Religion den Satz zu eigen gemacht hat: Vater, ich verstehe Dich nicht, aber ich vertraue Dir.« Auch den Freund des Sohnes, Hermann Schreiber, bittet er zu einem langen Gespräch unter vier Augen ins Fayencezimmer nach Schierensee, und am Schluß dankt er ihm, das habe ihm geholfen. Kein Zweifel für den Vater, daß sich der Sohn erschossen hat, weil er durch die Krankheit in Depressionen gefallen war.

Auf Gut Schierensee haben sie sich immer gefreut, wenn der junge Axel auf Besuch kam. Der allerdings darauf achtet, daß bei seinen Besuchen nicht gerade der Hausherr da ist. Und wenn er doch da ist, er also mit dem Vater zu Tisch muß, ißt er sich vorher im Dorfkrug satt. Bei meinem Vater gibt es ja nie was Richtiges. In guter Laune, denn die kann er trotz aller Depressionsschübe haben, macht er dem Personal den König nach, den er je nach Stimmung Vater nennt oder nur den Alten. Legt sich unter allgemeinem Gelächter auf den Boden, Bücher auf dem Bauch, so habe der Vater einst seine Atemübungen gemacht, die ihm sein Gesanglehrer beigebracht hat. Kindheitserinnerungen. Er zeigt ihnen die andere Seite der öffentlichen Figur AS. Mühsam habe man den davon abgekriegt, beim dreißigjährigen Jubiläum seines »Abendblatts« eine Gedenkmünze prägen zu lassen, die auf der einen Seite sein Konterfei zeigt. Eigentlich wäre es ja egal gewesen, denn die meisten verscherbeln das Geschenk eh anschließend für 450 Mark gleich neben dem Verlagshaus an Münzhändler.

Symptome der Einsamkeit prägen am Schluß sogar in Kleinigkeiten den Alltag. Aber all das ist nachgetragene Erinnerung, damals wird es eher belächelt. Wenn beim Frühstück mit Renate der Eierlöffel vergessen wird, glaubt er sich nicht mehr geliebt. Wenn sie zu einem Geschäftsessen ausgeführt wird, und sei der Coiffeur, der sie abholt, noch so schwul, reagiert er mit Eifersuchtsszenen. Wenn ein Junge seine Ziehtochter Melanie abholen will, sagt er grob, die sei schon mit einem anderen ausgegangen, und schlägt die Tür wieder zu. Melanie wartet dann vergebens in ihrem Zimmer auf den Freund. Jede Nacht Diskussionen, wie es denn weitergehen solle mit dem gemeinsamen Leben, und manchmal kann Renate Lüdmann einfach nicht mehr, was er als persönliche Kränkung empfindet. Auch in der letzten Nacht. Aber sie muß morgens früh aufstehen und in ihrem gerade eröffneten Friseurladen arbeiten. Da hat Axel, als er noch fröhlicher war, gern mal den Aushilfskellner gespielt und an der Kasse gesessen. Gelästert, wie sinnvoll das sei im Gegensatz zu seinem demütigenden BWL-Crashkurs.

Renate Lüdmann ruft ein paarmal in ihrer Not am Hof des Königs an und bittet um Hilfe. Sieht denn keiner, daß der Sohn in großen existentiellen Problemen steckt? Der will doch was Richtiges machen und nicht wie ein vergessener Student irgendwo rumsitzen und Sachen lernen, die ihn nicht interessieren. Der hat doch gute Ideen, daraus läßt sich doch was machen. Sagt das dem Vater keiner? Ja, doch, doch. Der ist nur gerade nicht da, ist unterwegs. Wir geben es weiter.

Axel Springer junior ordnet am Ende des Jahres 1979 den Rest seines Lebens, liest noch mal die Blaupausen seines Buches auf mögliche Fehler durch. Schreibt seiner Sekretärin

Marlies Weber, die von ihm mehr weiß als er von ihr, einen kleinen Weihnachtsgruß, es »war ein schweres Jahr, Dein Chefknacki«, gibt noch mal, begabt wie einst sein Vater, einen halbwegs gelungenen Auftritt als wiederauferstandener Sohn auf Sylt, so daß keiner Verdacht schöpft, also nachfragt, wie es denn dem Kleinen wirklich gehe. Dann fährt er zurück nach Hamburg und bringt sich um. Endlich keine Angst mehr vor der Zukunft.

Axel Springer, der nach seiner Schuld fragt, als es zu spät ist, will wiedergutmachen. Er kümmert sich um die nächste Generation, am meisten um den Sohn des toten Sohnes. Den liebt er, und diese Liebe kann er sogar zeigen. Großvater zu sein fällt ihm leichter als die Vaterrolle. Da kann er aus seiner Jugend erzählen, von den wilden Tagen mit Max Schmeling oder den verrückten Engländern, und die Enkel, auch Melanie Lüdmann, die für ihn dazugehört – mein adoptiertes Großkind –, hören gespannt zu. Mit denen setzt er sich auf Schierensee vor den Fernsehapparat, ißt Kekse, und sie schauen gemeinsam Tierfilme an. Das eigentlich fremde Kind, das »unser Axel so liebte«, besucht er sogar in Hamburg in der Brabandstraße, wo er seinen Sohn nie besucht hat, als sie nach dessen Selbstmord in der Schule immer schlechter wird. Streng dich ein bißchen an, nicht viel, sagt er, mittelmäßig reicht doch. Melanie strengt sich an und schafft es. Ihr schreibt er kleine Briefe mit der Unterschrift Dein Axel Granddaddy. Die besucht er in England, wo sie bei Christie's lernt, was ihm gefällt. In Berlin und in Jerusalem, wo sie bei der Jerusalem Foundation seines alten Freundes Teddy Kollek arbeitet, darf sie in seinen Wohnungen leben. Als sie ihm erzählt, daß sie sich doch entschlossen hat, Jura zu studieren, ist er geradezu entsetzt. Laß es, Juristen sind grauenvolle Menschen, beschwört er sie, ich weiß, wovon ich rede.

Vater und Sohn waren sich fremd, aber sie waren sich in vielem ähnlich. In der Sucht nach Liebe. In der Angst, nicht geliebt zu werden. In der Suche nach dem, was es im Leben außer Ruhm und Geld noch geben muß. In der Sensibilität, die jeder auf seine Art vor der Umwelt verstecken wollte. Der eine gab sich königlich unnahbar, der andere kumpelhaft derb. Der eine hat sich in die Mystik gerettet, dann in die Religion, der andere nur in den Tod.

Der Park am Falkenstein, in dem der kleine Axel von seinem Turmzimmer aus auf die Elbe schauen konnte, wo er als Kind so oft auf den großen Axel gewartet hatte, ist heute ein öffentlicher Park. Der Vater hat das Grundstück nach dem Selbstmord des Sohnes der Stadt Hamburg geschenkt. Das große Areal ist benannt nach dem Mann, als der Axel Springer, der andere, am glücklichsten war.

Der Park heißt Sven-Simon-Park.

14. Kapitel

Nach mir die Sintflut

»Bringen Sie mir in drei Wochen einen Käufer, und ich verkaufe alles, ich kann Zeitungen nicht mehr sehen«, sagt Axel Springer an diesem nieselig-kalten Winterabend kurz vor Weihnachten 1967. Sein Generalbevollmächtigter Christian Kracht hat ihn am Hangar B des Hamburger Flughafens erwartet, der Platz, an dem die Privatmaschinen ausrollen. Den schwarzen Cadillac mit seinem Chauffeur Arnold Dinsen, der direkt dort auf ihn wartet, schickt der Verleger auf den Parkplatz, er will ungestört mit seinem engsten Vertrauten noch ein paar Schritte machen und nicht wie sonst auf der Fahrt in die Stadt alles Geschäftliche besprechen. Er schlägt gegen den feuchten Nebel den Mantelkragen hoch und wiederholt eher leise als laut, eher überlegt als hastig, und ohne große Einleitung, daß er nicht mehr mag. Daß er keine Lust mehr hat. Daß er müde ist. Daß es ihn doch trifft, von den Studenten als Buhmann vorgeführt zu werden. Und daß er deshalb alles loswerden will, nicht nur einen bestimmten Anteil seines Verlages, nein, einfach alles.

Er will seinen Frieden, sonst nichts. Aber der Preis ist eine Milliarde, und das wiederholt er, eine Milliarde. Das ist die magische Zahl. Wie die zustande kommt, ist ihm eher egal, die Summe kann auf mehrere Interessenten verteilt werden. Wichtig ist nur, daß sie letztlich auf einem Konto landet, auf seinem.

Ein Spontanentschluß wie so viele, sicher, und viele andere sind genauso spontan wieder vergessen. Aber an diesem

Abend zumindest stand seine Entscheidung fest, hatte sich Springer innerlich von dem getrennt, was er aufgebaut hatte, was durch seine spontanen Einfälle, seinen Instinkt für den richtigen Augenblick, sein Gespür für Menschen, seine verlegerischen Visionen zum größten Zeitungskonzern des Kontinents geworden ist. Kaufleute hätten so etwas nie geschafft, die packen nur an, was sich im Rahmen ihrer Schulweisheit erträumen läßt. Sein überzeugter Kaufmann Peter Tamm meint, spätestens dann habe Springer verkaufen wollen, als er merkte, daß er es alleine mit Ideen und Phantasie nicht mehr schaffte und den Ruhm des genialen Machers mit anderen an der Spitze, Tamm zum Beispiel, hätte teilen müssen. Teilen müssen mit einem, der zur Organisation webt, was er als Idee spinnt. Typisch für den Egomanen, ganz typisch.

Der nächtliche Milliarden-Spaziergang im Winter 1967 war sein erster Versuch, alles zu verkaufen. Routiniert, aber doch schon halbherzig, gab er noch den Verleger, obwohl dies ja seine Erfolgsrolle im Nationaltheater Deutschland war, die keiner so gut spielte wie er. Axel Springer wollte der Größte werden, aber nun, da er es geschafft hatte, war Größe an sich kein Wert mehr für ihn. »Ich fühl mich ja gar nicht wohl als dieser Presse-Caesar, der hinter einem riesigen Verlagshaus steht, eine graue Eminenz, den man nicht kennt, der also von hinten mit gewaltiger Faust dann die Dinge vorwärtstreibt... Das Hervorstechende meiner ganz unbedeutenden Eigenschaften ist, daß ich mit Menschen gut auskommen kann«, bekannte er in einem Rundfunkinterview. Er trauerte angesichts seiner von ihm »Trutzburgen« genannten Verlagshäuser in Berlin und Hamburg den sogenannten überschaubaren Zeiten nach und beklagte, daß sein Unternehmen mit der »Größe ganz offensichtlich nicht fertig geworden« sei. Sich von den Menschen entfernt hatte. In solchen melancholischen Stimmungen hätte er jedes fundierte Angebot angenommen.

Bekanntgeworden sind die Verhandlungen mit verschiedenen bayerischen Banken, mit Bertelsmann, mit den Burda-Brüdern, mit der »FAZ« – da ging es allerdings nur um die chronisch defizitäre »Welt« –, mit dem Bauer-Verlag (»Unternehmen Agricola«). Aber es gab noch ganz andere Anstrengungen, den Mühlstein um den Hals loszuwerden, als den er seinen Verlag nach den Studentenunruhen Ende der sechziger Jahre empfand, und alle anderen – zum Beispiel die Gespräche mit dem australischen Tycoon Rupert Murdoch oder mit den Verlagen Ringier und Frey in der Schweiz – blieben geheim.

So geheim, daß seine Spitzenmanager gar nicht erst rot zu werden brauchten, wenn ihr Chef von oben herab mal wieder verkündete, niemals aufgeben, niemals verkaufen zu wollen. Sie bewunderten ihn sogar für diese so selbstverständlich vorgetragene Lüge, denn sie kannten die Wahrheit. Sie sprachen ja, in wechselnder Besetzung und mit wechselnden möglichen Käufern, immer wieder über das Ende der Alleinherrschaft und was das cash down einbringen könnte. Mal Peter Tamm, mal Eberhard von Brauchitsch, mal Christian Kracht, mal Heinrich v. Reuss. Mal keiner von denen.

Er war eben kein Tatmensch, eher ein Hamlet des Journalismus, umschreibt ihn sein England-Statthalter George Clare liebevoll. Seins oder deins oder lieber doch meins, das blieb stets die Frage. Als Clare und Ernst Cramer und Peter Boenisch die Verhandlungen mit den amerikanischen Managern von Dow Jones (u. a. »Wall Street Journal«) führten, die einen Teil des Verlages kaufen wollten und im Gegenzug einen ziemlichen Schwung ihrer Aktien hergegeben hätten, zuckte der Verleger kurz vor der letzten Unterschrift zurück. Wohl auch unter Einfluß von Peter Tamm, der alles mißtrauisch beäugte, was außerhalb seines Sprachraums, außerhalb seines Weltbildes Deutschland stattfand und damit seine starke nationale Stellung bedrohte. Der Deal mit den Amerikanern hätte Springer wirklich zu einem internationalen Tycoon gemacht. Und wie das Haus heute dastehen würde, kann man sich ausrechnen lassen.

Die Milliarde, die er auf dem Weg vom Hangar zum Parkplatz fordert, ist realistisch. So viel ist Axel Springer inzwischen wert. Er hat schon einen Wunschkandidaten für den Kauf. Reden Sie mit Konrad Henkel, sagt er zu Kracht, ich hab da eine ganz besondere Idee, die müßte dem eigentlich gefallen. Noch in derselben Nacht beginnt der Generalbevollmächtigte, zwar überrascht, nein: verstört vom Auftrag, aber loyal zum Auftraggeber, Pläne für den Verkauf auszuarbeiten. Ist ja nicht so einfach wie zum Beispiel der Verkauf einer Fabrik, wo man die Maschinen schätzen lassen kann. Wie mißt man den Wert einer Zeitung, einer Zeitschrift, also der Idee, die dahintersteckt? Weil Kracht solche Berechnungen ausarbeitet, fällt es ihm ein paar Monate später trotz aller Enttäuschung über diese ihn dann ganz besonders treffende Fehlentscheidung verhältnismäßig leicht, für Kindler & Schiermeyer den richtigen Kunden zu finden, den richtigen Preis zu fordern.

Erster Gesprächspartner Krachts im Geheimauftrag Verkauf ist in der Tat Konrad Henkel. Der Verleger arrangiert bei einem gesellschaftlichen Anlaß eine wie zufällig wirkende Begegnung zwischen seinem Manager und dem Waschpulver-Industriellen, der nicht nur genügend Geld hat, sondern vor allem politisch in Springers Rahmen paßt. Seine Idee, von der er sprach, ist so simpel, daß Kracht sie noch heute bewundernd erzählt. Henkel sollte vierzig Prozent des Verlages kaufen, aber gleichzeitig Geld verdienen. Denn als Miteigentümer in dieser Größenordnung bekommt er sechzig Prozent Rabatte für alle Anzeigen in »Hör Zu«, in »Bild«, in »Bild am Sonntag« etc. Um diese gesparte Summe kann er seinen Werbeetat vergrößern, ohne mehr Geld auszugeben. Also die Konkurrenz von Persil niederrüsten.

Wie man weiß, wurde nichts aus dem Geschäft, was vor allem daran lag, daß Axel Springer auch diesmal, wie immer, wenn Verträge unterschriftsreif waren, vor der letzten Entscheidung zurückschreckte. Doch nicht verkaufen wollte, doch lieber Alleinbesitzer und damit absoluter Herrscher bleiben wollte, wie er es ja immer wieder seinen Mitarbeitern, der Springer-Familie, pathetisch versprochen hatte: »Die Größe hat mich auch dazu gebracht, mir immer wieder den Kopf darüber zu zerbrechen, ob ich richtiger handelte, wenn ich andere Partner an dem Unternehmen beteiligen würde. Immer wieder bin ich bei solchen Überlegungen allerdings zu der Erkenntnis gekommen, daß jede Partnerschaft Einengung der unternehmerischen und dabei besonders der verlegerischen Möglichkeiten bedeuten würde. Deshalb klipp und klar: Ich bleibe der alleinige Inhaber.«

Daß er lieber gar nichts entscheidet als möglicherweise falsch, weiß man bei Hofe, aber wer will es dem König vorwerfen. Man hat ja erlebt, wie beleidigt er auf Kritik reagiert. So ist es kein Wunder, daß er immer wieder nach gescheiterten Verkaufsgesprächen Schuldige benennt, die ihn bis zur Unterschrift angeblich gegen seinen Willen getrieben haben, Verschwörungstheorien entwickelt, aber insgeheim wohl weiß, daß er selbst der Schuldige ist. Denn ohne seinen Auftrag und hinter seinem Rücken hat keiner verhandelt.

Nach mir zwar die Sintflut, aber kann ich ahnen, wie hoch das Wasser morgen früh steht? Weiß ich denn, ob ich nicht doch so lange lebe, daß ich noch in zwanzig Jahren meine Nachfolge regeln kann? Was mache ich denn, wenn ich wirklich nichts mehr zu entscheiden habe? Ist Macht nicht viel spannender als Geld? Und die Suche nach Gott auf Dauer vielleicht doch nicht ausfüllend? Natürlich spielen bei diesen Nicht-Entscheidungen die Voraussagen und Ratschläge der Damen und Herren von der Sternenkunde eine Rolle. Daß er mindestens neunzig wird, ist Springer ja nicht nebenbei beim Frühstück eingefallen. Das hat er schriftlich, allerdings nicht einklagbar.

Der Herr Springer weiß leider nicht, was er eigentlich will, beschwerte sich ein bayerischer Banker, nachdem der Verleger auf Partnersuche wieder mal für 200 Millionen Mark ein Viertel seines Konzerns angeboten hatte und die von Brauchitsch verhandelten Abmachungen, die nur unwesentlich unter den ursprünglichen Forderungen lagen, kurz vor der nötigen Unterschrift des Besitzers im Sommer 1974 plötzlich wieder Makulatur waren. Der naheliegende Bösewicht Brauchitsch konnte nicht bestraft werden. Er war nach kurzem Gastspiel schon zu Flick zurückgekehrt und hatte nur als hoch dotierter Berater seines Geschäftsfreundes Axel mit den Bayern die Gespräche geführt.

Sündenbock Kracht dagegen wird auf offener Bühne geschlachtet, als die von ihm geführten geheimen Verhandlungen mit dem Bertelsmann-Verlag 1970 durch eine Meldung im »Stern«, der zum Verlag Gruner + Jahr gehört, an dem wiederum Bertelsmann Anteile besitzt, öffentlich werden. Der angeblich nur an seinem göttlichen Verlegerauftrag interessierte Springer steht plötzlich ohne Kleider da. Zwar wird der »Stern« verklagt, weil er nicht nur zuerst, sondern angeblich falsch darüber berichtet hat, was so nicht stimmt, denn die Meldung stimmt, aber in Wahrheit sucht der schwankende König Axel schon während der Verhandlungen mit den Gütersloherern den richtigen Moment, seine ursprüngliche Entscheidung wieder rückgängig zu machen. Für diese Version spricht auch, daß man still und leise nach lauten, öffentlichen gegenseitigen Vorwürfen, Unterstellungen, falschen und richtigen eidesstattlichen Versicherungen die Sache »Stern« gegen Springer in einem Vergleich begräbt, Kostenteilung und vor allem Schweigen vereinbart. Ausgehandelt auf gerade greifbaren Servietten hat diesen Friedensvertrag übrigens auf einem Flug nach Berlin der inzwischen bei Gruner + Jahr als Geschäftsführer und Fünf-Prozent-Anteilseigner entscheidende ehemalige Springer-Manager Ernst Naumann mit dem gegnerischen Anwalt Bernhard Servatius.

313 Millionen Mark bekam Springer für ein Drittel seines Verlages, viel Geld, das sich der damals noch eher als Zwerg auftretende künftige Riese aus Gütersloh von der Westdeutschen Landesbank leihen mußte, und das Geld war schon überwiesen, als der »Stern« dazwischenfunkte, denn der Vertrag war unterschrieben. Geld für eine geplante Beteiligung an audiovisuellen Medien, für den Aufbau kommerziellen Fernsehens, das ja irgendwann kommen mußte, wenn es gelungen war, die öffentlich-rechtlichen TV-Bastionen sturmreif zu schießen. »Wenn ich gewußt hätte, daß die über die Dörfer tingeln müssen, um sich bei Sparkassen das Geld zu borgen, hätte ich mir andere Partner gesucht«, lästert Springer später. Banker waren ihm etwa so lieb wie Juristen.

Mitreden durften die Bertelsmänner laut Vertrag für ihren Anteil erst nach Springers sechzigstem Geburtstag, also

Nach mir die Sintflut

1972, bis dahin nur als Schneider tätig werden mit der Kuponschere für die erworbenen Aktien. So war es zunächst gedacht, aber weitere siebzehn Prozent des Hauses standen nach diesem ersten Einstieg zur Disposition. Alle Beteiligten aber hatten offensichtlich den Protest in der Öffentlichkeit gegen die seltsame Gütergemeinschaft unterschätzt. Vor allem der damals noch als unumschränkter Sonnenkönig regierende »Stern«-Chef Henri Nannen konnte es sich nicht vorstellen, plötzlich mit dem konservativen Plattmacher in einem Segelboot zu sitzen, unter gemeinsamer Flagge mit Axel I. zu fahren. Gruner + Jahr-Miteigentümer Gerd Bucerius, der sich immer in die erste Reihe drängte und tapfer kämpfte, wenn es gegen seinen Freund Springer ging, garantierte den damals wachen und deshalb wachsamen »Stern«-Redakteuren, daß aus dem Superding mit denen »von der Gütersloher Wiese« und vor allem mit dem aus Altona nichts werden würde. Womit er, der andere aus Altona, richtig lag.

Ein Makler namens Walter Blüchert, der die heimliche Ehe gestiftet hat, ist der einzige, der lächelnd im Seitenschiff vor dem Altar steht, als die Verlobung platzt. Er verdient dennoch 12 Millionen Mark, eine nette Provision für einen Akt, der nur auf dem Papier vollzogen ist. Springer gibt seinen Rückzug bekannt, weil er getäuscht worden sei. Nur die üblichen Dolchstoßlegenden – oder hat er diesmal recht?

»Eine wesentliche Voraussetzung«, schreibt er an den Bertelsmann-Chef Reinhard Mohn, »war für mich, daß Sie Ihre Beteiligung bei Gruner + Jahr rückgängig machen würden. Anders hätte ich die Gespräche gar nicht geführt. Lassen Sie mich aus dem Brief vom 5. Januar 1970 zitieren, der Ihr schriftliches Angebot auf Übernahme eines Aktienpaketes begleitete und von einem Mittelsmann geschrieben wurde: ›Ich bin beauftragt, Ihnen mitzuteilen, daß man auch definitiv entschlossen ist, nach etwaigem Abschluß mit Ihnen, sehr verehrter Herr Springer, den anderen Verlagsanteil zu veräußern.‹ In diesem Zusammenhang möchte ich auch noch daran erinnern, daß wir die Geheimhaltungsklausel für zwei Jahre nicht zuletzt deshalb in unser Vertragswerk eingebaut haben, um Ihnen die Möglichkeit zu geben, Ihren Anteil bei

Gruner + Jahr zu optimalen Bedingungen aufzugeben. Ich war und bin davon überzeugt, daß jedwede Verflechtung zwischen diesem Verlag und meinem Haus – und sei sie noch so indirekt – zu politisch unliebsamen, ja untragbaren Konsequenzen führen müßte. Aber ich bin für eine reinliche Trennung. Ich bin nicht der Meinung, daß ein Verlag eine Art Warenhaus sein darf, in dem alles zu haben sein kann, vom Propagandajournal der Linken bis zur konservativen Zeitung. Ich war und bin, auch im Interesse der jeweils politisch engagierten Journalisten, für klare Verhältnisse.«

Die ergaben sich auch intern, nachdem Axel Springer erklärt hatte, doch lieber ledig bleiben zu wollen. Trauzeuge Christian Kracht wurde zwar nach über zwanzig Jahren an Springers Seite offiziell deshalb gefeuert, weil er der Verlobten aus der Provinz heimlich noch mehr Einfluß verschaffen, also die Herrschaft seines Herrn unterhöhlen wollte. In Wirklichkeit wohl eher deshalb, weil Kracht kein Geheimnis aus seiner Strategie gemacht hatte, endlich durch den Teilverkauf an Bertelsmann die starren politischen Rechtsfronten des Hauses auflockern zu können und den Springer-Verlag in die liberal-konservative Mitte zu führen, wo richtig Geld verdient wurde. Aber das konnte man nicht öffentlich als Begründung für den Rausschmiß angeben, hätte ja noch mehr Spott und Ärger eingebracht.

Dies aber ist der eigentliche Verrat, den der Prophet seinem bislang liebsten Jünger vorwirft: das Verlassen der reinen Lehre, das Infragestellen der alleinseligmachenden Religion Springer. Lieber einen lange nachwirkenden Rufmord zum kurzen Abschied, daß sich Kracht angeblich beim Deal bereichert habe, und damit er schweigt, eine gewaltige Abfindung plus regelmäßiges Einkommen auf Lebenszeit.

Der andere Trauzeuge, Manfred Köhnlechner, bleibt ebenfalls nicht mehr lange im Amt, auch in seiner Familie Bertelsmann weiß man, wie man sich durch die Opferung eines Sündenbocks von eigenen Fehlern befreit. Köhnlechner läßt sich zum Heilpraktiker umschulen und wird vor allem durch die Promotion der »Bild-Zeitung« berühmt. Kracht zieht sich in die USA zurück, wird aber von dort zehn Jahre später, im Sommer 1980, an den Hof zurückgerufen, nach dem Tod des Sohnes vom König persönlich gebeten, länger zu bleiben als nur drei Tage.

Da ist Axel Springer zwar erst 68 Jahre alt, aber er sieht manchmal aus wie ein Greis, ein Todgeweihter. Fieberschübe, Grippeanfälle, Schweißausbrüche passieren in kürzeren Abständen. Die Mittel, die er gegen die Unterfunktion der Schilddrüse nehmen muß, schwächen die Abwehrkräfte des Körpers. Der ständig Fröstelnde neigt zu Depressionen, und nicht alle sind gespielt. Schlafstörungen sind für ihn fast schon normal, die hatte er immer schon, aber früher hat er sie leichter verkraftet, weil er jünger war. Eher unachtsam schluckt er die Tabletten, die ihm seine Frau genau nach Plan hinlegt, was sie nie vergißt. Manchmal nimmt er sechs, manchmal nur zwei, manchmal alle auf einmal. Doch nur mit ganz genauen Dosierungen, die immer wieder vom Arzt aufgrund seiner aktuellen Werte bestimmt werden müssen, hätte das ganze Sinn gemacht. Die Spontaneität, die ihn auszeichnete, ist nicht hilfreich, wenn es gilt, stur nach Plan vorzugehen, also zum Beispiel regelmäßig Tabletten einzunehmen. Unruhe treibt ihn, stärker als früher, als es die positive Unruhe des Kreativen war, die ihn nicht stillsitzen ließ.

Versuche mit autogenem Training haben nicht geholfen, weil er sich dafür die Zeit nicht nimmt. Alles auf Kassette sprechen läßt und bei Gelegenheit mal reinhört. Lieber mit dem berühmten Neurologen bei den Konsultationen über Mystik diskutiert, über Religion, über Visionen und innere Stimmen oder ihm persönlich seine Schätze in »Tranquillitati« und Schierensee zeigt. Zumindest die in den wenigen Trainingssitzungen erfahrene Formel, die ihn davon abhalten soll, nachts an den Kühlschrank zu gehen, lernt er auswendig. Seine Frau Friede, die vieles glaubt, aber doch nicht alles, sorgt dennoch dafür, daß im Eis nur gesunde Sachen liegen, fettfreie Joghurt zum Beispiel.

Er wirkt erschöpft, aber das kann auch daher kommen, daß er immer wieder in andere Rollen schlüpfen und in jeder überzeugen muß. Früher war es nur die des charmanten Himmelstürmers, des umwerfenden Eroberers, des jungen

Liebhabers. Jetzt immer öfter die des spürbar abgehobenen Gottsuchers und des düsteren Predigers, auf den sein Volk nicht hört. Also schwere, anstrengende Rollen, Altersrollen. Das macht auf Dauer müde, und wer immer spielt, verwechselt am Ende sogar Sein und Schein. Die Vermutung, daß er sich nach der Beerdigung des Sohnes in ein Kloster zurückgezogen hätte, wenn Friede nicht gewesen wäre, ist so abwegig nicht. Fragt sich allerdings, wiederum rein theoretisch, wie lange Springer es dort ausgehalten hätte.

Nach »Aggelis« Tod, sagt Peter Boenisch, hat er sich eigentlich aufgegeben und sich nicht mehr gegen seine Krankheiten gewehrt, sozusagen Selbstmord auf Raten gemacht. Das bestätigen andere, die ihn gut kannten wie Peter Tamm oder Claus Jacobi, Claus-Dieter Nagel oder Paul Schmidt-Carell. Für diese These spricht, daß sich Springer fast schon verzweifelt mit der eigenen Schuld am Freitod des Ältesten quält und am Ende seines Lebens über das nachdenkt, was er im Laufe seines Lebens seinem Sohn und anderen angetan hat oder glaubte antun zu müssen. Äußerlich auf Formen haltend, Contenance bewahrend, innerlich von Selbstvorwürfen zerrissen. Wird Gott ihn zur Rechenschaft ziehen? Gott ist kein Rächer, sagt Pater Emmanuel Jungclaussen, Gott vergibt.

Gegen die Boenisch-These wiederum spricht, daß er nie ein besonders gutes Verhältnis zum Sohn hatte, mit vielen großzügigen Geschenken seine Unfähigkeit zur Nähe ausgeglichen hat. Daß er in den Jahren bis zum eigenen Tod immer fester davon überzeugt schien, ihn einst wiedersehen zu können, sich geradezu darauf freute. Wer aber so täglich den Tod lebt, dem stirbt allmählich das Leben weg.

Er hat seiner Todessehnsucht nachgegeben, ergänzt die alte Freundin Irmgard Bibernell, und das kann so schwächen, daß man den Tod wirklich findet. War doch keine Freude mehr in ihm, keine Leichtigkeit, kein Lachen, hat doch keine fröhlichen Geschichten mehr erzählt, meist düster vor sich hin geschwiegen. Worüber sollte er sich denn freuen? Früher hatte immer Kaviar auf dem Tisch gestanden, als sie ihn auf Schierensee besuchen durfte. Jetzt nur

Nach mir die Sintflut

noch Gesundheitskost, ausgesucht von der strengen Friede. Bekam doch nichts Richtiges mehr zu essen, immer diesen Mist mit Haferflockenklößchen und Joghurt, diese blöde Diät, das war doch nichts für einen Mann, empört sich Rosemarie Springer, die andere Witwe. Er wirkte ausgetrocknet, ausgedörrt.

»Axel hat sich in den letzten zwei, drei Jahren seines Lebens nie mehr richtig wohl gefühlt«, bestätigt Friede Springer, und sie ist die einzige, die das beurteilen kann, weil sie immer bei ihm war. »Am meisten aber quälte ihn, daß ihm das Gehen so schwerfiel.«

In Israel, wo es warm ist, wo er sich bedingungslos geliebt und nicht nur sorgfältig beschützt fühlt, geht es ihm einigermaßen gut. Da wird noch gelacht und nicht nur gebetet, da wird noch von den lustigen Zeiten mit dem Sohn erzählt und nicht nur von den schwierigen, da trinkt er statt Tee auch mal was anderes. Da sind die Tabletten eher lästige Pflicht als tägliche Notwendigkeit. Da ist der Endsechziger, zumindest für die berühmten Augenblicke, trotz aller düsteren Gedanken dem Leben näher als dem Tod, und der noch so weit entfernt wie die ungeliebten Manager, die sein Haus führen. Mit seiner Frau Friede und dem Freund Ernie in Jerusalem zu sein ist Glück für den, der Glück nur im Erfolg zu finden glaubte. Da bricht sogar noch mal der ganz frühe, der boshaft witzige Springer durch, wenn er mit unschuldigem Gesicht manch dickem Burda-Sohn, manch dickem eigenen Manager den wunderbaren Spaziergang durchs Tal nach Jericho empfiehlt. Leider könne er sie nicht begleiten, das blöde Bein tut mal wieder weh, aber er werde ihnen von oben zuschauen und winken. Ach, wie ich euch beneide. Was er natürlich nicht sagt, daß der Weg in der Hitze mehr als drei Stunden dauert.

In Hamburg bleibt er kaum noch länger als unbedingt nötig. Irgendeine Rede halten, irgendeinen Preis empfangen. Bloß keine Partys, keine Feste. Da schwebt sein Blick eher verächtlich über die sich drängenden Gäste. Konzerte für auserlesene Herrschaften, die seiner würdig sind, nun ja. Hofhaltung läßt sich wunderbar im Rahmen von Schierensee und Schwanenwerder arrangieren, den Häusern in Deutschland, die Heimat vermitteln jenseits der Heimat Jerusalem. Und er fährt in sein kleines Haus auf Patmos, Insel der Offenbarung, wohin am Schluß seines Lebens die Berater pilgern, also per Hubschrauber einfliegen, die sich für unentbehrlich halten.

Auch Peter Tamm hält sich für unentbehrlich, auf Patmos allerdings für eher entbehrlich, und er hat sogar recht, denn er ist unabkömmlich im Konzern. Braucht die Nähe des Königs nicht und will sie nicht mehr. Kümmert sich ums Geschäft des Verlages und nicht ums Geschick des Besitzers. Wächst in Abwesenheit des Patriarchen zu solcher Größe, daß die meisten Mitarbeiter im Hause den Schatten, den er wirft, für den des eigentlichen Verlegers halten. Das merkt Axel Springer, zwar müde, aber in dieser Beziehung immer noch hellwach, und das gefällt ihm nicht. Er weiß aber, wie er den zurechtstutzen kann.

Nicht aus einer sentimentalen Laune heraus also hat er Christian Kracht wieder gebeten, zu ihm zu kommen. Divide et impera, teile und herrsche, ist ihm als Prinzip der großen Könige stets geläufig gewesen. Selbstverständlich informiert er Tamm erst von der Rückkehr des verlorenen Sohnes, als der schon da ist. Sein Mißtrauen gegen die Erbsenzähler im eigenen Verlag ist so groß, daß er dem einst Verjagten wie selbstverständlich Akten und höchst persönliche Dossiers auf den Tisch legt, als Kracht zwei Tage nach dem Bitt-Telegramm Springers aus den USA in Schierensee eintrifft. Am nächsten Morgen, noch vor dem Frühstück, möchte der Verleger gern eine Analyse haben, eine, die er begreift. Keiner versteht soviel davon wie Sie, nicht wahr? Er bekommt sie, bei brennendem Kaminfeuer im Torhaus von Gut Schierensee, fast fünf Stunden lang und höchst allgemeinverständlich. Sehen Sie, Christian, sagt er anschließend fast triumphierend, das wird mir alles vorenthalten. Das sagt mir keiner. Also müssen Sie wieder ins Haus und aufpassen. Wir beide werden es denen noch mal zeigen.

Das reizt sogar Kracht, dem sonst Rache fremd ist, weil solche Gefühle nur die Geschäfte erschweren. Er verlangt

Nach mir die Sintflut

Sehnsucht nach alten Zeiten: Einer der letzten Briefe des Verlegers, vier Wochen vor seinem Tod, gerichtet an den ehemaligen »Hör Zu«-Chefredakteur Eduard Rhein

und bekommt mehr Gehalt als zuvor, ist neben Tamm, von dem mißtrauisch belauert bei jedem Schritt, wieder der starke Mann im Hause Springer. Prinz Reuss ist schon schwer krank, und Kracht wird nach dessen Tod der Nachfolger seines Nachfolgers. Ist vor allem rehabilitiert in den Kreisen, die ihm zwar Betrug nicht zutrauten, aber halt nicht so genau wußten, was damals wirklich geschehen war, als er zum erstenmal rausflog. Springer verkündet wenige Wochen später von Patmos in einem Brief an einen alten Weggefährten: »Claus Jacobi schrieb ich: Die Mandeln sind raus, der Kracht im Haus usw. Also Ihr Verleger ist noch immer für Überraschungen gut. Ich freue mich sehr, daß Christian da ist. Uns geht es prächtig: Sonne, Schwimmen, Lesen, Schreiben und 25 Pfund weniger.«

Springer wird vorübergehend tatsächlich wieder aktiver, als erinnere er sich besserer Zeiten, lebt im wahrsten Sinn des Wortes wieder auf. Sein Witz trifft, und seine Häme verletzt, und er schießt auch mal wieder blitzartig aus der Hüfte. Ganz so wie früher. Einen Topmanager bittet er höflich, in Zukunft auf Weihnachtsgeschenke und Geburtstagsgaben an ihn zu verzichten, nachdem ihm gesteckt worden ist, daß die über den Etat abgerechnet, also von seinem Geld bezahlt worden sind. In einem Brief an den Journalisten Klaus Besser, den er ganz rechts weiß, wo auch sein Herz schlägt, will er erstaunlicherweise nicht über Politik reden und über feine Küche schon gar nicht. Beim Gründer von »Bessers Gourmet Journal«, das seit Ende 1978 zum Springer-Verlag gehört (»Ich war von Anfang an nicht begeistert über eine solche Zeitschrift in unserem Verlage«), beklagt der Verleger lieber die »Dummheit und Verantwortungslosigkeit« seiner Manager, weil »Ihr Angebot, für fünf Millionen Mark uns ›Gourmet‹ abzunehmen, nicht angenommen wurde... Das war ein leichtsinniger Griff in meinen Geldsack. Er muß doch kleinzukriegen sein! Was jetzt geschieht, ist das Werk von Flanellmännchen, wie sie von wirklich produktiven Leuten meines Hauses genannt werden, die vom Markt nichts verstehen und eine Verlagspolitik betreiben, die, wenn ich sie nicht stoppe, mein Haus ernsthaft gefährden würde... Mein

Nach mir die Sintflut

Freund John Jahr sprach mich kürzlich auf diese und andere Objekte unseres irregeleiteten Hauses an und fragte mich, ob ich wohl verrückt geworden sei. Ich hoffe, daß das nicht der Fall ist.«

Kracht verkauft bald nicht nur dieses hoffnungslos defizitäre Blatt, forstet das Reich der Flanellmännchen durch, wo es Stabsabteilungen gibt, die sich um andere Stabsabteilungen kümmern, stellt höflich stur, aber vergeblich in Frage, ob es denn sein muß, daß Hofstaat und Management bis zu 300 Leute beschäftigen.

Wie immer, wenn neue Männer ins Haus kommen oder die alten plötzlich wieder da sind, werden sämtliche Ausschüsse umgebaut und Zuständigkeiten neu verteilt. Es gibt keinen Verlag in Deutschland, der sich so oft neue Strukturen und Führungsgremien gegeben hat wie der Springer-Verlag, und auch das ist ein Zeichen für die mangelnde Neigung des Besitzers, sich festzulegen oder gar festlegen zu lassen. Irgendeinen Titel hat fast jeder, was immer natürlich hohes Gehalt plus Sekretärin plus Dienstwagen bedeutet. Allerdings nur wenige verdienen, was sie bekommen. Keiner stört die eingefahrenen Greise, und daß die aktiven Journalisten für solche Flanellmännchen keine Zuneigung entwickeln, ist verständlich.

Mit einem Rattennest hat 1994, fast zehn Jahre nach Springers Tod, der nur hundert Tage im Haus ausgehaltene Topmanager Willi Schalk solche Zustände verglichen, alle beißen sich gegenseitig, aber sobald einer von außen kommt, sind sich alle Ratten einig und beißen den weg. Daran ist er gescheitert, daran sei letztlich Tamm-Nachfolger Günter Wille gescheitert. Nicht nur der Krebs habe ihn getötet, sondern auch das Klima, in dem die Krankheit entstanden sei. Die konnten alle mit Ausnahme von Peter Tamm, der wenigstens Geld rangeschafft hat, nicht alleine laufen, sagt ein anderer, die waren nur von der Gnade des Herrn abhängig, und als der tot war, zeigte sich ihre wahre Bedeutung. Der Verlag ist in den Jahren voller Kassen verfettet, verkrustet, veraltet, was sich in dieser Deutlichkeit erst nach dem Tode des Gründers herausstellt, als keine Rücksichten mehr genommen werden müssen auf angebliche Nähen zum Herrn. Unter allgemeinem Wehklagen werden die Privilegien abgebaut, und die Witwe, die das anordnet, als geizig und kaltherzig verschrien.

Der kühle Kracht forscht – so weit er darf – nach den Schwachstellen im »irregeleiteten Haus«, das er gut kennt, denn viel hat sich nicht geändert, strafft den Apparat und schlägt vor, sich von dem, was nicht in den Verlag paßt, schnell zu trennen. Also von vielen entmachteten Epaulettenträgern, die leben wie Maden im Speck Springer. Da kommt bei denen, die ihn endgültig in der Verbannung wähnten, nicht die große Freude auf, aber wie immer am Hofe wartet man erst mal ab. Die Chance zu einer Intrige wird sich schon bieten. Denn Kracht arbeitet insgeheim wieder mal an einem besonderen Auftrag seines Herrn. Christian, suchen Sie mir einen Partner.

Das klingt ihm doch irgendwie vertraut, aber diesmal wird er sich vor einem Alleingang hüten und jeden Schritt absprechen mit dem Besitzer und dem Juristen, der den berät. Wie sich allerdings zeigen wird, ändert solche Taktik nichts am Ergebnis. Dem nächsten Rauswurf.

Hubert Burda ist neunzehn Jahre alt, als er zum erstenmal den großen Citizen Kane aus dem fernen Norden erlebt. Sehr schlank, sehr englisch, sehr elegant, sehr weltmännisch. Bei der Eröffnung der Tiefdruckerei in Darmstadt spricht Springer über Kommunismus und über Freiheit, über die Einheit der Nation und über Gott. Das beeindruckt den jungen Mann, denn sein Vater ist nur stark bei Reden über Druckereien und Maschinen. Der denkt an höhere Umsätze, wenn er Höheres im Sinn hat. Die beiden Alten verstehen sich dennoch gut in konservativer Grundhaltung, eine »immerwährende, zu oft unausgesprochene Freundschaft« nennt Springer das in seiner Sprache. Die Burdas spielen eher unpolitisch in der Bundesliga, die allerdings, wie man weiß, ihre Stärken in der Provinz hat, Springer dagegen in dem, was man heute Champions League nennen würde. So ein Verleger wie König Axel möchte Hubert Burda werden, Feingeist unter den Seinen, eher auf der Jagd nach Erkenntnis als auf der Jagd nach Wildschweinen und Hirschen.

Nach mir die Sintflut

Die Burda-Buben Hubert, Frieder und Franz, die ihre Interessen und Aktivitäten säuberlich getrennt halten, um Streit zu vermeiden, seit ihnen der Gründer die volle unternehmerische Verantwortung übertragen hat, scheinen Kracht die richtigen Kandidaten. Springer sieht das genauso: »Seit zehn Jahren habe ich versucht, Teilhaber aufzunehmen. Das waren immer kapitalistisch interessierte Leute, und nach zehn Minuten waren wir dabei, daß das gestrichen werden müßte und das gestrichen werden müßte, weil es kein Geld bringt... ich betreibe meinen Beruf nicht, um primär Geld zu verdienen, sondern um das, was in den vier Essentials steht, zu verbreiten. Und die jungen Burdas, das sind tüchtige Jungens, erprobte tüchtige Jungens ... Die beherrschen ihr Handwerk.« Nur deren Vater fragt verstört, was will der denn mit euch, laßt die Finger davon, das ist nicht unsere Welt. Aber seine Söhne, damals noch einig, wollen endlich beim Konzert der ganz Großen mitspielen, am liebsten dirigieren.

Der Verkäufer ist ja nicht irgendwer. Er will keine Banken oder Konzerne in sein Haus holen, er fühlt sich eben nicht wie irgendein Kapitalist, er hat Ruhm zu verkaufen und eine Ideologie und nicht nur Besitz. Vor allem aber möchte er sicher sein, daß immer der verlegerische Auftrag, also seiner, als oberstes Gebot gilt und nicht das, was eine gute Bilanz erforderlich macht. Nur so ist zum Beispiel seine ungebrochene Zuneigung zur »Welt« erklärbar, denn die ist angesichts der Zahlen ja wahrlich nicht mehr von dieser Welt.

Ganz banal Kasse zu machen ist Springer also zu banal, sein Geist, seine Philosophie sollen im Hause auch dann noch gelten, wenn er dereinst nicht mehr dasein wird. Er glaubt noch an den Unterschied zwischen Zeitungen und bedrucktem Papier, er ist erst Zeitungs- und dann Geschäftsmann, zwar radikal, aber eben als Verleger. Das unterscheidet ihn von den meisten, die in den achtziger Jahren beginnen, sich für die großen Blattmacher zu halten, die großen Erfinder, die sich selbst feiernden Tycoons. Keine Herren der öffentlichen Meinung, wie Springer, Augstein, Bucerius, Nannen – »Monstres sacrés de la presse« nennt das die französische Tageszeitung »Le Monde« in einem Artikel über AS –, son-

Der Fall Axel Springer

dern Manager, in denen zwar Ehrgeiz brennt, aber kein journalistisches Feuer. Noch verspricht er seinen Mitarbeitern, seiner Familie, als die ersten Gerüchte über die Verhandlungen mit dem Burda-Clan auftauchen: »Was auch immer geschieht, es wird keine Lösung geben, die meine verlegerischen Entscheidungsmöglichkeiten beeinträchtigen könnte.« Gewährleistet sei, daß nichts den journalistischen Auftrag und den journalistischen Anspruch des Verlages verändere. Zeitungen zu machen ist nun mal was anderes, als Würste herzustellen, selbst wenn beides Geld bringt, denn: »Wir handeln mit Informationen, mit Geist, mit Idealen, mit psychologischen Werten. Wir unterliegen der Aufgabe, politisch zu denken und publizistische Wortmeldungen zu Schicksalsfragen, nicht nur unseres eigenen Volkes, nach bestem Wissen und Gewissen bei unseren Lesern zu erden. Das schließt rein materielles Denken und Handeln sehr oft aus«, definiert er später in einem Brief an den Bundeswirtschaftsminister sein Credo. Klingt fast wie ein Abgesang auf die alten Zeiten, wie ein Epitaph in eigener Sache.

Aber er lebt ja noch. Er ordnet nur wie jeder gute Familienvater sein Haus, solange er das noch selbst kann. Falls er diesmal wirklich verkaufen sollte, denn bis zur Unterschrift weiß man das bei ihm doch nie, läßt er sich eine Hintertür nach der Signatur offen. Erstes Vorkaufsrecht, wenn irgendwann die Offenburger sich allem guten Anschein zum Trotz doch nur als schlichte Kaufleute entpuppen sollten, also Geld verdienen und ihre Springer-Anteile wieder anbieten wollen, hat er, Axel Springer. Unerwünschte Dritte soll es unter seinem Dach nicht geben.

Seine Ahnung trügt ihn nicht, sein Mißtrauen ist berechtigt, aber es wird teuer zu bezahlen sein. Denn als Springers wahre Erben nicht mal drei Jahre nach seinem Tod ins Haus zurückholen, was einst an die publizistischen Erben im Namen des Herrn verkauft wurde, zahlen sie doppelt soviel, wie er damals bekommen hat. Die Brüder Frieder und Franz erweisen sich als höchst geschickte Kaufleute, von wegen Provinzdeppen, spielen mit den Karten Kirch und Springer gleichzeitig, bluffen und drohen. Und gewinnen: Sie geben

1988 für 530 Millionen wieder her, was sie einst 1983 nur 255 gekostet hat.

Den Jüngsten, den Journalisten, ihren Bruder Hubert, mit dem sie daraufhin gewaltigen Ärger bekommen, weil der sich übervorteilt sieht, hat der große Axel als möglichen verlegerischen Nachfolger ausgeguckt, nachdem sein Favorit Matthias Walden verstorben war. In Burda junior glaubt er einen wesensähnlichen Kreativen gefunden zu haben, der von Blättern träumt und nicht nur von Druckmaschinen, Papierrollen, Immobilien. Hubert, kennen Sie junge Journalisten? lautet bei einem Treffen auf Schierensee seine rhetorische Schlüsselfrage, aber er will keine Namen, um die zu engagieren. Er will nur die Bestätigung, denn er sucht einen, der die jüngere Generation versteht, die ihm fremd ist, einen, der für deren Bedürfnisse die richtigen Produkte machen kann. »Den alten Haudegen wie Günter Prinz oder so traute er das schon damals nicht mehr zu«, sagt Hubert Burda.

Andrerseits, meint Springers Privatsekretär Claus-Dieter Nagel, habe sich »Väterchen« abschätzig über den Stil des jungen Herrn geäußert, als im »Spiegel« ein Foto des studierten Kunsthistorikers abgedruckt war. Da trug Dr. Hubert Burda einen Borsalino, ein buntes Hemd und farblich offenbar unpassende Schuhe. Peter Tamm geht sogar noch weiter, in die Tiefenpsychologie. Die Burdas habe sich Springer ausgesucht, weil er sicher war, daß sie seine Größe nie erreichen würden. Daß also nach seinem Tod nichts seinen Ruhm überstrahlen könnte. Der junge Burda hätte allenfalls dann eine Chance gehabt, wenn die aus Offenburg wirklich die Mehrheit bei Springer erworben hätten. Sonst nie.

Das war ja das Ziel, denn eigentlich soll Christian Kracht Ende 1981 über eine Mehrheitsbeteiligung der Provinzfürsten verhandeln, deren Umsatz von rund 785 Millionen zu den über zwei Milliarden des Springer-Verlages bescheiden wirkt. Erst wollen sie 26 Prozent erwerben, dann in einem weiteren Schritt 25 Prozent, so daß sie dann über 51 Prozent und in der Tat bestimmen können, was bei Springer läuft und was nicht. Proteste aller Konkurrenzverlage, Proteste natürlich bei der SPD, die ein rechtes Machtkartell befürchtet –

Der Fall Axel Springer

und Unruhe am Hofe in Berlin. Ob die Burdas bereit sein werden, für Hausideologen wie Matthias Walden Jahresgehälter von 750 000 Mark zu bezahlen, ob die nicht gnadenlos den ganzen königlichen Aufwand streichen, um Geld zu sparen?

Das Bundeskartellamt befreit die Höflinge von diesen Sorgen, verbietet eine Fusion der Großen, die Verhandlungen zwischen der »Holding Burda Verwaltungs KG, Offenburg und der Holding Axel Springer Gesellschaft für Publizistik KG, Berlin« werden daraufhin zunächst einmal ausgesetzt, die entsprechenden Verträge neu geschrieben. Besonders gute Beziehungen nützen nichts, die der spendable Eberhard hat zum bedürftigen Otto. Graf Lambsdorff, der Wirtschaftsminister, Wegbereiter der Bonner Wende zu Kohl, lehnt die große Lösung ab, wie es das Gesetz befiehlt. Minderheit statt Mehrheit ist nun das Maximalziel, Geld reinzuholen, aber keine Macht abzugeben, wenn es denn schon kein Nachfolger sein darf. In diesem Auftrag an Kracht sind sich sogar der Verleger und Tamm einig, die ansonsten in diesen Zeiten kein gutes Wort wechseln.

Die Burdas dürfen nach weiteren monatelangen Verhandlungen jetzt zwar nur 24,9 Prozent erwerben, aber diesmal wird wirklich unterschrieben. Der ganz besondere Generalbevollmächtigte setzt am 6.1.1983 in Zürich, wo die Notarsgebühren nur einen Bruchteil der deutschen ausmachen, neben Frieder und Hubert Burda seine Unterschrift unter den Vertrag, obwohl in letzter Minute noch Servatius im Auftrag Springers dies telefonisch hat verhindern wollen. Wieder einmal schwankt der König, aber diesmal ist es zu spät. Leider sei die Tinte gerade trocken geworden, sagt der Unterhändler. Sein Auftrag ist erfüllt, und Christian Kracht fliegt gleich weiter nach London, den nächsten Käufer zu besuchen, den er in Springers Haus in der Upper Brook Street trifft. Rupert Murdoch. Denn eine Milliarde soll er insgesamt schon erlösen, wie beim ersten Gespräch damals am Hamburger Flughafen. Vieles hat sich zwar geändert in den Jahren danach, die magische Zahl mit den neun Nullen aber nicht.

Bald erfährt Christian Kracht, daß vor allem das fünfte

Nach mir die Sintflut

Springer-Gebot, Du sollst dich damit abfinden, wenn du abgefunden wirst, noch gilt. In seinem Haus am Genfer See erreicht den Rückkehrer, der nach den anstrengenden Verhandlungen ein paar Tage Urlaub machen will, ein Anruf des besonderen Juristen mit stets wachsendem Einfluß. Habe schlecht geschlafen, Christian, beginnt Servatius das Gespräch. Irgend etwas passiert? fragt der zurück. Ja, der Verleger möchte sich von Ihnen trennen. Begründung? will Kracht knapp wissen und bleibt gefaßt, weil er immer innerlich auf alles vorbereitet ist, vor allem auf das Schlechte. Eigentlich keine richtige, druckst Servatius herum, aber ihm paßt nicht, daß Sie mit seiner Privatsekretärin ein Verhältnis haben. Die offizielle Erklärung der zweiten Entlassung, für die dem konfliktscheuen Herrscher sein Bernhard dient, lautet natürlich anders. Die Aufgabe, für die er geholt worden war, sei abgeschlossen, nun wolle sich Christian Kracht wieder eigenen Geschäften widmen. Was dieser kühl bestätigt. Parallel zum Kracht-Abschied wird der Vertrag von Peter Tamm, was lange angesichts der Differenzen zwischen ihm und seinem Verleger fraglich schien, um fünf Jahre verlängert. Nur mißtrauische Menschen wittern da Zusammenhänge.

Auch seinen erneuten Rausschmiß läßt sich der zum zweitenmal vom Hof verjagte Journalist, der soviel von Finanzen versteht, den aber ein glänzender Artikel immer noch mehr erfreut als eine glänzende Bilanz, bestens vergolden. Axel Springer allerdings sieht er nie wieder, dessen Witwe schreibt er nach dem Tod des Mannes, der wie kein anderer sein Leben prägte, einen Kondolenzbrief. Zur Beerdigung kommt er nicht.

Die Verbindung reißt dennoch nicht ab, denn Kracht kümmert sich um das Vermögen mancher, die auf den Namen Springer hören. Immer wieder erfährt er, daß der Verleger kränkelt, daß es ihm nicht so besonders gutgeht und daß er mehr und mehr von der Außenwelt abgeschottet wird. Was zwar durch die Krankheiten erklärbar ist, aber doch wohl eher an der wachsenden Unlust liegt, sich mit diesseitigem Kleinkram zu beschäftigen.

Der Fall Axel Springer

Manchmal verschickt Springer, mit einem kurzen Gruß, Auszüge aus Büchern, die er in düsterer Stimmung gelesen hat, und Antwort erwartet er nicht. Die ihn kennen, die werden schon selbst erkennen, in welchem Zusammenhang so etwas zu ihm steht. Ein Zitat von Carl Hilty (»Durch offene Türen«) zum Beispiel, auch so ein religiöser Schweizer, den Axel Springer für bedeutend hält: »Den, der in seinem Leben zuwenig gelitten hat, kann man mit allen Mitteln menschlicher Belehrung nicht weiter vorwärtsbringen. Ohne Leiden würden sie daher auch nie zur rechten Liebe gelangen. Der Mangel an Leiden macht den Menschen hart und kühl, ungütig und undankbar, das können die Bestangelegten nicht ganz überwinden; während der, der selbst leidet oder viel gelitten hat, ein intensives Gefühl für die Empfindungen und Bedürfnisse anderer bekommt, die im Leiden sich befinden.«

Apotheker an den Orten, an denen sich der erschöpfte Verleger in seinen letzten Lebensjahren länger aufhält, haben immer eine große Menge der Medikamente vorrätig, die er braucht. Es ist inzwischen nicht nur die Schilddrüse, die ihn durch ihre Unterfunktion immer wieder schwächt und für Infektionen anfällig macht. Es bereitet ihm Mühe zu gehen, weil die Muskelschwäche nicht zu beheben ist. Er klagt über seltsame Zuckungen im Bein, aber gibt denen gleichzeitig tieferen Sinn, weil er das schon erlebt hat, bevor ihn einst in London eine große Erleuchtung ereilte. Ungebrochen ist seine innere Motorik, dagegen gibt ihm seine Frau Friede Lexothanil, um ihn zu beruhigen. Die ihr nicht gewogen sind, meinen böse, sie habe ihn nur ruhigstellen und von den alten Freunden abschirmen wollen.

Frischzellenkuren in der Schweiz, denen er sich immer wieder unterzieht und an deren Wirkung er glaubt, bringen nur kurzfristig scheinbare Erleichterung. Solche Revitalisierungskuren sind nicht nur bei Schulmedizinern umstritten, denn über die Nebenwirkungen ist zuwenig bekannt, und ob sie wirklich helfen oder nur der Glaube daran hilft, weiß niemand. Als erste Todesfälle bekannt werden, werden jedenfalls die Zelltherapeutika und der Vertrieb von injizierbaren Frischzellenpräparaten in Deutschland wegen »gravierender

Nach mir die Sintflut

Risiken« im August 1987 vom Bundesgesundheitsamt verboten.

Die Idee dahinter, falls es denn mehr sein soll als das alte Sprichwort »Wenn ein Arzt Gold sieht, ändert sich die Diagnose«, ist die Frischzellenattacke auf eine Krankheit, um sie anschließend zu vernichten. Wer allerdings schon geschwächt ist oder permanent anfällig für Infektionen zum Beispiel der oberen Luftwege, sollte eher auf die Radikalkur verzichten. Da werden die Abwehrkräfte nicht gestärkt, sondern geschwächt, die Krankheit aktiviert und nicht besiegt. Am Anfang hat sich Springer – wie übrigens auch Papst Pius XII. und Konrad Adenauer, Marlene Dietrich und Wilhelm Furtwängler – nach der Niehans-Methode mit Frischzellen ungeborener Lämmer, also Embryos, behandeln lassen. Paul Niehans galt als der Guru dieser etwas anderen Heilmethode, die er 1937 erfunden hat und die dem Patienten in Form eines bläßlichen Breis in den Hintern injiziert wird. Für aufgeklärte Gemüter klingt manches an dem, was der Schweizer Chirurg als Therapie spritzte, eher allerdings nach gemeingefährlichem Schwachsinn: »Bei lesbischer Liebe weibliche Zellen. Den unglücklichen Homosexuellen... statt Strafe männliche Zellen«, erklärt er seine Kur.

Springer hört aber doch auf den Rat vernünftiger Mediziner, Dr. Volker Regensburger in Berlin oder Kapazitäten in der amerikanischen Mayoklinik, beugt sich deren Anweisungen. Dr. Wolfgang Horst, der andere Arzt, dem er vertraut, weigert sich wenige Wochen vor Springers Tod, als der aus Klosters kommend stark erkältet und geschwächt in Zürich Station macht, ihm Frischzellen zu spritzen. Er warnt vor einer solchen Behandlung angesichts des Gesundheitszustandes, ahnt, daß die von ihm angesetzten Medikamente nicht mehr wie verordnet eingenommen werden. Ein Kollege in Montreux ist nicht so penibel, der gibt organische Substanzen von Tieren, wendet also die Organtherapie an, bei der gefriergetrocknete Zellextrakte von Lammembryos gespritzt werden.

Daß es Friede Springer nicht geschafft hat, ihn von dieser Kur abzuhalten, die selbst dann nicht besser wirkt, wenn

Der Fall Axel Springer

man vorher gemeinsam betet, mag Freunden unverständlich sein. Zeigt aber, daß selbst in geschwächtem Zustand nur einer zu bestimmen hatte, bis zum Schluß, Axel Springer. Und der wollte es nun mal so. Die getrockneten, hydrosierten und sterilisierten Organextrakte – Niere, Leber, Milz, Herz – haben angeblich im Vergleich zu den Zellen aus den Embryos frisch geschlachteter Tiere keine Nebenwirkungen. Aber, sagt der Kölner Immunologieprofessor Dr. Gerhard Uhlenbruck, solche Einspritzungen bedeuten immer Streß für den Organismus und Gefahr für ein schon geschwächtes Immunsystem.

Mit dem Trick, ganz besondere Heilkunst als tägliches Handwerk anzubieten, stärkende Getränke mixen zu können, nach geheimen Rezepten, und die natürlich nur für Friede und Axel Springer, hält sich ein Masseur lange Zeit am Hofe in Schierensee. Springer glaubt solchen Quacksalbern, wie er auch lange den Astrologen vertraut hat. Der eigentlich nur für die täglichen Massagen eingestellte Mann empfiehlt dem König Sauerstoffduschen, um ihn zu kräftigen, spielt sich gegenüber den anderen Angestellten gern als kleiner Rasputin auf. Als Sicherheitschef Schmidt-Carell ihn zum erstenmal dabei erwischt, wie er sich heimlich Zigarren einsteckt, die für Gäste gedacht sind, wächst sein eh schon latentes Mißtrauen gegen den Wundermann. Er prüft die Legende des Heilers, und siehe, alles ist gelogen. Entlassung auf ganz besondere Art. Da der Mann dunkle Flecken in seiner Vergangenheit verschwiegen hat, braucht man keine Abfindung zu bezahlen.

In Anbetracht seines Alters war er dennoch in Form, glaubt Springers ehemalige Frau Rosemarie, die den dann 73jährigen zuletzt im Frühsommer 1985 auf ihrem Gut Halloh gesehen hat. Er sah zwar schlimm aus, fahl und mit Flecken im Gesicht, und mühsam nur konnte er sich aufrecht halten. Aber ihm fehlte eigentlich nichts, meint die ausgebildete Krankenschwester, was nicht ein paar Wochen jodhaltige Luft auf Sylt, die ihm ja immer schon geholfen hat, geheilt hätten. Anständige Ernährung dazu und viele Spaziergänge. Machen konnte sie nichts, hatte ja keinen Einfluß mehr auf seinen Alltag.

Nach mir die Sintflut

Wer ihn stützte, merkte schnell, daß kaum noch Muskeln zu spüren waren, mehr Haut und Knochen. Und immer wieder diese Erkältungen, Grippe und Bronchitis. Die Anstrengungen des Körpers, sich dagegen wehren zu müssen, können auf Dauer nicht folgenlos bleiben fürs Herz. Allerdings alles keine Krankheiten, die zum Tod führen. Alles im Krankenhaus zu behandeln, und wenn er schon nicht ins Krankenhaus gehen will, ist genügend Geld da, um die besten Ärzte der Welt einfliegen zu lassen – nach Patmos, nach Jerusalem, nach Berlin. Daß es mit gespritzten Organextrakten nicht mehr genug sein würde, daß die viel eher das eh geschwächte Immunsystem überfordern und damit erst recht den Zustand eines Patienten verschlimmern, hat Axel Springer wohl doch geahnt. In einem seiner letzten Telefongespräche sagt er einem anderen Verleger in Hamburg, mit dem ihn sonst wenig verband, die Zellen werden mir den Tod bringen.

Er will sich andrerseits auch nicht um solche irdischen Dinge wie Krankheiten sorgen müssen, das ist ihm eher lästig und angesichts seiner mehr und mehr dominierenden Gottsuche nicht mehr wichtig, denn er fürchtet nicht den Tod, nur das Sterben. Gott ruft mich, sagt er, und da muß man gehorchen, zitiert Erasmus von Rotterdam, den Humanisten: »Ich habe den Ärzten den Laufpaß gegeben und mich Gott anvertraut.« Er will die Zukunft seines Verlages noch ordnen, denn er ahnt, daß »mein Haus auch nicht mehr sein wird, wenn ich nicht mehr bin«, wie er einem alten Gefährten anvertraut. Die Versuche, einen Nachfolger zu finden, der seine vier Essentials als Verleger für essentiell hält und nicht nur eine strahlende Rendite, sind alle öffentlich und scheinen gelöst, als Ende Dezember 1984 seine Frau Friede und sein Berater Bernhard Servatius zu Geschäftsführern der Axel-Springer-Gesellschaft für Publizistik ernannt werden.

Axel Springer will vor allem Frieden für seine Seele finden, bevor sie den Körper verläßt. Und diese Suche ist nicht öffentlich. Mit wem kann er darüber reden? Mit Christa Meves, mit Mutter Basilea, mit Asher Ben Natan. Aber mit keinem der Männer bei Hofe, denn die sammeln schon ihre

Der Fall Axel Springer

Truppen für die Diadochenkämpfe. Sind nervös, wenn sie mal länger weg müssen und sich vorstellen, was alles in der Zwischenzeit passieren könnte, ohne daß sie dabei sind. Sind immer gut informiert über den Gesundheitszustand des Königs, der ja nach wie vor von vielen Sicherheitsbeamten bewacht wird, denen nichts entgeht und die alles berichten. Wem kann er seine Zweifel, seine Ängste, seine Visionen anvertrauen? Seiner Frau Friede natürlich. Seinem Freund Ernst Cramer. Den beiden so gegensätzlichen Gottesdienern Emanuel Jungclaussen, dem Benediktiner, und Jobst Schöne, dem Altlutheraner. Bernhard Servatius wohl doch nicht so sehr, wie der es gerne möchte. Obwohl es nach außen den Schein hat, daß der smarte Anwalt in der Sonne des Herrn steht, weil er den Verleger bei dessen Abwesenheit vertreten darf. Und Springer ist oft abwesend, immer begleitet von seiner Frau. Ein halbes Jahr vor seinem Tod bespricht er mit des lieben Bernhard liebstem Feind, dem er sonst keine Nähe gönnt, wie man sich am besten des Juristen entledigen könne. Aber da ist es schon zu spät. Es fehlt ganz einfach die Kraft, ein solches Erdbeben durchzustehen, Ritsche-Ratsche wie einst, als sein Wunsch Befehl war, geht nicht mehr, und am wichtigsten: solche Erschütterungen kann man dem Haus, das da gerade 49 Prozent des Verlages in vinkulierten Namensaktien ausgeben will, also kurz vor dem ungeliebten Gang zur Börse steht, nicht zumuten. Das wäre geschäftsschädigend.

Auch fühlt er sich Servatius zu besonderem Dank verpflichtet, denn der hat bei der Entführung des Enkels Axel Sven, die gut ausging, aber beim Großvater mehr Narben hinterließ als beim Opfer, doch alles so geschickt gemanagt. Hat die Verhandlungen koordiniert, als der Sohn des Sohnes ausgerechnet aus dem Internat in Zuoz gekidnappt worden war, in dem schon sein Vater heimwehkrank war, hat die ursprünglich geforderten 15 Millionen Mark gebündelt in Koffer gepackt und sich bereit erklärt, zum Treffpunkt zu fahren. Die Entführer, Kinder reicher Eltern, aber ließen den jüngsten Springer nach drei Tagen frei, und als sie wenigstens 100 000 Mark aus einem Münchner Müllcontainer abholen wollten, wartete schon die Polizei auf sie. Ging letztlich alles gut aus, aber Axel Springer sah es als weiteres Zeichen an der Wand. Und zog sich noch weiter in sich selbst zurück.

Er wußte sehr wohl, daß ihn der Tod umfangen hielt, beschreibt sein Kustos Henrik Lungagnini seinen verehrten Chef, der ihm bei aller Distanz des Arbeitgebers so etwas wie ein Freund war. Er konnte dennoch andere Menschen aufrichten, Lebensfreude geben, ohne sie selbst noch zu empfinden. Er hatte keine Angst vor dem Tod, das nun wirklich nicht, er glaubte an ein Leben nach dem irdischen Ende. Glaubte doch, daß er dort alle treffen würde, die ihm vorausgegangen waren. Allerdings anständig angezogen, nicht wahr.

Wiederum ist die Beschreibung einer tiefen Wehmut, einer stetigen Melancholie, einer dauernden Depression nicht alles, was aus Springers letztem Lebensjahr zu berichten ist. Er war schon noch von dieser Welt. Als er eines Tages seinem Kustos mitteilt, daß er gerne ein Porträt von sich hätte, gemalt werden wolle, schlägt der alle großen Maler der Welt vor, unter anderen Lucien Freud. Gibt es nicht in der Umgebung von Schierensee begabte Maler? Henrik Lungagnini nennt einige, Springer entschließt sich, wie halt immer, spontan. Wann soll es denn losgehen? Jetzt, in einer Stunde, ich bin bereit. Während der Sitzungen drängt sein Angestellter verstohlen zur Eile, was dem Verleger nicht entgeht. Gemach, sagt er ganz trocken, ich leb ja noch.

Keine Rede, die er noch halten mußte, keiner der Artikel, die er noch schrieb, ohne Hinweise des Predigers auf Gott und Vaterland. Nur wenn es um Israel ging oder um Berlin, wurde er noch so konkret politisch, wie ihm das auf seine ganz besondere Art möglich war. Repräsentationspflichten erfüllte er nur murrend, Friede konnte ihn doch fabelhaft vertreten, die machte doch zum Beispiel bei der Verleihung der »Goldenen Kamera« eine gute Figur. Wenn es nicht eine Ehrung in Jerusalem war, mußte er lange zu einem Auftritt überredet werden. An seinem siebzigsten Geburtstag, natürlich in seinen Blättern und von seinen Bonner Freunden gebührend gewürdigt, hatte er zwar feierlich die modernste

Der Fall Axel Springer

Offsetdruckerei Europas in Ahrensburg eröffnet, anschließend sogar ein rauschendes Fest gegeben, aber im Gespräch mit Tamm über die Kosten gemäkelt. Mußte das denn sein, Peter? Hatte längst verdrängt, daß er es so hat haben wollen.

Immer seltener die Anregungen an seine Chefredakteure, von denen ihm inzwischen viele fremd sind, sich um dieses oder jenes Thema zu kümmern. Nach wie vor aber fällt ihm trotz Krankheit, trotz wachsenden Widerwillens gegen die Geister, die er rief, noch mehr ein als denen, die er für ihren Geist hoch bezahlt. Entgegen selbstgesponnener Legenden hatte Axel Springer die Idee zu »Bild der Frau«, geboren nach einem Gespräch mit seinem Sohn Axel, schon viel früher, aber erst im März 1983 wird sie von Günter Prinz, der als Vater des neuen Lustobjekts gilt, auf den Markt gebracht. Knapp zwei Millionen verkaufte Exemplare pro Woche schon ein dreiviertel Jahr nach dem Start. Nach Springers Tod wird es »Auto-Bild« geben und »Sport-Bild«, und solche Erfolge haben dann natürlich viele Väter.

Die sich untereinander nicht besonders grün sein werden, ihre Kabalen und Hiebe, da der König tot ist, als Gastspiel auf der dann von ihm geräumten Bühne mit Inbrunst aufführen, statt sich um neue Inszenierungen zu kümmern, neue Stücke ranzuschaffen, den Chor der Jasager zu lichten. Die schauspielerische Qualität erinnert eher an das Bauerntheater von Kiefersfelden, allerdings ist bei dessen Aufführungen stets klar, wer gut ist und wer böse und wer am Schluß gewinnt. Als sich Servatius mit Prinz verbündet, um 1987 Tamm zu stürzen, schlägt der Admiral clever zurück, und zwei Stunden später ist Servatius schon auf seiner Seite, und Prinz muß gehen. »Fehler zu machen ist erlaubt, Intrigen aber werden nicht geduldet«, sagt der Sieger dem Verlierer zum Abschied. Allerdings geht der mit 16,8 Millionen Entschädigung bepackt als reicher Mann in die Kulissen. Zurückkehren wird er zwei Akte später auch, nachdem es 1991 Tamm erwischt und der von der Bühne gezerrt werden muß. Wiederum mit Hilfe des geschickten Juristen, der manchmal mitten in laufenden Inszenierungen die Kostüme

Nach mir die Sintflut

wechselt und neue Hauptdarsteller locker überlebt, Jahr für Jahr nach dem Tod des Verlegers die bösen, aber zutreffenden Kritiken über das Chaos namens Springer-Theater tapfer schluckt. Bei der Gage, die er bekommt, allein für die Testamentsvollstreckung jährlich zwei Millionen Mark, nennt man das wohl Schmutzzulage.

Sogar den offenen Brief von drei der vier Erben, denen sein Selbstdarstellungstrieb und sein Aufwand schon lange stinken und die sich vor allem über die von ihm zu verantwortenden Abfindungen in zweistelligen Millionenzahlen aufregen, übersteht Servatius. Ausgerechnet in der »Zeit« des alten Springer-Widersachers Gerd Bucerius, der auf den Kranz nach Springers Tod »Dem Freund« schreiben läßt, weil diese Empfindung alles andere verdrängte, werfen sie ihm am 3. März 1994 vor: »Wir, die Kinder und Enkel von Axel Springer, sehen mit wachsendem Entsetzen, wohin das Lebenswerk unseres Vaters und Großvaters treibt, wie seine Ahnungen, Sorgen und Visionen gröblich mißachtet werden und wie entgegen seinem Willen Allianzen geschmiedet und Abhängigkeiten geschaffen werden, die dem Hause Springer eine neue Identität aufzwingen, welche mit seinen Vorstellungen nichts mehr zu tun hat. Wir mußten zusehen, wie die Testamentsvollstreckung sich selbst zu Aufsichtsräten wählt und sich selbst entlastet, wie ein übermächtiger Testamentsvollstrecker an der Spitze des Unternehmens dilettiert und das Haus Springer in Führungs- und Richtungslosigkeit treibt und die so wichtigen journalistischen Impulse vereitelt und wie das kostbarste Gut unseres Hauses, das ›Wir-Gefühl‹, verlorenzugehen droht... Unsere Hände sind gebunden, unsere rechtlichen Möglichkeiten unvollkommen. Wir können nur hoffen, daß sie zu greifen beginnen, ehe das Werk unseres Vaters und Großvaters zerstört ist.«

Welcher junge, aber schon ziemlich berühmte Hamburger Anwalt diesen Text überarbeitet hat, scheint dem Professor ziemlich klar. Nur beweisen kann er es leider nicht. Außerdem nimmt er dankbar den Trost zur Kenntnis, daß sich die Unterzeichner des sehr offenen Briefes nun wirklich nicht

Der Fall Axel Springer

aufzuregen hätten. Alle miteinander seien sie doch nur geldgeil und faul und würden nichts Richtiges arbeiten.

Auseinandersetzungen im Hause Springer sind in den neunziger Jahren zur Freude der Konkurrenz öffentlich. Nicht mal in den Aufsichtsrat hat man Peter Tamm geholt, nachdem er als Vorstandsvorsitzender frühzeitig abgelöst worden war. Wollte er doch selbst nicht, sagt der, dem diese Kritik gilt. Was rein juristisch gesehen natürlich stimmt, allerdings zeigt die Absage Tamms vom 7. Mai 1991, wie bitterlich beleidigt er war und wie schlecht er sich behandelt fühlte: »Lieber Bernhard, wie immer man die Vorgänge der letzten Monate bewerten mag – daß sie mich doch überraschten, ja enttäuschen und verärgern mußten, wirst Du nicht nur nachvollziehen, wie Du so gern sagst, sondern auch verstehen. Im Sinne des Hauses habe ich in den letzten Monaten ein so großes Maß an Wohlverhalten und Zurückhaltung gezeigt, wie ich es gerade noch mit meiner Verantwortung für das Unternehmen vereinbaren konnte. Ich wollte damit die schwierige Phase des Übergangs für alle Beteiligten entkrampfen – leider erfolglos, wie sich gezeigt hat... Es befremdet um so mehr, wenn man meine Erfahrungen aus 43jähriger Zugehörigkeit zu diesem Hause – 23 Jahre an der Spitze des Unternehmens – der bisher achtmonatigen Tätigkeit von Herrn Günter Wille in einer für ihn fremden Branche gegenüberstellt... Daher bitte ich Dich, Friede und Ernst um Verständnis, wenn ich... für eine Wahl in den Aufsichtsrat nicht zur Verfügung stehen möchte.«

Vor einem anderen, der den Verlag nach dem Tod des Gründers in die tiefste Krise stürzt, weil ihm seine zehn Prozent Anteil (und die sechzehn, über die er disponieren kann) nicht genügen und er mehr Macht will um jeden Preis, hat schon Rosemarie Springer gewarnt. Das Gesicht des Filmhändlers Leo Kirch gefiel ihr nicht, und in solchen instinktiven Aussagen hat Axel Springer auf sie gehört. »Der ist ein Krimineller«, stellt Axel Springer später fest, »der hat mich betrogen. In meinem Hause kann ich keine Geschäfte mit Kriminellen brauchen.« Eine Äußerung, die Kirch, der Springer nie persönlich getroffen hat, vergeblich in vielen Prozessen zu untersagen versucht. Ohrenzeugen wie Tamm und Servatius und Cramer stehen zum Zitat.

Die unendliche Geschichte von Irrungen und Wirrungen, Attacken und Umarmungen, Unterstellungen und Kamingesprächen, Schlägen unter und über die Gürtellinie, wie immer, wenn es um Macht geht, zwischen dem Hause Kirch und dem Hause Springer, auf der Seite der Hamburger laufend in wechselnder Besetzung, ist wohl erst zu Ende, wenn der Kohl-Spezi die ersehnte Mehrheit im Verlag hat. Wenn endgültig der Vorhang fällt über das, was einmal Springer bedeutete, und sein Verlag nur noch ein Teil des Multis Kirch ist.

Doch ob Leo Kirch die totale Machtübernahme schafft, der mit 43 Prozent über SAT 1 gebietet, wo wiederum das Haus Springer 27 Prozent hält, ob es Kirch gelingt, den geplanten konservativen Medienverbund Leosconi zu basteln, ist fraglich. Zwar hat er Tamm besiegt, zwar gebietet er über fast 36 Prozent der Aktien, zwar hat er inzwischen zwei Sitze im Springerschen Aufsichtsrat, aber die amtierende Witwe des Gründers kämpft, und sie kämpft nicht schlecht gegen den öffentlichkeitsscheuen und prozeßfreudigen TV-Multi. Eher mit taktischer Umarmung als mit »Bild«-Torpedos wie einst der Admiral von der Elbchaussee. Eher mit Raffinesse als mit Hurra. Und wenn's drauf ankommt, rein juristisch gesehen, ist ihr Bernhard Servatius nicht schlechter und zumindest genauso eiskalt gewieft wie Joachim Theye, der Anwalt von Leo Kirch.

Dem, auf den sich alle berufen, dem Mann im schlichten Grab auf dem Friedhof am Nikolassee in Berlin, wird es egal sein. Im Grunde seines Herzens wollte Axel Springer trotz aller gegenteiligen Beteuerungen, daß mit seinem Tod sein Reich untergeht. Nach mir die Sintflut.

Allerdings, sagt der älteste Sohn seines Freundes John Jahr, ist er wohl doch überraschend gestorben, denn sonst hätte es ein anderes Testament gegeben. Vermacht wurde das Privatvermögen des Verlegers, das Krachts Nachfolger nicht unbedingt genial angelegt hatten. Vermacht wurden die 26,1 Prozent seines Verlages, die er behalten hatte, nach-

Der Fall Axel Springer

dem er 49 Prozent in eine Aktiengesellschaft eingebracht, also an der Börse versilbert, und vorher ja schon 24,9 Prozent an die Burda-Brüder verkauft hatte. Der alte Fuchs Jahr habe Springer zwar selbstverständlich geraten, einen Testamentsvollstrecker einzusetzen und dafür zu sorgen, daß unter den Ansprüchen der Erben nicht das Lebenswerk zerfällt. Aber dies sollte er auf eine bestimmte, absehbare Zeit beschränken. Ein Testament, das die Erben dreißig Jahre nach dem Tod, also im Fall Springer bis zum Jahre 2015, auf ihre großzügigen Apanagen beschränkt, ein Testament, das den Erben verbietet, Springers Vermögen, das der als Kriegskasse für eventuelle Notfälle des Unternehmens bewahren wollte, und dessen Erträge aufzuteilen, muß böses Blut machen. Klar, daß die versuchen, früher ans große Geld ranzukommen, und nach juristischen Möglichkeiten suchen, die Bestimmungen zu unterlaufen. Klar, daß es da untereinander Streit gibt, weil keiner an Außenstehende verkaufen darf.

Die Witwe hält nach der Einigung mit Springer-Tochter Barbara Choremi – »Du Sau willst ja nur deine Anteile an Kirch versilbern« wurde der beim letzten vergeblichen Friedensgespräch am 24. August 1994 auf Gut Schierensee von einem lieben Verwandten vorgeworfen – achtzig Prozent des Nachlasses, der insgesamt über fünfzig Prozent plus eine Aktie des Konzerns verfügt. Springers Älteste hat für sich und ihre Kinder, die nicht Springer heißen, aber natürlich seine Enkel sind, viel mehr als 50 Millionen Mark bekommen für ihre zehn Prozent. Womit klar ist, was beispielsweise ein Kirch bieten müßte für die anderen zehn Prozent von Raimund Nicolaus, dem ungeliebten Sohn, der so gern in den Aufsichtsrat möchte. Oder für die je fünf Prozent der geliebten Kindeskinder Axel Sven und Ariane.

Erfolgreichste und damit lachende Erben sind bislang immer noch die F-Brüder, Franz und Frieder Burda, die sich ihren Teil aus dem Nachlaß von Axel Springer so versilbern ließen, daß die echten Erben sogar 400 Millionen bei den Banken leihen mußten, um sich die Mehrheit im Hause zurückzukaufen.

Nach mir die Sintflut

Peter Tamm, der Ersatztestamentsvollstrecker, ist von dunklen Ahnungen geplagt, daß irgendwas am Testament faul sein müsse: Sind Teile des Letzten Willens verschwunden? Ist nicht alles vorgelegt worden? Warum sind die Testamentsvollstrecker zur Einstimmigkeit verpflichtet? Wissen die zuviel voneinander? Viel Hoffnung auf Aufklärung allerdings hat er nicht, und die Vermutung liegt nahe, daß seine Vermutungen eher aus seiner ungebrochenen Rachelust gespeist werden.

Die drei, die jetzt das Sagen haben, Friede Springer und Ernst Cramer und Bernhard Servatius, dürfen jeweils in ihrem Testament selbst ihren Nachfolger bestimmen, falls es mal soweit sein wird. Und keiner von den dreien käme wohl auf die Idee, sich dann für Peter Tamm zu entscheiden, den Springer, wenige Wochen vor seinem Tod, am 2. September 1985, ausdrücklich von der Vollstreckung seines Letzten Willens ausgeschlossen hat.

Oder doch? Der Kontakt zwischen Friede Springer und Peter Tamm ist so schlecht nicht. Zu seinem 65. Geburtstag war die Witwe des Gründers zwar nicht eingeladen, aber darüber setzte sie sich souverän hinweg und erschien doch, um dem einstigen »Leuchtturm« des Hauses zu gratulieren. Der schlimmste Fehler des Verlages, und er meint, ohne es zu sagen, natürlich Servatius, war die Abservierung von Peter Tamm, sagt »Väterchens« ehemaliges Sprachrohr Claus-Dieter Nagel. Der wäre der Richtige gewesen, der hätte den Osten aufgerollt, und diese Chance hat sein Nachfolger nicht genutzt. Konnte er wohl auch nicht, wenn er so kurz nur im Amt war und außerdem schwer krank.

»Ich bitte um Verständnis dafür«, schreibt Springer in seinem Testament von 1983, ergänzt 1985, an seine Erben, die alle bei seinen Lebzeiten auf ihr Pflichtteil verzichtet haben, »daß ich meine Unternehmen und ihr weiteres publizistisches Wirken in den Mittelpunkt meiner letztwilligen Überlegungen gestellt habe.« Seine Bitte an Ehefrau, Kinder und Enkel: »...stets dessen eingedenk zu sein, daß der wesentliche Gegenstand des Nachlasses mein berufliches Lebenswerk ist. Dieses Werk ist mir Verpflichtung, die mit meinem Leben

Der Fall Axel Springer

nicht endet und die auch nicht nur meiner Familie gegenüber besteht. Die Bedeutung meiner Unternehmen und die in ihnen vertretenen Grundsätze verlangen Rücksichten, denen auch meine Erben unterworfen sind.«

Es gibt allerdings noch einen anderen Passus, auf den vor allem Raimund Nicolaus Springer verweist und mit dem er seine Ansprüche jenseits öffentlicher Attacken, die Wirkung erzielen, aber unwirksam sind, im Streit mit Vaters ehemaligen Lordsiegelbewahrern untermauert: »Die Testamentsvollstrecker haben das berufliche Fortkommen meiner Erben in den von der Testamentsvollstreckung betroffenen Unternehmen zu fördern und sie ebenso wie deren Abkömmlinge in Stellungen – insbesondere solche mit leitender Funktion – zu berufen, für die sie persönlich und sachlich geeignet sind.«

Die Erben hätte Springer zurechtgestutzt, und zu Recht hat er dafür gesorgt, daß außer seiner Frau Friede keiner was zu sagen hat von ihnen. Und er hätte dafür gesorgt, daß die erst einmal was Anständiges leisten und nicht nur kassieren. Meint Peter Boenisch, aber was soll's, ist ja alles nur Theorie. Das letzte Lebenszeichen, das er erhielt, war ein Brief mit Glückwünschen zu seiner Hochzeit am 21. September 1985, und einen Tag später war ihm natürlich klar, warum die »Flanellmännchen« bei seiner Feier auf Sylt alle aufgeregt und nervös waren. Die wußten ja, daß der Verleger im Sterben lag, und warteten sozusagen stündlich auf die Todesnachricht aus Berlin. Wollten immer erreichbar sein, und wenn der eine telefonieren ging, verschwand anschließend bald der andere.

Vier Wochen davor, am 23. August 1985, schreibt Axel Springer, zurückgekehrt aus Klosters und Zürich und krank in seinem Berliner Haus in Schwanenwerder liegend, eher nicht so gut medizinisch versorgt, weil sein vertrauter Arzt Volker Regensburger noch im Urlaub ist, an einen anderen alten Weggefährten: »Lieber Eduard Rhein, Glück- und Segenswünsche zu Ihrem runden Geburtstag. Wenn man Sie ansieht, kann man nur sagen: es ist der Geist, der sich den Körper baut! Immerwährenden Dank, daß der geniale Eduard Rhein mir ab 1946 den Rücken freihielt für meine

Nach mir die Sintflut

Zeitungsaufgaben. In alter Freundschaft Ihr Axel S.« Die Handschrift des kranken Verlegers, der von seiner Frau Friede hermetisch abgeschirmt wird, nur wenige Telefongespräche von Freunden werden durchgestellt, schon gar nicht die von ehemaligen Ehefrauen, ist fest und klar wie immer. Er konnte nur noch mühsam laufen und seinen Kopf nur schwer gerade halten, sagt einer der wenigen, die ihn noch sahen. Er hatte vor, wieder in die Mayoklinik nach Rochester zu gehen, aber er meinte, das hätte noch Zeit. Erst mal wieder gesund werden. Ein fremder Arzt hat ihn behandelt, bevor seiner wieder in Berlin war. Arzt? War ein Quacksalber, sagt ein anderer, und verzichtet gerne darauf, namentlich zitiert zu werden. Das war einer, dem sie schon die Approbation entzogen hatten. Eher so ein seltsamer Heiler. Es lohnt sich nicht mehr, darüber zu reden, sagt Schmidt-Carell, der bestätigt, wie erschreckend Springer bei seinem letzten Besuch aussah. Hohes Fieber, leise Stimme, eingefallene Wangen. Man hat ihn zwar viel zu spät ins Krankenhaus geschafft, und außerdem noch ins falsche, aber man kann Geschehenes nicht ungeschehen machen, und er hatte sich ja geweigert, Schwanenwerder zu verlassen, und gestorben wäre er letztlich wohl doch. War am Schluß eine Herzmuskelentzündung, und die ist sehr schwer festzustellen, sogar in guten Krankenhäusern. Wird in achtzig Prozent der Fälle erst post mortem entdeckt, falls man eine Autopsie macht.

Am 4. September 1985 trifft sich in Berlin der neue Aufsichtsrat zu seiner konstituierenden Sitzung, auch der Vorstandschef von der kämpfenden Truppe aus Hamburg ist da. Springer spricht ein paar Worte, hält sich zitternd am Stuhl fest, geht dann zu jedem in der Runde. Bei Peter Tamm bleibt er stehen und legt ihm die Hand auf die Schulter, seine Geste der Zuneigung. Dann sagt er leise, aber so, daß alle es verstehen können, diesem Mann habe ich alles zu verdanken. Da steigen dem knochentrockenen Kämpfer, der dem Prinzip huldigt, ein deutscher Mann habe nicht zu weinen, Tränen in die Augen, was ihm sonst nur passiert, wenn Zwiebeln in der Nähe sind.

Der Fall Axel Springer

Danach läßt sich Springer nach Hause fahren, nach Schwanenwerder, die nächsten Wochen verläßt er nur noch selten das Bett. Er ist zu schwach. Kurzer Brief mit einem Gebet des französischen Medizinnobelpreisträgers Alexis Carrel an den SPD-Freund Alex Möller, der schwer krank ist. Gebete helfen manchmal mehr als Ärzte, denn nur im Gebet erreicht man die Einheit von Körper, Geist und Seele. Telefongespräch mit dem treuen Paladin Ernst Cramer, der ihn noch einmal sieht, politische Themen, Berlin und Israel, was sonst. Darüber will er schreiben, bald, wenn er sich besser fühlt. Sein richtiger Arzt Dr. Volker Regensburger ist wieder da und rät ihm, ins Krankenhaus zu gehen. Springer will nicht, will seine vertraute Umgebung, die Pflege seiner geliebten Frau, Friede. Als er zu schwach wird, setzt sie sich über seine Abwehr hinweg und fährt mit ihm am Samstag, dem 21. September 1985, frühmorgens ins Martin-Luther-Krankenhaus, bleibt den ganzen Tag bei ihm. Wochenendbesetzung. Auf dem Flur stehen die Bodyguards, ein griechischer Student der Zahnmedizin hält in der Nacht zum Sonntag Wache an seinem Bett. Die Kinder werden informiert und seine wichtigsten Männer. Diesmal scheint es ernst zu sein, der König dem Tode nahe.

Am Sonntag abend, 22. September 1985, stirbt Axel Springer im Beisein seiner Frau. Die nationalen und internationalen Nachrufe auf ihn sprechen von dem großen Deutschen und dem großen Verleger und dem großen Mäzen und dem großen Christen. Die »Jerusalem Post«: »Alle Israelis und besonders alle Bürger Jerusalems werden diesen wahren Freund schmerzlichst vermissen.« In der »Bild-Zeitung«: »Unser Vater, unser Schutz – über seinen Tod hinaus hat Axel Springer unsere Arbeitsplätze gesichert. Unser Vater, unser Schutz – Axel Springer hat seinem Lebenswerk und allen Menschen, die es fortsetzen dürfen, die Zukunft gesichert. Wir danken Axel Springer.«

Vom Nachruf des »Stern«-Chefredakteurs Rolf Winter distanzieren sich die Besitzer des Verlages Gruner + Jahr und der Vorstandsvorsitzende. Winter über Springer: »Er war ein publizistischer Überzeugungstäter und konnte mithin nicht liberal sein, aber er ließ sich seine Überzeugungen etwas kosten ... Springer war kein zweiter Hugenberg, aber er war fanatischer, als es jemand sein sollte, der sein Gewerbe in den Dienst der Vermittlung von Wahrheiten stellt. Und doch, und trotz allem: Der Mann, der nie verstand, daß Demokratie nicht nur die Duldung, sondern die Einladung des Widerspruchs ist, hinterließ ein kolossales Werk. Auch wir... versagen ihm unseren Respekt nicht, solange nicht alles eingeschlossen sein muß, was unter seiner Verantwortung erschien.«

Die Trauerfeier in der Berliner Gedächtniskirche gerät zum Staatsakt. Flaggen auf Halbmast. Bundespräsident und Bundeskanzler, Minister und Landesfürsten, Wirtschaftsmanager und Diplomaten, Freunde und Familie. Die ehemaligen Ehefrauen sind geladen, sitzen aber in den hinteren Reihen. Das Volk, für das er seine Zeitungen machte, hört draußen vor der Tür die Lautsprecherübertragung: Die Arie des Mathias aus dem »Evangelimann« von Wilhelm Kienzl »Selig sind, die Verfolgung leiden, um der Gerechtigkeit willen«, die Ansprachen von Helmut Kohl, Teddy Kollek, John Silber, Eberhard Diepgen und Peter Tamm, die Predigt von Jobst Schöne, dem Pastor seiner Altlutheraner Gemeinde:

»Leben und Tod treffen hier aufeinander, ein Lebender und ein Toter und wir, die wir dem Tod entgegengehen. Der lebende Christus spricht jetzt über diesen Toten, zu ihm und zu uns: ›Ich bin die Auferstehung und das Leben. Wer an mich glaubt, der wird leben, ob er gleich stürbe.‹ Es sind Worte, deren Geltung nicht mit menschlicher Erfahrung und Einsicht zu erfassen ist. Worte, die unseren Glauben herausfordern, Worte, die in das Ohr des Sterbenden am Sonntag abend gesprochen wurden, als Trost und Halt in seiner letzten Stunde... In seinem Verlagshaus in Berlin, da oben, wo er seinen Arbeitsplatz hatte und der Blick weit über die Stadt geht, die er so liebte, an deren Zertrennung er so litt, in der er zu sterben wünschte (Gott hat ihm diesen Wunsch erfüllt), da hat er den Bronzeguß einer Skulptur von Ernst Barlach aufgestellt, er nahm dies Barlachsche Werk dann mit in sein

Der Fall Axel Springer

Haus an der Havel: ›Das Wiedersehen‹ – die Gestalt Christi und des Apostels Thomas. Da umfängt, da hält der Auferstandene diesen Jünger, der ohne ihn zusammensinken würde, zweifelnd, verzweifelnd. Aber er wird gehalten. Warum stellte sich Axel Springer diese Barlachsche Figurengruppe vor Augen?... War es nicht dies, daß er sich in dem abgebildeten Jünger wiedererkannte? Bewußt oder unbewußt sich selbst darin widergespiegelt fand: gehalten von Christi Armen, in Zweifel, in Leid, in Verzweiflung – er hat das alles wohl gekannt und durchlebt, war ja gar nicht der strahlende, selbstsichere, unangefochtene, glückliche Mann, den ein beispielloser Aufstieg nach oben getragen hatte. Viel eher, viel öfter war er ein gequälter, erschöpfter, gebeugter, grübelnder, an der Rätselhaftigkeit der Wege Gottes mit uns Menschen verzweifelnder Mensch.«

An der Beerdigung am Nachmittag, in »märkischer Erde, in Berlin, der Stadt, die er zu seiner Heimat machte«, wie Friede Springer in den Danksagungen auf die Kondolenzbriefe schreibt, nehmen nur noch engste Freunde und Angehörige teil. Pater Emmanuel Jungclaussen spricht über dem offenen Grab auf dem Friedhof Nikolassee Sätze aus der byzantinischen Totenliturgie: »Mit den Heiligen laß ruhen, Christus, die Seele Deines Dieners Axel dort, wo nicht Trübsal noch Trauer, noch Klage sind, sondern nur Leben ohne Ende.«

Daß John Silber, Präsident der Boston University, in seiner Trauerrede über AS, den Ehrendoktor seiner Hochschule, einen mystischen deutschen Lyriker zitiert hat – »wir alle fallen. Diese Hand da fällt/Und sieh Dir andre an: Es ist in allen/und doch ist Einer, welcher dieses Fallen/unendlich sanft in seinen Händen hält« –, kam nicht von ungefähr, klang unter all den staatstragenden Worten fremd und war doch dem Gottsucher aus Altona so nah. Friede Springer hatte ihrem Mann, am Tag vor seinem Tod, im Krankenhaus aus Rainer Maria Rilke vorgelesen.

Sein Gedicht »Der Panther«, das der Poet als 27jähriger in Paris geschrieben hat, könnte auch ein Abschied vom einsamen Verleger Axel Springer sein:

Nach mir die Sintflut

> »Sein Blick ist vom Vorübergehn der Stäbe
> so müd geworden, daß er nichts mehr hält.
> Ihm ist, als ob es tausend Stäbe gäbe
> und hinter tausend Stäben keine Welt.
> Der weiche Gang geschmeidig starker Schritte,
> der sich im allerkleinsten Kreise dreht,
> ist wie ein Tanz von Kraft um eine Mitte,
> in der betäubt ein großer Wille steht.
> Nur manchmal schiebt der Vorhang der Pupille
> sich lautlos auf –, Dann geht ein Bild hinein,
> geht durch der Glieder angespannte Stille –
> und hört im Herzen auf zu sein.«

Der Panther ist gezähmt. Der Mann auf dem Balkon hat seinen Instinkt verloren. Der König kann seinen Herzögen nicht mehr trauen. Die Stimme des Sängers ist brüchig geworden, und die hellen Töne von einst über der Kiesgrube verweht. Reich mir noch einmal die Hand, mein Leben? Nein, es ist vorbei, der Vorhang fällt, die Bühne bleibt leer. Der Nachruf auf den sentimentalen deutschen Träumer ist der Abschied von der öffentlichen Person AS, die gestern noch überlebensgroß unzähmbar schien.

Endlich ist Axel Springer frei.

Daten im Leben Axel Springers

1912: Am 2. Mai wird Axel Springer in Altona geboren. Vater: Hinrich Andreas Theodor Springer, Druckereibesitzer, Mutter: Martha Auguste Henriette Ottilie Springer. Sie gibt ihm, Anklang an einen von ihr geschätzten Lyriker, den zweiten Vornamen Caesar, der in Hamburger Kaufmannsfamilien Tradition hat. Axel Springers ältere Schwester Ingeborg wird 1909 geboren. **1924:** Hinrich Springer kauft zusätzlich zum Wochenblatt »Altonaer Bürgerzeitung« den Titel der »Altonaer Nachrichten«, die am 1. August 1924 zum erstenmal als Tageszeitung in seinem Verlag Hammerich & Lesser erscheinen. **1928–1932:** Axel Springer wird nach der Schulzeit am Schlee-Realgymnasium Lehrling in der Druckerei seines Vaters, in den Schröderschen Papierfabriken Sieler & Vogel, Hamburg und Leipzig, anschließend Volontär bei der »Bergedorfer Zeitung« und im Wolffschen Telegrafenbüro, schließlich als Redakteur verantwortlich für Sport und Wirtschaft bei den »Altonaer Nachrichten«, die ab 1938 nach der Eingliederung Altonas in Groß-Hamburg »Hamburger Neueste Zeitung« heißen. Der Vater besteht auf einer soliden Ausbildung, der Sohn will eigentlich Sänger werden. **1933:** Axel Springer heiratet seine Jugendliebe Martha Else »Baby« Meyer. Kaufmannstochter aus Hamburg, am 16. 12. dieses Jahres wird Tochter Barbara geboren. Die Ehe wird 1938 geschieden. **1934–1940:** Axel Springer arbeitet bis zur (von den Nazis) verordneten Einstellung des Blattes 1941 als stellvertretender Chefredakteur und

Der Fall Axel Springer

Chef vom Dienst in der Zeitung seines Vaters. Er heiratet (1939) in zweiter Ehe das Mannequin Erna Friede Berta (genannt Katrin) Holm, geborene Küster, aus Berlin. Die Ehe wird 1953 geschieden. **1941–1945:** Springer wird Gesellschafter im Verlag seines Vaters, der 1944 geschlossen wird, arbeitet als Filmvorführer, verlegt unterhaltende Bücher, wird zum zweitenmal Vater – sein Sohn Axel kommt 1941 auf die Welt –, scheitert nach dem Krieg zunächst mit der Absicht, gemeinsam mit Max Schmeling und John Jahr einen Verlag zu gründen, weil sein Partner Max Schmeling von den Engländern als den braunen Herren zu nahe stehend abgelehnt wird. Zusammen mit seinem Vater erhält Axel Springer aber am 11.12.1945 Lizenz für den Hammerich & Lesser-Verlag, dort erscheint als erstes der Kalender »Besinnung. Ewige Worte der Menschlichkeit«. **1946:** Springer verlegt die »Nordwestdeutschen Hefte«, in denen Beiträge aus dem Nordwestdeutschen Rundfunk gedruckt werden (April), und – Start 15. Dezember – die Programmzeitschrift »Hör Zu« (Chefredakteur Eduard Rhein). Beide erscheinen im Verlag Hammerich & Lesser, der Hinrich und Axel Springer gehört. **1947:** Gründung der »Axel Springer GmbH«, rückwirkend zum 1. Juli 1946. Zusammen mit John Jahr erhält AS von der Britischen Militärregierung die Lizenz Nr. 150 zur Herausgabe der Zeitschrift »Constanze«, die im März 1948 zum erstenmal erscheint. **1948:** Springer bekommt vom Hamburger Senat eine Lizenz zur Herausgabe einer Tageszeitung – das »Hamburger Abendblatt« erscheint am 14. Oktober zum erstenmal. Es ist die erste von deutschen Behörden zugelassene überparteiliche Zeitung. Die »Nordwestdeutschen Hefte« werden in eine vierzehntägig erscheinende Illustrierte umgewandelt, die unter dem Titel »Kristall« erscheint, ein Magazin für Schicksalskunde namens »Merlin« wird nach drei Ausgaben eingestellt. **1949:** Nach dem Tod von Springers Vater Hinrich, 68, wird Karl Andreas Voß von Springer am Hammerich & Lesser-Verlag und an der Axel Springer Verlags GmbH beteiligt, außerdem Geschäftsführer beider Verlage. **1950:** Das Hamburger Verlagshaus in der Kaiser-Wilhelm-Straße wird gebaut (fertig

Daten im Leben Axel Springers

1952).»Hör Zu« verkauft zum erstenmal mehr als eine Million Exemplare. **1951:** Einweihung der eigenen Druckerei. **1952:** Mit einer Startauflage von 500 000 Exemplaren erscheint am 14. Juni zum erstenmal die von Springer selbst nach englischem Vorbild – »Daily Mirror« – konzipierte »Bild-Zeitung«, ab Oktober wird Rudolf Michael ihr erster Chefredakteur. **1953:** Springer heiratet in dritter Ehe Rosemarie Alsen, geborene Lorenz. Im September kauft er von den Briten 75 Prozent eines Pakets, zu dem »Die Welt«, »Die Welt am Sonntag« und »Das Neue Blatt« gehören, sein Freund und Mentor Hans Zehrer wird »Welt«-Chefredakteur. **1954–1957:** Das traditionsreiche »Hamburger Fremdenblatt« wird zwei Monate nach dem Wiedererscheinen eingestellt, mit allen Mitteln hatte Springer die Konkurrenz auf dem Hamburger Zeitungsmarkt bekämpft (1954). Erste Ausgabe von »Bild am Sonntag« im April 1956, Beteiligung am Berliner Ullstein-Verlag (1956). »Bild« und »Hör Zu« überschreiten beide 1957 die Drei-Millionen-Auflage. **1958:** Springer reist im Januar mit seiner Frau Rosemarie, seinem Generalbevollmächtigten Christian Kracht und »Welt«-Chefredakteur Hans Zehrer, der sein engster Berater ist, zu Chruschtschow nach Moskau, um ihm seinen Plan zur Wiedervereinigung der beiden deutschen Staaten vorzulegen. Einziges Ergebnis: Ein Interview in der »Welt« (7.2.58). **1959–1961:** Der Springer Auslandsdienst (SAD) wird gegründet (1959), die Mehrheit am Ullstein-Verlag mit den Tageszeitungen »BZ« und »Berliner Morgenpost« erworben (1959) und in Berlin mit dem Bau eines Verlags- und Druckereigebäudes begonnen (1960). Springers Mutter Ottilie Springer stirbt im Alter von 79 Jahren (3.4.1960), die Anteile an »Constanze« werden an John Jahr verkauft (1961), Karl-Heinz Hagen übernimmt die »Bild-Zeitung« (Oktober 1960), Hans Bluhm »Bild am Sonntag«, die Zeitschrift »Hör Zu« verkauft vier Millionen Exemplare, und Springer initiiert in Berlin die Aktion »Macht das Tor auf«. **1962:** In vierter Ehe heiratet Axel Springer Helga Alsen, geborene Ludewig-Sarre, aus dieser Ehe stammt sein Sohn Raimund Nicolaus, geboren am 16.9.1962. Als Nachfolger von

Der Fall Axel Springer

Karl-Heinz Hagen wird Peter Boenisch Chef der »Bild-Zeitung«, die bald die Fünf-Millionen-Grenze in der verkauften Auflage überschreitet. **1963–1966:** Christian Kracht, lange schon engster Mitarbeiter Springers, wird Generalbevollmächtigter (1963), Sonderausgaben der »Berliner Illustrirten« zu Kennedys Deutschland-Besuch und nach dem Attentat auf den US-Präsidenten (1963), Erwerb der Düsseldorfer Boulevardzeitung »Mittag« zum 1.1.1964, Eduard Rhein verläßt das Haus (1964), der Münchner Verlag Kindler & Schiermeyer wird gekauft, der »Spiegel« bei Springer gedruckt (1965), vom neuen Chefredakteur Hans Bluhm der »Hör Zu«-Fernsehpreis »Die Goldene Kamera« erfunden (1965), die Zeitschriften »twen« und »Kicker« erworben. Axel Springer reist zum erstenmal nach Israel, spendet dort 3,6 Millionen Mark für das Israel-Museum. Das Verlagshaus in Berlin direkt an der Mauer wird von Bundespräsident Heinrich Lübke eingeweiht (1966), die Illustrierte »Kristall« eingestellt, die Zeitschrift »Eltern«, entwickelt von Karl-Heinz Hagen und Günter Prinz, zu einem Auflagenrenner, schon das dritte Heft verkauft 700 000 Exemplare. Die vierte Ehe wird geschieden, seine Freunde Hans Zehrer und Robert Dependorf sterben. Springers neue Lebensgefährtin: die junge Kindergärtnerin Elfriede Riewerts. **1967:** Hauptsitz des Verlages wird nach Berlin verlegt, wo der Verleger schon lange wohnt, Tiefdruckerei in Ahrensburg eingeweiht, die TV-Zeitschrift »Funk Uhr« gekauft. Unter der Parole »Enteignet Springer« Studentenproteste gegen den Verlag und seinen Besitzer, der als Verkörperung des verkrusteten Systems gilt. Eskalation nach dem Schah-Besuch in Berlin, bei dem der Student Benno Ohnesorg von einem Polizisten erschossen wird. Der »Mittag« stellt sein Erscheinen ein. Springer wirbt vergeblich für privates Verlegerfernsehen. Die »Gruppe 47« stellt sich gegen den Verleger, auf der Frankfurter Buchmesse Proteste gegen den Verlag. Springer verkündet seine vier Essentials, die für alle Redakteure seines Hauses bindend sind: 1. Eintreten für die Wiedervereinigung. 2. Aussöhnung zwischen Deutschen und Juden. 3. Ablehnung jeglicher Art von politischem Totalitarismus. 4. Verteidigung der sozialen Marktwirtschaft. **1968:** Erneut Proteste gegen Springer und seine Zeitungen, vor allem »Bild« und »BZ«, u. a. in einem Tribunal. Eine neue Zeitschrift des Verlages für das »Leben zu zweit« (Konzept Hagen und Prinz) erscheint unter dem Titel »Jasmin« mit einer Startauflage von 950 000 Exemplaren. Nach dem Attentat auf Rudi Dutschke (11.4.68) Demonstrationen gegen den Verlag (Parole: »Bild« schoß mit) und blutige Straßenschlachten. Verleger Alfred Neven DuMont »dankt den Revolutionären«, und Springer kündigt daraufhin den Druckauftrag für »Bild« in DuMonts Kölner Verlag. Die nach ihrem Vorsitzenden benannte Günter-Kommission des Deutschen Bundestages bezeichnet in ihrem Abschlußbericht Pressekonzentrationen wie den Springer-Verlag als Gefährdung für die Pressefreiheit in Deutschland. Wenig später verkauft Springer einen Teil seiner Zeitschriften: »Das Neue Blatt« an den Bauer Verlag für 30 Millionen Mark, »Jasmin«, »Eltern«, »Bravo« und »twen« an den Stuttgarter Drucker Hans Weitpert für 75 Millionen Mark, den »Kicker« an den Nürnberger Olympia-Verlag. Lob vom Verband der Zeitungsverleger »Das war die weise Selbstbeschränkung eines Großverlegers«. Erste Differenzen mit Christian Kracht, der zwar im Hause bleibt, aber nur noch für Finanzen zuständig ist. Peter Tamm neuer starker Mann und Generalbevollmächtigter der Axel Springer Verlags GmbH. **1969:** Herbert Kremp wird Chefredakteur der »Welt«, Ernst Cramer Leiter des Verlegerbüros. Weiterhin Demonstrationen gegen die »Bild-Zeitung«. Konflikte mit der neuen sozialliberalen Regierung Willy Brandt eskalieren. **1970:** In der Axel Springer Verlag AG werden alle Gesellschaften des Unternehmens – u. a. Ullstein, Hammerich & Lesser, Axel Springer & Sohn – zusammengefaßt. Alleinaktionär Axel Springer, der auch Aufsichtsratsvorsitzender wird, sein Stellvertreter: Christian Kracht. Alleinvorstand: Peter Tamm. Springer plant mit Hilfe des Hamburger Bürgermeisters Herbert Weichmann Beteiligung an der NDR-Tochter Studio Hamburg, was durch öffentliche Proteste und Veto der SPD-Spitze in Bonn verhindert wird, will

Der Fall Axel Springer

gleichzeitig ein Drittel seines Verlages an Bertelsmann verkaufen. »Stern«-Meldung über den Deal macht den Vertrag der beiden öffentlich, harte juristische Auseinandersetzungen zwischen beiden Verlagen enden in einem Vergleich. Springer und Bertelsmann trennen sich wieder. Wenig später Ankündigung, daß Christian Kracht ausscheiden und Eberhard von Brauchitsch vom Flick-Konzern sein Nachfolger als Generalbevollmächtigter wird. Regierungssprecher Conrad Ahlers wirft der »Bild-Zeitung« Nachrichtenfälschung vor, aber es gibt keine juristisch verwertbaren Beweise. Springer wird als Zeuge im Prozeß gegen den APO-Anwalt Horst Mahler in Berlin geladen, der wegen der gewalttätigen Osterdemonstrationen des Jahres 1968 angeklagt ist. Neues Kassettenprogramm der Ullstein AV. Der Konzern kauft Regionalblätter oder Anteile, z. B. »Bergedorfer Zeitung«, »Lübecker Nachrichten«. Gründung der Axel Springer Gesellschaft für Publizistik AG als Konzern-Obergesellschaft. 1971: Peter Boenisch als »Bild«-Chef abgelöst, sein Nachfolger wird Günter Prinz. Springers Buch »Von Berlin aus gesehen«, eine Sammlung von Reden und Aufsätzen, erscheint. Jahresumsatz des Verlages: 1 Milliarde Mark. 1972–1974: Bombenanschlag der RAF auf das Hamburger Springer-Hochhaus, siebzehn Menschen werden verletzt (19. 5.1972) Brandanschlag auf Springers Gästehaus in Kampen und auf sein Chalet in Gstaad (1973), Brauchitsch verläßt den Verlag und geht zurück zu Flick, Nachfolger als Generalbevollmächtigter wird Heinrich Prinz Reuss (1.1.73). Die größte Offsetdruckerei Europas, die sechste Druckerei in Springers Besitz, in Kettwig eingeweiht (1973). Springer wird Ehrendoktor der religiösen israelischen Bar-Ilan-Universität in Ramat-Gan (1974). Ein Viertel des Unternehmens wird zum Preis von 200 Millionen Mark zwei bayerischen Banken angeboten, die Verhandlungen scheitern (1974). Springer trennt sich vom rechtsradikalen »Bund Freies Deutschland«, als daraus eine Partei werden soll (1974). Gründung der Zeitschrift »Kontinent« für osteuropäische Schriftsteller, die vom kommunistischen Regime verfolgt werden. 1975: »Die Welt« zieht nach Bonn. Ex-SPD-Wirt-

Daten im Leben Axel Springers

schaftsminister Karl Schiller wird Chef einer neuen »volkswirtschaftlichen« Abteilung des Hauses. **1976:** Wegen zweistelliger jährlicher Millionenverluste soll »Die Welt« angeblich eingestellt werden, der Verlag dementiert. Neugründungen von Spezialzeitschriften, u.a. »Musikjoker« und »Tennis Magazin«. Springers Sohn Axel jr., der als Fotograf Sven Simon berühmt ist, wird einer von drei Chefredakteuren der »Welt am Sonntag«, sein Vater Ehrendoktor der Hebräischen Universität von Jerusalem. Umsatz des Konzerns: 1,27 Milliarden. **1977:** Mitverleger und Gesellschafter Karl Andreas Voß stirbt, ebenso Springers Freund Joachim Pierre Pabst. Bundeskanzler Helmut Schmidt gratuliert Springer zum 65. Geburtstag mit »Respekt vor der verlegerischen Leistung«. Springer erhält American Friendship Medal. Unter dem Decknamen Hans Esser arbeitet der Journalist Günter Wallraff in der »Bild«-Redaktion Hannover und schreibt Enthüllungsbuch über die Methoden des Massenblattes. »Bild« hat an manchen Tagen fünf Millionen Auflage, der Springer-Verlag ist der größte Zeitungsverlag des Kontinents. **1978:** Umsatz steigt auf 1,6 Milliarden. Karl Schiller verläßt den Verlag. Peter Boenisch übernimmt »Die Welt«. Gericht verurteilt den Verlag zu 50 000 Mark Schmerzensgeld, weil »Bild« die Studentin Eleonore Poensgen nach der Ermordung Pontos als Terroristin verunglimpft hat. Bundeskartellamt untersagt Beteiligung am Münchner Zeitungsverlag, in dem der »Münchner Merkur« und die »tz« erscheinen. Start der Frauenzeitschrift »Journal für die Frau«, dreißigjähriges Bestehen des von Springer erfundenen »Hamburger Abendblattes«, seiner ersten Zeitung. Der Verleger heiratet am 20.1.1978 (kirchlich am 17.12.78) in fünfter Ehe seine langjährige Lebensgefährtin Elfriede Riewerts. Er ist wegen seiner Verdienste um die Aussöhnung zwischen Deutschen und Juden erster Träger der Leo-Baeck-Medaille, die nach dem letzten geistigen Oberhaupt der Juden vor der Nazi-Vernichtung, dem Berliner Oberrabbi Leo Baeck, benannt ist. **1979:** Juristische Konflikte mit Günter Wallraff über sein zweites »Bild«-Buch »Zeuge der Anklage«, in dem er behauptet, von »Bild«-Journalisten abgehört worden zu sein. Gründung einer Stabsstelle für Neue Medien. **1980:** Am 3. Januar wird Springers ältester Sohn Axel tot auf einer Parkbank in Hamburg gefunden. Er hat sich umgebracht, und es gibt keinen Abschiedsbrief. Springers Buch »Aus Sorge um Deutschland« erscheint. Boykott von Wissenschaftlern und Künstlern gegen die »Bild«-Zeitung. Umsatz des Hauses: 1,97 Milliarden. Generalbevollmächtigter Heinrich Prinz Reuss stirbt (28.10.80). Christian Kracht, der 1970 ausscheiden mußte, kehrt als sein Nachfolger ins Haus zurück. PEN-Kongreß in Bremen, 58 Schriftsteller beschließen, nicht für Springer-Blätter zu schreiben. **1981:** »Bild« verliert Prozeß gegen Wallraff. Boenisch als Chefredakteur der »Welt« abgelöst, verläßt den Verlag. Verluste der Zeitung werden auf etwa 35 Millionen Mark pro Jahr geschätzt. Axel Springer erhält Ehrendoktorhut der Universität Boston und den Konrad-Adenauer-Preis der Deutschlandstiftung. Das Bundeskartellamt bestätigt Meldungen, daß Springer 26 Prozent seines Verlages an Burda verkaufen will. Matthias Walden wird Stellvertreter Springers im obersten Gremium des Konzerns, der Geschäftsführerkonferenz, und gilt als sein Nachfolger. **1982:** Verkaufsverhandlungen mit Burda ausgesetzt, das Kartellamt legt aufgrund eines Berichts der Monopolkommission sein Veto ein. Minister Lambsdorff lehnt Sondererlaubnis ab. Springer erhält zum siebzigsten Geburtstag die Berliner Ernst-Reuter-Medaille. **1983:** Burda erwirbt nach Zustimmung des Kartellamtes 24,9 Prozent des Springer-Verlages, Kaufpreis 255 Millionen Mark (nach Springers Tod 1988 für 530 Millionen Mark von den Burda-Brüdern Frieder und Franz an die Erben zurückverkauft). In einer Auflage von zwei Millionen erscheint zum erstenmal »Bild der Frau«. Umsatz des Unternehmens steigt auf 2,1 Milliarden. Christian Kracht, Generalbevollmächtigter, verläßt zum zweitenmal das Haus. Springer bekommt als erster Deutscher den Ehrentitel »Bewahrer Jerusalems«. Neue wöchentliche TV-Illustrierte »Bildwoche« erscheint. Straßenschlachten vor dem Springer-Haus in Hamburg nach Demonstrationen wegen angeblicher Kriegshetze in den Blättern des Konzerns. **1984:** Gründung

Daten im Leben Axel Springers

des deutschen Verlegerfernsehens APF, an dem Springer 35 Prozent hält. Im September geht APF an den Privatsender SAT 1, an dem u. a. auch die Kirch-Gruppe in München beteiligt ist (Sendebeginn von SAT 1 im Januar 1985). Matthias Walden stirbt. Friede Springer und Bernhard Servatius werden zu Geschäftsführern der Holding Axel Springer Gesellschaft für Publizistik mbH & Co. berufen. Servatius übernimmt in Vertretung Springers den Vorsitz der Geschäftsführung. **1985**: Verhandlungen mit dem Bauer-Verlag über eine gemeinsame Holding für Neue Medien. Beteiligung am Pay-TV-Kanal Teleclub. Umwandlung des Hauses in eine Aktiengesellschaft: 49 Prozent des Grundkapitals werden über die Deutsche Bank als vinkulierte Namensaktien ausgegeben, die ohne Zustimmung Springers nicht verkauft werden dürfen. Leo Kirchs Taurus-Film erwirbt davon erst einmal 10 Prozent (und kann über 16 weitere Prozent disponieren), 26,1 Prozent bleiben bei Axel Springer, 24,9 Prozent haben die Brüder Burda. Günter Prinz rückt in den Vorstand auf. Am 22. September stirbt Axel Springer, 73jährig, im Berliner Martin-Luther-Krankenhaus. Sein Testament: Die Erben – 70 Prozent Friede Springer, je 10 Prozent die Tochter Barbara Choremi, geb. Springer, und der Sohn Nicolaus Raimund, je fünf Prozent die Enkel Ariane und Axel Sven – verzichten auf ihr Pflichtteil, das Gesamtvermögen und die Erträge aus der Axel Springer Verlag AG dürfen bis zum Jahre 2015 nicht unter ihnen aufgeteilt oder verkauft werden.

Bibliographie

Rut Brandt: »Freundesland«. Hoffmann und Campe, Hamburg, 1993.
Willy Brandt: »Erinnerungen«. Propyläen, Berlin, 1989.
Joseph Brauner (Hrsg.): »Archiv für Elsässische Kirchengeschichte«. Herder, Freiburg, 1936.
Ebbo Demandt: »Von Schleicher zu Springer – Hans Zehrer«. Haase und Köhler, Hamburg, 1971.
George Clare: »The Last Waltz«. Macmillan, London, 1982.
George Clare: »Berlin Days 1946–47«. Macmillan, London, 1989.
Hans Ermann: »August Scherl, Dämon und Erfolg in Wilhelminischer Zeit«. Universitas, Berlin, 1954.
Claus Jacobi: »Fremde, Freunde, Feinde«. Ullstein, 1991.
Hans-Jürgen Jakobs u. Uwe Müller: »Augstein, Springer & Co.«. Zürichberg, Zürich, 1990.
Walter Jens: »Republikanische Reden«. Kindler, München, 1976.
Henno Lohmeyer: »Springer, ein deutsches Imperium«. Edition q, Berlin, 1992.
Hans Dieter Müller: »Der Springer-Konzern. Eine kritische Studie«. Piper, München, 1968.
Gerhard Naeher: »Axel Springer, Mensch, Macht, Mythos«. Straube, Erlangen, 1991.
Walter Nigg: » Die Heiligen kommen wieder« – Leitbilder christlicher Existenz, Herder, Freiburg, 1968.
Eduard Rhein: »Ein Jahrhundertmann«. Ullstein, Berlin, 1992.

Jürgen Roloff: »Die Offenbarung des Johannes«. Theologischer Verlag, Zürich, 1984.
Joseph Roth: »Rechts und Links«. Kiepenheuer & Witsch, Köln, 1985.
Axel Springer: »An meine Kinder und Kindeskinder«. Privatdruck, 1981, ergänzt 1985.
Axel Springer: »Aus Sorge um Deutschland«. Seewald, Herford, 1980.
Axel Springer: »Reden wider den Zeitgeist«. Ullstein, Berlin, 1993.
Axel Springer: »Von Berlin aus gesehen«. Seewald, Herford, 1971.
Friede Springer (Hrsg): »Axel Springer, die Freunde dem Freund«. Ullstein, Berlin, 1986.
Barbara Taufar: »Die Rose von Jericho«. Edition S, Wien, 1994.
Günther Wallraff: »Der Aufmacher«. Kiepenheuer & Witsch, Köln, 1977.
K. Ware u. E. Jungclaussen: »Hinführung zum Jesusgebet«. Herder, Freiburg, 1982.
Peter von Zahn: »Stimme der ersten Stunde«. Seewald, Herford, 1991.

Register

Adenauer, Konrad 69 ff., 93, 121, 126, 165, 227, 229 f., 234, 245, 267, 270, 272, 274, 316, 326, 375, 407
Ahlers, Conrad 70, 92, 167, 243, 247, 430
Alsen, Horst-Herbert 203, 207, 215, 220
Arning, Hermann Ferdinand 249, 253 f., 300
Athenagoras, Erzbischof 54 ff.
Augstein, Rudolf 79 f., 102, 119, 147 ff., 164, 188, 238, 243–247, 256, 258, 308, 401

Bachér, Peter 107, 138, 184
Baeck, Leo 431
Bahr, Egon 225 ff., 242 f., 292 f.
Bargen, Rolf von 92, 158, 175, 354
Barzel, Rainer 96, 102, 234, 326 f.
Bauer, Heinz 179, 366
Bea, Augustin, Kardinal 270
Begin, Menachem 270
Ben Gurion, David 267, 282 ff., 375
Ben Natan, Asher 223, 265 ff., 277, 282, 409
Bergmann, Hans Georg 353, 371 f.
Bernhard, Georg 65
Besser, Klaus 398
Bibernell, Irmgard 31, 117, 172, 204, 206 ff., 352, 394 f.
Blüchert, Walter 391
Bluhm, Hans 92, 118, 126, 136, 150, 183 f., 188–191, 244, 427 f.
Blumenfeld, Erik 65, 165, 207, 223, 237, 266
Boenisch, Peter 92, 104, 106 f., 123–129, 131, 139, 144, 149 f., 157 f., 169, 176, 180 f., 185, 193, 231, 235 f., 242, 275, 291, 333, 362, 377 f., 287, 394, 418, 428 f., 430 ff.
Brandt, Rut 346
Brandt, Willy 89 f., 212, 225–231, 234, 236–242, 244 f., 247, 257, 265, 275, 277 ff., 294 f., 298, 314, 322, 346
Brauchitsch, Eberhard von 103 f., 106, 129, 140, 150, 157, 320, 322, 325, 363, 387, 389, 404, 430
Brauer, Max 27, 170, 228, 237 f., 359, 370
Brinkama, Eduard 144
Broschek, Anneliese 16, 69, 87
Bucerius, Gerd 69, 194, 307, 378, 391, 401, 413
Burda, Franz 62, 401
Burda, Franz jr. 363, 401 f., 403 f., 416, 432 f.
Burda, Frieder 401 f., 403 f., 416, 432 f.
Burda, Hubert 344, 376, 400 f., 403 f., 416

Cayce, Edgar 36
Choremi, Barbara, geb. Springer 31 f., 348, 365, 368, 370, 376, 416, 425, 433
Chruschtschow, Nikita 74–77, 227, 232, 427
Clare, George P. 72, 173, 333, 368, 387
Cramer, Ernst 130, 144, 150, 158 f., 160, 235 f., 261, 266, 272, 274, 283, 318, 346, 350, 387, 410, 415, 417, 420, 429

Demandt, Ebbo 62 f., 72
Dependorf, Robert 26, 31, 82, 110, 132 f., 202, 210 f., 373, 428
Dinsen, Arnold 385
Dohnanyi, Klaus von 277
Dutschke, Rudi 252, 255, 257, 259, 276, 429

Eggebrecht, Axel 68, 172
Ehmke, Horst 129, 242
Eichbaum, Otto 21 f.
Elbau, Julius 65

437

Der Fall Axel Springer

Elisabeth II., Königin von England 92
Enzensberger, Hans Magnus 255 f.
Erhard, Ludwig 238

Federmann, Yekutiel 266
Firchow, Elisabeth 26
Firchow, Hermann 14 f., 21 f., 25 f.
Franz von Assisi 41 f., 45, 52, 73, 199, 214
Fried, Ferdinand 67
Friedrich der Große 112, 175, 243, 291, 309, 311 f.

Gaus, Günter 189, 246 f.
Géezy, Barnabas von 23
Gehlen, Reinhard 71, 314
Genuit, Hans 82, 88
Gillhausen, Rolf 376
Gollwitzer, Helmut 50
Goverts, Henry 61
Grundig, Max 250

Haas, Anneliese de 97
Habe, Hans 240
Hagen, Karl-Heinz 106, 123, 144, 147, 150, 174–182, 187, 338, 355, 361, 376, 427 ff.
Hansemann, Walther 28, 61
Harden, Maximilian 65
Harpprecht, Klaus 142, 262, 275
Harpprecht, Renate 33, 45, 85, 100, 285
Henkel, Konrad 387 f.
Hertz-Eichenrode, Wilfried 183
Hetzel, Ina 40, 73 f., 78, 85, 87–90, 136, 139, 213
Hoffmann, Heinz 98
Horst, Wolfgang 150, 333, 407
Huffzky, Hans 258 f.
Huiysmans, Nikolaus 68

Issberner, Ellen 83 ff.

Jacobi, Claus 70, 92, 106, 126, 128, 141, 150, 241, 243, 247, 277, 352 f., 356, 378, 394, 398
Jacobs, Monty 65
Jahr, John 25, 29, 41, 154 f., 164, 172, 207, 238, 246, 258, 363, 399, 415 f., 426 f.
Jahr, John jr. 353
Jens, Walter 118, 253
Jud, Felix 28 f., 61, 152
Jungclaussen, Emmanuel 45 f., 48 f., 57, 321, 394, 410, 422

Karasek, Hellmuth 232
Kennedy, John F. 101, 104, 180, 218, 229, 329, 428
Kerr, Alfred 65
Kirkness, Ken 173
Kiesinger, Kurt Georg 234, 269

Kirch, Leo 130, 141 f., 187, 343, 349, 402, 414 ff., 433
Kissinger, Henry 291
Klose, Hans-Ulrich 118
Koch, Thilo 102
Köhnlechner, Manfred 392
Kohl, Helmut 129, 187, 247 f., 275, 285, 404, 415, 421
Kokoschka, Oskar 121, 266, 375
Kolle, Oswalt 106
Kollek, Teddy 263 f., 266, 269, 271 ff., 277–280, 284, 383, 421
Kracht,, Christian 30, 37, 69, 72–76, 92, 97, 106 f., 112, 125, 129 f., 137, 139 f., 144–152, 167, 179, 214, 219, 244, 257, 259, 304, 323, 371, 385, 387 ff., 392 f., 396, 398–401, 403 ff., 415, 427–430, 432
Kreisky, Bruno 223
Kremp, Herbert 150, 183, 429

Lahmann, Mary 93
Lambsdorff, Otto Graf 404, 432
Leber, Georg 225
Liesner 144
Löwenthal, Gerhard 183, 235 f.
Lorenz, Walter 203, 214
Lüdmann, Melanie 360, 379 f., 382 f.
Lüdmann, Renate 343, 346, 351 f., 357, 360, 363, 379 f., 382
Lungagnini, Henrik 113 ff., 264, 293, 411
Lynder, Frank 108 f., 373

Mahler, Horst 258, 430
Marcard, Enno von 203
Manotti, Eva-Maria 155
Mauz, Gerhard 258
Mertes, Heinz Klaus 187
Meves, Christa 50, 99, 409
Meyen, Harry 281
Meyer, Dietmar 178
Meysel, Inge 208
Michael, Rudolf 97, 427
Millies, Andreas 108, 120
Möller, Alex 420
Mohn, Reinhard 391
Müller-Jensen, Willi Dr. 47
Murdorch, Rupert 387, 404

Nagel, Claus-Dieter 72, 109, 182, 186, 233, 235 f., 287, 295, 297, 308 f., 314 f., 318, 327, 394, 403, 417
Nannen, Henri 102, 115, 154, 187 f., 243, 307, 391, 401
Naumann, Ernst 88, 133, 147, 170 f., 390
Nigg, Walter 42 f., 52
Nikolaus von der Flüe 35–40, 42–45, 48, 58, 62, 217, 287, 290, 377
Nolte, Ernst 67, 274

Ohnesorg, Benno 251 f., 260, 428

Register

Ossietzky, Carl von 64 f.
Pabst, Irina 133, 350
Pabst, Pierre Joachim 26, 59, 132 ff., 158, 207, 261, 271, 314, 350, 431
Prinz, Günter 106, 128, 130, 140, 147, 150, 157, 169, 176 ff., 180 f., 185 f., 189, 344, 355, 376, 378, 403, 412, 428 ff., 433
Rasch, Hermann 182 f.
Reagan, Ronald 101 f.
Reemtsma, Philipp 38, 40
Regensburger, Volker Dr. 407, 418, 420
Reuss, Heinrich Prinz von 49, 130, 140, 145, 157 f., 387, 398, 430, 432
Rhein, Eduard 68, 73, 82, 89, 130, 133–138, 149, 172, 190 f., 214, 360, 363, 397, 418, 426, 428
Rostropowitsch, Mstislaw 99, 118
Rowohlt, Ernst 61
Ruge, Gerd 74

Saller, Martin 52 f.
Salomon, Ernst von 61, 64
Schalk, Willi 399
Scharf, Kurt 50, 254
Scheel, Walter 239
Scherl, August 121, 302, 307, 347
Schiller, Etta 350
Schiller, Karl 225, 238, 322, 350, 431
Schinkowski, Arthur 248
Schlamm, William 252
Schleicher, Kurt von 64, 66
Schlink, Basilea 280 f., 409
Schmeling, Max 132, 172, 207–383, 426
Schmidt, Hannelore 370
Schmidt, Helmut 236 f., 251, 371, 431
Schmidt-Carell, Paul 16, 72, 86, 234, 287, 313, 315 f., 318 f., 324, 327, 329, 352, 360, 394, 408, 419
Schneider, Romy 281
Schneider, Peter 255 f.
Schneider, Wolf 187, 241
Schnitzler, Karl Eduard von 172
Schöne, Jobst 50 ff., 410, 421
Schreiber, Hermann 380 f.
Schulte, Heinrich 104
Schultz, J. H. 27
Schultz-Dieckmann, Walter 99, 132
Schulz, Johannes Heinrich 318
Schumacher, Kurt 228
Seebacher, Brigitte 346
Seidewinkel, Hulda 114, 117, 222, 335, 347
Servatius, Bernhard 130 f., 141, 150, 155 f., 158, 160, 236, 345, 348–351, 364, 379, 390, 404 f., 409 f., 412–415, 417, 433
Sethe, Paul 70, 81, 165 f., 233
Siemer, Otto 105
Silber, John 421 f.

Simon, Fritz 375
Simon, Sven *siehe* Axel Springer jr.
Smirnow, Andrej 301
Sönksen, Heide 119 f.
Sönksen 119, 380
Springer Axel jr. 15, 32, 61, 76, 83, 109, 112, 136, 178, 195, 204, 206 f., 209–212, 276, 278, 282 f., 333, 343, 346, 351–384, 393 ff., 412, 426, 431 f.
Springer, Ariane 360, 377, 416, 433
Springer, Axel Sven 351, 360, 362, 377, 383, 410, 416, 433
Springer, Barbara, *siehe* Choremi, Barbara
Springer, Friede, geb. Riewerts 54 ff., 58, 101, 114, 116 f., 137, 212, 215, 218 f., 221 ff., 261, 277 f., 284, 308, 321, 323, 325, 333–352, 361, 379 fl., 393 ff., 400, 405–411, 414–420, 422, 428, 431, 433
Springer, Helga, geb. Sarre 92, 213, 215–222, 321 f., 334, 339 f., 427
Springer, Hinrich 11–17, 20, 22, 24, 27, 30, 33 f., 61, 83, 169, 207, 302, 347, 425 f.
Springer, Ingeborg 15, 108 f., 120, 425
Springer, Katrin, geb. Küster 61, 82 f., 109, 124 f., 201, 204, 206–212, 214, 219, 356, 360, 365, 368, 370 ff., 374 ff., 377, 426
Springer, Martha, geb. Meyer 30–33, 87, 110, 204, 206, 375, 425
Springer, Ottilie 14–17, 20 f., 27 f., 30, 32, 38, 99, 207, 210, 218, 220, 257, 339, 349, 355, 370, 425, 427
Springer, Raimund Nicolaus 15, 32, 213, 217 ff., 321, 334, 339, 348, 365, 368, 416, 418, 427, 433
Springer, Rosemarie, geb. Koschwald 357, 374 f., 377, 379
Springer, Rosemarie, geb. Lorenz 37, 40 f., 72, 74, 76 f., 87, 89, 109, 120, 168, 196, 198, 202–205, 211–217, 320, 368, 371, 373, 395, 408, 414, 427
Staufer, Teddy 23
Stoltenberg, Gerhard 117
Strauß, Franz Josef 109, 118, 128, 189, 239 f., 243 f., 267, 315, 320, 329
Suhrkamp, Peter 111

Tamm, Peter 14, 21, 92 f., 98, 106, 111, 130 ff., 138–143, 146–151, 157 f., 162, 167, 169, 177, 180, 257 f., 297, 322, 325, 329, 344, 348, 364 f., 377, 386 f., 394, 396, 398 f., 403 ff., 412, 414 f., 417, 419, 421, 429
Tauber, Richard 14, 22, 302, 316
Taufar, Barbara 130 f., 220–223, 264, 266, 284
Theye, Joachim 415
Turk, Dan 261 ff., 266, 271 f., 277, 279 f.

Ullstein, Martha 303
Ullstein, Elisabeth 304
Ullstein, Frederick 304
Ullstein, Heinz 304, 306
Ullstein, Karl 304
Ullstein, Rudolf 304

Vogel, Wolfgang 327
Voß, Karl Andreas 40, 68, 129, 133 ff., 145 f., 151 ff., 369, 426, 431

Walden, Matthias 130, 150, 156 f., 183, 252, 348, 377, 403 f., 432 f.
Wallenberg, Ernst 65
Wallenberg, Hans 226
Wallraff, Günter 185 ff., 431 f.
Weber, Marlies 383

Wehner, Herbert 93, 184, 188, 234, 326
Weichmann, Herbert 228, 238, 429
Weimar, Hans 59, 71 f., 77
Weimar, Paul 71
Weitpert, Hans 179, 429
Wille, Günter 141, 349, 399, 414
Wirsing, Giselher 67, 316
Witter, Ben 38, 184–187, 340, 361
Wolff, Theodor 22, 28, 65, 425

Zahn, Peter von 68, 172
Zehm, Günther 183
Zehrer, Hans 36, 61–81, 85, 87, 105, 130, 142, 147, 157, 183, 221, 231 f., 239, 292, 300, 314, 369, 426 ff.
Zimmermann, Ferdinand 70, 316

Bildnachweis

Privatbesitz: Seiten 13, 18, 19, 63, 94/95, 139, 165, 197, 201, 205, 293, 337, 355, 359
Lieselotte Strelow: Seite 39
Lederer/»Hör Zu«: Seiten 127, 213, 317
Ruetz/»Stern«: Seite 131
Look: Seite 229
Sven Simon: Seite 273
Shalom: Seite 265